社會教育新論

李 建 興 著

學歷：美國威斯康辛大學教育碩士
　　　國立臺灣師範大學教育博士
經歷：國立臺灣師範大學教授兼系主任
　　　國家建設研究委員會研究委員
　　　教育部中等教育司司長
現職：國立臺灣師範大學教授

三 民 書 局 印 行

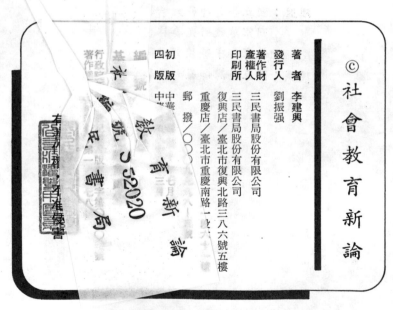

© 社會教育新論

著　者　李建興

發行人　劉振強

著作財　三民書局股份有限公司
產權人

印刷所　三民書局股份有限公司
　　　　復興店／臺北市復興北路三八六號五樓
　　　　重慶店／臺北市重慶南路一段六十一號

郵撥／○○○○○○

初版　中華民國
四版　中華民國　　年六月

編　號　S 52020

基本

行政院新聞局登記證局版臺業字

著作權

有著作權・不准侵害

號數 S 52020

ISBN 957-14-0358-X (平裝)

孫　序

　　社會教育是全民教育，以全體國民為施教對象，沒有年齡、學歷、性別等限制，其施教範圍較之學校教育為廣泛。社會教育也是終生教育，沒有入學年齡和修業年限的限制，從兒童以至老年，都可以接受教育。所以社會教育的影響至深且遠。自從「電視」發明以後，社會教育的工具更為進步，家庭中只要裝設一架電視機，全國甚至全世界的重要活動，都可以歷歷在目。這樣不僅可以增廣見聞，開通民智，而且可以增進國民對於國事的關切。昔日所夢想的「送教育上門」的理想，也於此實現。

　　近年以來，我國社會各方面都有長足的進步，尤其經濟建設，已有顯著成績。不過經濟快速成長的結果，一般人的物質生活和精神生活未能協調，平時生活與戰時生活未趨一致，以致造成社會上奢侈浮華的現象。正本清源之道，在於宏揚社會教育功能，推展文化建設。

　　蔣總統經國先生在行政院長任內，曾於民國六十六年九月二十三日向立法院第六十期首次會議提出的施政報告中指出，政府在完成十項經濟建設計劃之後，將推行十二項建設工作，其中一項是屬於文化建設的：「建立每一縣市文化中心，包括圖書館、博物館、音樂廳。」同時要求「確立社會教育體制，擴大推行中華文化復興運動，並普及改進體育與樂藝教育，以促進國民身心健康與平衡。」這確是當前教育政策的重要指示，也是促使中華文化向下紮根的有效方法。

　　今後為加強社會教育的功能，可從下列幾方面着手：(1) 擬訂各縣市建立文化中心的具體計畫，並推動各項文化活動；(2) 加強大眾傳播

的社會教育功能，促進中華文化向下紮根；(3) 加強現有社會教育機構的工作效能，積極推進復興文化的任務；(4) 發揮家庭教育職能，使父母切實擔負起家庭教育的責任。總之，社會教育是復國建國的一項主力，我們若要喚起民眾，組織民眾，爭取民族的自由，促進國家的建設，必須把社會教育當作教育的主流來辦理。

　　李建興先生畢業於國立臺灣師範大學社會教育學系，其後又於國內外進修，完成碩士、博士學位，目前擔任師大社會教育學系系主任職務。他於教學與行政工作之餘，覺得推廣社會教育理論與實際之重要，撰著「社會教育新論」乙書，凡三十餘萬言，我讀了這本書初稿之後，覺得內容豐富，見解精闢，切合當前需要，至感欣慰，因綴數言，爰為之序。

　　　　　　　　　　　　　　　　　　　孫　邦　正

　　　　　　　　　　　　　　　　　民國七十年四月
　　　　　　　　　　　　　　　　　於國立臺灣師範大學

自　序

　　社會教育活動與人類歷史一樣久遠，有人類即有教育活動，那種原始的教育，一定是社會教育。社會教育這個名詞，與中華民國的歷史一樣久長，民國肇造，有了社會教育之名，也有了社會教育行政體制與實務。社會教育悠久的歷史傳統，社會教育廣被的活動範圍，確立了社會教育的價值與重要性。

　　本書取名「社會教育新論」，既在肯定社會教育的傳統，亦願重述社會教育的範圍，更希望賦予社會教育三個「新」的指向：

　　1. 社會教育宜有「新」意義。
　　2. 社會教育應有「新」創作。
　　3. 社會教育已有「新」方向。

　　就社會教育的意義而言，社會教育有一段很長的時間，被認為是學校教育的補救措施，祇有稀微的經費、人員與活動，幾淪於學校教育之附庸的地位。今日的社會教育，有了新的立法、新的事業機構、新的發展契機，因此社會教育的新意義，應強調與學校教育同是重要的教育活動方式，重新肯定其獨立功能，如此，則社會教育才會有新的生機與活力。

　　就社會教育的創作而言，抗戰前後，有一段社會教育輝煌的歷史，當時社會教育的著作似乎陸續出版了一些。政府以臺灣為復興基地以來，近三十年間，除了民國四十年代有二本社會教育的著作外，社會教育的創作，有一段相當長的時間是空白的。筆者既畢業於社會教育學系，擔任社會教育之教學，又復忝任社會教育學術行政職務，感到責任

深重，義不容辭應編撰社會教育新著，以利社會教育之教學與推廣。

就社會教育的方向而言，社會教育界有一段時間是很沉寂的，雖然沒有人否定社會教育的重要，但大家似乎都認為社會教育範圍過於廣袤，有不著邊際之感。所以多年來，社會教育事業機構既很少增設，社會教育人員陣容亦似一潭止水，很少新陳代謝。近些年來，隨著經濟高度的成長，社會風氣的奢靡，社會心理的浮盪，大家深深覺得社會的文化、精神、心理或倫理建設，必須與經濟建設均衡發展，社會教育的價值再次被肯定，加以文化中心工作或文化建設的推動，社會教育終於進入了新的階段，有了新的方向。

從上述社會教育宜有「新」意義，社會教育應有「新」創作，社會教育已有「新」方向等三個動機，這本社會教育「新」論終於出版了。

本書分為九章，凡三十餘萬言，可歸納為三部分，第一部分敘述社會教育的意義、方法、動向、功能與理論基礎，其目的在建立社會教育主要的理論體系。第二部分探討各國社會教育的概況與我國社會教育的發展，藉以分析當前我國社會教育的現況，並作為比較與歷史的借鏡。第三部分闡述文化中心工作的背景、目標、內容與展望，以了解當前社會教育的最新動向，最後則以我國社會教育的改革與展望，作為全書之結束。

今年適逢中華民國建國七十年紀念，筆者則屆「不惑之年」，本書是筆者第四本專著，也是筆者比較喜歡的一本著作，藉這個難得的時機，筆者希望對多年來愛護我的師長與親友，表示最誠摯的謝忱與敬意。

筆者出身寒微，多年來學業得以順利完成，全是承蒙師長們連續的教誨與提攜，真是師恩浩蕩，仰之彌高。其中如：國校老師李偉旋先生、詹俊郁先生；初中老師熊岫雲先生；師範學校老師宋友梅女士；大

學部老師熊光義先生、謝徵孚先生、趙聚鈺先生、孫邦正先生；美國威斯康辛大學老師 Dr Poinkee, Dr. Delorit, 高希均先生；碩士和博士班老師賈馥茗女士、郭為藩先生、黃昆輝先生和林清江先生等，都是筆者沒齒難忘的恩師。

筆者先父向背甚早，幸得祖母李許阿葉女士，母親李陳阿衞女士辛勤孤苦的撫育成人。姨丈曹金榮先生暨姨母曾養育筆者三年，又濟助完成初中學業，是再生父母。近幾年來，岳父母王錯錡先生、林安心女士慈惠協助家庭事務，亦應永誌不忘。筆者尤其應該感謝國家與社會之宏恩，由於我國有師範生公費制度，由於我國有均等的教育機會，才使筆者得以衣食溫飽無缺，且有力爭上游的機會。

本書得以順利完成，三民書局總經理劉振強先生爽快的約稿、付酬，且給予較多的撰稿時間，功勞甚大。本書撰寫期間，內人王壽子女士、宜家與秉倫二個小兒女，始終賦予筆者愛心與耐心，本書始得專心完成。恩師孫邦正教授欣然惠允賜序，本書增色不少，尤其應予感謝。最後特別應提的是筆者近幾年，行政與教學工作日益忙碌，運思與下筆常有時不我予之感，錯訛與不當之處，自所難免，希望將來有機會得以增修，特此敬請專家學者不吝教正。

李建興　謹識

民國七十年四月二十二日
於師大社會教育學系

社會教育新論　目次

第八章　社會教育與文化中心工作

第九章　我國社會教育的改革與展望

附錄：重要參考書目與資料

第一章　社會教育的意義與動向

這本書是社會教育的新論，可是不能免俗的，開宗明義要為「社會教育」下個定義，但是這個定義必須是個新的界說，以利社會教育開創新的局面。其次，社會教育已有了新的教學情境與教學方法，廣播、電視及空中學校，都是社會教育嶄新的媒體與設施，必須有所指陳。再次是當前社會教育在國內、外發展的新動向或新趨勢，必須作綜合性的說明，以便讀者有較明晰的印象。本章據此目的，論述社會教育的意義、方法與動向。

第一節　社會教育的新意義

「社會教育」這個名詞，於民國元年開始使用，它的歷史與民國一樣長久，迄今已使用七十年了。❶社會教育一詞，雖然大家像口頭禪一樣，很自然很熟悉的使用，甚至社會教育的重要性也沒有人加以否認，

---

❶ 民國元年頒佈教育部官制，設社會教育司，和普通教育司、專門教育司並列，這是社會教育一詞在我國最早的使用。

但是對於社會教育的概念，始終尚未有共同接受的確切界說，因此在討論社會教育問題時，往往各是所是，弄得文不對題，甚至推行社會教育工作時，也常常遇到困難。

今天要替社會教育下個新意義，必須先對過去許多定義，加以綜合歸納，分析其利弊，然後提出新的看法。社會教育的意義，向來有三種界說：第一、社會教育卽是教育全體，社會教育化，教育社會化是其理想；第二、社會教育卽是學校教育以外的教育活動；第三、綜合上述二種說法，認爲社會教育具有廣狹二義。茲試一一履陳此三種意義。

壹、社會教育即是教育全體

社會教育一詞，從其本質上來看，卽是一種教育方式，這種教育要以社會全民爲其對象，以社會生活爲其範圍，以社會整體發展爲其目的，因此有人說：「社會教育是增進社會全民教育程度，使其資質改善，生活改良，以達到整個社會教育化，整個教育社會化的教育。」[2] 亦有人說：「國家公共團體或私人，爲謀社會全民資質的向上，以社會全體爲客體，使影響及於社會全體的教育，叫做社會教育。」[3] 熊光義教授亦曾說：「社會教育乃是就人類共同生活環境中所組織之社會文化影響的積極設施，有計劃的輔助社會全民，充實自己，增進人類全體的生活，促進社會全面向上的歷程。」[4]

上述這些社會教育的意義，乃明言社會教育的本質與廣義，其目的在糾正一般人認爲社會教育乃是學校以外種種教育活動的觀念，因爲現

---

[2] 常道直，「爲社會教育進一解」，社會教育季刊一卷一期，見於鄭明東編著，社會教育，臺灣：正中書局，民國五十五年八月，頁二。

[3] 馬宗榮著，社會教育事業十講，上海：商務印書舘，民國二十五年，頁二。

[4] 熊光義，社會教育的意義與基本觀念，載於雲五社會科學大辭典，第八册，教育學，頁二二五。

在使用社會教育一詞的時候，習慣上與學校教育相對稱，而且當前教育的各種設施，也顯然有著學校教育與社會教育的區別。其實若從教育的本質去理解，社會教育應是教育的全體，在內容方面，與學校教育並無二致，例如：田培林教授曾說：

「整個的教育，不管把它當作『事實』來看，或把它當作『活動』來看，都沒有關係，教育總是為了社會，才有必要。因此，科學教育與技術教育，專門教育與國民教育，學者教育與職業教育，人文主義的教育與實利主義的教育等等，無一不可稱作社會教育。社會教育本來就是教育的全體，而我們却硬要把它用來僅只代表學校教育以外的一部分『教育』，自然，我們有時候就不能自圓其說了。」❺

其實，社會教育不但不與學校教育絕然對立，而是相互為用。教育是一個整體，社會教育和學校教育祇是兩種不同的趨勢，二者之間，並沒有嚴格的界限，強調社會教育即是教育全體，其意不在排斥學校教育、或將學校教育視為社會教育之一支，忽視學校教育的重要性；相反的，強調社會教育即是教育全體，乃在喚醒大家注意社會教育的本質，重視社會教育工作，提高社會教育的地位，因此這種意義，自有其特殊的價值。

貳、社會教育即是學校教育以外的教育活動

原始時代，人類生活簡單，兒童和青年可以從實際生活中學習社會生活的知能，當時的自然環境和社會環境就是教育機關，成年人是教師，這是一種廣義的教育，亦即是社會教育。自從社會生活日趨複雜，文化日益進步後，人類不得不設立正式教育機關，來教育後代，這才產

---

❺ 田培林，社會教育的本質及其工作原則，載於田培林著，教育與文化上册，臺北：五南圖書出版公司，民國六十五年十二月，頁一〇九～一一〇。

生學校教育，所以從教育發展的史實而言，社會教育產生於學校教育之前。但自從學校教育產生後，由於學校有明確的目標，精選的教材，良好的教師，學校教育可以發揮具體的效果，因此一般人談到教育就專指學校教育了。❻而社會教育的意義，也跟著被視之為「正式學校系統以外之教育活動及機關」了。

這種社會教育意義明顯的例證，是有人說：社會教育是「家庭教育和學校教育以外的一切教育事業和設施。」❼鄭明東教授根據中國現行社會教育法令，以及現在社會教育的實況，亦訂定社會教育的意義為：「社會教育乃普通學校以外的各項教育活動和設施，以改善一般國民生活，提高社會文化水準，充實建國力量，實現立國理想的教育。」❽此外，雷國鼎教授亦有類似的看法，他以為「正式學校系統以外，一切足以培養國民道德，增強國民體力，傳授國民生活所需之知識技能的教育設施」均稱社會教育。❾

社會教育的意義若界定為學校教育以外的教育活動，社會教育則易淪為附屬地位，以補學校教育之不足；社會教育喪失其獨立功能，對於社會教育之發展將有極為不利之影響，我國數十年來社會教育工作未受到普遍重視，績效不彰，可能與社會教育之意義失之狹隘與欠當有關係。因此一般社會教育學者是不太贊同這種界說的。

叁、社會教育具有廣狹二義

孫邦正教授說：「社會教育有廣狹二義，廣義的社會教育，係指一

---

❻ 參閱孫邦正著，教育概論，臺灣商務印書館，民國五十七年九版，頁七。
❼ 鐘靈秀，社會教育第一章引用語，見於鄭明東編著，社會教育，頁二。
❽ 鄭明東著，社會教育，頁二。
❾ 雷國鼎編著，教育概論下冊，臺北：教育文物出版社，民國六十四年，頁三三六。

切具有發展社會文化的作用，都可以稱爲社會教育，家庭教育和學校當
然都包括在內，因爲家庭和學校，同是社會的一種組織，也同是社會施
敎的機構。至於狹義的社會敎育，則指正式學校敎育以外的敎育，以全
體國民爲施敎對象，以提高一般國民文化水準爲目標。」❿

這種界說，綜合各家之長，明確指出社會敎育具有廣狹二義，不偏
不頗，使大家同時對於社會敎育的本質與實際皆有所認識。不過，這種
定義亦有值得商榷之處，從廣義言之，若一切具有發展社會文化的作
用，皆可稱社會敎育，則置「敎育」於何地，社會敎育是否有存在的必
要，亦值得檢討。其次，家庭敎育和學校敎育都包括在社會敎育之內，
則學校敎育祇是社會敎育之一部分，則是很難爲人苟同的。至於狹義的
社會敎育之缺點，前已述及，不必贅言。因此，這種社會敎育之界說，
亦有待改進。

肆、社會敎育的新界說

根據前述之分析，過去許多社會敎育之界說，各有其缺點：社會敎
育若是敎育全體，則其意義失之空泛，不易把握其重點：社會敎育若是
學校敎育以外的敎育活動，其流弊在易使社會敎育淪於附屬地位，不受
重視；以及社會敎育固有廣狹二義，若語義欠妥，亦不易澄清社會敎育
眞切意義。基於此故，茲試提一社會敎育之新界說如次：

「社會敎育與學校敎育同爲一種重要的敎育方式，其目的在共同促
進全國國民身心之充分發展，社會生活之全面改善，社會文化水準之普
遍提高，以增進國家社會之繁榮與進步。」

敎育是一種工具，人類藉著這種工具，來謀個人和團體的生存發
展，以及社會文化的傳遞和發揚。社會敎育和學校敎育是敎育的範圍中，

❿ 同註六，頁八九。

二種重要的活動方式，相輔相成，同時並進，以促進全面教育的完成。

　　如前所言，社會教育和學校教育二者之間，沒有根本的差別，社會教育和學校教育二者之間，沒有必要對立。如以性質而言，社會教育與學校教育同樣包括文化教育和實用教育，或者公民教育和職業教育，沒有什麼差別；如以形式而言，社會教育與學校教育工作的推動，都要有固定的場所，一定的教材和一定的時間，亦沒有根本的差別；再如以對象而言，社會教育與學校教育同樣都可以教育兒童、青年和成人，亦沒有重要差別。⓫ 所以社會教育與學校教育實在祇是程度的差異、重點的不同而已。這一層關係，祇要進一步再看社會教育的特質，更可清晰的看出來。許多社會教育學者，一談到社會教育就指出社會教育具有下列特質：⓬

1. 社會教育的對象是全民的；
2. 社會教育的內容是生活的；
3. 社會教育的時期是終生的；
4. 社會教育的場所是廣表的；
5. 社會教育的方式是多種的；
6. 社會教育是改進社會全體的。

　　他們以為學校教育的設施，囿於一隅；受教者限於少數的兒童和青年，施教時間又僅佔人生的一部分，加之教材未適當，教學方法不善等因素，所以它的效率不高。事實上，上述這些所謂社會教育的特質，今日的學校教育也幾乎是具備的，可見社會教育與學校教育仍然祇是程度的差異，依然不是根本的不同。

　　我們認為在理論上，觀念上承認社會教育與學校教育同為一種重要

⓫ 田培林，同註五書，頁一一〇～一一一。
⓬ 見孫邦正、鄭明東、熊光義、雷國鼎等諸書。

的教育方式後，尤其要將社會教育與學校教育平等看待，在教育行政體制上有學校教育管理機構，自然不能沒有社會教育行政機構。此外，在教育的實際措施上，如：教育人員的任用，教育經費的分配，教育的輔導與評鑑等方面，都必須對於社會教育與學校教育以同等的待遇，公平的處置。如此才能提高社會教育的地位，加強社會教育的工作，提高社會文化的水準，以增進國家社會眞正的繁榮與進步。

結 語

我國社會教育實施有年，社會教育則尙無確切的界說，迄今爲止，社會教育的意義原有三種說法：第一，社會教育卽是教育全體；第二，社會教育卽是學校教育以外的教育活動；第三，社會教育具有廣狹二義。其實，這三種看法皆有商榷之餘地，因此我們提出一種社會教育的新界說：「社會教育與學校教育同爲一種重要的教育方式，其目的在共同促進全國國民身心之充分發展，社會生活之全面改善，社會文化水準之普遍提高，以增進國家社會之繁榮與進步。」根據這種社會教育的意義，在理論上，社會教育應與學校教育平行並進，在實際上，社會教育應與學校教育齊一作法，共同努力。

第二節 社會教育的新方法

社會教育隨著時代的進步，其教學對象不僅限於失學民衆，而是擴大到社會全民的終身進修教育；社會教育的教育方法與教學方式也應隨之而更新。過去社會教育的方法，有所謂學校式，卽用學校式的方法，來實施社會教育，如：民衆學校、成人班、婦女班、講習會等；有所謂社會式，卽其施教對象、場所、內容、方法均不固定，常因人、因時、

因地而活用各種方法，如：社會教育舘、博物舘、科學舘、電影、播音等。

現在的社會教育，上述兩種教育方式，固仍不可放棄，不過已逐漸趨向某些新的教學方式，尤其廣播電視發明以後，利用廣播與電視的優越傳播性能，作為教育工具，可使教育功能，由點而面，由面而立體，亦卽由教室擴延至整個社會，以容納大量失學青年，與提供在職青年之進修機會，眞正做到「處處是學校，人人有書讀」的境界，達成「有敎無類」的崇高理想。

一、社會教育新的教學方式

英國牛津大學敎授柯爾斯（Edwin Townsend Coles）於一九六九年撰著「開發中國家的成人敎育」（Adult Education in Developing Countries）一書，⓭ 他歸納當前社會敎育新的教學方式有六種，試述如下：

1. 班級或團體敎學：這種教學方式是一群學生，經常地由一位敎師或領導者來加以輔導。這種教學方式可能是非常正式的由一位敎師，面對一班成人；或者採取非正式的團體討論，沒有敎師，祇有領導者，領導者的職責在創造一種合作輕鬆的敎學情境，以獲得學習成就。上述這種教學方式，缺點是容易重視聰明而成績好的學生，忽視學生的個別情況與需要，因此，這不是唯一的教學方式，必須與其他的教學方式，同時實施，以擴大其教學效果。

2. 研究團體（study groups）：這種教學方式勿須由一位專責的敎師，負責加以輔導，而是藉學生間相互的協助的一種教學方式。這種敎

⓭ Edwin Townsend Coles, *Adult Education in Developing Countries*, Oxford: Pergamon Press, 1969.

學情境常是某些成人爲了解決某一問題，他們便經常每隔一日或二日聚會一次，做相互的討論，這種討論對問答者雙方皆有好處，所謂「敎學相長」是也。

這種研究團體，如果學生們有進一步的需要，亦常可出錢出力，正式組織爲一種社團組織，成立集會所，選舉負責人，擴充設備，成爲一種固定而有組織的敎學形式，並與政府敎育機構取得聯繫，發揮較大的敎學效能。

3. 成人學校： 這種學校是由政府敎育機構正式設置，聘請敎師，實施長期或短期之正式敎學。學生有學籍，有正式學歷，與一般學校沒有迥異。

4. 函授學校： 函授通訊課程的學生，大部份時間在學自修，函授部主要負責郵寄資料文件，供學生研讀，但亦可以「流動敎學」或「集中返校」等辦法，協助解答學生之疑難問題。

5. 大眾傳播媒介，如：廣播、電視、報紙、雜誌等的敎學： 報紙、雜誌的特性是可以做較長久性的文字記錄，可在任何時間用來敎導學生，廣播與電視用來敎學，固然有某些缺點，但無疑是今天社會敎育最重要的敎學媒體。

6. 個別敎學輔導： 有些學生住在偏遠地區或研究專門的問題，可以採取這種個別的敎學方式。

上述這六種敎學情境或方式，並不相互排斥，而是彼此應該相互輔助，同時並用，以增進社會敎育最高的敎學效果。

二、敎育播音

社會敎育可以利用廣播來敎育民眾，及輔助學校敎學。首以敎育民眾來說，可以設置廣播站、廣播電臺，將播音送到社區或家庭，以供民

衆在工作時或閒暇時，收聽廣播，至為方便。以輔助學校教學來說，其顯著功用，據孫邦正教授分析，有下列幾項：

1. 可以充實學校課程內容： 現在廣播電臺所播送的節目，至為豐富，有時事報告、時事評論、法律常識、政治知識、經濟動態、史地教學、英語會話、國文教學、音樂欣賞、衛生常識、自然科學等，這些節目若善加利用，可以充實學校教育的內容。

2. 可以供給學生最新的教材： 教育播音可以供給最新教材，以補充教科書上的不足，甚至修正教科書上的錯誤。

3. 可以使學生認識現實世界： 現在學校教育，過於注重課本的記誦，以致與現實世界相隔離。教育播音乃是指導青年學生認識校外環境和聯繫校內環境的有效方法。

4. 可以培養學生聽講和說話的能力： 從播音人員的流利詞令上，學生可以學會說話的能力。

5. 可以啓發學生的思想： 教師若於學生收聽播音節目後，指導學生加以批評討論，使他們有發表意見之機會，久之，學生會養成獨立思考、批判和辨別等能力。

6. 可以養成學生利用休閒時間的習慣。 ❹

教育播音所播內容，均須切合實用，富有興趣，力求簡單扼要，易於了解，使聽衆能各就其身份而獲得切身的知識。每次播講的時間，不宜過長，並須間以富有教育意義的娛樂節目，以提高聽衆的生活情趣，增進工作效能。尤須針對社會不良風氣，播送富有啓迪性和激發性的教育節目，引導社會人群，奮發有為，以改革社會風氣，激發社會朝氣。

---

❹ N. L. Bossing 著，孫邦正譯，中學教學法，正中書局，民國六十五年九版，頁二〇〇～二〇四。

　　因科學進步，收音器具，日見改良，使用便利，尤其電晶體收音機普遍使用以來，收音機可以隨身携帶，隨時隨地可以應用。教育播音，如善於計畫，可使全國人民，時時刻刻都在教化之中。

三、教育電視

　　電視自一九四六年問世以來，便普遍受到人們的歡迎。今天世界上沒有電視的國家已不多，在臺灣卽使窮鄉僻壤也可見到電視機的芳踪。電視旣然被人所喜愛，且又如此的普及，用來作社會教育的工具與媒體，收效極爲宏大。

　　電視在教學上的應用，如用其他視聽教材教具一樣，假若沒有充分發揮電視的特性，則難有價值可言。因此研究電視教學時，必須認識電視在教學上有何特性？就理論上言，電視作爲教學傳播的媒體，具有下列特性：

1. **適時性**：時代進步神速，電視可以適時介紹新知；
2. **直接性**：電視引導學生到外界環境，直接引起學生參與的感情，其效率比語文教學高；
3. **廣泛性**：電視縮短空間的距離，克服時間的障礙；
4. **戲劇性**：電視內容戲劇化，可以打動學生心靈；
5. **權威性**：電視約請各方面的人士，就其專門的知識，作權威的介紹；
6. **統整性**：電視可以容納各種教材與教法，使教學具有統整性；
7. **自主性**：電視可邀請數位專家，討論不同意見，提高學生學習的自主性；
8. **觀察性**：教師可在學生收看電視時，仔細觀察每一個學生，以獲知其收看習慣、理解能力、特殊興趣及學習態度等；

9. **簡便性**：在課堂中祇需要一部電視接收機，到時間一開卽可，極為簡便；

10. **整體性**：電視是綜合了電影、戲劇、廣播的精華，而製作出來的一種藝術，所以電視爲最適用於推廣教育及社會教育的方法與工具。⑮

此外，電視教學有其特有的價值與貢獻：

1. 突破時間與空間的限制，任何時間、地點，都能施教；

2. 解決師資缺乏，學校設備不足的困難；

3. 推廣優良教師的成就，同時教更多的學生；

4. 發揮同級學校教育的功能，不入學亦可得到同樣的效果；

5. 減少人力的浪費，一個教師同時教數千或數萬個學生，並且節目亦可以重播；

6. 節省經費，特別是收視人數衆多時爲然。

但是，我們亦應了解電視教學亦有其不易克服的困難與限制，實施時必須特別注意：

1. **缺乏師生接觸**：師生無法面對面接觸，祇能單途教學，學生有困難或問題，無法當時當場發問；

2. **不易解說抽象概念**：抽象概念不易傳播，因爲抽象概念必須心領神會，當面討論；

3. 電視教學時，學生學習情況不易考察，效果不明顯。

總之，電視教學實爲今日社會教育上帶來新的紀元，尤其在今日科學時代中，電視教學將不受國界的限制，洲際間的衛星傳播將無遠弗屆，使天涯若比鄰，擴大我們的眼界，使教育無國界，增進世界大同的

---

⑮ 王煥琛編著，電視教學，臺灣書店，民國五十七年四月，頁四十九～五十二。

理想早日實現。

四、空中教學

　　近代教育的普及，不但需求教育的人數增多，並且接受教育的時間延長，因此學校的教學設備與師資供應均不能滿足此種需要。其次，二次世界大戰後，知識爆炸，「終生教育」觀念興起，各行各業的人都需要在職進修，以免落伍，基於這些客觀的事實，利用廣播電視的優點，而設置的空中教學或空中學校乃應運而生。

　　最先把電視應用到教學方面的是美國，一九五二年福特基金會 (Ford Foundation) 設置成人教育基金，協助教育電視臺成立，而各大學也紛紛開設電視課程，其後擴及全美國。

　　除美國外，其他實施電視教學著有成效的國家，當推日本及英國。日本 NHK 電視臺的電視課程，自小學一年級的算術起，以至大學講座的教育原理，各種課程應有盡有，而且日本已設立空中大學，實施成人教育。英國的 BBC 電視臺很早就開設電視課程，尤其自一九六七年開始籌設空中大學，一九七一年正式開播，第一年有二萬五千人入學，是空中學校的突破與新的創猷。

　　我國的教育廣播也實施有年，且著有成效，而第一所教學專用電視臺～國立教育電視臺，曾於民國五十一年在臺北南海學園設立，開設各種電視教學科目，供各界人士進修。民國五十四年教育部指定臺北商專試辦高商廣播課程，五十五年實驗空中商校正式成立。民國五十九年為擴大空中教學範圍，教育部與國防部合作籌設中華電視臺，民國六十一年十月三十一日華視正式開播內設教學部，專司空中教學事宜，我國的空中教學至此已邁進一個新的里程。

結　　語

社會教育的對象擴大與普及甚速，社會教育的教學方式亦日新月異
因此社會教育必須不斷採取新的教育方法，以擴展社會教育的功能。

廣播、電視以及空中教學乃爲今日最具影響力的大衆傳播方法，一
方面社會教育必須全面採用廣播電視教學，另方面必須增進廣播電視的
社教功能，以達到促進國家經濟建設、實現全民政治理想、加速社會現
代化以及適應青年求學需要等目標。

第三節　社會教育的新動向

聯合國教科文組織（Unesco）國際教育計劃研究所（International
Institute of Educational Planning）主任康姆斯（Philip H. Coombs）
曾指出，自一九五〇年代以來，人類社會面臨一種世界性的教育危機
（a world educational crisis），這種危機根源於世界各地急劇發生許多
變遷，如：科技的發達、經濟的成長，政治的獨立、人口的爆增、社會
的改革等，這些變遷，暴露四種嚴重的社會與教育問題，即第一，民衆
股切期望接受更多的教育；第二，教育資源嚴重缺乏；第三，教育系統
改革過於緩慢；第四，社會的傳統態度、宗敎習俗及制度結構等過份保
守等問題。

康姆斯認爲這些社會與教育問題若無法全面改革，對於國家發展顯
然構成嚴重的障礙。他認爲欲解除這些世界性的教育危機必須在教育和
社會二方面，作一系統分析，以求全面加以調適。❻

---

❻ Philip H. Coombs, *The World Educational Crisis: A Systems Analysis*,
New York: Oxford University Press,, 1968, pp. 3-4.

　　根據康姆斯所指出的當前世界教育危機，我們可以看出社會教育的地位，日趨重要，乃是必然的趨勢。茲試加分析如次。

　　1. 民衆熱切的教育期望：近數十年來，世界各國人民對於教育需求愈來愈高，這是普遍的事實，造成這種事實的原因不外四項：(1) 青少年人口空前的增加，迫使許多開發中國家不得不大量擴充教育，以適應需要；(2) 千千萬萬的家庭視教育爲其子弟上進的管道，紛紛入學就讀；(3) 政府採取教育機會民主化的公共政策，例如：開發中國家普遍實施强迫性的初等教育，工業化國家則連中等教育亦爲義務教育，並鼓勵青年大量參與高等教育；(4) 工業技術與經濟發展不斷進步，人民必須不斷擴充知識，改進技術。❼

　　在這種民衆熱切的教育期望下，社會教育充分運用各級學校有限的人力、物力與設備，開設各種推廣課程，並以非正式教育方式，透過各種社會教育措施，滿足人民求知慾，達成繼續教育、推廣教育與終生教育的崇高理想。

　　2. 教育資源的嚴重缺乏：世界上大部份的國家，無論貧富，從一九五〇年到一九七〇年這二十年間，其教育經費激劇地增加五倍到十倍之多這種教育經費的增加率超過這些國家國民所得和全部公共經費的增加率二倍或三倍之劇，同一時期，這些國家教育經費佔該國國民生產毛額（GNP）和政府總預算之比率亦增加二倍到三倍。❽因此許多國家常有「教育拖垮財政」之歎，形成教育資源日感短絀的現象。

　　社會教育常可使學校的設備人力，在空間利用，教育時間、休閒假日等方面獲得充分利用，教學成本甚爲低廉；社會教育亦常利用大衆傳

---

❼　參閱 P. H. Coombs and J. Hallak, *Managing Educational Costs*, New York: Oxford University Press, 1972, p. 93.

❽　李建興撰，教育成本的理論與實際，師大學報第二十三期，民國六十七年六月，頁七十三。

播媒介，特別是教育廣播和電視來從事敎學工作，無遠弗屆，並招收大批學生，充分利用潛在規模經濟 (economics of scale) 的優點，發揮最高的經濟效果。

3. **教育系統改革甚爲遲緩**: 教育系統的設計與敎育技術的全面改革，是件非常困難的事，傳統的敎學型態、班級組合，及教育支出的結構都相當穩定，英國敎育經濟學家包萊克 (M. Blaug) 曾發現，英國大學經費支出比例於一九五二年與一九六二年十年間無甚改變。⑲這些敎育現象顯示教育系統改革的不易，今後必須對於教育事業不斷考核及創新，不斷的研究與發展，以加速敎育系統的革新。

社會教育，從對象言，是全民教育 (education for all)；從性質言，是繼續教育 (continuing education)；從時間言，是終生教育 (lifelong education)；從空間言，是全面教育 (overall education)，因此積極推行社會教育正可彌補教育系統改革遲緩的缺憾。

4. **社會的過份保守**: 美國社會學者烏格明 (W. F. Ogburn) 曾說社會變遷時，常有文化惰性 (cultural inertia) 或文化保守 (cultural conservation) 的現象，亦卽人類文化旣經存在以後，便不易卽刻消滅

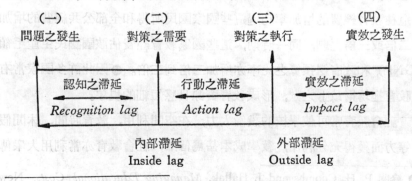

| (一) | (二) | (三) | (四) |
| 問題之發生 | 對策之需要 | 對策之執行 | 實效之發生 |

| 認知之滯延 | 行動之滯延 | 實效之滯延 |
| *Recognition lag* | *Action lag* | *Impact lag* |

| 內部滯延 | 外部滯延 |
| Inside lag | Outside lag |

⑲ M. Blaug, *Comparative Analysis of Educational Expenditures in Menber Countries Since 1950*: Case Study of the United Kingdom, OECD, March, 1969.

⑳這種文化惰性的實況，亦可以上圖示之：㉑

　　上圖說明任何社會的傳統態度，宗教習俗及制度結構等一經形成，要加改革，常涉及所謂「時間滯延」（time lag）問題，從內部滯延，包括認知滯延、行動滯延、到外部滯延，即實效滯延，都需相當時間，因此社會制度自然趨向保守，社會革新甚為不易。

　　不過，學校教育與社會教育都可啓發民眾思想，增進民眾知能，即可縮短認知、行動與實效之滯延，加速社會的進步，尤其社會教育可以直接加強民眾的心理建設，改善社會生活的內容，促進社會文化的革新，對於社會發展貢獻尤鉅。

　　綜合上述，可見社會教育對於當前世界教育危機，可以提供適當的解決方案。誠如康姆斯所說：「非正式教育、成人教育、繼續教育、在職訓練、農工訓練、和推廣服務等教育，涉及民眾生活的各方面，對於個人和國家發展有直接與實質的貢獻，對於文化進展與個人自我實現亦有莫大貢獻」。㉒因此社會教育逐漸成為教育的主流，成為國家邁向工業化、現代化發展之有效利器。茲依據此種認識，進一步探討當前世界各國社會教育的主要動向。

一、職業補習教育

　　世界各國除少數低度開發國家外，中小學教育業已相當普及，文盲率可能已大為降低。㉓因此中小學畢業以後而就業者，接受部分時間的

---

⑳　李建興撰，烏格朋及其社會變遷學說，載於社會安全季刊，第二卷第一期，民國五十八年十二月，頁四一～四六。

㉑　高希均撰，人力投資觀念的突破、應用與推廣，載於高希均等著，經濟觀念與經濟問題演講集，臺北：聯經出版事業公司，民國六十六年十一月，頁十八。

㉒　同註十六，頁一三八。

㉓　一九六六年聯合國教科文組織調查各會員國成年文盲人數為四億六千萬人，十幾年來可能已大為減少。

職業補習教育，已成爲各國社會教育的重點工作。

　通常所稱的職業補習教育是指十八歲以下的青年，繼續接受補習教育，至十八歲爲止。這種觀念在英國始於一九〇九年的塞德勒 (Michael Sadler) 建議書，而地方補習學校 (county college) 便是英國實施補習教育的主要機構。德國於一九一九年公布新憲法，規定十四至十八歲之學徒，均須接受强迫補習教育，目前西德的職業補習學校，係採部分時間制，凡受完義務教育不繼續升學而就業的青年，均應入此種學校修業至十八歲爲止。美國亦由中小學及職業學校附設補習學校或補習夜校，爲就業青年和成人實施職業補習教育。可見職業補習教育已成爲世界各國共同的趨勢。我國國民中小學畢業而就業的青年，目前尚缺乏適當的職業補習教育，有待迎頭趕上先進國家的發展趨勢。

二、大學推廣教育

　過去數十年來，世界各國的大學和學院，採取門戶開放政策，盡力向學校以外的民衆推廣教育服務，大學乃成爲社會民衆接受現代知識的中心。

　這種大學推廣教育以美國最爲發達，二十世紀初葉，美國的大學推廣教育已成爲有組織的教育活動。聯邦政府教育署內設有大學推廣科，民間有大學推廣教育協會，而一般大學推廣教育的工作，有設立推廣部的，有設夜間部的，有設暑期部的。至於美國大學推廣教育的事業，種類繁多，約有下列各種：(1) 大學推廣班；(2) 大學函授部；(3) 大學暑期學校；(4) 大學講座；(5) 大學的教育播音、電視、電影等；和 (6) 社會服務。❷除美國外，英國大學亦設有推廣部，辦理成人或勞

---

❷ 孫邦正撰，美國的成人教育，載於社會教育研究，中國教育學會主編，教育叢書，臺灣商務印書舘，民國五十七年，頁十二～三四。

工教育。法國的大學亦辦理推廣教育，開設函授與廣播課程。日本亦積極獎勵各大學開設文化講座、專門講座、暑期講座等措施。

目前我國大學的夜間部教育，以招收高中畢業生爲主，已漸失去推廣教育的功能。不過，最近部分公私立大學開設各種在職訓練班及技藝推廣課程，亦具推廣教育性質，今後爲配合社會文化發展及工藝技術之進步，宜大量增設各種推廣教育課程。

三、圖書舘博物舘教育

目前世界各國的圖書舘博物舘等社會教育機構，已成爲儲藏圖書材料，分類陳列，公開展覽，增進民衆知識，擴充人民見聞的重要教育設施。

世界各先進國家如：美國、英國、德國、法國和日本等，全國各地皆有公共圖書舘之設立，成爲民衆知識的供應站。圖書舘的功能，除儲集各種圖書及地方文獻，以供應公衆閱覽外，並舉辦學術演講、問題討論會、讀書指導、放映電影等各種社會教育事業，以提高文化水準。

世界各地的博物院種類很多，如美術博物舘、科學博物舘、自然歷史博物舘、古物博物舘、海洋博物舘等，這些博物舘，除了陳列各種物件外，還作各種社會教育活動，如舉行演講、出借展覽品、招待參觀、設置各種訓練班、出版刊物等。

目前我國的圖書舘博物舘的設置尚不普遍，其功能亦僅限於靜態的蒐藏閱覽而已，尚未發揮較大的效能。今後在建立縣市文化中心，成立圖書舘、博物舘、音樂廳後，應充分發揮其功能，成爲教育民衆的機關。

四、廣播電視教育

新聞、電影、廣播、電視等大衆傳播工具爲社會教育實施的利器。尤其教育廣播、教育電視更具有啓廸民智、開導風氣的社會教育功能，世界各國由於收音機、電視機的普遍，教育活動可以直接送達家庭中，不受空間的限制，因此播音教育和電視教育的影響力，至爲驚人。

美國有許多大學設置教育播音臺，辦理空中學校，電視發明以後，設置教育性電視節目，可修習學分，近幾年「芝蔴術」電視節目，成爲實施學前教育的最佳利器。英國廣播、電視亦甚爲發達，而一九六七年籌辦的「空中大學」，尤爲世界最成功的電視教育。❷ 日本自一九三一年開始利用無線電廣播作爲一種社會教育的利器，一九五三年後教育電視亦成爲社會大衆教育之利器，現在國營的 NHK（日本放送局）向全國各地廣播，已產生良好的教育效果。

我國由於經濟的發展，人民生活水準的提高，廣播、電視乃隨之發達，目前商業性的廣播電臺與節目固然遍佈全國，商業性的電視節目亦可無遠弗屆，送到全國每一個家庭，對許多國民而言，收看電視節目已成爲日常生活中不可或缺的一環。惟廣播電視節目的商業化，內容流於低俗，常爲社會所詬病，因此，如何提高商業性廣播電視的社會教育功能，爲社會各界深所重視。此外教育廣播、電視教學節目，甚至空中學校，尤應發揮積極功能，擴大效果。

五、休閒生活教育

在高度工商業化的社會中，工作忙碌，生活緊張，容易疲勞，甚至

---

❷ John Scupham, *The Media of Mass Communication*, in F. W. Jessup, (ed.) Lifelong Learning, Oxford: Pergamon press, 1969, Chap, 5, p.91.

造成心理適應問題，因此，培養人民利用閒暇的習慣，養成消散身心的良好方法，是爲當前先進國家社會教育的重要課題。例如：美國各大城市和鄉鎮，都有美麗的公園、設備完善的體育場、高爾夫球場，供民衆遊憩和運動。各地青年會、社區中心、少年俱樂部，大多設有健身房、游泳池、電影放映室、大餐廳、圖書室、手工藝室，及其他康樂活動的設備，供青年及成人使用，使青年和成人在工作之餘，可以利用這些場所，來陶冶身心，進德修業，這便是正當的休閒生活教育。❷此外，英、德、日等國亦有類似的休閒娛樂活動和教育設施。

我國經濟逐漸邁向已開發國家，人民工作餘暇，愈來愈需要適當的休閒娛樂場所，從事各種休閒娛樂活動，因此如何透過社會教育活動，達成人民的這種期望，是今後我國社會教育發展應多加努力的方向。

綜合所述，可見先進國家如：美、英、法、德、日本等國，由於工業化、現代化的結果，爲了提高成人的公民教育水準，增進國民職業和生產的知能，都積極辦理職業補習教育、大學推廣教育、圖書館博物舘教育、廣播電視教育及休閒生活教育，而且收效甚著，足供我國借鑑。惟任何社會制度都有其特殊社會文化背景，不宜全盤抄襲，我國社會經濟教育發達程度不同英美等國，社會教育亦不宜全然仿傚，因此我國社會教育必須針對本國特殊狀況，因勢利導，以收水到渠成之功。盱衡當前我國國情，社會教育的主要動向乃是：(1) 社會教育的目的，在復興中華文化；(2) 社會教育的主要方法，在透過各級學校辦理社會教育；和 (3) 建立縣市文化中心，以加強辦理社會教育事業和活動。茲試加申論之。

1. 以社會教育積極推展文化復興運動： 先總統　蔣公於民國五十五

---

❷ 同註二十四，頁三十四。

年十一月十二日頒佈「中山樓中華文化堂紀念文」，政府乃明定每年國父誕辰爲中華文化復興節，積極推展中華文化復興運動。

不過復興中華文化的工作，不是只靠少數人努力所能奏效的，而是要全國國民篤實踐履，在思想上、信仰上和行動上，在日常生活中，切實遵循我國優良的文化傳統，使中華文化能夠在全民的心中生根發芽，方能擴大文化復興的實績。所以我們推行中華文化復興運動，必須從社會教育着手，才能發揮化民成俗的功能。因爲社會教育是全民教育，以全體國民爲施教對象；社會教育涵蓋大眾傳播的所有媒介，影響最爲深遠；社會教育是生活教育，使全體國民在生活上身體力行，貫徹中華文化的理想。總之，文化復興運動以社會教育爲主導力量，才能發揮傳播民族文化和化民成俗的功效。㉗

2. 各級學校加強辦理社會教育： 現階段政府施政重點在求經濟建設，社會建設或心理建設同時兼重，於是教育部於民國五十九年修正公布「各級學校辦理社會教育辦法」，臺灣省政府訂頒「臺灣省各級學校加強社會教育推行全民精神建設方案」，希望學校走進社會，使教育與社會結合。

由學校兼辦社會教育，必須把握重點，其重點可分爲三點：(1) 倡導禮讓美德，養成學生多說「謝謝」、「對不起」，有禮貌幫助別人的好習慣；(2) 端正社會習俗，將社會不合現代化的生活習慣去掉，培養現代化生活的好習慣；(3) 打破社會上的迷信，並且如：消除髒亂、小康計畫等亦由學校來協助辦理。使各級學校成爲中華民族文化的堡壘，改造社會風氣的主導力量。㉘

㉗ 孫邦正撰，加強社會教育，促進中華文化向下紮根，臺灣教育，第三三〇期，民國六十七年六月。

㉘ 臺灣省教育廳編印，臺灣省各級學校加強社會教育推行全民精神建設方案，民國六十六年十二月十二日。

3. 建立縣市文化中心： 前行政院蔣院長於民國六十六年九月二十三日在立法院作施政報告時，宣佈政府繼十項建設之後，推行十二項建設的計劃。蔣院長昭示的第十二項建設是，建立每一縣市文化中心，包括圖書館、博物館、音樂廳。其實，蔣院長所指的文化中心，就是廣義的社會教育館。

現在各級政府已在積極籌劃建立每一縣市文化中心分年計劃完成。將來每一縣市文化中心成立以後，將可擔負多項任務，例如：教育、文化、學術研究及提倡休閒娛樂等工作。總之，文化中心的建立，乃是政府繼續推動中華文化復興向下紮根的具體措施，其旨在謀求物質條件與精神生活互相配合，生活水準與生活素質同時提高。這也是社會教育積極發展的契機。

<h2 style="text-align:center">結　語</h2>

一九五〇年代以來，世界性教育危機已面臨：民眾熱切的教育期望、教育資源缺乏、教育系統改革遲緩、社會過度保守等問題，學校教育歷史悠久，設施固定，諸多率由舊章，故有待社會教育積極推動，增進全民教育水準，更新社會生活，實現整體社會教育化，全面教育社會化的理想。

當前世界各國逐漸邁向工業化、現代化，因此其社會教育的主要動向，乃以實施職業補習教育、大學推廣教育、圖書館博物館教育、廣播電視教育、和休閒生活教育等為其重點，這些新動向，深值吾人細思與借鑑。

當前我國社會教育的發展有其特殊社會文化背景，其主要動向乃是：社會教育的目的，在復興中華文化；社會教育的方法，加強各級學校辦理社會教育；最近更將建立縣市文化中心，以加強辦理社會教育事

業和活動，期以全面文化建設，促進社會教育理想的早日實現。

第二章　社會教育的功能

　　社會為一完整的體系，由許多互相倚賴的部份所構成，因此，社會構成部份在其參考架構(社會)內所生的功用，便是「功能」(function)。本章題為「社會教育的功能」，卽指社會教育在整個社會體系中，所可能產生的功用。本章據此旨意，以為：(1) 社會教育與學校教育之結合，可以提高學校教育的效果；(2) 社會教育與親職教育之結合，可以增強親職教育的功能；(3) 社會教育與空中教學之結合，可以增進空中教學的效能；(4) 利用社會教育的力量，可以改善社會風氣；(5) 運用社會教育的方法，可以促進社區發展，以及 (6) 加强社會教育的實施，可以增進和諧社會的早日實現。茲依序論述之。

第一節　學校教育與社會教育

　　近代各國為提高人民素質，促進社會文明，增强國家力量，均有普及教育運動，從辦理學校教育着手。隨着時代的進步，更注意到廣大民衆知能品德的提高，故有今日社會教育的勃興。而隨時代巨輪的推進，

教育理論也日新月異，因爲保持現狀便是落伍，唯有不斷的革新才能順應時代的潮流。因此，以往關起門來辦教育的方式已不合時代的需要，漸被淘汰，代之而起的是學校與社會要打成一片，亦卽「教育應與社會相結合」、「學校成爲社區的精神文化堡壘」。而學校如何與社會相結合，以成爲社區的精神文化堡壘，其重要途徑之一，卽爲辦理社會教育，透過所擧辦的社會教育活動來教育社區民衆，服務社區人民。

此外，社會教育，範圍廣大，事業衆多，更非少數專業的社教機構所能勝任，亦有待於發動各級學校廣大人力與設備，共策進行，利用各級學校辦理社會教育。各級學校，爲數較多，分布亦廣，內容及目的亦與民衆需要者接近，辦理社教，洵爲最恰當不過了。

壹、學校辦理社會教育之理由

學校辦理社會教育，乃屬「勢所必至，理有固然」，前已述及。茲再將學校辦理社會教育之理由，申述如下：❶

1. 普及全民進修的機會：社會教育是以一般國民爲對象的，這些國民是散處於城鄉的基層社會的，在社教機構未廣設前，各校存着「學校重地、閒人止步」的觀念，這些國民，是沒有進修的機會的，如果將學校開放，辦理社教他們便可時常到校內進修，學校內有許多敎師，各有專長，可以幫助民衆，增長許多知識，解決許多問題，滿足許多需要。

2. 增加大量辦理社教的機構：依照當前我國教育情況，每鄉鎮設國民中小學各一所以上，目前復興基地約有六百三十多所國中，二千四百多所國小，如每校均辦理社會教育，不啻增加了許多所社教機構，如

---

❶ 鄭明東，中等學校如何辦理社會教育，載於中等教育，十七卷一、二期，民國五十五年六月，頁二六～二九。

此，辦理社教的機構無形中便增加了許多。❷

3. **暫代社教館**：社會教育法第四條：「省市政府應設立社會教育館，實施各種社會教育事業，並輔導當地社會教育之發展。縣（市）鄉（鎮）依其財力及需要，得設置社會教育館或社會教育推行員。」，本條的立法原意，是希望各鄉鎮也設立社教館，以期社會教育普遍推行。唯目前各縣（市）鄉（鎮）或限於財力與其他因素，未能設置。如國中、國小能設立社教部或推廣部，辦理社會教育，其成績雖或不如社教館之專門工作，但也遠勝於無了，且有暫代縣（市）鄉（鎮）未設社教館之作用。

4. **密切與家庭聯繫**：國中、國小辦理社教以後，學生的父母兄嫂，可以時常到校，向教師們陳述子弟的個性，提出教導的要求。教師們也可以向家長們說明學生學習的狀況，以及家長應予協助的方法，無形中使學生得到很多教益。

5. **化除學校與社會的隔離**：學校是為社會而設，校中所學的，應該是社會所有的或需要的。為實現此種理想，教育部雖訂有課程標準，但仍須教師多與社會人士接近，時常交換意見，增加認識，促進了解，然後所教所學，方益於生活應用。然後方可得到社會信仰，以領導社會改革。

6. **增進校友情誼輔助學校發展**：國中、國小歷年的畢業生，及民教部結業生，在學校開放後，可以時常返校，增進校友對於學校的情誼，學校如欲舉辦新事業，則大眾可以惠然相助。

7. **實現教育送上門的理想**：辦理社會教育和辦理學校教育有所不同，前者須「教育送上門」，後者是「到校上學」；古諺有云：「禮聞來學，不聞往教」這是適用辦學校教育，如果辦理社會教育，就應改為

❷ 教育部編印，中華民國教育統計，民國六十九年，頁一四。

「理合往教，不便就學」。何以說「不便就學」？因爲社教對象，老弱婦女，不便遠出，少壯成年，日出而作工，日入須休息，也無暇遠出。如此情形，自然「理合往教」了。如果將各鄉（鎮）的國中、國小開放，他們無須到遙遠的城市去接受社教，不是等於教育送上門嗎？至少是送至鄰近處所了。

8. **節省巨額經費**：目前社教經費，數額太少（近年社教經費，對於各級政府教育費總額之比，在中央及省各爲百分之五，在縣市僅爲百分之二）以致影響社會教育的發展。現在利用國中、國小的場地設備，無庸另起爐灶，利用學校師資，無庸從新培養，不是可以節省鉅額經費嗎？

9. **使「物盡其用」**：社會教育的活動，大概是業餘時間，如假日及晚間。在此時間，學校的活動，均在休止，所有房舍設備，大多停而不用，倘能充分支配利用，辦理社會教育活動，亦屬十分經濟，實現物盡其用。

10. **形成地方文化中心**：一所學校，如果關着校門、教育兒童或青少年，它僅能做部分的文化工作。換言之，校牆以外的廣大群衆，不獲享受教育，不獲傳習其所需文化。甚至以其餘時，餘力從事不正當的活動或消遣，影響社會風氣。如果學校開放，成人們可常常聚集到校中，作種種有益的活動，有如「社會中心學校」而成爲本地的文化中心。

11. **增進復國建國的力量**：一般國民均有進修的機會，自然素質改善，文化水準提高，也就無形中增加了復國建國的力量。這與先總統蔣公在國家安全會議所言：「爲提高國民智能，充實戡亂建國之力量」而延長國民教育年限，是殊途同歸的。

12. **實現明訓和意旨**：先總統 蔣公在「民生主義育樂兩篇補述」中說：「一個人大學畢業之後，彷彿不必再受什麼教育了………但是像今

日科學進步的迅速，社會變動的强烈，他十年前，五年前甚至兩三年前
學的東西，到了十年五年甚至兩三年後，便不够用了。他要適應新的事
物和新的技術，必須再受教育。這還是就大學畢業生來說，那些沒有升
學的中學生和小學生呢？從兒童到少年，從青少年到成年，就更有再受
教育的必要了。」又我國憲法第一六三條規定：「推行社會教育，以提高
一般國民之文化水準」，而社會教育法第二條亦明定：「已受學校教育之
國民，使其獲有繼續受教育之進修機會。」要實現以上明訓和立法，開
放學校，辦理社會教育，實爲一重要方法。

貳、學校辦理社會教育之原則

　　國中、國小開放學校，辦理社會教育，必須把握下列幾項原則，方
易收效。茲略述如下：

　　1. 必須明瞭各級學校辦理社會教育是分內事，並視爲服務社會之
本務。

　　2. 必須適合一般民衆生活之需求，尤須配合國家建設之需要。社
會教育是生活教育，在小範圍內須適合民衆日常應用的知識技能的增進
及處事做人的道理。大範圍內，須配合改造社會，建設國家，復興民
族，利己利群，兼籌並顧，要皆在改善生活之道也。

　　3. 必須與社會運動，文化運動，社會事業，生產建設及社會教育
機關作有計劃之配合與結合。

　　4. 必須敎職員生全體參加，分工合作，發展各人所長。

　　5. 必須聯絡有關機關、團體、學校及地方熱心公益人士協同進
行，發展公共關係，以增加助力、減少阻力。

　　6. 必須利用社會原有設備，原有優良活動，加以改良提倡。（如
公園、戲臺、宗祠等場地，及端陽競渡，重九登高等活動，可以改良利

用。)

7. 必須開放學校原有設備，配合活動需要，加以充分有效地利用。

8. 必須設法激起民衆自覺意志與自動精神。

9. 必須確定施敎區域，訂定工作計劃及進度，嚴加考核，分期完成。

10. 必須就各學校的專長，選定適當事業，儘先擧辦並集中人力物力以赴，藉資示範，以樹立民衆對學校之信仰。❸

叁、學校辦理社會敎育之方法

國中、國小辦理社會敎育，除必須把握前述十項原則外，尙須講求方法，方法得當，才能收到事半功倍之效。玆將其辦理之方法，列述於后，以供參考採行。❹

1. 擴大宣傳，樹立觀念：推行社會敎育，不僅須倚靠學校去擧辦，更有待民衆的認識，與社會的響應，共同配合政府致力於此一運動的擴大推行。因此，我們要運用一切大衆傳播工具，展開普遍深入宣傳，使政令貫徹，使群衆深切認識社會敎育運動，與其切身關係，從而熱烈的響應支持，使各級學校執行此一政策時順利而收效。同時更要使學校當局及敎師們，對於學校的一切設施，摒棄過去站在狹義的敎育立場，專以書本的知識授給學生，卽算盡其職責，應以「敎育卽生活，學校卽社會」爲鵠的。並明瞭社會敎育之意義爲何？現在爲何應積極興辦，學

---

❸ 尹薀華著，當前各級學校怎樣加强推行社會敎育，載於國敎輔導，五〇期，民國五十五年七月，頁十一～十二。

❹ 張正藩撰，學校敎育如何與社會敎育相結合，載於訓育研究，十卷一期，民國六十年七月，頁二八～二九。

校中又何以須要辦理，其實施方法爲何，然後方知職責所在。而不視爲
「分外」之事，以樹立觀念，明其責任，而爲心理建設之用。

2. 設立組織，以專責成： 卽成立社會教育推行委員會，以辦理社會
教育。唯依照部頒中等以上學校社會教育推行委員會組織規程之規定，
委員會係屬教務處，其中委員，均係「兼任」，不免「職無專司」之感。
故宜另設「推廣部」或「社教處」，主其事者，比照校內教務、訓導、
總務各主管之待遇。其內並酌置佐理專責人員，分司其事。庶乎負專責
有人，工作可以順利進行。

3. 舉辦調查，釐訂計劃： 卽舉行社會調查，尋求民衆之需要，並根
據國勢及國策，釐訂工作項目及內容，力求與民衆之需求相配合，訂定
工作方案，呈請主管機關核示。

4. 籌措財源，以裕經費： 學校既辦社會教育，自須有一部分專款應
用。唯各校經費素感不足，舉辦社教，更覺拮据，縱有列入，亦必微乎
其微，是以事業不能展開。或至名存實亡，故今後宜力矯前失，務使所
須經費與事實配合，則各校不得藉詞延宕。同時，各校亦應撙節次要開
支，並集中各項節餘之經費，以辦理社會教育。

5. 訓練人員，俾利辦理： 主管教育行政機關應於寒暑假期中，召集
所屬國中、國小辦理社會教育的教員及社會教育推行委員會的職員，分
別設置講習所，予以講習。並應以社會教育概論，學校辦理社會教育之
理論與實際問題，學校辦理社會教育實施方法及教材研究，以及各社會
教育機關，地方自治機關聯繫之研究等爲主要講習課題。而學校亦應聘
請校內有研究、有經驗之教員，設班或組會，予學生以相當訓練，使其
對於此項工作，有相當之認識與處理之技能，庶乎不致僨事。

6. 補充設備，以供需要： 學校中各項設備，如圖書儀器、桌椅、舘
舍，雖可儘量供給民衆應用。但仍須就民衆特殊需要而加以補充（如通

俗文藝、大衆科學、娛樂用具，……）乃至集會場所，休閒時間，及使用手續，須分別規定，使校外民衆及校內師生，共同遵守，以免衝突，雜亂無章。

7. 認眞實施，力求貫徹：無庸諱言，在當前的偉大時代中，推行社會教育運動是具有重大意義的。故應明確認識，力求實踐，以實現社會教育的目標，達成共同的理想。尤應摒除過去得過且過的觀念和敷衍塞責的陋習、認眞執行學校所擬訂的社會教育實施計劃。凡負責推行者，宜把握重點，因時制宜，因地制宜，循序漸進，力求貫徹，方可獲得績效。

8. 實施考察，檢討改進：各項工作，辦理之成果如何，各校應自行檢討，隨時實施考查外，主管機關，除事前核示，事中輔導，事後亦須考核。至於考查的內容是：(1) 對「人」，考查其人員是否均能適任，負責盡職；(2) 對「事」，考查其計劃是否切合實際，推行順利；(3) 對「時」，考查其工作是否依限完成，決無延誤；(4) 對「地」，考查其場所是否充分利用，有效使用；(5) 對「物」，考查其設備是否配合開放，充分應用，(6) 對「錢」，考查其經費是否運用得當，毫無弊端。以上各項，如能切實管制考查，一有缺失，即隨時檢討改進；如有優良事例，則介紹他校仿行，若發現優秀人員，亦可借調別校指導，則社會教育推行的實效，必可如期而獲致了。

肆、學校辦理社會教育之事項

各級學校可辦之社會教育事項甚多，玆列舉如下：

一、有關公民教育事項

1. 舉辦社會調查。
2. 舉辦時事座談會。

3. 舉辦新生活運動，推行國民生活須知。

4. 襄助好人好事褒揚會。

5. 舉辦先賢先烈事蹟展覽。

6. 舉辦歷史文物展覽。

7. 協助民眾發動響應愛國自強運動。

8. 舉辦法律座談會，啟發民眾法律常識和守法精神。

9. 協助自治團體，進行選舉，集會議事。

10. 聯合當地機關，改良習俗宣傳等。

二、有關語文教育事項

1. 調查區域內民眾教育程度。

2. 開放圖書館、規定民眾閱覽時間，酌闢民眾閱書室，按時陳列民眾需要書籍。

3. 指導民眾閱讀方法。

4. 介紹民眾用書，並訂定代購方法。

5. 舉辦函授學校或補習學校。

6. 設置收音站播講室。

7. 組織文藝會。

8. 舉行青少年國語比賽。

9. 與其他機關，編印聯合書目。

10. 舉行公共講演等。

三、有關健康教育事項

1. 開放學校體育場、游泳池。

2. 規定學校體育用具借用辦法。

3. 協助民眾組織體育團體（如球隊、國術會、登山社等）。

4. 選擇公共地點，教導民眾晨操。

5. 舉行民眾業餘運動會。

6. 舉行防疫宣傳。

7. 舉行環境衛生檢查、消除髒亂。

8. 勸戒不良嗜好。

9. 介紹營養，保健衛生常識。

10. 提倡正當有益身心之體育活動（如慢跑、太極拳等）。

四、有關生計教育事項

1. 提倡家庭副業，指導家庭預算及簿記知識。

2. 舉辦職業補習班或技藝訓練班。

3. 介紹農業優良品種及示範農場。

4. 介紹工業新式機器及模範工廠。

5. 成立合作社。

6. 參與勞動服務。

7. 協助地方政府，興修水利、開墾荒地。

8. 聯合地方機關，設計造產、成立公用處。

9. 展覽地方生產成果。

10. 介紹政府社會福利政策及福利機構等。

五、有關藝術教育事項

1. 組織棋奕會。

2. 成立攝影社。

3. 輔導組織各項音樂團體：　如合唱團、　歌詠團、　口琴隊、　鼓笛
   隊、交響樂團及音樂研究社。

4. 輔導組織各項美術團體；如美術研究會、寫生會、及美術研究
   社等。

5. 輔導組織各項戲劇團體；如平劇社，話劇社，地方戲劇研究社

及民眾舞蹈研究社。

6. 舉辦美術展覽。

7. 舉辦舞蹈表演。

8. 舉辦歌唱比賽或表演。

9. 舉辦戲劇公演。

10. 開放電視室，舉辦巡廻電影等。

六、有關科學教育事項

1. 編印通俗科學讀物。

2. 製作科學用具。

3. 舉行通俗科學講演。

4. 放映科學電影。

5. 利用寒暑假、舉辦科學講習會。

6. 利用校慶日、國慶日及其他例假，開放校內科學設備，供人展覽或實驗。

7. 利用日蝕、月蝕及颱風，地震、說明大自然現象。

8. 利用科學用具，說明科學原理（如利用收音機、電視機、放映機等，說明聲光電子原理）。

9. 利用醫藥疾病，說明身體構造及生理現象。

10. 根據科學原理，說明不良習俗、迷信之害，如隨地吐痰，求籤問卜等。

　　要之，社會教育事項甚多，難以枚舉無遺，以上所列，僅屬事例。各校實施時，須根據實際情況，採取前述「原則」，因時地制宜，酌量增減。

結　語

　　推行社會教育是一種極具意義的工作，尤其在目前工商業日漸發達，人們工作日漸繁忙，國民物質生活日益提高的今天，加强社會教育更形重要。以學校現有之設備及學有專長的教師們，學校實爲推展社會教育之理想單位，所以學校應加强辦理社會教育，以發揮並推廣教育的功能，各機關，各團體及大衆傳播應予密切配合，以學生爲橋樑，透過學生到家庭，由家庭推展到社會大衆，以達成「教育與社會相結合」，「使學校成爲社區精神文化堡壘」的目標。

第二節　親職教育與社會教育

　　家庭是兒童與青少年成長的搖籃，人類自出生開始，卽在家庭團體中，察言、觀色、同化、模仿以及接受教育指導，在長期愛護與培植當中，爲個人一生之生活目標，奠定穩固的基礎。所以，家庭教育實爲個人一生教育當中最重要的階段，而子女家庭教育的實施，當以父母爲核心，其影響力量也最大。

　　近年來，由於社會型態逐漸改變，家庭核心力量日漸鬆弛，家庭教育功能受到影響，而青少年行爲困擾問題亦日趨嚴重。❺因而，推動親職教育，强化家庭功能，增進兒童、青少年身心健全發展，預防兒童、青少年不良適應及犯罪行爲之產生，乃成爲我國社會當前最重要之急務，亦是當前社會教育的重點工作。

---

❺ 救國團青少年輔導中心主編，我需要的好家庭，家庭教育的藝術，幼獅文化事業公司，民國六十七年四月。

壹、親職教育的必要性

親職教育卽是藉教育的功能，來改變父母所扮演的角色。簡單地說，就是敎人如何爲人父母的教育，使爲人父母者，瞭解如何去敎養自己的子女，以及如何善盡父母的職責。

西哲羅素（Bertrand Russell）說：「兒童的品性，在入學以前，已大部完全定型」。而行爲科學家及心理學家們，根據研究亦認爲，個人的人格在六歲以前卽已成定型，由此我們可知家庭教育的重要性。

我們再根據少年輔育院犯罪資料的分析來看，犯罪青少年的肇因：一爲家庭因素，二爲社會因素，三爲學校因素，四爲個人的人格因素（民國六十六年統計）。其中以家庭因素爲最多，所有犯罪者九千零六〇人，因家庭因素犯罪者有四、二五一人，佔四十六點九二；社會因素次之佔三六點二；人格因素再次之；而以學校因素居末。❻由此可知家庭教育如不健全，則犯罪的可能性就大，換句話說家庭教育的良窳與子女的行爲偏差有密切之關係。

以上資料是根據登記有案的犯罪青少年來做分析的，至於那些頻臨犯罪邊緣的虞犯少年，如心理困擾、吸膠、吸毒、偷竊、行爲偏差者，尚不在統計之列，可見推行親職教育乃有其必要性。

貳、父母的職份與其必備的條件

父母有專門的職份，正如老師、工程師一樣。然而父母的職份無論古今中外，皆可用「養兒育女」一詞包括一切。父母生了孩子，再把他們撫育成人。以往的父母養育子女的目的是養兒防老，光宗耀祖。雖然

---

❻ 周震歐，談少年犯罪問題，同上註，頁一二〇～一二五。

沒有學校或特定的課程來講習父母的職份，但是社會中却有禮教與傳統强有力的維繫這種思想，家族與家庭中也有明顯的行爲來塑造年輕人將來成爲社會所希望的嚴父與慈母。

現代的社會由於思想與時代的變遷，舊日好父母的典型已不完全適用，年輕的父母，以往的生活經驗，大部份是在學校的教育過程或訓練中所學習得來的，等到交往異性朋友時，選擇的條件又多基於二人之間的興趣、外貌與才幹的吸引，一旦變爲父親或母親，現實的生活一緊迫，對自己的職份常易模糊不清。

今天父母的職份究竟是什麼？根據親職教育專家的定義是「有效的養育子女，使子女按其個人的才智與興趣成爲健康、快樂，且能在社會上充分發揮其功效的人」。要想達到此標準，現代的父母正如其他專業人才一樣，要有相當的預備與條件。

成功的父母類型很多；據親職教育專家的研究結果，將成功父母的條件綜合爲以下數項：❼

一、人格氣質的修養—人格氣質有的是受先天的影響，有的是後天環境所塑造的。而人格氣質在親子關係上形成的影響就是養育態度；養育的態度有保護型、接受型、關愛型、冷淡型、排斥型等。父母必須選擇適當的養育態度。其次，夫妻關係亦爲重要條件之一，這種相互間的關係也會直接或間接地影響下一代。除此之外，個人的人格特性、言語、舉止、才幹等皆是最重要的影響條件。

二、知識的充實—成功的父母正如其他的專業人才一樣要在自己的職份中盡量充實自己，因爲僅只靠正確的親子關係態度尚不够，必須知道正在發展中的子女的一般需求，以及社會、學校、家庭如何影響子女

❼ 陳汝惠著，父母與子女，商務印書館，民國六十年。

的人格與才智。

　　三、技巧的運用－作一個父母除了有良好的人格特質，正確而充實的知識外，也必須是一位會運用知識的人。據專家的研究發現只能一味地追隨專家意見而不加選擇與修正的父母不能成爲成功的父母，因爲專家雖專，却不是萬靈藥；而是一般性的原則，遇到用到個別的孩子身上，常會發生偏差。因此解決困難的能力、批判與分辨的能力及靈巧的能力也是重要的條件。

　　其他成功父母的條件仍多，斯巴克（Spock）在其所著的「嬰兒與幼兒的養育」（Baby and Child Care）一書中，曾强調輕鬆而有自信心，也是成功父母的條件。家政學家認爲有技巧的操縱收支平衡等能力，也當列爲重要條件。

叁、親子間的默契

　　愛康氏（El Kind）認爲家庭內，父母與子女之間，都會具有一種默契。而這種默契的核心，是父母有責任敎養子女，子女亦應爲其雙親角色的扮演，犧牲某些自以爲是的觀念，譬如服從社會規範等等。一般說來，當子女察覺父母沒有盡責時，往往很易自暴自棄，而淪爲少年罪犯。

　　根據愛康氏分類，少年犯罪的類型，不外乎下列三類：

　　第一種類型的少年罪犯是長期的情緒困擾者，這類少年最需要精神醫生的協助與診治。

　　第二種類型的少年罪犯，幾乎是由於意外事件所造成。他們常常參與各種聚會，可能因爲一時的衝動，或因爲外物的刺激誘惑而按捺不住，突然犯了法而爲警察逮住。

　　第三種類型的少年罪犯，多數經常陷於糾紛之中，通常是前科累累

的虞犯。

愛康氏並列舉最爲常見的五種情況，來說明父母對親子間之默契未盡到職責：

第一種係利用子女以滿足自己的私心或需求。

第二種係利用子女來光耀自己的本我或顏面。

第三種係父母要求子女幫助操理家務，看顧弟妹，協助生意等，使得子女沒有屬於自己的時間來滿足本身的需要。

第四種係利用子女以減輕自己良心上的譴責。這種情況常發生於破碎家庭之中，尤以寡母的家庭爲甚。他們强使年幼子女與其生活在一起，不准親友的領養與支助；經由子女的接受，其良心上的歉疚和不安因而減少。

第五種係利用子女以顯示自身的道德品行。這類的父母包括學校校長、牧師和法官等。彼等常爲其事業名譽，嚴求子女服從許多不合理的道德規範，子女若不小心犯錯有損其聲譽，往往登報聲明斷絕親子關係。❽

上述五種默契的破壞，不僅可以適用於中等家庭的孩子，而且各種社經地位的小孩都可以應用。雖然天下父母沒有不想要自己子女獲取幸福、快樂和健康，可是父母往往不了解青少年子女的需要，獨自壟斷或逼迫子女恭聆訓誨，以致引起青少年的反感，甚至因而步入歧途。

肆、管教子女應有的原則

養兒容易育兒難，管教青少年是天下爲父母者最感困擾的事，父母對子女的幫助、體貼、勸告，常被青少年誤解爲干涉、侵犯、打官腔。

---

❽ 俞筱鈞，父母管教態度與方法，張老師月刊，二卷五期，民國六十七年十一月，頁三十六～四十一。

而父母究竟要如何才能與青少年子女和諧相處呢？才能減少青少年子女的反抗行為並使之導入正途呢？依據美國心理學家吉勒特（Ginott）的意見，父母可以用下述幾種策略來管教其子女： ❾

一、接納子女的需求：青少年子女的需求都是急促而迫切的，如果他們精力旺盛、好動、父母不宜過分地壓制他，同樣地父母應考慮子女的獨處及接受他們不滿的雅量、不去探聽他們的隱秘、就是對他們最有效的幫助。

二、協助子女的獨立：青少年子女每欲獨立，自主，因此他們的心思，不願立即被人拆穿或瞭解，當他們遭遇困難時，反而覺得該問題具有獨特性，如果父母對他說：「我瞭解你內心的感觸，我年輕時也一樣。」如此，他們會覺得父母侮辱他，因而弄巧反拙。

三、應用接受和讚許：對於子女的要求，不宜置之不理或限制，而應作有條件的認同，而這種認同並不是放任，而是予以鼓勵。

四、不要過分的指責：孩子有孩子樣子，大人也有大人的樣子。父母常喜歡挑出子女的小缺點、小毛病，以為如此做是為兒女好，孰不知却恰巧相反，而當眾指責子女的缺點，效果不但不大，反而引起他們的反抗，因為子女的自尊心被傷害了，他們內心不會悔改，反而變本加厲，而使情況越弄越糟。

五、維護子女的自尊心：青少年的行為多少都會有些缺憾的，他們對此極為敏感，深恐自己的缺憾被他人譏諷，因而處處設防，尤其有不雅的外號，一旦為人涉及，雖然表面會裝著若無其事，然而心裡却頗不是滋味，「彷彿啞吧吃黃蓮、有苦難言」。為此，父母最好不要嘲弄他們；更甚者青少年子女想要忘掉過去的傷心往事，冀求人家把他當大人

❾ 林幸魄，父母與青少年的溝通，張老師月刊，三卷二期，民國六十八年二月，頁四十一～四十五。

看，因此父母應儘量注意並滿足子女在這方面的需求。

六、應該同情與鼓勵：青少年子女常渴望自立，父母應設法去幫助子女、滿足子女的意願，消除其敵對的態度；而子女在一連串緊張而有趣的成長過程中，父母應該給予同情，而以精神鼓勵子女自主自立。

七、解釋理由：青少年子女的價值觀尚未完全社會化，因此每每做出與父母的價值判斷相背馳的事；此時父母如沉不住氣，反而會越搞越壞，如果父母總以為自己對，孩子錯，繃起臉來糾正子女的錯誤，會使親子關係破壞，因此在糾正子女時，要先說明理由，使子女知其所以然。

八、父母的態度勿模稜兩可：父母對子女說話必須明確肯定，言而有信，言出必行，或是曉以道理，由子女做決定。最忌的是模稜兩可，子女無所適從。

九、切忌說教：幫助子女，要瞭解如何去幫助，不憐憫、不苛求，但絕不受子女的情緒所左右。父母應該協助子女處理其憤怒、恐懼和困惑；卻不跟著發脾氣、害怕或迷惑。許多父母常會在管教子女時，提起自己當年的得意事，例如：「當你爸爸（媽媽）像你這般大時…………」子女聽得次數多了，不但充耳不聞，而且還會反抗；即使是聽了，他們也存疑著，懷疑父母是否真的這麼勤奮、明達、節儉、向上，而他們却很難想到父母都是過來人，總以為是父母騙他；因此要管教子女，最好與子女共同協商，不要以過去或現有的價值觀念去批判他們，去約束他們。

十、身教與言教合一：要求子女在行為方面應如何如何，做父母的必須躬親行之，上行下效。因此父母應以身作則，作為子女模仿的好對象。

以上十種是父母在管教子女方面應該要有的體認與作法，同時還需

顧及子女的個別差異，運用技巧方法，多花一分心力，就會有多一分的收穫。

伍、實施「親職教育」的具體途徑

親職教育乃一種新興的學科，此學科是專爲協助父母更有效地了解並執行自己的職責。親職教育可能爲職前的，對象爲未作父母者；也可能是在職的，對象爲正在作父母的。

我國早在民國廿七年，教育部便曾公布了「中等以下學校推行家庭教育辦法」。民國卅四年重頒「推行家庭教育辦法」，通令全國各省市實施。其要點如后：　❿

一、各省市教育行政機構，應切實督導所屬學校，社教機關及文化團體、婦女團體等，積極推行家庭教育。

二、各省市教育廳局，應於主管社會教育之科、股內指定職員一人，辦理家庭教育行政事宜。

三、各縣市社會教育委員會應爲辦理家庭教育之主持機關。

四、各縣市所屬區署、鄉鎭區公所及保辦公處，應分別責成教育指導員，文化股主任及文化幹事，協助當地教育機關、團體推行家庭計劃。

五、各級學校推行家庭教育，由各校社會教育推行委員會主持辦理。

六、各社會教育機關推行家庭教育，由辦理教導工作等部分別主持辦理。

七、各級學校及社會教育機關推行家庭教育，教職員、學生均應參

---

❿ 臺灣省政府教育廳編印，臺灣省社會教育法令有關資料彙編，民國六十八年十一月。

加，並得以女教職員、學生爲推行各項工作的主體。

八、各級學校及社會教育機關於年度開始時，應將推行教育計劃，附編於學校辦理社會教育計劃及本機關工作進行計劃內，呈報主管教育行政機關核准實施；年度終了時，亦應將辦理情形呈報備案。

九、各級學校及社會教育推行家庭教育所需之經費，應於各機關經常費內動支；不足之數，得呈請主管機關酌予補助之。

教育部所頒的這項推行辦法，層層負責督導，條理分明，辦法不可說不完備，然何以推行有年，仍未見有顯著的成效呢？其原因乃：

一、辦法雖好，但未能切實執行，因此形同虛設。

二、未廣爲宣傳，因此國人不能積極參與。

三、父母在參與時間上有困難。

四、缺乏充足的經費，沒有專門的預算。

今天辦理親職教育和以往辦理親職教育在性質上已有相當的差異。過去將其歸入教育，而今天則蘊含有社會教育及社會福利的雙重意義，因此今天我們推行親職教育也遠較過去爲方便，因此今天辦理親職教育有兩條可行途徑：

一、非正式的途徑—由於社會意識的覺醒，社會經濟的快速成長，社會福利觀念的加强，再加上輔導工作的興起，各種各類的社會工作，當其進行工作時，爲了工作上的需要經常也附帶做了親職教育的工作。具體的辦法是：

（一）演講或座談會—由社區、學校，社團或有關機構，聘請專家學者，以親職爲題作的一系列的演講、座談、或專題討論。父母可一方面帶著學習的態度，一方面帶著尋求解決問題的心願參加。

（二）報章雜誌的報導—許多報紙闢有專欄，專門介紹有關親職教育的問題及其解決方法與途徑；雜誌也專門針對家庭功能或父母職責報

導；此外近年來大衆傳播媒體亦大力提倡，對於程度較低之父母更可以提供視聽上的協助。

（三）專門的機構與人才─由於社會的需求，許多大都市設有專門機構與專業人才來幫助解決父母的困擾，許多方法與技巧，都可以透過電話，書信或是面談的服務，而加以利用。

（四）其他方面─許多大專院校都開有心理學、敎育學、以及輔導學與社會敎育學的專門課程，這些課程可以作父母的在職或職前訓練的基礎。

二、**正式的途徑**─即敎育部的規定以各級學校或各社敎機關、團體，作有計劃性的實施。

(一) 各級學校辦理親職敎育：

1. 大專院校辦理親職敎育的方式與型態：

（1）舉辦親職敎育專題演講。（2）親職敎育的研究。（3）親職敎育人員的訓練。（4）編譯有關親職敎育的書刊雜誌。（5）親職敎育有關的理論與實務的解析與指導等。

2. 中等學校可以辦理的親職敎育及其類型：

（1）舉辦親職敎育研習討論會。（2）懇請會或母姊會。（3）媽媽敎室及爸爸聯誼會。（4）靑少年子女偏差行爲座談會。（5）家事指導、家庭衛生指導。（6）親子關係座談會等。

3. 國民小學可推行的親職敎育工作：其方式與中等學校相當，但是內容可以約略偏向兒童或幼兒的管理與敎育方面，而不必過於注重理論的講求，僅求能實際利用即可。

(二) 各級社敎機構辦理親職敎育可行的途徑：

1. 親職敎育的實務研習。

2. 家庭敎育座談會或專題討論以及演講。

3. 透過大眾傳播媒介，介紹有關親職教育的新方法與新知識。

4. 舉辦社區技藝訓練、選拔模範家庭；利用時機如配合節令，大力宣導。

5. 與當地的慶典活動配合，充分利用該地的資源，切合該地的需求，以針對時弊予以改善。

6. 利用各機構的特性及專長辦理。

結　語

輔導一個兒童或青少年，家庭、學校與社會都應該負起共同的責任，協調合作，方能竟其全功。不過，親職教育尤其重要，親職教育要教育未來的父母或已做父母者，能够善盡對子女教育的職責，在消極方面減少不良青少年的產生，積極方面可為社會國家培育更多良好的公民，以促進社會國家之進步。

第三節　空中教學與社會教育

視聽教育是指充分利用視覺器官、聽覺器官和其他感官（如觸覺、嗅覺、味覺等）來學習的教育，也是指利用教育媒體來增進教學效率的教育。它是對傳統式語言教學的一種革命。根據美國視聽教育專家戴爾圓錐形的「經驗金字塔」，證明學習效果的層次，最差的是口述，依次是視覺符號、錄音廣播靜畫、電影、電視、展覽、觀摩、演示，參加話劇、模擬經驗，有目的之直接經驗。⓫

而空中教學是利用電視教學為主，廣播教學為輔，二者配合重複施

⓫ 李寶和編著，視聽教育與人類思想之傳遞，臺北：西江書局，民國六十年。

敎，在敎學效果上顯然較傳統式語言敎學來得優良。因爲電視能將金字塔各層次的敎學法作綜合性的發揮，除了學生實地操作課程外，電視可以彙集各種敎學法綜合運用，同時於畫面上出現，而收到最大的敎學效果。

壹、空中敎學的涵義與性質

空中敎學在理論上，是屬於視聽敎育的一環，其涵義與性質在：

（一）空中敎學是由函授、電視、廣播、面授四種敎法配合重複施敎的綜合名稱，這四種敎學法也是世界七十餘國家辦理空中敎學的共通體制。

（二）空中敎學是一種敎學法，但其內涵，隨敎育對象而有所不同，完全可以遵循國家政策，適應社會需求，以客觀形式作機動運用。

（三）空中敎學的功能是多方面的，就敎育立場而言，它具有二種功能：

1. 傳播功能：敎學效果由點而擴展至電訊所涵蓋的面，這是電視及廣播敎學最具威力的基本功能，因此運用空中敎學能使敎育普及於整個社會，使得全體人民均享有獲得敎育的機會。

2. 視聽敎育功能：優良的電視及廣播敎學節目，對在校學生具有輔助敎學的功能，對老師發生示範敎學的功能。

（四）空中敎學有其固定性能，對於客觀形式甚少適應之彈性。如：播出時間無法適應每個人的各別需要。敎學時分秒必爭，主講人講課言簡意賅，字字珠璣，學生要全神貫注，才能充分了解；所以自學自修是空中敎學的原動力。

（五）空中敎學的價值衡量，不能純以空中敎學本身之良窳作爲衡量的惟一標準。空中敎學作業之是否完善，固然會影響其價值的高低，

而社會的觀念與能否有效利用，更是衡量其價值的主要指標。一個觀念的形成，需要極長的時間，空中教學是一套全新的體制，與傳統教學法有很大差異，消除社會抗拒新觀念的阻力，需要漫長的過渡時間，所以衡量空中教學的價值，必需主觀與客觀因素同時顧到，才是公允。其次，空中教學亦有其固定性，此種性能如上（四）之所提，社會對之適應如何，亦直接關係其價值的高低。⑫

貳、空中教學在教育上的效果

（一）空中教學在教育上的價值

空中學校作為教育方式，以輔助學校教育之不足，已逐漸的成為推廣教育的主要柱石。根據聯合國文教組織廣播顧問委員會在一九四〇年的調查報告，可以看出歐美各國空中教學的試辦與績效，獲致一個共同的結論，就是「學生的水準意外的比普通學校同年級的學生還要高，而且可以減少師資缺乏以及水準不均的困難，為國庫減少經費，同時可節省教具，統一教材等等」，因此，各國均願意發展此一劃時代的教育工具，目前即使是落後地區，亦在迎頭趕上，極力推展空中學校教育。

空中學校在教育上的價值，歸納說明如下：

1. 就學校教育而言

其目的並非在取代學校教師，而是在協助及補充課室中所沒有的教材，以擴大學校教師的教學效果。如：

（1）擴大學生對於世界現勢的認識與了解。許多專家學者們在電臺裏播講的重要演說、時事評論等，可以在上公民課時播出，指導學生收聽收看，以引起學生對政治問題和國際問題的濃厚興趣。

⑫ 國立臺灣師範大學視聽教育館編印，視聽教育雙月刊，第十四卷第二期，民國六十一年九月。

(2) 啓發學生閱讀、研究和思考的興趣。利用廣播與電視可供給學生最新的教材，以補充教科書上之不足。最新的教材不但能引起學生的學習興趣，而且能增進學生作進一步的學習其他知識的動機。因此，有計畫的指導學生收聽教育廣播或收看電視，使學生的學習，能與世界新知識之發展，密切配合，則在教學上可以解決若干困難，使教學效果日臻理想。

(3) 發展學生對於藝術的享受慾望和欣賞能力。藉著電視教學，可以使學生有機會看到世界各國的藝術珍品，而不是只有平面的視覺接觸或抽象的語言文字。由此，可以發展學生創造與心智的能力，養成學生欣賞美術音樂與文學作品的興趣。❸

以廣播電視作為教學的工具，具有二大利益：第一，它能推廣最優秀老師的成就；第二，它能帶給學生在傳統的教學方法上能力所不及的教育經驗。其他，它能防止學校教育落後傾向，尤其是偏僻地區的學校，常常師資缺乏，教育不足，如利用空中教學的教育廣播和電視教學，可以使得鄉村中的學校獲得平時得不到的教育。

2. 以社會教育言

空中教學可以輔導社會成人，失學青年及殘障者繼續進修，以培養他們的生存技能。其次，協助文盲掃除工作，使得失學的社會人士得到一個修習正規學校教育的機會。

(二) 空中教學的教學效果

空中教學係以電視教學為主，廣播教學為輔。電視教學的教學效果，我們可以從下述的小型實驗報告得知：

1. 美國芝加哥初級大學花了三年時間，以各種不同的課程對在家

---

❸ 華視教學部編印，中華民國空中教學，民國六十七年八月。

收看電視學生與教室聽講學生的成績做一比較，第一年以九個課程作比較，包括三種英文課程，二種社會學課程，二種生物學課程，政治及數學。測驗結果，在家收看電視組學生成績生物最優，其他課程兩組無顯著差別，第二年比較的課程包括英文、人文、生物、會計、物理、社會科學，心理學，速記等；比較結果，人文、生物、物理課程仍以在家收看電視組為佳。第三年以社會科學，物理與語言三科做為比較，結果前二者無顯著差別，後者以在家收看電視的學生成績較佳。

2. 孫邦正教授等於五十九年提出空中學校（北商設空中學校於五十五年開學，五十九年第一屆學生畢業）實驗報告。報告中雖未利用控制班方式作比較實驗，但已經將空中學校有關體系、教務、訓導，一般行政等作詳細的說明分析，並與普通學校作理論的比較。最後在結論中指出：「我們堅信空中教學是值得信賴推廣的教育體制，其可行性與必要性不但要獲得教育當局和社會大眾的確認，且須進而使其特性與價值發揚光大，一舉而解決當前教育上許多迫切的問題。」

3. 北商附設空中學校三屆畢業同學參加考試成績，是最客觀的證明。北商於五十五年奉令開辦實驗空中補習學校，自五十九年起，每年有學生畢業參加教育行政機關主辦的考驗，其歷年成績如下：

年　次	畢業學生人數	參加考試及格人數	百分比
59	240人	198人	83%
60	174人	166人	95%
61	184人	172人	94%

空中學校的及格率與一般補習學校平均及格率並無分軒輊。

由上述的實驗報告中，可以得知空中教學的成果。此外，聯合國文教組織亦派員訪問採用空中教學之國家，以考核各國施教的效果。其報告認為：舉凡傳統性教學方法所能擔當之任務，空中教學均能勝任愉快，而其績效尤佳。除此以外，美國俄亥俄州的評鑑結果，已獲得美國中西部教學計畫之支持，而開發中國家之評鑑，在哥倫比亞、泰國、尼日及美屬三毛亞，亦做同樣的認定，且認為是加速發展其教育與經濟之利器。⑭

叁、空中教學的發展過程

揆之史實，各國廣播教學與電視教學之發展過程，有一共同之軌跡即：社會教育性節目→輔助教學→配合學校課程→納入空中教學體系。其間因各國國情不同，某一過程有歷時久暫之別，亦有其倚輕倚重之別，但發展趨向大都如此。惟發展至後一過程時，前一階段的節目仍然是併存不悖。

如依教學所使用之方法或工具而言，則各國空中教學之發展過程大致亦有一定方向可循：即函授教學法→廣播教學法→電視教學法→衛星教學法。這顯示空中教學之工具係隨科學工具之發展而蛻化，惟後一階段新工具被用來作為空中教學之工具後，此新工具必須取代前階段工具而成為主要之教學方法，但前一階段之舊工具或方法並不予以淘汰，而仍被採用，只是退居補助地位而已，故到後來，教學工具與方法愈益增加，而且愈益完備。

---

⑭ 華視教學部編印，空中教學簡報，民國六十七年十月。

肆、我國空中教學現況

（一）播音教學

民國十七年，中央廣播電臺在南京開播，即有空中教學節目之存在，不過尚是初創，欠系統和組織。民國廿四年我政府鑒於空中教學之重要，教育部成立播音教育委員會，並與中央廣播電臺合作，播出教育節目與課程。先總統　蔣公在民生主義育樂兩篇補述中，曾再三強調廣播是教育重要工具之一，於是行政院在四十八年底令准成立教育廣播電臺，此為我國第一個真正為教育而設置的電臺，也是空中教育具體化重要措施。

教育廣播電臺初期，每日播出十小時卅分鐘，節目分兩大部分，第一部分負責社會教育，除播授國小，初中及大學等主要課程外，尚有各種語文教學及文教活動節目，第二部分則係配合政府空中教學之實驗，負責空中學校高商各科課程。經該臺不斷研究改進，現在播音每日廿一小時，使用中波發射機一部，對臺灣北部播出，中、南部、東部及澎湖、金、馬地區則租用中廣第三部分廣播網轉播，並設立全國空中教學調頻系統。

（二）電視教育

就教育而言，電視不僅具有電影機聲形之優美，同時可於同一時間播送有系統之教材，不但使大多數國民依其時間自由收看電視教育課程，同時亦可協助各級學校輔助教學，去除有些因校舍師資設備等缺少的困難。

1. 教育電視臺之設立

民國五十年，教育部鑒於需要而發展大眾傳播教育，建立空中教學體制列為主要政策之一。五十一年元旦呈准行政院，責成國立教育資料

舘，設立教育電視臺，於同年二月十四日實驗開播，五十二年十二月一日正式成立教育電視廣播電臺，該臺在節目上完全屬於教育性的，社會教育與學校教育並重。學校教育節目中，國小教學部分配合國小有關科目加強教學，在播送區域內，百分之六十五國民小學收視該臺節目。該臺節目的百分之三十三是高商教學節目，亦全爲臺北市立商專合作舉辦的空中高級商業廣播實驗補習學校所製作的。

2. 空中學校的實驗

民國五十一年第四次全國教育會議，會中決議發展空中教學。當時教育部長黃季陸先生首先倡議「空中學制」，一方面積極設法充實教育電視、廣播電臺之設備，一方面派員赴歐、美、日等國考察及蒐集各國空中教學資料。至民國五十四年二月，教育部指定當時臺灣省立臺北商業職業學校先行試驗電視教學，最初播講的科目是商業概論與商業會計二科。民國五十五年公布「廣播學校設置暫行辦法」及「廣播教學指導委員會組織規程」，同年九月間，教育部廣播教學指導委員會正式宣布，我國第一所空中學校——高級商業職業廣播實驗補習學校——成立。

該校創設的宗旨，在利用電化傳播工具，幫助在職青年，利用工作餘暇，獲得進德修業的機會，進而提高各級商業人才素質，培養良好經建人才。其教學方式包括電視、廣播、面授、函授等四方面配合實施。它的優點在採學科制，學生可依自己的時間斟酌選修學分。入學資格，沒有年齡、性別、職業限制，凡是初中或初職畢業的學生以及同等學歷者，均可以報考。修畢四年課程或成績及格者，由學校發給結業證明書可以同等學歷投考大專正式學校，如參加教育機關舉行的資格考試，及格者並可以具有正式高商畢業資格。該校創辦時只有學生四八八人，四年以後第一屆畢業學生爲二百四十人，至五十九年已有學生一千二百人

左右。該校經過四年的實驗，作多種調查，統計，事實證明此種空中教學確實具有普通學校相同效果，值得推廣。

　　3. 中華電視臺的空中教學

　　由於第一期空中教學實驗獲得初步成功，為能充分發揮空中教學之效能，以達到全民教育的理想，教育部與國防部合作擴建原有之教育電視臺，改名為中華電視臺，華視負責的空中教學，茲將其實施概況簡述如下：

　　(1) 作業體系

　　空中教學以教育部為最高主管機關，教育部特設空中教學委員會負責空中教學之策畫督導事宜。一面委託華視教學部負責電視教學，編印教材，遴聘主講老師，函授學校及廣播教學等工作；一面指定國立大學，或令由省市教育廳局擇定公立學校附設空中專科或高級進修補習學校，負責面授教學，批改作業，成績考查，生活教育及學籍管理等工作。雙方配合施教，構成完整的作業體系：⑮

教育部另指定公私立大學與華視合作開出選修科目，並指定師專將暑期部分課程利用空中教學。

　　(2) 教學方法

　　空中教學係由函授教學、電視教學、廣播教學、面授教學四種教學方法，互相配合的教學制度。另輔以生活教育，使能達到德、智、體、群四育兼修的目的。

　　A. 函授教學：為空中教學的基本教學方法，採以教材為實施之中心，故教材另定範式，根據部定標準或將部編本擴編而成，內容豐富，文字淺顯，可供學生自學自修之需要為主要特色，所附習題必需按時繳

⑮ 周奉和撰，空中教學與文化建設，於中國教育學會主編，教育發展與文化建設，幼獅文化事業公司，民國六十七年十二月，頁二八。

空中教學作業關係圖

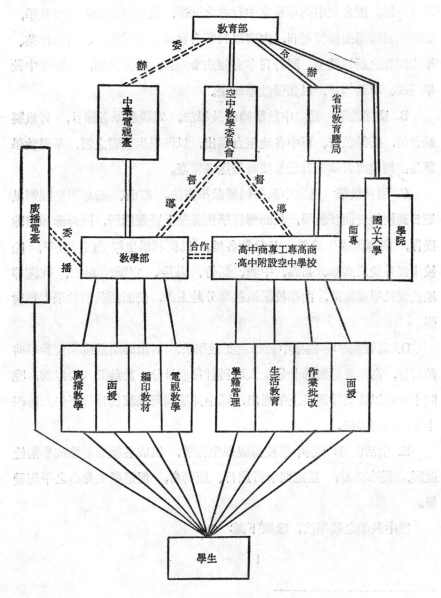

送。華視自開播至六十九年七月底止，已編敎材二七八本，印行總數約二百萬册。配合空中商專及空中行專之開辦，敎育部爲加強函授敎學，委託華視印編函授雙週刊，內容以刊載各科課業輔助資料、各科作業、學生問題之解答爲主，同時刊布有關法令通告，學校動態，各國空中敎學現況、專論等等，以加強敎學效果。

B. 廣播敎學：爲空中敎學輔助敎學法。電視敎學各節目，另重製錄音帶，委請敎育、軍中各地電台播出，以供學生複習之需，華視敎學部每週拷製錄音帶五五〇卷按時發送各電臺。

C. 面授敎學：爲空中敎學輔導敎學方法。高商、商專學生隔週星期日到校接受面授敎學，敎師解答學生課業上疑難問題，同時參加實驗操作，商專因學生較多，且分散各地，爲便利學生接受面授敎學，除校本部外並於高雄、嘉義、中壢、新竹、基隆、宜蘭、彰化、花蓮等地設置敎學輔導區，由學校派遣敎師分赴上課，使面授敎學效果大爲增強。

D. 電視敎學：爲空中敎學主要敎學法，播出時間數按學校敎學時數折算，高商課程每節廿分，大專科目每節卅分，於晨間八時以前，晚間十一時以後及星期日上午播出，國中課業輔導課程爲每日下午五時四十分至六時播出。

E. 生活敎育：空中學校得視學生需要，組成各種康樂性或學術性社團，從事活動，並定期舉行旅行、運動會，促進學生身心之平衡發展。

空中敎學之敎學法，參照下圖： ⓰

⓰ 同上註，頁二八二。

空 中 教 學 教 學 法

——四 環 式 教 學 法——

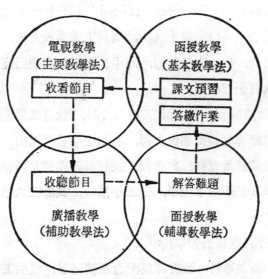

(3) 行政措施

空中教學不同於傳統教學方法，故在行政上也有不同的規定。

A. 法據: 確定空中學校為補習學校性質，以「補習教育法」為基本法據，教育部據以頒訂各種辦法以為作業之依據。

B. 入學從寬:「入學從寬，教學以嚴」是空中教學的基本原則，俾達到「處處是教室，人人有書讀」的目的。

C. 修業年限: 空校課程雖分三年開出，但學生得視個人情境延長修業年限。已修得之學分，除連續脫離學校三年外，永久有效。

D. 選讀生制度: 社會上自願進修者得申請為選讀生，其所選科目，經考試成績及格者發給證明書，如日後取得正式入學資格，所修各科准予免修。

E. 自給自足原則: 空中學校經費以收取學費支應為原則，但人數

過少之學校，由教育部補助。

(4) 各類學校概況

A. 空中高級進修補習學校：　自民國六十年十一月起，　由教育行政主管機關擇定省立高級中學十九所，高級工業學校九所，高級商業學校十四所附設辦理，自六十二年起，高中、高工、高商已逐年暫停招生，至六十七年八月全部結業。

B. 空中師專課程：　自六十二年二月起，教育部為全面提高國小師資水準，特將師專暑假部部份課程，利用空中教學播出，使在職教師可以利用課餘時間修讀專科程度課程，按師專暑期部共需修讀六八學分，將其中四二學分利用空中校學，分三年播授，其餘二六學分，分二個暑期到校上課。

C. 空中專科進修補習學校：

　　a. 空中商業專科：教育部為配合經濟發展，提供工商企業從業人員在職進修教育機會，經依補習教育法有關規定，指定國立成功大學，臺灣省立臺中商業專科學校，與臺北市立商業專科學校附設空中商業專科進修補習學校，於六十六年一月間辦理新生報考，三月七日開播。三所空中商專報名總數為一七、四三〇人，共錄取九、〇〇〇人。分國際貿易、會計統計、企業管理及銀行保險等四科；修業期限至少三年，至多七年，修畢全部學分，經參加教育部舉辦之資格考驗及格後，即取得二年制專科畢業相同資格。

　　b. 空中行政專科：　設立的主旨，係對在職公務人員提供進修機會。教育部指定國立政治大學附設空中行政專科進修補習學校，於六十六年招生，上課。招生分為薦送報名及自由報名二部分。

D. 大學科目：　教育部指定若干大學與華視合作開出大學選修科目，　招收合格學生，　於教學終了，　考試及格者由學校發給該學分證明

書，持有此證明書於四年內考入原校得免修該科目。

(5) 成績統計

A. 空中學校教學認眞，可以下列統計數字爲據：

　a. 空中學校畢業率（62、63、64學年度）平均爲37.35%

　b. 師專學校畢業率（第一學期）爲81.42%

　c. 商專續讀率：

　六十六年度第一年級下學期爲　75%

　六十七年度二年級上學期爲　83.30%

　六十七年度一年級下學期爲　73%

　六十七年度二年級下學期爲　94%

　d. 行專續讀率：

　六十七年度一年級下學期爲　77%

　六十七年度二年級上學期爲　91.10%

　e. 大學科目修得學分之比率爲　19.37%

B. 空中學校成績良好，可以歷年空校結業生參加教育廳局舉辦之補校資格考驗爲證：

　六十二學年度平均及格率爲　89.88%

　六十三學年度平均及格率爲　92.12%

　六十四學年度平均及格率爲　88.17%

　六十五學年度平均及格率爲　90.89%

　四學年度平均及格率爲　91.76%

除了以上所介紹的空中教學學校外，華視另外播出的電視節目有：軍中政治教育；國中生物、物理、化學及數學等科目電視教學輔助節目；科學天地；國中課程輔導節目、國小自然教學節目；生產線；特殊

敎育與學校交通安全影片；英文敎學節目等。⑰

伍、空中敎學改進之途徑

（一）空中敎學之檢討

空中敎學在我國尚屬初創，無論在作業體制、敎學法、敎材、播出時間、節目製作、主講人、作業批改、面授敎學進度以及行政管理等各方面，自然會有問題發生，應設法研究改進，使得空中敎學能發揮其最大的功能。玆就其得失，分述如下：

優點：

1. 作業體制完整。在敎育部主持下，省市敎育廳局、各校、華視都能共同合作，共策共行。

2. 敎學方法配合適宜，切實可行。函授、電視、廣播、面授四種方法配合施敎，學生只要認眞學習，課業都能充分領悟了解，尤其學校、華視與各合作廣播電臺之間配合良好，使敎學順利進行，從無脫節空課情形發生，敎學進度能照計畫實施，圓滿完成。

3. 敎材如期出版供應學生需要。空中敎學敎材係根據部訂標準編撰，但爲適應空中敎學之用，格式重新設計，內容更加充實。

4. 各科敎學咸表稱許。電視與廣播主講老師，大都延聘師大相關科系敎授擔任，學驗俱優，講述明晰。

5. 面授敎學敎師循循善誘，學生認眞學習。

6. 空中學校有助於敎育機會均等。

7. 空中學校可一面工作一面讀書。

8. 空中敎學使得一般人都有機會向一流敎授學習。

---

⑰ 華視敎學部編印，空中敎學作業概要，民國六十七年十二月。

其次亟待研究改進的問題有下列各點:

　　1. 播出時間無法適應每個人的需要。此乃空中敎學先天性的缺點。

　　2. 敎學進度適應問題。空中敎學無法像傳統性的敎學一樣，老師有很寬裕時間講解，重要之處還可以重複，學生上課情形較輕鬆，有充裕時間之咀嚼消化。而電視鏡頭一瞬卽逝，老師講的話字字珠璣，出口成章，不重複，該寫黑板的畫面立時顯現，講過卽消失，不但沒有咀嚼消化的時間，只要稍一不愼，不盡瞭解其意，聽下去就茫茫然了，數理科目尤甚，而且較長時間的收看電視敎學，精神耗損極大，極易產生疲乏倦怠的情形。

　　3. 課程標準調和問題。空中學校的課程是根據部訂標準實施的，開播之後，學生對英文、數學最感困難，程度無法跟上進度。華視敎學部曾爲此召開多次會議，決定英文科課文刪除八課，使每課播講節數由四節增爲六節，而播講的技術也偏重字的解釋、發音、句法結構、成語、造句等較淺明的講解，使學生容易接受而發生興趣，而對高商部分決定修習一年課程。

　　數學科的問題更多，敎材不盡理想，這是由於敎材部訂標準太高，例題太少，作業未列在各章節之末，因此感到播講節數不敷。經常反覆研討，決定高商免修三年級課程，敎材上增加示範例題供學生參閱。而音樂、軍訓、工藝、家事等科停止敎學，其原定面授時間改成英、數等科面授之用，體育則由各校自行取捨，不作統一硬性規定。

　　4. 修業期限適應問題。一面工作一面讀書的學生，不能以全部時間努力求學，要趕在三年畢業，是有困難，爲此，空中學校決定仍採取課程按三年播出，而兼採學年學科制（卽學分制）俾學生可各依情形有自由選擇的機會，卽希望三年畢業的就按序肄業，三年可以修完；如因

職業關係不能在三年畢業的，可以選修學分方式修讀，一直到修滿所需結業的學分時就結業。而在成績考核方面也有配合的作法，卽學年結束時，如學生已符合補校的升級標準卽升級，如不能升級，其已及格之各科仍進行三年的課程，不及格者重修，而沒有留級制度，只要修滿所規定的學分數就結業。

5. 面授時間不够，各科面授時數是按科目性質與學分數而定的，很多學生都覺得面授時間不够，尤其是英、數等主科更是。

6. 學生中途離校問題：據調查參加第一學年期末學年試驗的人數，約為註册人數的百分之五十五。離校的原因有：水準太低，無法接受高商高中教育，不得不自動退出；播出時間無法適應，日久功課脫節，無法繼續學業；對空中敎學方法無法適應；職業調動或工作處所變更；當初以爲空中敎學輕鬆愉快，而開學後發現電視敎學、面授、作業考試都甚嚴謹而自甘敗退。

7. 電視收視效果問題。空中敎學以電視爲主要媒介，電視涵蓋的範圍及收視效果，會直接影響敎學之進行。

8. 廣播敎學配合問題。由於臺灣地形特殊，匪播干擾等問題，若干地區的廣播效果不良。

9. 與敎授之間缺乏感情的交流。收視電視敎學，學生只能接受敎師的學識，而無法與其產生師生間的友誼。

10. 電視敎學是單項學習。學生遇到問題無法馬上請敎講授的老師，只能記下來，等面授敎學時發問。

11. 學生間無連帶感。學生們彼此不容易熟識，很難促成其團結和諧的氣氛。

(二) 空中敎學的展望

空中敎學在我國已經樹立了制度，奠定了基礎，今後的發展應就檢

討所得妥爲籌劃，以發揮更大的功能。

1. 配合經濟建設，以發展職業敎育爲中心。今後空中學校應向工商職業敎育方向再發展，與工商企業勞工敎育相結合。

2. 開辦空中大學，建立體制，現在雖然已經有一些的大學選修課程，但尙未正式開辦空中大學，敎育當局應設法克服困難，參考英、日的先例，以提高一般國民的敎育水準，適應社會大衆多方面的需求。其次在設備及製作技術上亦應硏究改進。

3. 由華視開闢一專線，專播輔助學校的敎學節目。開播的日期與學校開學的日期相配合，播出的時間亦與學校上課時間配合，播出的節目進度與學校敎學的進度相配合，再加上節目內容與課程標準相配合。

4. 拷製1/2吋與3/4吋電視錄影帶，以供應學校使用。

5. 拷製電影片。拷製成十六厘米的電影片，以提供更多的服務。

6. 複製幻燈片。製成的節目，將其主要鏡頭攝製成幻燈片，每節以三十～四十張爲度，另附敎學資料，同時更可以配以錄音帶，並以錄音帶控制幻燈片的進程。將這三種資料裝在紙袋內供應學校使用。

7. 建立敎育專用電視頻道。目前華視播出的敎學節目的三線時間一早晨、下午、晚間，並不十分理想，此由於華視仍屬於民營企業性質，無法在黃金時間播出敎育節目而放棄廣告收入，這事實在現況下是永遠無法克服的。敎育部鑑於此，已函請交通部、行政院新聞局，要求開放撥給超高頻道，專爲敎育之用，目前已得有關機構原則同意，應設法克服經費、技術上的困難，以待一旦正式獲准，全力以赴，加速完成。⓲

空中學校的成立，打開了我國敎育史上新的一頁，人人都有充分的

⓲ 劉先雲著，空中敎學之展望，載臺灣敎育月刊，第三〇二期。

機會接受教育，爲達到「人人有書讀，處處是教室」的目的，應該積極建立空中大學，以普及高等教育，促進知識的傳播與應用，推動社會的進步，完整的空中教育制度，誠有必要。

第四節　社會風氣與社會教育

改善社會風氣這是一個相當通俗的題目，社會風氣就像「空氣」或「氣候」一樣，它是虛無飄渺的，看不見、摸不著、無臭又無味，可是我們無時無刻不接觸它。社會風氣就是這樣與我們每一個人朝夕相處，息息相關。社會風氣好，人人受益；社會風氣差，人人受害。

社會風氣似乎人人都懂，但是事實上，社會風氣又很不容易了解。到底什麼是社會風氣呢？筆者認爲，社會風氣卽是「社會上許多人內在的心理傾向以及外在的行爲模式交互影響的結果。」所謂內在的心理傾向，指的是每一個人的觀念、態度、目標與期望，通俗地說，就是一個人內心的想法。照心理學的說法，一個人的心理傾向，容易發爲行爲，表現於外，從而影響別人，蔚爲風尙，一時流行於衆人之間，這便是社會風氣。曾國藩曾說：「風俗之厚薄奚自乎？自乎一二人心之所向而已矣。」就是這個意思。

不過這種社會風氣，要從內心轉而爲行爲，從某些個人單獨的行動變爲多數人的行爲模式，一定是經過長期累積，逐漸形成的。它要經過一段相當長時間的醞釀、沖擊，才會成爲一種潮流、一股趨勢，例如：我們今日的社會風氣，就是過去三十年的社會變遷與五千年的歷史文化累積的結果。

同樣的道理，社會風氣一旦形成，不管是好是壞，你要改變它，却不是十分容易的事，所以今日我們要談革新社會風氣，亦絕非一朝一夕

所能收到立竿見影的效果，而是需要長期不斷的努力，日積月累，衆志成城。這是我們談改善社會風氣所必須明瞭的第一個課題。

　　我們中華民國台灣地區今日的社會風氣，姑不論其是好是壞，但是這種社會風氣一定有其造因，而表現某種情狀，茲僅就大家較爲關心，而且偏向需要改善的社會風氣，分析如次：

　　第一，三十年來，我國的經濟發展是有目共睹的事實，有形的數字是國民所得從二百美元提高到二千二百四十美元，無形的現象是人民衣食無缺，家家生活富足，這種經濟成長的結果，固然有其積極的正面價值，但同時亦產生了消極的負面價值，後者主要是一般人目前流行的某些不良的價值觀念，例如：部份民衆的「急功」，走捷徑，想一夜頓成暴富，貪小便宜夢想一舉成名，最近社會上的搶購汽油、經濟犯罪都是實例。又如：許多人的「近利」觀念，將淡薄名利，正其誼不謀其利的傳統文化束諸腦後，強調金錢萬能，笑貧不笑娼，投機取巧，相信有錢能使鬼推磨，這是絕對的功利主義，其結果是某些人爲求目的，不擇手段，甚至友情、親情、愛情都可犧牲，這是何等現實的觀念！

　　其次，三十年來，我國由於工商業發展的結果，工業區逐漸林立，人口乃向工業化、都市化地區集中，大都會地區於焉形成。目前台灣地區都市人口已佔總人口的百分之六十六、九。我國這種急遽都市化的結果，在擁擠狹窄的都市有限空間內，乃引起許多都市問題，諸如：住宅、交通、髒亂、就業、污染、犯罪及垃圾等弊害。尤其由於都市生活的緊張、忙碌、枯燥、單調乃使都市居民窮於應酬、交際，甚至部份民衆生活陷於浮華、靡爛，不可自拔之境地。

　　第三，這三十年來，我國社會結構起了很大的改變，家庭制度也起了急遽的變化。核心家庭的脆弱，家庭勞動力的轉變，父母權威的沒落，孝道觀念的淪喪，親子關係的淡薄，夫妻離異的頻繁，老年人的寂

冀孤獨，幼年子女的乏人照顧，以及青少年問題的嚴重性等，都使得社會秩序的維繫失去了原有的重心，傳統倫理道德的約束力減弱，使得社會風氣像一匹脫韁的野馬，一發而不可收拾。

最後，三十年來大眾傳播媒介的推波助瀾，也是社會風氣敗壞的重要因素之一。雜誌、報紙的社會新聞、廣告等整篇累牘有關犯罪、色情、吸毒等的報導，大家都認為是相當嚴重的問題。廣播的傳佈靡靡之音，也容易使人墮落，尤其是電視發達以後，刺激了人們高度的物質慾望，加以歌星、影星們台上台下的不良舉止、動作與私生活的影響，使得社會風氣的江河日下，有變本加厲之勢。

綜合上述，約略可知臺灣地區今日社會風氣的情況。當然上述四種因素或情況絕非孤立或單獨存在，而是彼此相互影響、互有關連的。鑑於以上的分析或認識，因此有許多人認為我們今日的當務之急是要：革新奢靡、淫逸、消極、頹廢的不良習性；激底根除腐敗、奢侈、舖張、浪費的不良風氣，締造一個樸實、儉約、樂觀、奮發的社會模式。

這個理想說來簡單，但做起來可真不是容易的事。有些人一談到改善社會風氣就想到「嚴刑峻法」，所謂「治亂世，用重典」，「槍斃幾個，看有誰還敢亂來」，這代表法家思想。因此，當有些餐廳兼營色情，就要警察去抓；當有些理髮廳兼營馬殺雞，也派警察去取締；當北投侍應生措施不當時，也以一紙命令強迫關閉。可是大家都清楚，至今臺北市等都市地區，有些地區「二步一個酒吧、三步一家飯店、五步一家咖啡廳」，依然存在。兼營馬殺雞的豪華理髮廳愈開愈多，欲找「純理髮」已不太容易。北投的侍應生緊急疏散，據說已紛紛轉入民權東、西路等地下經營。可見「道高一尺，魔高一丈」，警察的力量是有時而窮的，或者正確的說，警察的力量雖可收效一時，收效於一個地區，却不一定能收效於永遠，收效於全面，它必須與其他力量相互配合，才能收標本

兼治之功。

那麼,什麼是改善社會風氣的治本辦法?筆者以爲改善社會風氣的根本辦法是要借諸教育或社會教育的力量。筆者對於這一點教育或社會教育的功能充滿了信心,而且可以說深信不疑。這種教育或社會教育的方法,主要可就下述幾項著手:

一、建立社會民衆正確的價值觀念

觀念是一切行爲的主導力量,要改善社會風氣也必須從建立民衆正確的價值觀念著手。今日的臺灣社會,要引導民衆建立怎樣的價值觀念呢?

1. 物質與精神應該並重。强調財富金錢之有意義有價值,在其用之得法,基本生活需欲滿足之外,尤其要提高精神生活之品質,重視精緻文化的精神享受。

2. 個人與社會同等重要。個人之存在必須依附於社會,社會發展才有個人之前途,因此取之社會,應用之社會,以促進社會之和諧進步。

3. 權利與義務同時履行。個人不僅追求權利之享受,亦應注意義務之履行,祇享權利不盡義務,損人不利己,因此必須人人以犧牲享受,以服務社會爲榮。

4. 手段與目的不可偏失。目標的獲得要以合理的手段爲前提,以不正當的手段獲取財物一定寢食難安,而行得正,立得穩,富貴如浮雲,最是心安理得。

5. 平時與戰時都要能適應。目前社會的繁榮景象有如太平盛世,可能有些人會誤把「杭州當汴州」,其實,臺灣海峽對岸共匪謀我甚急,人人實應提高警覺,做好適應戰時之心理準備。

上述這些價值觀念，要以教育或社會教育的力量，直接、間接地，有形、無形地隨時宣導教化一般民衆，以蔚爲風氣，則可使社會風氣導之以正途。

二、樹立社會民衆適當的認同對象或行爲方式

社會風氣固然是社會上許多人的相互影響，因果難明，但是社會上有些人是民衆的表率，亦是民衆認同的主要對象，例如：公職人員、工商界領袖、各級學校教師、演藝人員等，都是對於一般民衆影響很大的人，從整飭這些人的行爲着手，以樹立典型，可收事半功倍之效。

1. 公職人員：要整飭言行，便民、親民與利民，不上不正當場所，力戒奢侈浪費，尤其要肅清貪瀆，樹立清廉的楷模。

2. 工商界領袖：提倡吃便當或梅花餐席，愛用國貨，不住豪華別墅，不乘豪華轎車。

3. 學校教師：宜以清高自許，要以身作則，儘管社會風氣有如「風雨如晦」，但教師要有「雞鳴不已」，「松柏後凋」之節操，以扭轉不良之社會風氣。

4. 演藝人員：要從整潔儀容做起，並端正私生活，演唱愛國歌曲，以發揚愛國情操。

上述這些民衆認同的主要對象，若能以身示範，久而久之，必能產生「風吹草偃」之效果。

三、加強社會正當的休閒娛樂設施與活動

一般民衆由於生活水準的日益提高，加上緊張忙碌的工作餘暇，都需要適當的休閒娛樂活動，來調劑身心。臺灣地區多年來已增闢許多觀光遊覽地區，但到處多有人滿之患；運動娛樂館舍不斷興建，但亦緩不

濟急；早覺會、四季泳會、太極拳班、土風舞隊等倒是開闢了休閒娛樂正確之風氣與方向。今後爲了加強一般國民正當的休閒娛樂活動之展開，似應推展幾項工作：

　　1. 增闢更多的休閒娛樂場所：各級政府要撥助更多經費闢建體育館、運動場、動物園、小型公園等，而且要鼓勵民間大量經營遊藝場、健身館、游泳池等。

　　2. 提倡勞工青年正當的休閒娛樂活動，調劑其身心之疲勞，避免不正當之活動，尤其要使學校成爲社區文化育樂活動中心，輔導大專學校青年與勞工青年遊樂在一起。

　　3. 舉辦家庭式參與的娛樂活動：改變傳統個人參與的娛樂活動，逐漸多舉辦家人共同參與的活動，例如：家庭競技運動、家庭露營會、家庭旅遊團等，以增進家人間的感情，促進家人關係之和諧。

四、全面推展文化建設的工作

　　政府已決定民國六十八年全面推動文化中心之工作，目前在臺北市已展開音樂季、戲劇季、運動季等活動，全國各地有關文化中心的館舍，如：圖書館、文化中心、社教館等已紛紛發包興建，務期民國七十二年如期完成。根據筆者的想法，未來的文化建設應朝下述方向發展：

　　1. 文化建設的目標，由偏重館舍建築到重視活動實施。有了好的館舍場地，就要充分利用，普遍展開活動。

　　2. 文化建設的對象，由學校學生爲主到社會民衆的參與。文化中心初期，學生可能較踴躍參加，但文化中心祇有全民熱列參與才更有價值。

　　3. 文化建設的內容，由重點推動到全面綜合的發展。目前文化建設具有季節性，將來文化中心活動要靜態與動態同時兼顧，長期實施。

4. 文化建設的設施，由政府主辦到民間合作推行。目前文化中心無論舘舍興建、經費籌措、人才培育或活動舉辦等皆由政府統籌，將來文化建設一定要設法由民間社團、宗教團體和私人熱烈來參與。

5. 文化建設的人才，由普通人才到專業人才。文化中心要提倡專才專用，透過專門的學術機構，培養各類文化建設的行政人才、專業人才與技術人才，加強職前訓練，儲備訓練與在職訓練，並保障其職位、待遇與福利。

文化中心工作的推展，對於提倡精緻文化，提高民眾生活素質有很大影響，對於社會風氣的改善也有很大的作用。

五、淨化大眾傳播媒介的內容，發揮社會教育功能

大眾傳播媒介如：報紙、雜誌、廣播、電視、電影等應積極參與改善社會風氣的行列，首先大眾傳播工具應淨化其內容，消極方面盡量少登誨淫誨盜的新聞，積極方面多表彰好人好事的事跡。其次，報社、雜誌社、電視臺等可多舉辦公共服務或社會服務的活動，舉開座談會、倡導登山旅遊及舉行球類運動競賽等，都可直接間接助益社會風氣之改善，亦即發揮社會教育之功能。

總之，改善社會風氣人人有責，全體民眾若從心理上自覺維護與倡導善良社會風氣之重要，從而力行實踐，持之以恆，蔚成風尚，就可使我國社會風氣邁向樸實、儉約、樂觀與奮發的理想境界。

第五節　社區發展與社會教育

社會教育與社區發展有何不同？有何關係？二者有無融貫的可能？其途徑為何？這是大家常提起的問題。本文基於這些理論與實際問題，

首先探討社會教育與社區發展的區別與關係，進而解釋二者在政策上融合的跡象，最後說明二者相互融貫的基本策略。

一、社會教育與社區發展的基本關係

社會教育與社區發展在性質上稍有不同。「社會教育」為教育學方面的用語，一般指與學校教育對稱的教育活動而言。社區發展為社會學、社會工作方面的名詞，通常指以某個社區為單位，促進其社會經濟的積極建設與進步。從這種一般用法看來，社會教育偏於教育文化的促進與提高，而社區發展重在社會經濟繁榮與進步。因此社會教育是教育行政體制的一部分，它隸屬各級教育行政單位所管轄；而社區發展是社會行政系統的一環節，它分屬各級社會行政機構的權責。這些是社會教育與社區發展最大的分野。

不過，社會教育的目的，在發展社區人民的潛能與價值觀念，這與社區發展活動有密切關係，而通常社區發展多以社會教育為主，着重成人的非正式教育，這是社區發展離不開社會教育的明證。將這種關係分述言之，可見：(1) 在意義上，社會教育與社區發展都是一種以人民為主由下而上的社會運動。社會教育育重教育文化方面，也重視改善國民經濟生活，如提倡生計教育。社區發展偏重社會經濟方面，也重視社區文化環境的改善，促進社區整體的發展。(2) 在目標上，社會教育與社區發展均極力謀求國家社會全面之發展。社會教育在充實人民生活，扶植社會生存，發展國民生計，延續民族生命。社區發展在提倡社區工程建設，改善社區環境；獎勵社區生產福利建設，提高經濟水準；加強社區精神倫理建設，改良民眾道德觀念與生活。(3) 在實施方法上，社會教育與社區發展均重視培養人民自動自發自助自治之能力與習慣。社會教育要活用學校式、社會式的方法，因人、因時、因地擴大其影響效

果。社區發展一切規劃、設計、與活動概以社區人民爲主力，發揮人民的潛能與自我決定。

總之，社會教育與社區發展二者關係密切。誠如美國學者諾威斯 (Malcolm Knowles) 所說：「成人教育與社區發展具有共同的目標、對象、價值、方法與技術。傳統上，它們因訓練與機構而異，現今却因合作服務的需求，在家庭裏、在社會上，緊密地結合在一起。」 ⓳ 因此，社會教育與社區發展二者宜相輔相成，互助合作。

二、社會教育與社區發展的政策結合

社會教育與社區發展有上述密切的關係，因此近年來政府在推展社會教育與社區發展過程中，莫不將它們融合於法令與政策中，以期社會教育帶動社區發展，社區發展領導社會教育，互收事半功倍之效。茲就犖犖大者申明之。

（一）社會教育帶動社區發展

社會教育法令常融入社區發展的精神，例如民國五十九年四月四日修正公布的「各級學校辦理社會教育辦法」 ⓴ ，其第四條規定：國民中學及國民小學應配合社區發展，積極辦理社會教育，以成爲社區教育文化中心。這個辦法規定國民中小學應行辦理之社會教育事項，分必須辦理之事項與擇要辦理之事項等兩大類，其中必須辦理之事項，卽爲：

1. 公民訓練並講習有關改進國民生活事項。
2. 開放運動場、游泳池、集會場所及圖書閱覽室等供民衆使用。

⓳ Malcolm S. Knowles, *Adult Education*, Social Work Encyclopedia p. 72–in, Arthur Dunham, The New Community Organization, 1970. p. 367.

⓴ 教育部編，教育法令，正中書局，民國六十年十月，頁七三五～七三六。

3. 輔導社區民衆舉辦各項體育及康樂活動。

4. 舉辦社區家庭訪問。

可見，國民中小學除辦理學校教育外，必須兼辦社會教育並且吸收社區發展之精神，以使工作內容更加充實。另外，民國五十七年教育部修正公布的「推行家庭教育辦法」，其中第九條規定國民中小學在其學區內，選擇 (1) 家庭醫藥衛生指導，(2) 家庭副業及職業技能指導，(3)體育及康樂活動指導，(4) 婚姻指導，(5)禮俗改良指導，(6)家庭訪問，(7) 懇親會等事項辦理，這些項目亦多與社區發展有密切關係。㉑

總之，當前政府社會教育政策已深切瞭解社會教育與社區發展結合的重要性，以期發揮學校教育、社會教育與社區發展之綜合效果。

(二) 社區發展領導社會教育

社區發展是當前社會政策一種重要的方針。我國近幾年來，由於經濟成長迅速，國際貿易增加，社會貧富差距乃有愈來愈懸殊之趨勢。政府有鑑於此，積極發展社會福利措施，以補經濟之偏態發展，而維國計民生之富足，社區發展就是這種重要管道之一。

社區發展自開始實施以來，卽與社會教育相結合。例如民國五十四年四月八日行政院頒佈「民生主義現階段社會政策」，同時列有社區發展與社會教育項目，各爲構成現階段社會福利七大方針之一。

民國五十七年五月十日行政院令頒「社區發展工作綱要」㉒其目標爲有計劃的動員區域內之人力、物力、財力配合政府各部門之施政計劃與財力支援，以增進人民生活條件，提高區內人民生產效能，改善區內

㉑ 中華民國現行法規編印委員會編印，中華民國現行法規彙編，六十年續編，頁一五三～一五四。

㉒ 社區發展工作綱要，民國五十七年五月十日行政院令頒公佈，第五章工作項目。

人民生活環境，建設民生主義新社會。其中第五章工作項目，第十三條第一款有關鄉村社區發展，明列關於教育文化者，其項目如興辦兒童樂園、公園、游泳場、運動，提倡體育運動，提倡正當娛樂，改善風俗等，多與社會教育有密切關係。

此外，民國五十七年九月臺灣省訂定「社區發展八年計劃」❷ 其所揭櫫之基本目標，規定「加強社會教育，培養愛國愛鄉精神，建立人生服務觀念，共同維護並發展社區建設成果。」這更是社區發展與社會教育結合的法令根據。

綜合上述，政府推行社會教育與社區發展有關的法令，已明確指出社會教育與社區發展無論在精神上、實施上都應相互配合，發揚效果。

三、社會教育與社區發展配合的具體策略

社會教育與社區發展在理論上與政策上可以相互配合，殆無疑義。目前更應強調的是社會教育與社區發展配合的方法與途徑，亦卽社會教育與社區發展配合的可行的具體辦法。誠然，如前所述，社會教育與社區發展分屬不同的管轄機構，其人員、組織與經費，各有所屬，能否相互挹注，彼此支援，殊屬疑問。不過，就現階段我國社會情形而言，社會教育與社區發展既有其共同的缺陷，亟待改進，本節就以此出發，一方面強調二者配合的途徑，一方面闡述二者改進的管道，以期今後社會教育與社區發展工作更臻理想。

(一) 觀念宜加溝通與功能更應擴大

觀念為一切事業的動力。工作人員的觀念正確與否，直接決定一種

---

❷ 該計劃訂於民國五十七年，經過四年的推行，於民國六十一年五月修訂為「臺灣省社區發展十年計劃」其基本目標亦經稍加修訂。六十六年又延長為十三年計劃。

事業成敗。因此社會教育與社區發展的推行，首須仰賴於所有工作人員觀念的正確。

社會教育的各級行政人員各類社教機構的工作人員以及社會行政人員、社區發展基層工作人員等大家在觀念上都必須有一些共同的看法，例如：（1）強調國家的整體發展，社教、社政都是重要的工作，（2）重視人民與國家結合的重大價值，發展一種由上而下的社會運動，（3）相信人民潛能的重要性，發揮人民自動自發的力量，（4）適應地方的特殊需要，凡是因人因事因地而富有彈性。此外，如要發揚社教與社政合作的效果須有肯定社教與社政的目標殊途同歸，內容滙通融貫和方法相互運用的信心。社教與社政人員有了這種共同觀念後，各在自己本身的崗位上，克盡職責，全力以赴，才能保證社會教育與社區發展的圓滿成功。

社會教育的功能，依據社會教育法所規定計有：（1）發揚民族精神及國民道德，（2）灌輸科學知能及國防常識，（3）訓練公民自治及四權行使，（4）增進語文知識及掃除文盲，（5）養成衛生習慣及健全體格，（6）培養藝術興趣及禮樂風尚，（7）保護風景名勝及史蹟文物，（8）改進通俗讀物及民衆娛樂，（9）授予生活技能及推行生產競賽，（10）其他有關社會教育事項。

這些社會教育功能，注重：（1）補充性的功能：如掃除文盲，普及識字教育；（2）職業性的功能：如訓練職業技能，增加生產；（3）文化性的功能：如訓練行使四權，保護文物古蹟等。這些功能與先進國家的社會教育功能比較，尚缺乏兩項：（1）繼續性的功能：即未顧及接受充分學校教育者的繼續教育問題，（2）缺乏獨立性的功能：即未顧及社會教育與其他社會制度的配合問題❷。今後爲加強社會教育功能的發揮，

---

❷ 參閱林清江著，社會教育與社會安全，社會安全季刊第二卷第一期，民國五十八年十二月，頁十九。

與配合社區發展工作，宜在上述兩方面力謀補充改進。

社區發展的功能，一般社區僅以物質工程建設如衞生下水道、公廁、圍牆籬笆等的興築爲主，對於積極性的經濟生產事業的興辦以及永久性的文化教育倫理道德功能的提倡尚付闕如，不免缺失。今後加强社區發展與社會教育的合作，正是這方面功能的改善。

（二）行政相互配合與機構彼此協調

在我國現行行政體制下，社會教育與社區發展各有其主管機構，社政單位與教育部門，權責分明，各有專屬。事實上，這種權責的劃分，乃行政制度所必然，如各級人員瞭解這種行政特質，協同一致，力謀補救，似無礙於工作之推展。首先我們瞭解社區發展是一整體性的工作，舉凡社會、經濟、政治與教育方面無一不重要，無一不需要發展，而且任何社會、經濟、政治與教育方面的努力亦自然歸屬社區發展的一環，無不可視爲社區發展的工作。基於此，社會教育與社區發展行政人員，首應在工作之前，相互磋商，設計規劃，避免計劃內容之重複或遺漏。其次，工作期間，應不斷諮詢，研究改進，工作務求切具實效。工作之後，更應確實檢討改進，精益求精。各級行政人員若能如此配合，則社教與社政之行政效率必可提高。

其次，社區發展的行政組織，可大別爲政府的組織與人民的組織。社會教育的行政組織亦可分爲公立的與私人的組織兩種。在社區發展與社會教育推行過程中，政府的或公立的組織固然重要，而人民的或私立的組織尤不可忽視。因爲社會教育與社區發展工作，皆是綜合性的工作，其所需的人力、物力、財力皆非政府獨力所能挹注，所能完成，而且爲積極激起人民自治自發的力量，尤須發動人民自力更生，踴躍輸捐，因此社會教育與社區發展宜以人民的或私立的組織爲主體，政府祗負協助、輔導、提供方法、技術與知識功能，以擴大地方自治，人民參

與的基礎。

再次，目前我國社會教育與社區發展機構間，常因本位主義作祟，各求表現，牴觸多而協調少，無形中削減工作成果，增加許多無謂的損失。今後社區發展工作宜協調各機構，各社團，化阻力為助力，以共同建設良好的社區環境。而社會教育機構間，如社會教育館、圖書館、博物館、體育場、廣播站，及民眾補習機構等，更不應各自為政，而是宜力求協調，加強聯繫作用，且與社區發展機構相互配合，共同促進本地方事務的順利完成。

（三）活動講求實效與方法靈活運用

社會教育與社區發展的活動，方式很多，範圍很廣，不必拘泥某種類型。就現階段我國社會教育與社區發展而言，為講求實效，發揚效果，自應配合社會上各項重大運動，以求事功。例如，目前我舉國上下正在全力推行復興中華文化運動，以及擴大推行國民生活須知，這便是社會教育應該亟力配合推行的工作。中華文化復興運動與推行國民生活須知，集合許多學者專家的智慧經驗，已經釐訂一套可行的方針，社會教育工作者祗要細心研訂一種切合地方需要的施行辦法，即可付諸實施。這種配合當前國策的活動項目，簡便易行，且具時效，社會教育與社區發展工作都應以其為活動內容，竭力推行。

此外，在社會行政方面，目前臺灣省社會處正推行小康計劃成立仁愛工作隊，救濟貧民，改善其生活環境。臺北市推行安康計劃，成立安康工作隊，協助都市中貧苦的人民改善其經濟狀況。這些社會福利措施，社區發展工作固應竭力配合，發動本社區的居民，協助本社區的貧戶改善生活，增進全社區的福利。同時社會教育亦應配合實施，發揚宣導勸服的功能，提倡高尚仁慈的社會美德。

社會教育與社區發展的推行，沒有一套既定的方法可資依循，它必

須因時因地制宜，隨機施教，靈活運用。不過，如欲以社會教育來協助社區發展，則可採取這些方法：(1) 利用報紙、雜誌、電影、電視、廣播等大眾傳播工具，誘導社區居民對社區發展之重視；(2) 利用巡廻放映電影工作，啓發社區人民對社區發展之瞭解與認識；(3) 聘請學者專家，或政府首長在社區集會及地方社團演說，闡述社區發展的意義，增進人民的社區意識。總之，推行社會教育與社區發展的方法很多，祇有靈活運用，把教育送上門去，便可發揮重大效果。

（四）大量培育人才與注意任用新血

社會教育與社區發展都是一種專業工作。社會教育行政和社會教育事業機構如圖書館、博物館、社會教育館、體育場等均係專門性質，因此必須任用具有專門知識和經驗的人才。社區發展行政機構與基層社區服務中心，亦須具備專門知識與經驗的社會工作人員。這些社教人員和社工人員都必須在大專院校有關社會教育、教育、社會學或社會工作等學系負責培養。由於社會教育與社區發展機構激劇發展，種類日漸繁多，所需人員日益增加，因此有關院校亦須大量培育人才，以符社會之需求。

為使社會教育與社區發展人才之培育，切合社會之需要，且能相互支應，因此有關課程，必須重新檢討設計。一般來說，培育這類人才的課程內容，除應具備社會學、社會問題、社會政策與社會工作等一般學理知識外，尤須共同修習教育社會學、社會教育、社區發展理論與實際等課程，作為共同的知識背景與基礎。

對於社會教育與社區發展的現職人員，應重視在職訓練。無論社會教育行政機構、社會教育事業機構的人員或是社區發展的基層工作人員、輔導人員、策劃人員、義務工作人員、專業技術人員等，都必須經常實施選調訓練。訓練方式可隨機採用機關式訓練、分散式訓練、教育

性監督、研習會、討論會等。訓練方法應包括講課、分組討論、綜合討論、運用視聽器材、角色扮演及實習等。務使受訓人員的實際經驗與理論知識相結合，而提高其服務熱忱。㉕

　　對目前我國各級各類社會教育與社區發展機構而言，最重要的是要注意引進青年新血，增加生力軍。舉例來說，目前我國惟一培育社會教育專業人才的搖籃是國立臺灣師範大學社會教育學系，該系自民國四十四年成立以來，已有二十餘屆畢業生，人數超過千人，據說有關社會教育行政機構（如教育部社會教育司、省市教育廳局社會教育科、縣市教育局社會教育課等）很少有該系畢業生進入工作。即使社會教育事業機構，除了少數圖書館新聞機構外，包括社會教育館在內，亦尚少任用該系畢業生。造成這種情形，原因固然複雜，不過這足以反應這二十幾年來，我國社會教育行政與事業機構，尚未能引用青年新血之一斑。

　　社區發展機構亦有類似的情形。由於我國社區工作員制度未能建立，目前各示範社區工作人員，職位沒保障，待遇又偏低，因此不是社區找不到專業人才，就是專業人才以社區工作為跳板，難安於位，這是目前社區發展莫大的阻礙。為今之計，即應從速建立社區工作員制度，一方面打開國內大專院校社會學系、社會工作學系、社會教育學系畢業生的出路，一方面保障社區任用專業人才，奠定社區發展工作不拔的根基。

結　語

　　社會教育與社區發展都是現階段民生主義社會政策重要方針之一。在政策上，我國將二者融合為達致社會福利國家發展的重要途徑，這種

㉕ 中華民國社區發展研究訓練中心編印，中華民國社區發展工作研討會總報告，民國六十一年三月，頁一六〇。

重視社會教育的政策，不僅是我國重視倫理道德的具體表徵，同時亦是我國社會安定民生樂利的基本原因。

今後為求國家社會更為繁榮進步，仍當力求社會教育與社區發展的更緊密的結合，而其重要的策略當不外是：(1) 溝通觀念，加強功能的發揮，(2) 配合行政，加強機構的協調，(3) 講求活動實效，靈活運用方法，以及 (4) 大量培育人才，注意任用新血。相信由此必可增進社會的整體發展，國家的普遍進步。

第六節　和諧社會與社會教育

和諧社會為社會建設的首要目標，社會教育為社會建設的重點工作，因此，社會教育與和諧社會有密切的關係。本文從下列觀點來加以探討：(1) 社會不和諧的因素；(2) 建立和諧社會的基礎；(3) 達成和諧社會的途徑，和(4) 以社會教育達成和諧社會的具體措施。

一、社會不和諧的因素

和諧的社會，必定是社會各現象間的複雜因素，建立起合理的調整過程，社會關係的諸要素間，建立有完整的架構體系，而且在社會變遷的過程中，隨時調整其向度，發揮其功能。因此可知社會和諧有其時代性，隨着社會變遷而改變，如果在現代社會結構型態劇變過程中，無法立刻建立新的生活方式與行為標準，必將使社會秩序紊亂，社會意識混淆，社會關係破裂，社會問題叢生，檢討我國目前社會不和諧的原因，可分析如下：㉖

㉖ 李建興撰，利用社會教育力量改善社會風氣，中國地方自治，第三十二卷十一期，民國六十九年三月十五日，頁十二～十四。

第一、經濟的快速成長，固然提高了人民的生活水準，使家庭生活富足，却也產生了許多不良的價值觀念。例如：部份民衆的「急功」，走捷徑，想一夜頓成暴富，貪小便宜，夢想一舉成名，最近社會上的搶購汽油，經濟犯罪都是實例。又如許多人的「近利」觀念，將「淡泊名利」，「正其誼不謀其利」的傳統優良文化置諸腦後，强調金錢萬能，笑貧不笑娼，投機取巧，相信有錢能使鬼推磨，這是絕對的功利主義。其結果是某些人爲求目的不擇手段，甚至友情、親情、愛情都可犧牲，這是何等現實的觀念。

第二、由於工商業發展的結果，使得人口向工業化、都市化地區集中，大都會地區於焉形成。目前臺灣地區都市人口已達總人口數的百分之六六、九。這種急遽都市化的結果，使得原本狹窄的都市空間，更顯得擁擠不堪，所有的都市問題，諸如：住宅、交通、髒亂、污染、犯罪、垃圾、就業以及公共設施等都爆發出來。尤其是都市生活的緊張、忙碌、枯燥、單調，更使市民的生活陷於浮華、靡爛；精神趨於麻木、崩潰。

第三、由於社會結構的改變，家庭制度也起了急遽的變化。核心家庭的脆弱，父母權威的沒落，孝道觀念的淪喪，親子關係的淡薄，夫妻離異的頻繁，家庭勞動力的轉變，老年人的寂寞孤獨，幼年子女的乏人照顧，以及靑少年問題的嚴重，都使得社會秩序的維繫失去了原有的重心，傳統倫理道德的約束力減弱。

第四、由於大衆傳播媒介的偏態發展，一般雜誌、報紙的社會新聞、廣告等整篇累牘有關犯罪、色情、吸毒的報導。廣播、電視的傳佈靡靡之音，容易使人墮落。尤其是電視發達以後，刺激了人們高度的物質慾望，加以歌星、影星們臺上、臺下的不良舉止、動作與私生活的影響，使得奢侈、淫逸、消極、頹廢的不良習性四處蔓延。更有野心知識

份子，利用報刊雜誌，逞其私慾，罔顧法紀，興風作浪，製造矛盾，顛倒黑白，混亂是非，歪曲民主，誤用自由，無視國家當前處境之艱險，敗德喪行，以擾亂社會安寧秩序為能事。

綜上所述，我們知道今日社會不和諧的原因在於人們價值觀念的紊亂，心理態度的失常，以及迷惘於近代現實功利思想的誘惑。瞭解於此，我們便可依據和諧社會的建立法則，尋求達成和諧社會的途徑。

二、建立和諧社會的基礎

從社會學的觀點來看社會的和諧進步，應該包括社會靜態結構和動態社會過程等現象的全面發展與和諧進步，其重心在於改善社會現況，有組織、有計劃的從事社會建設與發展；其作法在使人類社會生活各方面得到均衡的發展，不僅謀求物質文明的創新提高，更須力圖整個社會文化的健全發展。一方面預防社會問題的產生，避免社會進步的阻力，消除社會危機及其壓力，另方面更要進而創建有益人類生活生存的空間和社會環境，亟力從事社會公益，展現健全和諧的社會體系。再證諸孔德 (H. Comte)「社會秩序是社會進步的基礎，進步是人類社會的目標。」以及鮑格達 (E. S. Bogardus) 認為「自然資源的運用服務、公益、福利與合作等觀念是增進社會和諧發展的必要因素」㉗，我們認為和諧社會必建立在如下的基礎上㉘：

第一、社會秩序的安定：秩序是進步的基礎，社會進步是社會秩序安定的結果。在社會變遷的過程中，社會秩序包含兩要素，即行為秩序與狀態秩序。行為秩序是人們遵循社會規範所表現的社會行為與社會互動模式；狀態秩序指整個社會結構與地位角色的安排體系。社會秩序的

㉗ 見龍冠海著，社會學，三民書局，頁三七二。

㉘ 陳水竹撰，社會和諧進步的法則，社會建設季刊第十六號，民國六十二年四月，頁三—十。

安定，除了在社會制度與生活規範上作正常而合理的調適，以維持正常的互動外，一旦社會規範與制度失去正常功能，就得仰賴社會控制，使社會中的優勢團體，或具有影響力的個人，對社會不安情境中的個人行為或社會目標，作適度的指導、限制或約束，以強化社會團結與社會自律的作用，俾使社會不安的危機得以解除，社會秩序能趨於安定，社會體系能得到和諧健全。

第二、社會關係的協調：社會關係包括靜態的社會結構組織體系與動態的社會過程變遷模式，其間的協調，即指個人與個人間，團體與團體間，現象與現象間，甚或個人與團體間，團體與現象間的關係和諧一致。使得個人和團體能夠在社會規範及道德標準下，成就有益於社會發展進步的行為，使得社會組織和社會制度能夠在維護優越的社會生活方式和社會行為模式中，展現和諧均衡的生活環境。

第三、社會變遷的調適：社會變遷導致社會關係體系的變異，首先面對的是社會流動現象的加快，影響到人口結構、職業結構、區位結構以及家庭結構的改變，另者是物質文明與非物質文明變遷速率的差異，而產生社會改革或社會改組的需求，希望經由有計劃、有組織、有目的的社會運動過程，來建立新的秩序或新的價值體系，以維持社會的和諧進步。

第四、社會計劃的實踐：社會計劃乃應用科學的精神與方法，針對人類生活各種領域，設計有系統有秩序的計劃和改進過程，以推動社會走向合理明確的社會發展目標。因之社會計劃必須兼顧物質文明與非物質文明間的適當關係，注重生存空間的創造和改進，注意國家社會的整體發展，期使社會生活與社會制度間的和諧發展，並以社會之最迫切的實際需要，作為實踐方針，以避免社會改組的崩潰過程。

第五、社會問題的解決：社會問題的產生常有其連鎖性和循環性，

且其病態足以威脅到社會生活的和諧與幸福。因之對於現存的社會病態現象，應該深入調查、研究、分析並擬訂計劃和對策，以謀求積極性的改善；且應正視社會環境中所呈現的事實和問題，預作綜合性的規劃，以謀求社會各方面的均衡發展。

綜上所述，我們知道社會秩序的安定，社會關係的協調、社會變遷的調適、社會計劃的實踐與社會問題的解決乃和諧社會建立的基礎。

三、達成和諧社會的途徑

第一、建立正確價值觀念： 觀念是一切行為的主導力量，價值觀念的養成與態度行為的表現具有極為密切的關係，近日國民急功近利，崇洋媚外、奢侈浮華、淫逸頹廢，皆導因於不良的價值觀念，因之，要扭轉社會的不良風氣，建立和諧安樂的社會，必從建立民衆正確的價值觀念着手。今日的台灣社會，要引導民衆建立怎樣的價值觀念呢？1. 物質與精神應該並重，一方面強調生活水準的提高，另方面強調生活品質的改善，重視精緻文化的精神享受。2. 個人與社會同等重要，個人之存在必須依附於社會，社會有發展，個人才有前途。3. 權利與義務同時履行，不僅追求權利之享受，亦應注意義務之履行，更進而培養人民以犧牲享受為傲，以服務社會為榮。4. 手段與目的不可偏失，目標之獲得以合理的手段為前提，建立行得正，立得穩，廉潔自守的清高觀念。5. 平時與戰時都能適應，瞭解當前的國家處境，居安思危，勿誤把杭州當汴州。㉙

第二、樹立適當的認同對象： 我們知道社會風氣是社會上許多人內在的心理傾向以及外在的行為模式交互影響的結果，今天國民之所以刻意模仿西方富裕國家，窮奢極侈，破壞勤儉奮發的美德，固然是不良值

㉙ 同註二十六，頁十四。

價觀念的影響，我們社會中缺乏認同模仿的對象亦為主要原因，因之，樹立民眾認同的典型實為當務之急。現在對一般民眾影響力最大的有公職人員，工商界領袖，各級學校教師及演藝人員，如能使公職人員清廉自守，工商界領袖節約愛國，各級學校教師清高自許，演藝人員自清自律，必能導引民眾趨於樸實、儉約、樂觀、奮發的和諧境界。

第三、發揚固有的優良文化：固有文化中的風俗習慣及其制度典範有其優良可行的一面，如周禮地官「鄉三物敎萬民而賓興之。一曰六德，知仁聖義忠和；二曰六行：孝友睦婣任恤；三曰六藝：禮樂射御書數………。以五禮（吉凶軍賓嘉）防萬民之僞，而敎之中；以六樂（黃帝、唐堯：虞舜、夏、商、周六代之樂）防萬民之情，而敎之和。」[30]其社會敎育的內容何其周圓，當前不少人士不習於此，醉心西化，竟將我國固有文化視同糟粕而予否定，使現代青少年莫衷一是，迷失疏離。因之，我們當前的第三要務在發揚固有的優良文化，使青年人認識到「根」，尋找到「源」，從而對政治的法統回歸，對文化的道統認同！

第四、節制放任的個人自由：社會是一個組織體，人際關係休戚與共，放任個人自由的氾濫，便足以侵害他人，危及社會。需知自由有其範圍，有其限制，不能為了個人自由而侵犯到他人的自由，更不能以個人的自由，置國家社會的生存安危於不顧。最近野心份子藉自由破壞自由，以人權毀滅人權，破壞現有社會秩序的安定和諧，其勢足以使社會組織陷於解體。我們除了以敎育的力量，勸導引發人民各本其位、各守其分、各盡其義務外，亦應以法制的力量，加以約束，以確保社會組織的安全與鞏固。

第五、提倡勤奮的勞動觀念：我國傳統以農立國，人民勤奮儉樸，迨至工業發達，財富累積以後，國民生活方式趨向浮華不實，揮霍浪

---

[30] 宋錫正撰，儒家的社會育，同註二十六，頁十五～十九。

費，恣情逸樂，甚至治遊豪賭，酒色爭逐，破壞勤儉奮發的美德。加之急功近利，夢想一夜成暴富，投機作僞，置社會律法於不顧，此皆勞動觀念的消沉所致。因之我們要在日常生活的規範之中，提振國民正確的勞動觀念，認定不勞而獲是恥辱，重振固有勤儉奮發的美德。

第六、建立民主法治的尊嚴：民主代表着羣衆意願的組合，必須依循法治，始能發揮功能；社會關係的和諧安定，亦有賴健全的法治，始能維持社會秩序。我國歷代法治的觀念甚爲薄弱，在位者常爲表示一己之仁而濫施恩澤，因之，特權者鑽營阿私，竊法舞弊；下焉者漫口民主，罔顧法紀，美麗島事件便是我們最大的警惕，今後，必須灌輸人民在意識觀念上肯定法治與秩序的尊嚴，以求得社會結構的完整及社會組織的穩定。

第七、灌輸連帶責任的體認：每個人的行爲，皆與社會羣體發生互動影響及利害關係，社會之興衰，國家之存亡，每個國民皆應負一分責任，所謂「國家興亡，四夫有責」不能够「以國家興亡爲己任，置個人死生於度外」，亦應該「不要問國家給了你什麼？而要問你爲國家做了什麼？」苟能使人人置社會公益於個人私利之上，並以之作爲生活準則，則社會的關係將更見和諧、安定。㉛

第八、正當休閒娛樂的提倡：一般民衆由於生活水準的日益提高，加上緊張忙碌的工作餘暇，都需要適當的休閒娛樂活動，來調劑身心。今日我們的娛樂活動在勞工青年方面演成「鎖匙俱樂部」，在家庭主婦方面演成「四健會」，在礦工漁民方面演成酗酒賭博，在工商界方面演成酒色財氣，在演藝界更是紙醉金迷，雖然一部份可歸罪於娛樂館舍的興建趕不上人口增加的需求；沒有提倡正當的休閒娛樂活動實爲主要

㉛ 參見社會建設季刊第三十八號，社論「泛論現代社會新的生活規範與價值標準的建立」，民國六十八年十月。

原因。若能多提供正當休閒娛樂活動的機會，多提倡正當休閒娛樂活動的方式，導引人民從事有益身心健康的活動，對於增進家人關係，乃至社會關係的和諧，實有莫大的貢獻！

第九、淨化大眾傳播媒介的內容：大眾傳播媒介負有社會教育的積極使命，整編累牘的犯罪、色情、吸毒、自殺的報導，容易使人產生消極灰色的思想；廣播、電視的傳播靡靡之音，也容易使人墮落，因之大眾傳播媒介若能消極的少登誨盜誨淫誨盜的新聞，積極的多表彰好人好事的事跡，更進而播報一些提振民心，鼓舞士氣的節目，必將使得我們的社會更樂觀、更和諧！

第十、全面推展文化建設的工作：政府已決定自民國六十八年起全面推動文化中心的工作，全國各地有關文化中心的舘舍，如：圖書館、博物舘、社敎舘、文化中心等已紛紛發包興建，務期民國七十二年如期完成。因爲文化中心工作的推展，對於提倡精緻文化，提高民眾生活品質有重大影響，因之，我們認爲：1文化建設的目標，應由偏重舘舍建築到重視活動實施；2文化建設的對象，應由學校學生爲主到社會民眾的熱烈參與；3文化建設的內容，應由重點推動到全面綜合發展；4文化建設的設施，應由政府主辦到民間合作推行；5文化建設的人才，應由普通人才到專業人才的任用。基於此，則文化建設的工作必將全面成功，社會關係與秩序，必將更爲和諧與安定。

四、以社會教育達成和諧社會的具體措施

基於前述社會教育的六大特質與達成和諧社會的十大途徑，我們試擬議社會教育的具體措施如下：　❷

---

❷ 參見社區發展季刊第八號，改善社會風氣重要措施，民國六十八年十月，頁四～三十二。

一、在建立正確的價值觀念方面：

    1. 透過社區發展工作，組織社區志願服務隊。

    2. 透過社會團體，厲行節約儉樸生活。

    3. 要求公教員工，實踐十項革新要求。

    4. 透過我愛鄉里運動，培養人民公德心。

    5. 透過政令宣導，灌輸民族精神教育。

二、在樹立適當的認同對象方面：

    1. 尊崇教師地位，作為地方民衆楷模。

    2. 舉辦好人好事表揚。

    3. 舉辦各行各業優秀模範選拔。

    4. 塑造歷代聖賢、 忠臣烈士、 文武英雄銅像， 分置各觀光遊覽
       區， 以供典範。

三、在發揚固有文化方面：

    1. 制定年節，以祭祖追聖，表現中國倫理親情。

    2. 鼓勵研究固有典籍，賦固有文化予現代意義。

    3. 舉辦國樂、國畫、書法……等展出活動。

四、在節制放任的私人自由方面：

    1. 加強舉辦國民禮儀示範，使國民行為不逾矩。

    2. 透過公民教育，推行五守運動。

    3. 在公共場所，廣置宣傳警語。

    4. 製作短劇，配合政令宣導。

五、在提倡勤奮的勞動觀念方面：

    1. 加強倡導國民儲蓄運動。

    2. 透過廣播電視，破除不勞而獲的偏差觀念。

    3. 透過人民團體，舉辦勤奮楷模選拔。

4. 發動各行各業領袖，獎勵勤奮楷模。

六、在建立民主法治的尊嚴方面：

1. 制法要鬆，使人民皆能履行，執法要嚴，使人民不敢逾越。

2. 透過社區理事會，使人民習於會議規則。

3. 透過社區理事會，邀請人民參觀法院審判。

4. 透過政令宣導，使人民熟悉法律規章。

5. 在公共場所佈置警語標語，避免人民誤觸刑責。

七、在灌輸連帶責任的體認方面：

1. 透過大眾傳播工具，宣導國家重大建設與措施。

2. 透過時事測驗，引導國民關心國是。

3. 舉辦匪情展覽座談，比較海峽兩邊的狀況。

4. 永恆延續「大家來升旗」運動，培養愛國家情操。

八、在正當休閒娛樂的提倡方面：

1. 舉辦家庭式參與的活動，改變傳統個人參與。

2. 透過各人民團體，社區理事會，里鄰組織或自治會成立早覺會，土風舞隊，太極拳班……。

3. 推展音樂季、戲劇季、運動季等活動。

4. 經常舉辦登山旅遊、運動競賽等活動。

5. 提倡鄉里聯歡，演出古玩雜耍等遊樂。

6. 開放學校成為社區文化育樂活動中心。

九、在淨化大眾傳播媒介的內容方面：

1. 經由大眾傳播媒介主持者共商自律公約。

2. 成立傳播內容審核機構或視（聽）眾組織，對於不實文字或內容隨時給予揭發、取締、沒收或銷毀。

3. 籌編優良小說劇本或製作戲劇以闡揚忠孝節義，以供應大眾傳

播媒介之需。

十、在全面推展文化建設工作方面：

1. 透過大眾傳播，鼓勵全民熱烈參與。

2. 透過民間社團，共同合作推行建設工作。

3. 全面發展文化建設內容。

4. 鼓勵專業人才參與文化中心工作。

結　語

目前我國社會快速的變遷，自然發生一些如：(1) 經濟成長，產生急功近利的價值觀念；(2) 工商業發展，人口迅速向都市集中，形成都市問題；(3) 社會結構急遽改變，家庭制度鬆弛，倫理道德淪喪；(4) 大眾傳播偏態發展，造成不良社會風氣的惡性循環等社會問題。傳統的學校教育面對這些社會問題無法提供適當的解決方案。

社會教育的對象是全民的，內容是生活的，場所是廣袤的，方式是多種的，而且社會教育的目標在改進社會全體，增進社會之繁榮與進步，因此社會教育可以促進社會的和諧，在建立和諧社會的過程中扮演積極的角色。本節曾分析社會和諧與不和諧的因素，規劃出達成和諧社會的十大途徑及其具體措施，期望經由社會教育機構與人員的不斷努力與合作，發揮社會教育的積極功效，以創造一個更勤奮、更樂觀、更發展的和諧社會。

第三章　社會教育的理論

社會教育是一種重要的教育活動方式，它必須有現代的歷史學、經濟學、政治學，心理學、社會學和生態學等為其基礎。

從歷史學而言，人類成長、人類思想、人類文明、人類和平皆與社會教育有密切關係。從經濟學而言，社會教育可作總體經濟、經濟利益、人力供需、機會成本與規模經濟等之分析。從政治學而言，社會教育可以增進政治的穩定發展，政治亦可以促進社會教育的發達，二者亦有非常密切的關係。

從心理學而言，行為發展理論、成人學習理論、學習理論和動機理論等對社會教育皆有重大啟示。從社會學而言，社會化、家庭制度與社會變遷等問題皆對社會教育的實施有重大影響。從生態學而言，人口問題、科技變遷、都市發展、公害問題等生態變化更提高了社會教育的重要性。

本章各節是種新嘗試，其立論主旨，皆在於此。

第一節　歷史學與社會教育

「歷史學」（Historical science）是討論歷史的意義，歷史的目的，歷史的價值以及歷史著述的原則、理論、方法、技術等方面的一門學問❶。在西洋，「歷史學」這一詞，德語有 Geschichtswissens-chaft 或 Historik，法語有 Science historique。法國歷史學家馬祿 （H. L. Mamou）曾爲歷史學下一個定義：歷史學是「客觀的」，同時也是「主觀的」學問。❷

歷史學無論在中外都是一項非常古老的學問。歷史學到底是人文學或社會科學，到現在還是一個聚訟紛云的問題。不過十九世紀以來科學性歷史（Scientific History）發展的結果，使史學逐漸與文學及一般人文學科疏遠，而與社會科學接近。歷史學研究的目的一般來說是忠實地記載或重建人類生活的經歷，而更進一步地找出歷史上各種事件之因果關係並建立歷史演變的法則，還有一些史家認爲史學有一種道德意義和目的。❸

歷史學是一項範圍非常廣泛的學問，以時間分乃有史前史、上古史、中古史、近代史、及現代史之分，以空間分則有本國史、外國史、地區史、亞洲史、歐洲史、中東史等等；以性質分則有政治史、經濟史、文化史、科學史等等。此外歷史哲學、歷史編纂法與歷史方法論亦爲史學研究的另三項分科。

---

❶ 王雲五社會科學大辭典，第十二冊歷史學，頁五。

❷ 史學彙刊，第二期，頁二四二。

❸ 關於現代歷史學家對於史學的性質與使命之解析，參著：Hans Meyer haff (ed.)，*The Philosophy of History of OurTime*, N. Y., Double Dad and Co., 1959.

　　歷史學的研究近來有日趨科學化及數量化的趨向，近年來歷史學家運用統計分析，模擬研究，以至電子計算等科學方法來重建及整理歷史資料，獲得了許多前所未有的發現。歷史學在各項社會科學中，以至所有人類知識和經驗中，佔有一種很特殊的地位，便是它是無所不及的，史學的對象，幾乎包括了整個人類活動的經驗，而他們的主要職務，便是記載和整理這些經驗，因此我們有將他獨自成為一類並稱之為記載性的社會科學的必要。

　　從歷史學上看社會教育，兩者有何關聯性？而關聯程序又如何？這也是當今社會教育與其他社會科學接合的一大問題。從社會教育的特質上看，社會教育的對象是全民的，它的內容是生活的，也是終生的，它的場所是廣袤的，它的施教方式是多種的，最終目的是改進社會全體。我國憲法第一六三條規定「～～～推行社會教育，以提高一般國民之文化水準～～～」蓋社會教育實起源於人類實際生活的需要，其一切活動固必以社會生活為依據，其發展亦必以社會事實為條件。然歷史學乃尋求對人類過去的了解，藉此更了解世變日亟的現在；透過對過去的人類社會作人文式及闡述性的研究，其目的在於：因渴望改善人類的未來，而能對當代獲一完整的透視。故研究社會教育，恒不能不注意社會教育與歷史學之關係，此所以現代歷史學的研究愈進步，而有關社會教育之歷史學基礎的研究也日益受到重視。吾人從事社會教育工作者，欲期能勝任愉快地遂行其任務，雖或不必精通所有歷史學理論，但對于歷史學研究精神帶給社會教育的啟示，則不可不有明確而透徹的了解，以下就幾位著名歷史學家的社會教育觀和歷史學與社會教育的整合，作一基本的敘述。

壹、歷史學家的社會教育觀

一、史賓格勒（O. Spengler）的文化有機體論

史賓格勒認爲：文化，卽是有機體（Organism），所有單獨的文化都是根據基本的文化形式（Culture-form）而來的，此各大文化的現象，便能有統一的依歸，而使得約有六千年之久的高級人類的歷史，有了意義，有了實質，故此，文化是所有過去和未來的世界歷史之基本現象（Prime phenomenon）。而史氏更強調：每一個文化，都要經過如同個人那樣的生命階段，每一個文化，各有它的孩提、青年、成年與老年時期，每一個活生生的文化，最後都會達到其內在與外在的完成狀態，達到其終結——這便是所謂歷史的「沒落」（Declines）的意義。西方的沒落，將佔用未來一千年中的前幾個世紀，它早已經由諸般證驗而預示出來，而且今日在我們的周遭，已經可以感覺到了，如今我們也許可以重行建構整個歷史的有機特徵，而可以預測西方歷史尚未完成的形象。❹

綜觀史氏之文化有機體論，其對社會教育的任務實有共通融滙之處；蓋現在各國與各民族之間，尚有不少的矛盾，不少的猜疑，和不少的歧視之處，提高落後國家的文化水準，溝通各地區的文化是實現大同世界的必要條件，史氏之文化有機論實與提高社會文化，促進世界大同的社會教育任務同。史氏以世界性眼光探討人類歷史的各項活動，改正自浪漫主義盛行之後的極端民族主義史觀，不以民族國家作研究單位，而偏重文化史的研究，提出文化一如生物，都有苗長，衰老和死亡的幾個發展階段，警惕了當代研究社會教育者，實與聯合國教育科學文化組織憲章其中謂：「藉世界各國人民的教育科學與文化的關係，以促進國際和平及人類的共同幸福」的旨趣相同。

二、湯恩比（Arnold Toynbee）的文明論

湯氏在其代表作「歷史的研究」（A Study of History）中說：「人

---

❹ 史賓格勒著，陳曉林譯，西方的沒落，文化有機體論，頁九十。

類在各種社會的歷史意義下，稱做『文明』」他認為研究歷史最好的方法，應該把歷史依人類古今的文明類型為準來劃分。他闡述任何一種文明盛衰興亡的關鍵，是要看他在逆境困難中是否能經得起考驗而決定，並強調各種文明的成長衰落，就要看各該文明社會遭遇到一種他名之謂「挑戰」（Challenge）它的「反應」（Response）如何。他強調文明社會生存的關鍵，在乎不斷的有「創造力的精華」，❺ 為保存人類文明與自救，他的文明論，可算是一種對世界人士的呼籲，也是一項社會教育觀也。

　　湯氏之文明論，採用的研究方法是廣泛的社會學的，可以說是以科學方法，提出改良社會風氣的旗幟，他強調在成長茁壯中的文明社會，一旦遭受「挑戰」，它不但能「反應」自如，而且能制勝，更獲得生機而欣欣向榮，深悉湯氏之文明論，了解到知識爆發物質文明的現代，面對「挑戰」時，採取有計劃一定的「反應」，而社會教育就是改善社會最好「反應」，也可以說是社會教育事業對社會本身需求有了時代的第一手資料，而從歷史經驗的探求，以尋求文化興衰的支配因素，以社會教育走向滿意的道德標準。

三、比蘭（Henir Pirenne）之城市歷史起源論

　　比蘭的「比利時史」一書（Histoire de Belgique），特別指出經濟發展和城市生活的重要性，而後者是前者的產物，也正是比利時歷史的特徵。他很謹慎的不把史學家特有的方法和一般社會科學的方法混作一談，在城市歷史的研究是踞首席的。比蘭認為：每一個市鎮的歷史該單獨處理，一方面緊抓住一個主題，強調交易中心或港口商人社會的建立。最初也許只是一些工商人士的居留地，逐漸又和附近的城堡和教區的居民混合，這種混合要到十九世紀才完成，比蘭「中世紀市鎮憲法的

---

❺ 史學彙刊，第三期，頁二〇〇。

起源」一文中，根據比利時早期城市的發展，指出城市的基本性質是工商業與四週農村成強烈的對照。

綜觀比蘭之城市歷史研究，可得知其社會教育觀之一二，蓋謂社會教育化，教育社會化，是社會教育最理論的設施，人們生長在這種環境之中，就此時此地，不受環境的支配和薰陶，例如播音教育，能超越空間；巡廻電影教育，可以深入鄉村。比蘭的市鎮起源假設，雖然這是局限於某一地區的理論，但確可以把同樣的觀念應用到別的地區，針對各國地區的不同，場所的需要亦不同，每個地區各有其成長歷史和不同階段，比蘭確爲社會教育施教場所提供一歷史性理論，俾使吾人從事社會教育，對本國地區歷史作深一層了解，才能發揮地盡其利的效能。

四、波力比阿斯（Pornic Pre-Acy）的歷史實用論

波氏曾在他四十卷的歷史中說：歷史的目的不是「娛樂」，而是「實用」；歷史既非文學，那麼它的內容應該是客觀事實的記錄，而非主觀幻想的描述。波氏強調歷史的「實用」，謂：從事公職的人——或分掌國家命運的政治家；或保家衞國，馳騁疆場的大將軍——應該從過去取得教訓，以解決當前的問題，「實用」兩字是波力比阿斯所強調的。❻

波氏的社會教育觀，可從上述其歷史實用論，可見一斑。社會教育人員的培養，提高專業人員的素質，以及促進社會教育事業的發展，「實用」就是基本原則。正如波氏認爲：「來自歷史的知識是從事公務者的眞正教育和最好的訓練；從他人的禍患我們可以清楚地學習，如何勇敢地承擔天命付予我們的成敗哀樂」。波氏堅信：祇有將過去的事情適應到我們目前的環境，我們才能有預測未來的方法和基礎；從過去我們能學習如何小心做事，如何大膽前進。波氏並認爲：無論是寫歷史的或讀歷史的，不應該抱着一種欣賞文學的態度，而應該抱着「學以致用」的

---

❻ 國立臺灣大學歷史學系學報，第三期，頁三四一。

態度；因此研究歷史就我們個人的利益來說——尤其是對那些從事「公務」者，是件必要的事。波氏這一論點，給研究歷史的人指出了一條新路線，開闢了一個新天地，也提供給社會教育一種培養專業人員的體系課程，從而使社會民衆認識本國歷史，以激發民族意識，並確立社會教育的中心思想。

貳、歷史學與社會教育的整合

一、人類成長與社會教育

　　世界上最進化最文明的民族，往往是歷史最悠久的民族。人類進化與文明的樞紐，是歷史學；人類的進化，是要有所沿襲的，人類的文明，是由累積而來的。人類所以爲萬物之靈，便是由於有蒐集前代經驗的本能，有此本能，便促使進化及文明。現代人的腦子，不比五千年以前人的腦子大，現代人的天賦思考能力，不比五千年以前人的天賦思考力高 ❼，但是以其所蒐集的前代經驗多，有些方面，基礎已穩固了；有些方面，祇要沿襲就可以了。前人殫畢生精力所發現的一項眞理，今人可以得之於旦夕；前人所遭遇的慘痛教訓，今人可以避之而不重犯。歷史學就是以此爲研究鵠的，能將以往人類演進的情形，以往人類文明的累積情形，一一昭示後世。社會教育的目標在提高社會文化，人在社會中，種種活動，形成了社會文化，各個人教育程度提高，整個社會文化水準也隨之提高，因此，當以歷史學爲訓練、培養社會教育專業人才的基礎。「生聚教訓」是社會教育一種施教手段，透過歷史學不單培養專業人員，更廣泛地訓練國民，廣開民智，鼓舞民氣，組織民衆，以實現社會教育的理想。

---

❼ E. H. Carr, *What is History?* 1961, p108,

二、人類思想與社會教育

社會教育的目標在於增進國民智識，陶冶國民道德，此為其目標之一，提高國民的素質，使全國國民成為新時代的好公民，此為思想教育的極終目的。同時，啓廸思想，增加智慧，亦是歷史學一極大的功用。歷史學是層出不窮的事件的集合，其背後涉及種種不同的思想，如以體用來比喻，則思想其體，事件其用，因此歷史學是思想的最大源泉之一。歷史學又是人類經驗的記錄，以往人類的經驗，適可為來者作參考，智慧因之油然而興。西哲曾有言：「歷史學增人智慧。」，「一切歷史學的目的和範圍，卽在以過去的例證來傳授我們，指導我們的慾望和行動的智慧」，說明了歷史學有增加智慧的功用，「所有的歷史學，都是思想史」也充分顯示出歷史學大有作用於啓廸思想。

智慧的形成，由於多識「前言往行」，「以銅為鏡，可以正衣冠；以古為鏡，可以知興替」，歷史學能為人類作參考，以增加智慧，在於鑑誡的作用，一旦歷史上安危治亂之幾，燭照數計，自可產生免蹈前人覆轍的智慧，同時歷史學能使人類眞正瞭解現在，而為其將來提出概略性的指導。當第一次世界大戰結束以後，新問題叢生，世人紛紛回到歷史學上去，有人想發現解決當代問題的資料，有人存着夢想，期以找回失去的自信與人性，大凡想對於當代困惑找答案，對于將來的發展找方向，非乞靈於歷史學不可，因此，史學家不但要有一套精確的方法，以尋求歷史之眞，而且要求眞的誠意，所謂學術的誠篤是也。這些都是社會教育與歷史學必須整合之處。

三、人類文明與社會教育

社會教育有促進國家建設的任務，從歷史學上人類文明的足跡是可見的。人類從草昧走向文明，是人類歷史進展的一個大方向，號稱已經文明的二十世紀，實際上距離眞正的文明，仍然極為遙遠，人類的善

性，仍然爲物慾所汩沒，人與人之間，往往互相嫉視；族與族之間，往往進行殊死鬥爭；國際上的風雲，更是瞬息萬變；小型國際性的戰爭，一直在演進之中；現實已成爲外交的原則，尊重與國與維持正義，已成爲美麗的謊言；在鐵幕裡，大規模的屠殺，幾乎無時不在進行之中，千百萬善良的無辜者，生命決於一夕之間，卽幸而苟活者，也毫無生活情趣可言；人類的大災難，隨時有自天而降的可能，核子戰爭，已足可摧毀全世界人類。

　　人類生存在地球上，已有幾十萬年的歷史，在某些方面，確是無時不在進步之中，尤其是物質文明方面，進步的速度是驚人的，可是精神文明的進步速度極緩慢，有時且呈倒退現象。二十世紀的人類比兩千年以前的人類表現得更殘忍，便是一例。人類精神文明不能追及物質文明，整個人類隨時有趨於毀滅的可能；美麗而富詩意的大地，將是一片荒涼與恐怖。

　　人類文明的樞紐，操之於學術，學術的樞紐，操之於歷史學，歷史學上反映出人類過去的心靈，而社會教育就是充實心靈的一種教育工具。

四、人類和平與社會教育

　　社會教育以提高全國國民生活水準，擴及國與國間以邁向人類和平爲任務，歷史學最大的功用，就是促使世界有可能走向和平。西方史學認爲近代文明開始於人類覺悟歷史學的重要性，而全進入歷史之中，歷史學能使人瞭解自己與自己的國家，更能使人瞭解他人與他人的國家。中國人不知中國歷史，卽不足知中國；中國人不知自己所承受於中國歷史者，卽不足以知自己。英國人所以如此，德國人所以如此，惟有歷史能曝其眞正面目；歷史學就是以此爲研究目的。

　　萬國林立的今日世界裡，國與國之間，民族與民族之間，能否互相

瞭解，歷史學扮演最重要的角色，科學已使世界的距離極度縮短了，科學也使世界極有可能盡毀於旦夕，據估計，在一九九〇年代，世界上可能有四十八個國家擁有核子武器，更恐怖更具有摧毀力的生化武器，在積極發展之中，那麼今後世界的命運，繫於國與國、民族與民族間，能否和平相處，以人道與「四海之內皆兄弟也」相標榜，以期減少國際間的仇恨。

實際上國際間的不能和平相處，最大的關鍵，在於彼此缺乏瞭解，所以歷史須在此出現，一旦整個世界都進入歷史之中，對峙的萬國，才有可能由互相瞭解而相安於無事。由此以言，歷史學是最有救世的功用，社會教育的功能也正是與歷史學完全相同。

結　語

社會教育活動可以因社會教育人員對上述歷史學之見識而更能導致進步，社會教育問題也因此比較可以迎刃而解。當人類廣泛涉及歷史及文化發展的課題時，不單應以教育的眼光來看社會教育，尤應以歷史學的巨眼來看人類生活中社會教育活動之變遷，更能了解社會教育的歷史發展在人類生活中所顯示的價值。總之，以歷史家的眼光來看社會教育，更能消除偏見，狹隘及瑣碎的弊病。

現在是一個危機時代，我們對現代的危機意識，使我們產生強烈的歷史意識。因此，歷史學乃尋求對人類過去的了解，因此更了解世變日亟的現在，並希望此種了解對未來能提出有價值的指引，努力於發現事物的原因！這是歷史學真正的貢獻與價值，也即是對社會教育產生一種必然的助力，提供了社會教育對於人類活動經驗有深一層的認識與正確之方向。

第二節　經濟學與社會教育

　　社會教育一向具有多方面的價值，對個人而言，它在於培養個人謀生的知能，鍛鍊強健的體魄及涵泳完美的人格。因此，社會教育不僅可以加速經濟的成長，更可促進社會的發展；若就文化的觀點而言，則社會教育不但可以繁衍文化，更可創造文化。

　　衆所週知，經濟不斷的發展，乃是社會發展的一個層面，而人力資源的開發與人力素質的提高，除了學校教育之外，更需要仰賴社會教育。尤其在社會急遽變遷的今日，學校教育之未能滿足一般大衆之需要，西方學者開始懷疑學校教育的完美性，甚至有「教室的危機」（Crisis in Classroom）、「學校已死」（School is Dead）❽之哀鳴。各項社會教育措施於是應運而生；所謂「無牆大學」（University Without Wall），「開放大學」（Open University）卽是此種環境激盪下的產物。可見社會教育在今日社會中，扮演著極重要的角色，而其對經濟成長的貢獻更是毋庸置疑。

　　職此之故，社會教育的重要性，很早卽受到經濟學的重視。現代經濟學鼻祖亞當‧史密斯（Adam Smith 1723-1790）早在一七七六年卽以經濟學的觀點，強調社會教育的重要性，此後衆多經濟學者亦紛紛提出宏論，使社會教育的經濟學理論基礎燦然大備。

　　本節擬先舉出若干經濟學家的社會教育觀，以肯定社會教育的經濟價值，次而引用經濟學的若干概念，分析社會教育的主要功能，證實社會教育的完整性，用爲今後推展社會教育的依據。

---

❽ 楊國賜撰，我國社會教育的改革動向，載於中等教育雙月刊，廿八卷六期，民國六十四年十二月，頁廿五。

壹、經濟學家的社會教育觀

有人指出：「自亞當‧史密斯以下，諸如馬爾薩斯、彌勒、森尼爾、麥考羅克等古典經濟學者，均曾討論到有關公共教育的問題。不過，他們的主要興趣，與其說是著重職業、技術之發展，倒不如說是著重於公民道德之改進。」❾ 此話不論其所指的是職業技術之改進或是公民道德之改進，均與社會教育有關。是故，此處擬提出數位經濟學者的社會教育觀，藉以肯定社會教育的經濟學價值。

一、亞當‧史密斯（Adam Smith）的教育平等論

經濟學家亞‧當史密斯，是經濟學家中關心社會教育的第一人。其大作「人力資源富國論」（亦有譯爲國富論）（The wealth of nations）早已享譽國際。史氏的社會教育觀點，大約可歸納爲：

（一）提倡教育機會均等：社會教育的目標，卽在於使教育權利從貴族手中解放出來❿。而史密斯亦極反對當時法律所維持及資優人才所構成的大學造成了就學機會的獨占或壟斷。⓫ 因此，史密斯認爲教育不應該只爲富人而設，尤須顧及大部份的人民，以防止其腐敗或退化。⓬由此可知，史氏提倡大衆普及教育以防止人民的無知，增進全民知識。而反對教育的獨占與壟斷，正是今日推行社會教育的準則。

（二）倡行道德教育：依史密斯的看法，各種教育機構均應以宗教教學（religions instructions）爲主，以求達成完美的學習與社會的和

---

❾ 張建成撰，教育經濟學簡介，載於今日教育，廿八期，頁三七～四二。

❿ 參見雲五社會科學大辭典第八册教育學。

⓫ John E. Vaizey, *"What Econmists about Education."* in readings of education UNESCO, 1968. p. 50-51.

⓬ Adam Smith *"The Wealth of Nations"* ed. Edwin Cannan, London (5th edion) 1930. II. p267.

諧，並減低對宗教的狂亂信仰以及避免不合理，受傳統束縛且思想空泛的教條主義（dogmatism）的影響，而使學生能對未來更完美的生活做一準備。⑬由此觀之，他對於宗教倫理及思想教育極端重視，對於學生品德的修養，提供了明確的方向。

如是以觀，史密斯對於當時教育制度的若干指正及建議，可謂燭照機先，為現代社會教育開創了一條坦途。

二、皮格（A. C. Pigau）的無形資本論

眾所週知，社會教育的功能是多方面的，就政治來說，它可以使國民生活知識水準提高，並且熱愛自己的國家。誠如裴斯塔洛齊（Pestalozzi Johann Heinrich 1746-1827)所言：「凡是手操主權的國民缺乏知識時，就如一個玩火的孩子，他隨時隨地有把房子燒掉的可能。」⑭若就道德層面而言，社會教育可使國民修己善群，堅於職守，故有謂：「無恒產而有恒心者，唯士為能。」⑮又有「由知識已增長道德，乃正謂道德者非他，即知識是也。」⑯之說。如就經濟而言，經濟學家皮格（Pigau）曾說：「生產基礎中，除了土地、資本、人力之外，其第四要素為一種『無形資本』，亦即決定財富收入能力的內在影響力。易言之，即為教育。教育為生產第四要素。」⑰依皮格所言，一個國家的經濟，除了必須依賴土地、資本及人力外，若無教育配合，則人力無從發揮，土地和資本亦當無法有效的利用，直接間接影響該國的經濟成長。當今教育的理念，已由學校教育邁進終生教育（Lifelong Education），學校教育之外，社會教育成為促使經濟快速成長的有效措施。誠如楊亮功先生所

⑬ Adam Smith. ibid. p273

⑭ 見余書麟著，國民教育原理，師大出版組，頁一七二。

⑮ 引見，孟子梁惠王篇。

⑯ 見張東蓀著，道德哲學，中華書局，頁卅六。

⑰ 參見臧廣恩著，教育投資論與民族前途，載於輔導月刊，第十四卷六期。

說:「從經濟和社會觀點， 一個國家的教育， 乃是依附下述兩事的手段， 一爲保持人民道德價值和技術的增進， 一爲應付時代中所需要的變化。」⑱ 這正是今日推行社會教育的重點。

三、馬薛爾 (Alfred Marshall) 的教育投資論

經濟學家馬薛爾 (Alfred Marshall) 在其經濟學理論中， 極注重人的因素， 而且極注重人類的教育， 他以爲財富的生產， 只是人類扶養、滿足欲望、肉體心性、德性發展之一種手段而已。於是他說:「我們必須考察人的肉體精神， 道德等健康及其健康程度。這些條件才是眞正產業的效率基礎， 物質的財富， 是仰賴這些產業始能獲得的。此外， 物質財富之所以重要， 乃是因爲有了這些財富的人， 在肉體， 精神及德性的健康與强健才能增進。」⑲ 依照馬氏的說法， 人類肉體、精神、道德等方面的健全， 才是經濟發展的首要條件。社會教育的目的， 卽在增進人類健全的社會生活， 而實施健康教育， 道德教育， 促使個人人格的統整， 然後投入經濟發展的行列。

四、金札堡 (Eli Ginzberg) 的人力投資論

經濟學家金札堡 (Eli Ginzberg) 可謂是倡導社會教育最多的經濟學家。他曾經指示出:「今日先進工業國家 （尤其是美國） 都感到人才不足， 其最大的原因， 乃是人力資源的浪費。因此， 必須盡量活用這些資源， 使之無浪費情形， 以謀國民的福利， 而其最後關鍵， 乃是不管在先進國家或落後國家， 應當投入多少資本在人力上面。」⑳ 由此可知， 金札堡極注重人力投資。他認爲人力浪費的例子是: 失業、不完全就業、不充分就業訓練、雇用人員之人爲障碍……等。因此， 他要强調教育活

---

⑱ 楊亮功譯， 教育計劃與經濟和社會教育發展， 正中書局， 頁一。
⑲ A. Marshall: *principles of Economics.*
⑳ E. Ginzberg: *Human Resoure, The wealth of nation.*

力 (Vitality)，主張除了學校教育之外，今後還要大大的依賴軍隊、企業成人敎育的推廣。他說：「經濟的進步和社會政治一樣，依賴於人類之熟練技巧及其判斷，這是很明顯的，賢明的社會，爲了使經濟擴大，國家安全，必定大量投資於人力之開發。而適當的人力投資必定會使每個國民潛力發展到最高度，對於人類有所貢獻，因而更加努力於人力投資。」❹金氏強調成人敎育的推廣，正是今日必須推展社會敎育的佐證。

以上所舉數位經濟學家的社會敎育觀，無非是說明社會敎育在今日社會的重要性及可行性。由於社會敎育的推行，而有人力資源的充分開發，由於人力資源的充分開發，而始能有經濟的高速成長，亦因經濟的快速成長而使國民生活水準提高，並增加了社會敎育的經費。是以，社會敎育與經濟學之間，有密不可分的關係。異言之，社會敎育有經濟學的理論根據殆無疑義。

貳、社會敎育的經濟學分析

任何社會，均有多種社會制度之存在，諸如家庭制度、經濟制度、政治制度、宗敎制度、及敎育制度…等。在所有的社會制度中，敎育制度原居於次要的地位，但由於社會變遷的結果，今日敎育已成爲社會結構中的一種核心制度。其所應用的觀念及活動程序，有重大的改變，而敎育的功能亦不斷的擴大，多數國家更借重社會敎育的方式，以竟經濟成長之事功，並促成進一步的經濟發展。

敎育經濟學者和敎育社會學者經常提到敎育的功能問題，社會敎育亦是其談論的一大重點。近三十年來，人力資源在經濟發展過程中的重要性，特別受到重視，於是有敎育投資論的產生。此種觀點，已不再視社會敎育爲消費事業，相反的，社會敎育已成爲一種投資事業。此一理

---

❹ ibid.

論的肯定，則社會教育投資必有相當的利潤，此種利潤並不亞於物質投資的利潤。而且，社會教育之實施，對於人才供需的平衡、個人受教育機會成本的降低，發揮有效的規模經濟…等，均有極大的影響，茲就此一問題逐項剖析。

一、國家總體經濟成長與社會教育的推展

一個國家欲求正常的發展，莫不以教育、經濟與武力作為建國的三大支柱，三者相輔相成，而達社會的安寧。可見經濟與教育兩者的關係密切，而經濟發展的工作，大部份由成人負擔，所以成人教育在現今社會亦就顯得格外重要。

從人口政策方面來說，學校教育的對象屬於就學的青少年及兒童，這些受教育的人口，在整個人口統計上算是「依賴人口」，必須由成人來負擔其生活費用。因此，無論是人口膨脹或通貨膨脹、經濟不景氣，均足以抵消經濟建設的成果，抑制經濟成長。職此之故，有效的推行家庭計劃，指導人民生育常識，妥善的選擇職業，並實施職業訓練與職業安全衛生教育，都是今日社會教育的範疇，唯有加強推行社會教育，才能加速經濟現代化，促進經濟穩定與成長，以提高國民生活知識水準。

二、推行社會教育可收直接與間接的利益

利益（Utility）是經濟學上的一個重要概念。教育既被視為一種投資，則其利益問題當然被視為考慮範圍。雖然我們無法全部予以量化，但社會教育有很大的經濟利益則是不可否認的。

社會教育我們或許可以由個人所得利益予以估計，換句話說，一個受過職業補習教育、在職進修教育（或其他社會教育方式）者，因為增加了就業的知識技能，其收益必然增加；間接利益則為國民所得（National Income）與國民總生產（Gross National Product. GNP）的提高，而帶來的社會繁榮。實際上，社會教育的收益，應將直接利益與間接利

益合併來看，才能明白社會教育投資對國民生活上的貢獻。例如由於健康教育、生活教育、休閒教育、道德教育及其他教育的推動，使國民能有健全的人格發展，社會上人人都能安分守己，反社會行為隨之減少，於是法院、監獄及警察單位所花的費用亦減輕，節省了許多不必要的浪費而投資於其他生產事業，相對的促進了國家的安定和進步。

三、加強社會教育可使人力供需趨於均衡

現代教育的最大缺點，即是造成人力資源的浪費，前已言之。學校畢業生未能學以致用而造成不充分就業（亦即所謂隱藏性的失業）或教育性失業，影響到整個國家的經濟成長。實施社會教育可視實際需要設置職業補習教育或職業訓練，可以調和人力市場的供需，正好彌補學校教育的缺失。西班牙學者加塞特（Jose Ortegay Gasset 1883-1955）曾經設想，教育是依照一種經濟學上的供需原則，所有經濟活動的發生，係由於某種方面的缺乏所導致。今日社會的邅大變遷，造成學校培養出來的人才不敷社會的需求。因此，必須透過職業補習教育、在職訓練或進修，以減少其學用失調所帶來的困擾。如是以觀，則欲使社會上人力資源的供需平衡，社會教育的加強已刻不容緩。

四、社會教育可減輕個人受教育所負的機會成本

在經濟學上，為了生產甲財貨，必須使用相當的生產因素，生產因素既用於生產甲財貨，則無法用於生產其他財貨如乙、丙。因此，由於生產甲財貨，不得不減少生產其他財貨的數量，即是生產甲財貨的機會成本（Opportunity Cost, or Alternative Cost）。同理，一個大學生，如果他當初不讀大學而走入工廠或從事其他行業的生產工作，則一定有某種收入或報酬。但是，他為了求知識而進到大學上課，就必須犧牲他可能的就業或收入。所以我們說：大學生必須負擔很大的機會成本，各級學校的學生亦然。反觀社會教育的推行，使一般未能繼續升學的國民，

透過大眾傳播工具而獲取新知，已經在職者可藉夜間補習或假期參加進修活動及短期訓練，甚至可利用空中大學選修所需的學分。如此既不影響目前的職業，又可得到新的知識與技能，其所負擔的機會成本自然大大的降低。

除了上述各項外，社會教育由於可藉大眾傳播媒介而達成教育的效果，每次均以全社會大眾爲對象，較之各級學校的施教效率爲大；同時，它是以整個社會爲範圍，有其規模經濟（Economics of Scale）基礎。何況經濟學之所以產生，乃是因爲社會財貨有稀少性，所以各項財貨有效的運用便是經濟學家追求的一大主題，社會教育各項措施，無不盡量運用現有的設備，達成民眾教育的功能，此種社會資源與人力資源的充分利用，更加說明了社會教育的經濟性與可行性。

叁、結　語

我國學者龔寶善先生在其所撰「社會教育的強化」一文中，曾比喻社會教育之於整個教育制度，猶如海洋之於整個地球。人類在陸地資源即將告罄時，就會盡量去開採海洋所蘊藏的資源；同理，在學校教育與家庭教育無法滿足社會需求時，社會教育便成爲大眾耕耘的園地。❷❷可見社會教育已成爲今日教育的主流。

第三節　政治學與社會教育

西哲亞理斯多德（Aristotle）曾說：「人是政治的動物。」可知政治活動的對象涵括了全人類，人的行爲終其一生，無時無地，恒脫離不了

---

❷❷ 龔寶善撰，社會教育的強化，載於教育輔導月刊，廿五卷十一期，六十四年十一月，頁三。

政治的範疇。而社會教育，就其對象言，它是屬於全民的教育；就其時間言，它堪稱是一種自出生、以迄於死亡的教育歷程；就其空間言，它又是無遠弗屆；凡是有人類活動的場所，即可發現有社會教育的存在。準此而言，二者關係非常密切。

壹、政治學理論與社會教育

二千餘年來，有關政治學研究之理論浩如繁星，唯其與社會教育有關者，可舉數端概述如后。

一、國家起源論與社會教育

關於國家的起源，一般的說法大略有四，即：神意說（The Divine Theory）、社會契約說（The Social Contract Theory）、武力說（The Force Theory）及自然說（The Natural Theory），以及　國父所倡導之生存需要說。茲就生存需要說而言之。

（一）　國父以為在君權時代以前「都是奉有能力的人做皇帝，能够替大家謀幸福，才可以組織政府。」❷❸他並舉出古代燧人氏敎人鑽木取火；神農氏嘗百草、治疾病；軒轅氏敎民做衣服；有巢氏敎民營宮室等，皆是對人類生存需要有所貢獻的偉人，因此他們得以被推為皇帝而組織政府，可知國家乃起源於生存需要。

（二）　國父說：「人類求生存才是社會進化的定律，才是歷史的重心。」❷❹人類社會生活及歷史之演變既皆以求生存為其重心，乃知國家之為物亦必基於人類生存之需要，殆無疑義。

（三）　國父以為動物以競爭為求生存之方法，而人類則以互助為求生之道，又說：「國家社會者，互助之體也；道德仁義者，互助之用

---

❷❸ 民權主義第五講，國父全書，頁二四四。
❷❹ 民生主義第一講，國父全書，頁二六二。

也。」㉕互助旣爲人類生存之道，而國家又爲互助之體，故知國家實因
應生存之需而組成。

（四）　國父說:「國家的責任是設立政府爲人民謀幸福。」又說:
「文明進步，在人民的自身可以做得到，不過有了政府加以提倡補助的
工夫，進步得更快。」㉖國家旣以爲人民謀福及促進文明進步爲其職
責，顯見國家之產生自必源起於人類生存之需要。

（五）　國父說過:「權的作用，簡單的說，就是要用來維持人類
的生存。」㉗而權與國家堪稱是一體兩面；必須先有國家，始能有權；
而國家尤須妥善運用其權，以做好保、養之大事，以保障國民之生存，
所以權與國家的起源自然又是爲了人類生存之需要。

由以上說明可以瞭解:人類爲生存需要而組成國家，而國家與政府
則須盡力爲人民謀求幸福，使人民生存得更美好。欲達成此目標，方法
固然殊多，唯教育實不失爲其至要者；尤以存在於人民生活各個層面、
各個時空的社會教育，更是提高人民生存條件，促進社會全面進步的不
二法門。所以有了人類求生存的歷史，卽伴隨著產生了生活經驗相互傳
授的社會教育，這是不容否定的事實。所以就國家起源論的觀點言，社
會教育早經奠定了存在的基礎。

二、國家功能論與社會教育

一個國家因其功能而決定了它的制度（Institution）與政治組合
（Political Association）的基本形式。故論國家對社會教育的影響，當
自其功能探究最爲明確。

有關國家功能分析的理論，一般可分三種，卽:馬其維利（N.

㉕ 孫文學說第四章，國父全書，頁一七。
㉖ 演講─國民要以人格救國，國父全書，頁九三三。
㉗ 民權主義第一講，國父全書，頁二一五。

Machiavilli)、洛克（J. Locke）等人的全體主義的國家理論；麥其維
（R. M. Maclver）、柯爾（G. D. H. Cole）的多元主義的國家理論；
以及近年來為世界上多數國家所倡行的福利國家理論。而其中將以在福
利國家中，社會教育最能獲得正常的發展。

　　福利國家一詞，於1940年代始成為政治討論中常用的名詞，提出此
種主張的人認為基於社會正義，任何人均有權利過合理的生活，不能因
其自身財力的不足或其家庭背景的不良而遭剝奪。其主旨在於運用國家
的力量，以促進社會安全（Social Security），保障人民在物質上不虞
匱乏，在精神上免於恐懼。

　　欲促使此理想之實現，必須有賴於社會的全面推展。如：社會的目
標須涵容福利國家的基本精神、社會教育的制度與福利行政體系密切配
合。得如此，始能發揮高度的社會機能，使人民福利大為增進，生活更
趨於完美。蓋因社會教育教導人民最新的謀生知識與技能，使人民在物
質上不虞匱乏。社會教育教導人民現代生活中危機的調適與休閒的利
用，使人民在精神上免於恐懼。故知福利國家理論的提倡與實施，必可
促使社會教育日益發達。

　　三、國家目的論與社會教育

　　論述國家目的的學者雖因其觀點不同而說法各異，唯多數學者莫不
以為國家具有教育人民以提高世界文明，增進最大多數人、最大幸福的
目的。

　　例如：德學者霍成道夫（Von Holtzendorff）所提國家三個目的，
卽以「以教育和幫助人民而促進社會的進步，和人民的文明」❷❸為其最
後目的，美學者蒲其斯（L. W. Burgess）亦以為「國家最後的目的是在

---

❷❸ R. G. Gettell, *Political Science*, Mass: Cinn, 1949. p. 380.

使全人類達到完美的地步及發展世界的文明。」㉙ 迦納 (J. W. Garner)
尤其說得具體，他認爲「國家第一個目的在增進個人的幸福，其次則在
於力求保障個人在團體生活中的利益，終極的目的則爲致力發展世界的
文化進步。」㉚

　　根據以上學者的說法，我們可以知道：國家的最初目的在增進個人
的幸福，最終目的則爲全人類文明的促進。而欲達成此等目的，則捨社
會教育又何能奏其功？因爲「今日教育的目的，已不復單講義理之學，
以提高人民的精神生活，並且注重人民的生活技能與生產能力的培養，
蓋必如此，始能躋國家於富強之域。」且「各國都有其特殊的文化，於
是保存固有文化，發揚新的優異文化，亦爲國家應盡的職責。」㉛ 顯見
在此國家目的與教育目的日漸契合的時代，社會教育之需要性勢必日愈
增加。因唯有社會教育涵括全生活的教育內容，始足以促進國家多重目
的之達成，這是傳統方式的學校教育力所不能逮的。故而在國家目的更
爲分化的未來，社會教育將獲致蓬勃的發展，乃是顯而易見的事實。

　　四、政治權力論與社會教育

　　亞里斯多德將政治權力的來源分爲三類，卽政治權力集中於一個
人、少數人或多數人，以這種分類說明現代政治制度的類型仍頗適切。
㉞其中一個國家的政治權力如集中於多數人之手，則形成民主政體
(democracy)，這是一種符合時代趨勢，顧及全民利益的政治權力結
構。社會教育亦唯有在此一政體下，才能獲得充分的發展。

　　在一個人與少數人統治的政體中，個人接受教育的年限有其限度。

㉙ Ibid, p. 381.

㉚ J. W. Garner, *Political Science and Government*, Ch. 4.

㉛ 桂崇基，政治學，正中書局，民國五十八年四月臺三版，頁二二。

㉜ 林清江，教育社會學，國立編譯館，64、10再版，頁一二八。

政府希望人民接受基本教育，僅是在於培養人民順從政治領導的能力；待目的達成之後，教育亦隨之終止。唯有在民主政體中，政治是一個人終生投入、參與的活動，個人教育也是一種終生不輟的歷程（卽社會教育）。因此，民主政體中的教育兼重個人與社會的目的。教育一方面發展了個人的潛能，一方面則實現了社會的功能。而此雙重功能的發揮，顯然社會教育要較諸學校教育更居於有利的地位。

　　尤其在矯正民主政治的若干缺失的過程中，我們與其迂緩而浪費地經由試讀的歷程，❸何妨更積極地經由社會教育的實施，從灌輸民主意識、充實民主知識着手；以破除障礙，化阻力為助力，或更能建立較佳水準的民主政制。在此一必經的途徑中，可以預見的是：社會教育將扮演著較之往昔尤為重要的角色。

五、政治系統論與社會教育

　　政治學者伊斯頓（David Easton）提出政治系統論的架構，（見附圖）在此一政治運作系統中，輸入項恒受環境的影響，而決策與行動輸出之後，又必然受到環境的考驗，而產生回饋（feedback）再重新輸入。

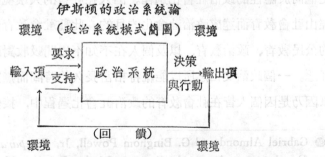

伊斯頓的政治系統論
環境　（政治系統模式簡圖）　環境

要求
輸入項
支持　→　政治系統　→　輸出項
決策
與行動

（回　饋）
環境　　　　　　環境

採自 David Easton, *A Systems Analysis of Political Life*, p. 32.

　　依照系統論此一分析架構，政治系統受其周遭環境影響至大，……

───────────────

❸ 馬起華撰，民主政治的優點和缺點，文藝復興月刊卅三期，頁四〇～四六。

而對於政治系統影響最大的環境可能是文化環境。當代學者在做系統的實證研究中，提出了政治文化（Political Culture）作為分析的工具。並把政治文化的成份分類為：❸

（一）認知的取向—即對政治系統的認知。

（二）情感的取向—即對政治系統的好惡之情。

（三）評估的取向—即對政治事務的判斷與意見。

可知政治文化實已成為政治行動的基礎，如果在政治系統的環境中缺乏政治文化，則政治本身存在的價值亦將令人懷疑。而政治文化之所以能獲得持續成長，主要是依賴政治社會化（Political Socialization）。

所謂政治社會化乃是指「人們獲得政治取向與行為模式的成長過程」❸。它是一種持續的政治學習過程，包括顯性的與隱性的政治社會化。前者如：學校裡的公民教育、政黨的宣傳、政治知識的學習等；後者如：家庭生活的過程、宗教信仰的孕育、同伴團體的參加等，而對於一個人政治行為上的定向及模式之影響，隱性的影響力更甚於顯性。❸

由前面的說明，我們可以瞭解，社會教育即是一種隱性和顯性，且更偏向於隱性的政治社會化過程。個人在社會的大環境中，隨時隨地皆經由社會教育而達成政治社會化的目的。此種社會教育包括明顯的具體的公民教育、政治教育，以及個人在不知不覺間吸收對政治事務情感的好惡。一個政治文化之所以能維持相當長久的時間而無重大改變，主要原因乃是因個人皆在社會教育的政治社會化過程中，接受了政治文化所

❸ Gabriel Almond and G. Binghom Powell, Jr, *Comparative Politics: A Development Approach*, Boston: Little, Brown and Company, 1966, p. 50.

❸ David Easton and Jack Dennis, *Children in the Political System*, New York: McGraw Hill, 1969, pp. 3~4.

❸ 余堅，最新政治學，商務，69、9初版，頁七九八。

蘊涵的基本價值，而表現出消極的政治認同或積極的政治參與等政治行為。故知社會教育一直在政治系統的環境中擔任要角，給予輸入、輸出或回饋的政治文化帶來莫可言喻的重大影響。

六、政治發展論與社會教育

政治發展已成為一九六〇年代以後，政治科學研究中最熱門的課題之一。此一新興的研究方法使政治學由一種偏重形式的靜態描述的學科，逐漸變成一種十分注意社會變遷動態的學科。在此新領域的探討中，最具權威、最有成就的學術團體當推美國社會科學協會屬下的比較政治委員會。

該委員會主席派依（L. W. Pye）在其「政治發展的面向」一書中提出了每個民族國家在建立過程中所不可避免的六大危機（crisis），即：自我認同的危機、正統合法的危機、政治參與的危機、政策貫徹的危機、資源管理和分配的危機，及國家整合的危機。[37]

欲解決此六大危機，多數學者提出了政治發展過程中三個密切相關的面向，即：（一）政治結構與功能的分化，（二）在心理建設方面，要建立並勉力實踐一個著重公民平等原則的政治文化，（三）提高政治體系的能力。此三者彼此密切相關，被稱為政治發展的連結徵候（Syndrome）。[38]然而在其實際發展過程中，此三個面向的次序、步驟、經過時間的久暫等，並不完全一致，甚且在某些地方難免互相衝突、摩擦。因之，如何使之平衡發展，乃引起了學者專家們與決策者密切的注意。

關於此種國家政治發展過程中所面臨危機的調適，以及如何促使三個密切相關面向間的平衡發展，仍非運用社會教育不為功。蓋唯有以社會教育為方式的政治社會化，才能使人民的政治價值觀趨向一致，亦始

---

[37] 江炳倫撰，淺說政治發展學，中央月刊社，淺說現代社會科學，頁四二～四四。

[38] 同上註，頁四四～四六。

能建立一着重公民平等原則的政治文化。得如此，則就個人而言，即已具備適應政治結構、功能分化的能力，就政治系統言，亦足以提高政治體系運作的功能。因此，在政治發展理論中，社會教育當然亦尋着了雙方互惠共生的根，二者互爲因果、共依共榮。

貳、政治與社會教育的整合

一、社會教育可以增進政治的穩定發展

政治與社會教育的整合，從社會教育而言，社會教育對政治的影響顯然是較爲迂緩漸進的，但其力量却是不容忽視。蓋社會教育乃實施政治教育最重要的利器，全民政治教育水準高，政治可因而穩定、發展，反之，則政治可能產生動搖，甚或須予改造。我國儒家理想以教化爲政治的根本，以禮代刑，其道理亦即在此。至於社會教育對政治穩定之可能影響，析而言之，可分下列數端：

（一）社會教育可以提昇國家意識－學校中實施政治教育，由於學生並未實際接觸到政治事物，故其效果實不若社會教育彰顯。若透過社會教育灌輸國民之愛國思想，提振民族精神，則人人能以「國家是爲我之大我，我乃國家之小我，小我應求與大我配合，彼此化爲一體，把國家的福利，想作自己的福利，把國家的目標視爲自己的目標。」❸ 故曰社會教育可以提昇國民的國家意識，並進而昇華爲具體的愛國行動。

（二）社會教育可以鞏固政府組織－昔亞里斯多德在政治學一書中曾說：「對憲法的永續，最有貢獻者，是使教育合於政治形態，應訓練教化國民，適應當時的政治。……通常國民的性格愈好，則政治組織愈佳。」❹ 此所謂政治組織，亦即指政府的組織。故知欲使政府組織趨於

❸ 逯扶東，西洋政治思想史，三民書局，59‧1增訂三版，頁四三三。
❹ 陳鑑波，現代政治學，三民書局，62‧12增訂四版，頁六三七。

穩固，必須以教育，教化國民，其中尤以社會教育更具功效。因此自古「希臘城邦一般國家，對教育之態度都頗爲認眞，教育之含義亦廣，尤其注重社會教育。」❹ 其道理亦卽基于此。

（三）社會教育可以保障人民權益－唯有在民主政體下，人民的權益才能獲得保障；而教育乃是形成民主政治的必要條件（Necessary Condition）亦卽人民須有相當的教育程度，才能形成民主政治。也唯有在此種政治條件與環境下，人民才能適切地盡自己應盡的義務，享自己應享的權利，做一個民主政制下的優秀公民；而此種公民教育的灌輸，社會教育實擔負了大部份的責任。蓋公民多爲已離開學校之人，其公民知識之獲得，當以社會教育爲之主要來源。故社會教育可以造就國家健全的公民，使他們知道如何克盡義務，也知道如何爭取權利。

（四）社會教育可以確立政黨觀念－政黨雖已成爲民主政治中所不可或缺之工具，它充當了選民與政府之間的橋樑。唯政黨爲爭奪執政地位，往往大肆排斥異己，甚或控制輿論，顚倒是非，藉以打擊對手。這種種缺點每造成選民對政黨具有成見、缺乏好感。欲改正此種偏執，使人民對政黨建立正確的觀念；一方面固須各黨間坦誠相待，彼此互相溝通、協調、做到如　國父所說的：「黨爭須在政見上爭，不可在意見上爭。」另一方面則須透過社會教育之宣導，務使人民能瞭解「民主之國有政黨則能保持民權自由，一致而無亂；君主之國有政黨亦能保持國家秩序，監察政府之舉。」且「若無政黨則民權不能發達，不能維持國家，亦不能謀人民之幸福。」❷ 能讓人民了解政黨存在的眞諦與功能，民主政治才能步入發展的正軌。

二、政治可以促進社會教育的發達

❹ 同註三十九，頁一四。
❷ 國父全書，黨爭乃代流血之爭，頁五六四。

就歷史沿革而言，教育與政治是難於劃分的。我國自古即係政教合一，教育不只是政治的一部門，且為其大經大本。而彼時的教育稱為教化，其內容不外指民眾禮俗的化成與賢能人才的培養。後者成為學校教育之主要目標，而前者實賴於社會教育之推展。教化的主要功能在改造國民的行為，其力量的來源須經由政治領導人物的倡導；故書經上有曰：「天相下民，作之君，作之師。」可知自古以來，社會教育即隨著政治的成長而發達。

（一）社會教育為國家政治制度之一環：早期的社會教育是零散的，不成體制的。自十九世紀後，教育成為國家事業；社會教育亦成為國家推行教育的重點之一；其體制遂亦逐漸形成而日趨完善。然其行政則仍屬國家政治制度之一環。各級社會教育行政機構，多屬於政府行政體系之內，因此社會教育自始即無法脫離政治而獨立。

（二）社會教育應配合政治理想之實現：亞里斯多德認為教育為政治之一部門，維持一國制度最有效的辦法，是使教育配合政治，訓練人民思想，以配合國家的理想及政體。因此社會教育特重政治教育，其目的即在於使國民了解公民的權利義務、參政權的行使、當前的政治環境、政治活動的參與等，以促成政治的進步，及實現政治的理想。

（三）社會教育必遵循政治策略之要求：由歷史上看，教育一直隨著政治而轉移。政治有了變化，教育亦隨之變化；故亞里斯多德認為「教育原則必配合國家憲法精神，如為民主政體，則應灌輸民主精神的教育；是財閥政體，便又是一套教育政策，是何種政體，就施行何種適合其政體的教育。」[43]社會教育又何嘗不然？舉凡其宗旨、體制、內容、重點等，皆無不遵循政治策略之要求，而為政治所決定。

（四）社會教育須透過政治手段而推行：「為政之要務在正人倫，

---

[43] 同註三十九，頁八九。

教育之要務在明人倫。」❹ 故曰：「設為庠序學校以敎之……皆以明人倫也。」（孟子滕文公上）蓋人倫乃為人處事之基礎，社會教育之要務無非在於敎導人民明人倫。唯欲使人民明人倫，則須透過政治手段以正之；因政治之一切設施對人民無不具有教育之意義，此卽俗稱「管敎」是也。故曰社會教育當須以政治為推行之手段，其道理亦卽在此。

　　總之，政治學與社會教育之關係，極為密切，從某種角度而言，政治本身卽是一種社會教育，而社會教育亦具有政治的作用，二者在意義上有交互之關係；且政治可以影響社會教育之動向，社會教育亦可以影響政治之穩定與發展，二者於效果亦有相互依存之關係。

第四節　心理學與社會教育

　　社會教育的對象是人，對於人的認識，心理學可以提供許多有價值的研究資料。

　　首先，從時間的觀點而言，每個人的身心都有一定的發展程序，隨著年齡的增長，其行為和動機及其改變的可能性皆有差異，社會教育原是要透過學習歷程以建立良好的行為結構，當然應當瞭解學習的可能及限度，尤其社會教育所對象，包括兒童、青年與成人，特重成人的學習，成人學習的可能性及其理論，是社會教育工作者最為關切者，這些問題，心理學應可提供必要的理論根據。

　　其次，從比較的觀點而言，每個人的天賦遺傳原有個別差異的存在，後天環境的影響，特別是教育文化的陶冶，更加深此種差異。社會教育不僅在規範普通的人性，同時還要發展個性，所以對於受教者的個別特質，如：性格、才能與興趣等，應有所考慮，心理學在這方面可提

---

❹ 陳立夫，四書道貫，世界書局，56、11七版，頁五七三。

供基本認識，有助於社會教育的因材施教，達成較高教學效果。進一步言，每個人的生長現象是多方面的，除了（1）身體發育外，還有（2）智能的，包括：語言與思想的發展，（3）人格的，包括自我觀念的發展，（4）社會的包括道德意識的發展。❹這些個人的生長現象，亦在心理學上可以找到許多根據，做為推行社會教育的參考。

壹、現代心理學的性質

心理學的研究，從公元前三世紀希臘哲學家蘇格拉底的靈魂研究、中世紀時法國哲學家笛卡兒等的心靈研究、至19世紀美國詹姆，以意識為心理學研究的對象，以迄本世紀美國華生開始，主張心理學為研究行為的科學。這個過程說明了心理學是由哲學導向科學之研究。

現代心理學的界說強調了兩個觀念：其一為「行為」，其二是「科學」，這說明了心理學研究的內容是人的行為；研究的方法是科學的方法。何謂行為？所謂的行為包括廣狹兩義。狹義是指限於個體表現於外，而可被觀察、記錄或測量的活動。廣義的是指，除了可見的外在活動並包括未可見的內心活動及心理歷程。而所謂的科學方法，是基於求真的態度，注重客觀的、數量的，和在控制情境下的事物觀察。即使未可見的心理活動，也可以由外延的活動來推測了解。一般來說科學有三個共同的目標：（一）了解「因果」關係；（二）預測─如有其因，必有其果：（三）控制─如欲收其果，先種其因，以獲得預期的效果。❹

由於心理學的發展，我們可以了解到，人類行為的發展，學習的原理，人格的形成和性質，動機的層次和性質，人際關係的重要…等。當

---

❹ 田培林主編，教育學新論，臺灣學生書局，民國五十八年十月，頁十八～二十一。

❹ 張春興著，心理學，東華書局，民國六十七年，頁二～十三。

然，不同的學派，對行爲的解釋，也各不相同，各有所偏重。譬如，對於行爲的動機，有從發展的模式來解釋，特重行爲的歷史根源，强調幼年期的經驗，欲從操縱先行的條件，來控制產生的行爲結果的原因，亦卽找出刺激和反應之間的關係。而另一種則由交互作用模式來解釋，不像前者那麼重視「過去」，而正視「當時」，亦就是探求反應和反應之間的關係，來歸結出行爲的源。雖然心理學上各家重點不同，但並不互相矛盾，而是相輔相成。

貳、心理學理論與社會教育

心理學理論繁多。玆僅就行爲發展理論、成人學習論、學習理論、動機理論、四者和社會教育較密切的理論來談。而人格理論、人際關係理論、角色理論，則擷取相關者，併同加以說明。

一、行爲發展的理論

行爲發展理論，是以人的一生行爲變化爲題材，從而探求個體行爲變化與生存時間及空間因素的關係。其目的有三：

（一）了解人類行爲發展的歷程及模式，作爲預知人類行爲的依據；

（二）探求影響人類行爲發展的因素，作爲解釋個別差異的現象；

（三）發現行爲發展的原理原則，可加以引導和控制。

支配或影響行爲發展的因素有遺傳、環境、成熟、學習，在此影響之下人類行爲發展的特徵有五點：[47]

（一）幼稚期長，可塑性大

人類自出生到成年要經過二十年之久，而且在這段期間，有一半的時間，行爲不能獨立，必須靠成年人的照顧才能生存。而人類漫長的幼

---

[47] 韓幼賢著，當代心理學理論，中央圖書出版公司，民國六十一年。

稚期，正好提供了學習複雜行為的機會。尤其成年以後的生活上，所需的行為，幾乎全靠學習而來，但因時間、空間，以及生活方式之不同，所學的學習又隨之而異。

（二）早期的發展是後期發展的基礎

人類的行為發展，是前後連續，而且前後行為之間有因果關係可循。一般認為人生歷程的第一個十年是一生行為發展的基礎。

（三）發展常遵循可預知的模式

雖然每兩個人的行為發展，不可能完全一致，但多數人行為有一個共同的趨勢，譬如生理方面，由首到尾，由中心至邊緣，從整體至特殊的、局部的。在心理學方面，兒童先會畫圓，再畫方；先學會具體事物，才能學抽象的觀念……一步步，逐一的形成。因為有此一模式，人的行為在預測上，成為可能。

（四）共同模式下有個別差異

雖然說，多數人在行為發展中有共同的特徵，可是由於每個人有他獨有遺傳、環境、成熟與學習的因素，所以在共同模式下仍有顯著的差異。

（五）連續過程中呈階段現象

一般方式用年齡分期：（1）嬰兒期：初生至週歲。（2）兒童期1～12歲。（3）青春期：13～16歲。（4）青年期：17～20歲。（5）成年期：21歲到65歲。（6）老年期：65歲以後。這種劃分的主要意義，是根據「關鍵期」的觀念，在發展過程中某一時期內，其成熟度適於某種學習，教育在此也就可以強調它的適切性，也等於說一切社會教育措施，須配合發展的程序，適時適地及用適當的方法，以求事半功倍之效。

二、成人學習的理論

　　何以在談完行爲發展之餘，又需把成人學習特別提出來討論呢？主要是，成年期所包括的時期，是個人一生中最長的一段時期，也是對社會最有貢獻的時期。再一方面由於人類壽命的延長，兒童、青年與成人之比，便是一比四的懸殊，可以說成人是當前社會國家進步的主要推動力，因此成人教育的重要性也就與日俱增。從前，由於心理學的研究，偏向於兒童心理學、青年心理學，所以造成社會上對於成人的心理與敎育缺乏科學的認識與正確的了解。一般認爲成人時期，身心發展已達於成熟階段，因此可塑性小，甚至更武斷的認爲成人學習爲不可能，將成人劃入與教育絕緣的地帶。

　　究竟成人能不能學習，需不需要學習呢？所謂成人心身發展成熟是指生理的成熟（身體各器官功能的完成）及心理的成熟。心理的成熟包括三方面：❹

　　一、智能的成熟：　個人智力發展到了頂點，對問題能從事理智的判斷與邏輯思考。

　　二、情緒的成熟：　情緒趨於穩定，能做自我控制。

　　三、社會行爲的成熟：　待人處世趨於練達，遇事能獨自處理，且有信心。

　　成熟並不說明：不能接受教育，不需要接受教育。在這一點上，成人學習權威桑代克的成人學習實驗予以有力的支持。根據實驗的結果指出，人類的學習能力，隨身心的成熟程度而增高。最好的學習時期乃在20—30歲之間。卽使 30—45 歲間的學習都較 10～12 歲爲佳，而45歲至70歲的學習能力雖有減低，但亦不超過，每年減低百分之一。這種結果，後來也得到心理學家萊曼（H. C. Lehman）的研究證實。所以可以說成人是有學習能力，有時甚且超過兒童青年。至於在學習效率上，

❹ 同註四十六，頁一〇二。

大體上說: 記憶方面, 兒童青年較高; 推理方面, 成人較優。但由於成人的學習是有目的的, 自發的, 所以學習效率, 有時更高。

而現在成人之所以不易學習的原因: 可能是成人擔負著家庭的、經濟的、政治的、社會的⋯種種責任, 以致無法專心學習。此外, 蘇崙生 (Sorenson) 曾研究「荒廢」對成人學習之影響, 他認為學識、技能、聯想力⋯」等如不經常運用, 將形萎縮, 可見「中斷學習」是成人繼續發展的致命傷。成年人如果只是憑藉著學校教育所得, 來應付大半個人生, 如何能跟得上科技的進步、世局的複雜變化, 所以唯有成人不斷的學習, 才能扮演好他在社會上帶動發展的角色。㊾

社會教育的目的是促進個體的發展, 社會全面的進步, 因此就像桑代克所說的, 「教育的開始, 不嫌其早, 教育的繼續, 不厭其長」。人生應該是一個繼續不斷的學習, 學習愈有效, 生活愈豐富。社會教育卽是一種繼續的教育, 全生涯的教育, 因此它不能忽略成人的需要, 應該重視如何創造成人學習的有利環境, 和設計成人需要的重要內容, 以發揮成人教育的效果。

三、學習理論

遺傳只是劃定個體發展的最大極限, 而成熟因素, 規定發展的階序。在這種界限下, 個體的發展, 要靠學習的配合, 倘若沒有學習機會, 個體的發展將是不可能的, 至少是不健全的。學習是指行為改變的歷程, 而非指行為的結果。學習理論, 卽在提供個體學習的原理原則, 從而了解如何引導有效的學習。

學習理論可分二種基本觀點:

(一) 學習是刺激與反應間建立一種新關係。本來個體並不會因某種刺激而起反應, 但經過多次練習之後, 使該刺激與該反應產生了連

㊾ 褚應瑞撰, 發展我國成人教育芻議, 教育文摘, 民國五十九年。

結，**此理論被稱為刺激反應聯結論或簡稱聯結論。**

（二）另有些學者特別強調知覺與領悟在學習過程中的重要，此派稱之為認知論。

前者提出了行為制約理論的基本原則：（1）增强一强調行為的改變是依據行為的結果而定。（2）懲罰一意在遏阻或撤消不良的行為。（3）類化與分化一類化，有觸類旁通，舉一反三，可以擴大學習的領域。分化，使學習愈來愈趨專精。而後者特別強調學習情境，要能使領悟而學習。❺⓪

前述兩觀點（行為的性質，行為改變的過程），已漸趨於合一，很顯然地，它們都不能單獨對所有學習行為給予滿意的解釋。我們只能說學習內容，如有些技能、動作、語言…等要養成習慣，聯結論是適合的；但如抽象的概念、問題的推理，則認知論是可行的。

進一步言，改變行為的步驟有六，可引為實施社會教育的參考：（1）指明終點行為，（2）分析現行行為的基線，（3）構成有利的訓練環境，其中強調行為的改變，須在和諧的人際關係中進行。（4）選用適當的增強物：卽 a.非社會性增強物。如：食物、飲料。 b.次級或類化增強物。如積點、標誌物…。c.社會性增強物。如讚許、關懷…。（5）逐步形成期望行為。（6）評價訓練的結果。❺①

社會教育可依據對象的需要、內容的差異而選擇不同方法來達成社會教育目標。同時參考行為改變的步驟，可以設計一套有步驟，有計劃的學習，以增強原理，來吸引民眾加入社會教育的行列。

---

❺⓪ 林清山，兩種主要學習理論及其教學方法，載於林等著教育學的發展趨勢，幼獅書店，民國六十一年，頁九九一一三六。

❺① 張春興，林清山著，教育心理學，文景書局，民國六十三年，頁六十八～一○三。

四、動機理論

對於動機的性質，各家說法不一，對於動機分類，更是衆說紛紜。現就馬斯洛 (A. H Maslow) 對動機的看法，提出說明。馬氏強調人類的所有行為係由「需求」(need) 所引起。需求又有高低層次之分。他把人類需求排列爲五個層次。每當較低的層次達到滿足時，較高一層的需求將隨之而生。因此馬氏的動機理論又稱「需求層次論」(Hieraarchy of Needs Theory)，又因爲動機層次的升高是以需求的滿足爲基礎，所以他的理論也稱爲「需求滿足論」(Theory of Need Gratification)。 [52]

馬斯洛的人類需求的層次關係

從上圖可知，人類需求的→層次由低至高爲：生理的需求、安全的需求、愛與隸屬的需求、尊重的需求、自我實現的需求。生理的需求指飢、渴、性…是其他需求的基礎。接著人需要免於威脅、免於孤獨等的安全需求。再則就是有隸屬於團體，和獲得愛和關懷的需求。至此，一個人的尊嚴和價值油然而生。體驗到自己的重要。然後，發展至最高層次的自我實現。

自我實現正如康姆玆 (Arthur Combs) 和史尼格 (Donald Snygg) 所說的：「人不僅尋求維持自我，而且發展一個圓滿的自我，一個能確實、有效地應付實際生活要求的自我」。亦卽透過行動，使自己成爲眞

⑫ 同註四十六，頁四三〇~四三二。

正要成爲的自己。只是穩穩當當的把內心的我，表現出來，並不等於大有所爲、成就非凡。

社會教育要達成的目標，就是滿足個體不同層次的需求。社會教育要使個人在滿足過程中，更有效的知覺現實，並與環境充分交互作用。甚至，要使個人，能由了解自己而接受自己而發揮自己，並使對人對事，能盡力盡責。針對這種個人需求的層次性，社會教育滿足不同需求時，內容上，也應有不同的層次安排，像馬氏的層次階梯一樣，導民衆的人生追求於眞善美的境界，使社會邁進於理想的境界。

結　　語

心理學是研究行爲的科學，研究人類的行爲，研究從初生到老死的個人行爲；而社會教育的對象是人，是個人，是生長中的人，這個人的學習是終身的、全面的、繼續不斷的。所以，心理學的研究，在社會教育的施教對象、內容安排、實施方式甚至教學方法，都能有所貢獻，因此，心理學與社會教育的合作與平行發展，有其可能更有其必要。

第五節　社會學與社會教育

人類在社會中營生活，而有各種的社會組織，小至家庭，大至世界，都直接或間接和我們的生活發生關係，而我們也卽在各種社會環境中，接受經驗，增長知能，以適應社會生活的需要，這便是社會教育。

社會學是研究社會行爲和社會關係的科學，社會學者很早卽對教育與社會的結合，賦予很大的關切。例如：涂爾幹 (Emile Durkheim 1858-1917) 的「教育與社會學」一書，對於教育活動的社會意義，曾有深刻的剖析。他不僅將教育現象視爲一種「社會事實」，列爲社會學

的研究對象，而且認為教育的功能也是社會性的。這種主張，對於社會教育的重要性，給予最大的重視。㊸

　　教育，無論是學校教育或社會教育，就個人而言，教育是一種社會化的過程，創出一種合乎社會生活的「社會人」的過程；就社會言，教育一方面在維持社會的存續，保存與創造社會文化，另方面社會制度決定教育型式，社會變遷決定教育內容，社會理想決定教育目標，所以，社會與教育有最密切的關係，可見研究社會行為與關係的學科─社會學的理論與知識，必有益於教育的一種重要活動─社會教育的理論與方法。茲依此觀點，研討：社會化與社會教育、家庭制度與社會教育以及社會變遷與社會教育等三個問題。

壹、社會化與社會教育

　　社會化（Socialization）係指社會所接納的行為型態之逐漸發展的過程，個體自幼小到成人之成長過程，必須學習如何抑制自己自私或原始的需要，而發展一種社會行為規範內的反應方式，這種行為的學習過程，稱之為社會化過程。

　　嬰兒呱呱墜地，軟弱無比，依賴性重，之後，嬰兒開始學習爬行、站立、飲食、說話及一切社會行為，即幼兒開始學習物質、心理和社會技能，以求生存和成為社會分子。因此，社會學者戴偉斯（Davis）曾說：「社會化過程是社會代代傳遞，文化永存的基礎，個人透過社會化始具有人之心性、人格。因社會化，個人與社會乃精神合一，文化的觀念情操也與個人的需要能力合而為一。」㊹

　　根據包里奇（J. Victor Baldridge）的看法，社會化的過程可包括

㊸ 田培林主編，教育學新論，臺灣學生書局，民國五十八年，頁二一～二二。
㊹ Kingsley Davis, *Human Society*, New York: Macmillan, 1948.

三方面:　㊿

1. 個人方面: 個人是社會化的主體，因個人有（1）複雜的神經結構，獨特的心理能力;（2）幼稚期長，可塑性大;（3）有運用語言符號表情達意的能力，而使個人社會化成為可能。

2. 社會方面: 社會是個人社會化的目標，個人必須和各種社會制度相結合，在職業、政治、經濟和教育制度中學習扮演各種角色。此外，個人亦必須在社會文化中，學得各種態度和信仰。

3. 個人與社會交互作用: 社會化過程的另一重要基礎為個人必須與社會交互作用，許多研究已經證實，狼童、被隔離的幼兒或孤兒院的兒童，由於沒有和社會充分交往，或沒有溫暖的人際關係，因此不能成為健全或健康的社會化，可見一個人祇有在繼續充分的社會交互作用中，尤其是親密家庭環境中，才能發揮健全的人格。

總之，社會化是社會有意無意的「教育」個人，使個人由茫然無知的狀態，而轉變為具有獨特人格的社會組成分子，所以社會化就是廣義的教育，亦可說社會化就是社會教育。

在古代原始社會中，人類生活方式純樸簡單，當時的兒童與青年都在日常實際生活中，獲得生活知能，養成習慣，並形成道德與價值觀念。一個人的父母、長輩就是師長，自然環境與社會環境就是教育場所，而生活內容亦就是教材，所以傳統的社會中，並無現代意義（正式的）教育活動，當時僅有廣泛的生活教育（非正式教育），這種生活教育（非正式教育）與社會化意義並無區別。

及至正式的學校教育產生，正式教育的意義與社會化意義乃有所差別:「社會化指的是個人從家庭、同儕團體，及其他社會團體，接受文

㊿ J. Victor Baldridge, *Sociology, A Critical Approach to Power, Conflict and Change*, New York, John Wiley and Sons, Inc., 1975, p. 118.

化規範，內化至個人心靈中，形成人格特徵的過程；教育指的則是個人在學校中，接受計畫性的指導，學習生活及工作知能的過程。從某種觀點言，社會化過程大於教育的過程；從另一種觀點言，教育過程所能完成的功能則非一般社會化過程所能完成。」❺❻可見社會化卽指一般性的非正式的教育過程，亦卽社會教育；而學校是特殊性的有計畫的社會化過程。前者含義較廣泛，後者功能較精深。二者過程雖有所區別，但相輔相成，關係密切。

貳、家庭制度與社會教育

家庭是人類生活中最基本最重要的一種制度。一個人從出生到老死，整個社會化的歷程中，無時無刻不是在家庭中生活，接受家庭文化的陶冶，享受家庭天倫情感的薰化，承受家人關係的影響，因此個人一生的幸福和前途都以家庭為基礎。

在東西方社會，近百年來家庭的結構與功能都已有很大的變遷，而且目前尚在變遷過程中。這種變遷的因素極為複雜，從經濟結構和社會制度的重大改變，繼而產生各種力量，結合而來向家庭挑戰，乃使家庭歷進一個新的趨向。茲就家庭結構和家庭功能的重要變遷說明之。

1. 家庭觀念逐漸淡薄： 傳統的農業社會中，家庭的組成份子包括家長和其配偶，以及血統、婚姻關係的一大群人，家庭世代相傳，甚少遷移，其特色是穩定與安全，家庭觀念非常濃厚，親屬關係也有堅固的感情基礎。現代由於工業技術的變遷，社會結構已不利親族家庭的結構，子孫不繼父業，土地流轉甚速，職業流動甚大，加以職業的專門化，許多人均必須遠離家門，親屬漸趨疏遠，「遠親不如近鄰」，家庭觀念的淡

---

❺❻ 林清江，從社會化歷程論各級教育的重點，師大教育研究所集刊，第十九輯，民國六十六年，頁一〇九～一二七。

薄乃成自然之趨向。

2. 核心家庭成員逐漸減少：近一世紀來，世界各國人口出生率逐漸下降，以臺灣地區而言，人口出生率從數年前的千分之三十四，降至目前的千分之二十一，未來十年理想的出生率為千分之十二，加以生育控制已逐漸普及於中下階層家庭，計劃式的家庭從「二個恰恰好」到「一個不算少」，可見這種家庭成員減少的趨勢，亦是愈來愈明顯。

3. 家庭權威早已改變：傳統的家庭是高度的父權制，以中國農村家庭而言，家中最年長的男性（有時亦可能是女性）擁有最大權威，甚至族長亦擁有家族成員的生命或財產之處置權。隨著農業社會之沒落，大家庭制度之崩潰，婦女紛紛走出家庭，出外就業，法律和習俗已有很大改變，現在家庭權威平均由夫婦二人支配。

4. 家庭勞動力有所更張：傳統的家庭是男主外，女主內，社會勞動力由男性所組成，女性祇是在家相夫教子，三從而四德。現在社會由於職業婦女已構成三分之一的社會勞動力，形成婦女的就業革命，婦女將就業視為生活的重要部分，世界各國都有類似之趨勢。

5. 離婚觀念日趨開放：傳統觀念中，離婚是道德淪落與社會不穩定的象徵，傳統中國社會，沒有「形式上的離婚」，祇有「實質的離婚」，「嫁出去的女兒，即是潑出去的水」，有女兒離婚是家門最大的不幸，離婚幾乎不可能。時至今日，西風東漸，強調羅曼蒂克式的愛情，家族主義的沒落以及離婚手續的容易等原因，使得夫婦感情破裂，形成離異的例子愈來愈多。

6. 家庭的社會化功能漸趨減弱：家庭原是兒童社會化的第一個基本團體，兒童人格發展即開始於家庭，一旦兒童離開家庭進入其他團體時，其人格早已奠定穩固之基礎。現代社會，由於父母必須同時出外就業，難以照撫幼兒，加以學校和其他社會福利機構已扮演重要的社會化

功能，因此，家庭中子女人格發展常成問題，甚至今日青少年問題日趨嚴重，有人亦歸因於家庭社會化功能的減弱。

7. 家人的保護問題逐漸被取代：傳統的家庭給予身體的、金錢的和心理的保護。許多社會，當家庭成員受到攻擊，即是其家庭之耻辱，所有家庭成員必群起而攻之，家庭給予個人衣食住行之照料，家庭也使得個人有安全感。今日社會，照護病人、殘障及老人等工作，已因社會工作、醫學技術的發達，由社會工作者、醫護人員所取代。

8. 家庭改爲扮演娛樂與消費角色：從前家庭是經濟生產單位、共同工作單位，現在農業家庭漸少，農事已單純化，加以商店、工廠與公司林立，因此家庭不再是經濟生產單位，家庭成員不再從事共同工作，每日分散四方遠離家庭去工作，可見家庭已不再是工作單位。今日的家庭，在經濟方面可說是消費單位，購買各類物品、勞務共同享用；也是感情、友伴與娛樂單位，一家人分享感情的溫暖，享受平時與假日家居與旅遊的樂趣。(57)

上述八項家庭的結構與功能之變遷是世界性的現象，我國家庭近百年來的更變亦在此大潮流中，毫無例外。不過，爲進一步瞭解目前我國家庭生活的眞象，玆再提出數項當前我國家庭的問題，以供參考。(58)

1. 住宅與環境問題：目前臺灣地區地狹人稠，都市地區有一屋難求之苦，雖然國民住宅大量興建，仍有許多民衆缺乏自用住宅。大樓公寓櫛比鱗次，形似火柴盒，外觀不雅，內部侷促，易有嚴重壓迫感。此外，公寓住宅各家自掃門前雪，鄰居形同陌路，更談不到「守望相助，疾病相扶持，出入相友」的里仁之美了。

2. 年幼兒女撫育問題：現在的小家庭，夫婦同時出外工作，幼年子

(57) 李建興等著，現代社會學，三民書局經銷，民國六十八年再版，頁三二二。
(58) 同上註，頁三二七～三二八。

女就乏人照料。有的送子女回鄉下，有的僱女傭照撫，有的託鄰人代管，有的交育嬰或托兒中心。但是這些辦法似乎都非萬全之計，幼年兒女從小不在父母身邊成長或得不到母愛，豈只是不方便而已！

　　3. **親子間代差問題**：親子上下二代之間，由於年齡、經驗、教育程度等的差異，對事物的觀念與看法有所不同，可能是相當自然的現象。可是，強調「代差」(Generation Gap) 名詞的結果，似乎擴大親子代間的裂溝，子代視父母固執頑固保守，親代視子女自由開放放縱，二代間思想觀念漸難溝通亦是現今的家庭問題之一。

　　4. **夫妻感情失和與離異問題**：我國一向提倡「夫義婦順」，婚姻關係乃傳宗接代的天賦責任。如今，夫妻感情失和，分居或離婚的比率漸有增加，而離婚的人，社會再也不予歧視，這種家庭問題，對當事人感情創傷事小，對子女造成終生傷痛問題事大，不能不予以注意。

　　5. **老年人寂寞或乏人養護問題**：據統計臺灣地區目前六十五歲以上的老年人口約六十多萬人，佔全國總人口的百分之四‧二左右，而老年人口的增加速率却成加速度的提高，預期未來由於人類平均壽命的延長，臺灣有愈來愈多的老年人口。目前有些老年人雖與子女生活在一起，但有孤單寂寞之苦，有些老年人子女不在身邊，終日無所事事，行動多所不便，照顧自己多有困難，有些老年人住在公私立老人院，身心易成問題，這些老年人問題，是社會老齡化的自然趨勢，我們不能不未雨綢繆。

　　此外，家庭中青少年行為偏畸或犯罪問題，農村家庭缺乏青壯年人力問題，婦女身兼家庭主婦與職業婦女雙重角色難以得兼問題等亦都值得研究與改進。

　　綜合上述，談了那麼多社會變遷中的家庭生活問題，試問有無解決的方案與策略？亦卽我們應該怎樣建立理想的現代家庭，推展家庭生活

教育呢？個人以爲基本上我們應該建立以倫理、民主與科學爲重的家庭生活，使現代所有的家庭均成爲合乎中華文化傳統的理想家庭。茲分三項簡述之：

第一、建立以倫理爲中心的家庭： 家庭教育應強調天理倫常的自然性與重要性，把倫理道德融合在日常生活中，務期個個子弟從家庭生活中實踐國民生活規範，成爲堂堂正正的中國人。

第二、建立以民主爲基礎的家庭： 基本上，父母教育子女應採民主的方式，父母教導子女多用啓發誘導的方法，循循善誘，潛移默化，而且要尊重子女的意願與人格尊嚴，隨時隨地以慈祥和藹的態度來與子女研商問題或規勸子女的行爲。

第三、建立以科學爲本務的家庭： 家庭事務、家庭經濟的處理都要採科學的方法，父母與子女均要不斷吸取科學新知，養成科學態度，求眞務實，使家庭生活內容井然有序，各人行動與處事有條不紊。

現代家庭若能築基於上述三種基本理念，便是幸福美滿和諧的家庭。此外，爲了普遍建立更多幸福和樂的家庭，諸如：(1) 廣建國民住宅，(2) 改進各級教育的內容與素質，(3) 擴大實施兒童與老年福利，(4) 促進全民充分就業，(5) 實施健康醫療保險，以及 (6) 普遍推展文化與休閒娛樂活動等方法，亦皆有待政府與民衆共同努力，以期建立安和樂利的理想家庭與社會。㊹

總之，家庭制度是人類社會一種基本的制度，爲重整家庭制度的結構與功能，甚至改善社會變遷中的家庭問題，最重要的是要實施健全的家庭生活教育，這種教育，事實上，亦就是社會教育，祇有透過社會教育的方法，利用社會教育力量，才能根本地促進家庭制度之健全，加強

㊹ 李建興於中美家政教育研討會中演講詞，民國七十年四月十、十一日，原題爲：「社會變遷對家庭生活之影響」。

家庭的教育功能，從而建立安和樂利的和諧社會。

叁、社會變遷與社會教育

朱子說：「天地之化，往者過，來者續，無一息之停。」宇宙萬物時時刻刻都在變遷的過程中，社會現象也如此。

社會變遷是指一社會中之時、地、與人事相互關係的變遷，也就是指社會現象的變動而言，任何社會過程或社會形態的改變，統稱為社會變遷。在社會學上所稱社會變遷，是各種社會運動結果的綜合名詞。此種變遷不論是進步的、退步的、永久的、或暫時的、有計劃的或無計劃的，有益的或無益的，均屬社會變遷的現象。❻

社會變遷的範圍，包括人群，制度，社會結構的突變，發展，衰落等在時間上所遭遇的一切情形。社會份子間相互關係的複雜組織，社會關係的變動，同時份子間的行為亦隨之變動。人們必須應付因變動而產生的環境，造成這些新環境的因素，是新的技術發明，新的生活方式，新的居處所，新的思想，新的社會價值等，因此社會變遷是改變人類的工作方式，家庭撫養，兒童教育與處世方針，以尋求生活的過程。因此，社會學詞典上解釋：「社會變遷是社會過程，模式或形式的任何方面之變化或變更，亦即指各種社會運動的結果。」

社會變遷能引起社會失調與社會適應的問題，以鄉村人口集中都市的變遷過程為例，從工業革命後，因工商業的發展而需要多數從業者，使農村居民趨向都市以謀生，待到技術突飛猛進，由從事工商而致富的機會顯著的增加，加以都市繁華生活與物質享受的誘惑，更增加了都市的吸引力，於是單從都市人口的驟增來說，是都市日趨繁榮，相對的，則是鄉村日趨衰落。這種都市的繁榮與鄉村的沒落，事實上，都會帶來

---

❻ 龍冠海著，社會學，三民書局，民國五十五年。

都市與鄉村社會的問題，尤其是都市與鄉村居民的社會適應問題。

　　關於社會變遷與社會教育的關係，可先引用林清江先生在其大著「教育社會學」一書，根據麥基 (R. McGee) 的分析，歸納社會變遷與教育的三種基本關係：即 (1) 在意識型態方面，教育常為社會變遷的動因，例如：每一個國家均有其獨特的教育目的，實現此種目的，常可導致某種社會變遷。(2) 在經濟方面，教育常為社會變遷的條件，例如：為了達成經濟發展的目的，一個社會必須從事多種教育改革，這種教育改革的直接目的雖在促進經濟發展，却能間接造成經濟發展所欲獲致之社會變遷。(3) 在技術方面，教育常為社會變遷的結果，例如：技術進步改變職業結構，職業教育便隨之調通；大眾傳播技術進步，教學輔助工具乃隨之改良。❻ 吾人以為，社會教育與社會變遷的關係亦是如此。

　　由於人類社會在不斷的變遷之中，不但知識增加，科技發展，生活方式與價值觀念也不斷在改變。社會教育本身也應具有動態性質，以適應社會的需要。社會教育工作者須隨時留意社會變遷的事實，在目標、理想與教材教法等方面儘量配合時代的需要，這樣社會教育才能成為一種適應時代生活的工具。從另一方面看來，「在快速發展的社會中，教育固須密切注意社會變遷，但並非只是被動的遷就它。變遷必須加以評價，而教育的作用必須能激發理想的改革，並導引社會變遷於正途。」❷，因此，社會教育的功能，不只是在傳遞社會文化的遺產，反映社會變遷的事實，而且也應該負起推動社會進步的責任。

---

❻ 林清江，教育社會學，臺灣書店，民國六十一年，頁一·八六。
❷ 陳奎憙，教育社會學，三民書局，民國六十九年，頁一二九。

結　語

從社會學的理論，諸如社會化、社會制度或社會變遷來看，社會教育都具有其重要性，一方面社會教育必須與社會情況相互配合，以加強其功能；另方面社會教育亦必須發揮效果，引導社會之進步。總之，社會教育是教育組織的一種重要模式，內容方面是包括教育的全體，而且對象不限於兒童與青年，因之社會教育要能適合社會多方面之要求，幫助社會全民去適應各種相異的社會生活，更可以提高社會文化的水準，指導社會作種種改革，以促進社會的繁榮與進步。

第六節　生態學與社會教育

生態學（Ecology）是一門研究生物與其生活環境間相互關係的科學。Ecology 源自希臘文 oikos，本意為房子或居住，其字意為研究生物在自然環境「家中」的學問。過去只有研究生物學的人才會注意到它的存在，而與之相接觸。但近幾年來，由於科技的飛躍進步，工業高度發達，人類物質文明趨於頂峯，過度的工業化，正加速破壞人類所賴以生存的地球，例如：污染問題；此外，由於人口膨脹引起能源及糧食的缺乏，造成全球性經濟恐慌，使人類面臨嚴重的危機。❻❸

一九五九年，美國公共衞生署普賴斯博士（Dr. David Prise）所說的「最使我們耽心的是，當我們知道環境已經不適於生存而再去轉變環境時，已經遲了二、三十年。」一九六八年，巴黎召開的世界環境會議中，蘇格蘭籍的世界環境保持基金會主席達林博士（Dr. Fraser Darl-

---

❻❸ 王建柱，現代環境的命運—非人性環境的檢討與人性環境的展望，視覺文化公司，民國六十五年九月。

138 社會教育新論

ing) 曾說:「我們現在所耽心的問題是，我們有無爲力使這個已經被
破壞得滿目瘡痍的世界恢復其原來的完整。」梅德沃爵士 (Sir Peter
Medawar) 在其著作「萬物的效果」(The Effecting of All Things
Possible) 中指出:「自從人類摒棄了中古時代萬物以天意爲本的思想以
後，人類的心靈已經變成空無一物，道德水準日趨墮落，人們已經幾乎
不知生命的意義。」生態危機所造成的惡果，不止是生態系統的解體和
自然平衡的破壞，也不止是生物界的物理和化學環境的侵擾，以及人類
生理環境的汚染，更嚴重的是生態危機已使我們造成了一個「性靈沒
落」和「人性沈淪」的世界。❸❹

研究生態學，改良生存環境，維持生態系平衡，解除人類生存危
機，邁向富強康莊大道，是其終極目標。社會教育是全民終生教育，以
滿足人類需求，解除生存問題，促進社會進步，增進人類幸福爲依歸。
本節從人口問題、科學技術、都市發展及公害問題四方面說明社會教育
的生態學基礎；並從基本教育、學術教育、文化教育、專業教育四方
面，說明社會教育如何與生態學整合，建立一個自然、物質、精神各方
面均合於人類生存的環境。

壹、生態學理論與社會教育

一、人口問題與社會教育

近幾年來，「人口爆炸」、「人口膨脹」之類名詞已是人人耳熟能詳，
而人類感受到它的壓力也愈來愈緊張。第一位提出人口增長警告的是馬
爾薩斯 (Thomas Robert Malthus 1766-1834)，他於一七九八年發表
一篇論文 "人口原理" 中說:「人口增加呈幾何級數，食物增產則是算
數級數」，「人口過剩，糧食不足，就會造成貧困、飢餓、犯罪與戰爭」，

❸❹ 郝道猛編著，生態學概論，徐氏基金會，民國六十六年一月。

「解決人口問題為晚婚而少生子女，否則人口必然要依飢餓、瘟疫或戰爭等可怕方式而加以平衡。」

　　美生態學家泰勒（Gordon R. Taylor）在「科技的噩夢」（Mankind Can Survive）中提出警告：「目前全世界的人口出生率，每分鐘將近一百人，已經不是"人口爆炸"可以形容了，它簡直像細菌繁殖一樣的恐怖，它已經敲響了警鐘。」西德行為生理學家羅倫兹（Knard Lorenz）在著作「文明人的八大罪惡」中說：「人口過剩是所有災禍的根源。」他所耽憂的「不是地球上糧食會被人吃光」，他所恐懼的是「當人類用完了他的生存空間時，他會無法控制自己而暴露出侵略的本性」。㊺

　　世界人口自十七世紀始，即是指數增加的趨勢。同時，根據聯合國的估計，一八〇〇年的人口數，約為十億，每年增加率為 0.4%，需要一七五年始增加一倍。事實上，至一九七〇年，世界人口數已達三十六億，增加率為 2.0%，如此則預計到二〇〇〇年時，世界人口將達七十億。再根據「成長的極限」（The Limits to Growth）的估計資料，一六五〇年人口總數為五億，以後每年以 0.3% 比率增加，約二五〇年增加一倍。事實上，一九〇〇年世界人口已高達十六億，比所估計的大了三倍。由此可知，人口不僅呈指數增加，且常常超出預估，成了超級指數增加。

　　人口增加必須以增產糧食解決最基本的民生問題，不管是增加單位面積產量，或增加耕地面積，都造成資金、人力上的負擔，也嚴重破壞自然環境。能源的開發，不僅不能長期滿足人類的要求，以其有限性，則無異是自掘死井。而加速工業發展所引起的環境污染、公害、住宅等都是人口膨脹所帶來的惡果。更甚者，人口過多，土地的嚴重缺乏，則造成土地侵略的爭奪戰爭，二次大戰，日本、德國、意大利都可歸結此

㊺ 師大衛教系、農發會合編，人口問題與人口教育，民國六十九年。

一因素。歷史上，政治因素影響，造成人口大流徙的悲劇，使許多人成了無家可歸的人。另外，人口膨脹不僅是量的威脅，也影響質與組合與分布不均的問題。低度開發國家，人口過多，造成社會貧窮，國民無法接受良好教育，不知善用資源，也愚昧的增殖多餘的人口，如此形成惡性循環；其人口組合也以幼弱者居多；人口金字塔呈底寬上尖圖形，更增加社會負擔。

生物學家紹斯伍德（Southwood）指出「最適當的人口量便是每個人都可以安和樂利的生活而不會受到飢餓威脅，健康不會受到污染的損害，精神不會受到人口眾多的壓迫。」現在各國無不積極研究人口問題，推行各種計劃，使人口合理增長。而社會更有義務教育大眾，使之觀念上明白人口眾多的危機，將拯救人類危機視同拯救自己生命。並結合衛生、教育、工商企業醫學等單位，在治標方面，加強經建設施與福利措施；治本方面，降低生育率。唯有減低人口的增加率，才是解決人口危機的根本辦法。

二、科學技術與社會教育

在人類歷史上，工業革命是顆巨大的令人震驚的定時炸彈，它摧毀了手工業時代和悠閒的農業社會，也將人類帶進一個科學至上和機械萬能的世界。

二十世紀，科技是一切物質文明的萬靈丹，在人類歷史上，創下了輝煌的成就和貢獻，也促成現代生活的繁榮與進步。但科技的氾濫與誤用，却也為人類前途帶來令人憂慮的危機。美社會學家索羅金（P. A. Sorokin）在「時代的危機」（Crisis in Our Age）中指出「感性的科學與科學技術造成了道德上、宗教上、和社會上不負責任的思想，發明者不但帶給人類機械利益，同時也帶來死亡和毀滅。」他同時又說「不負責任的誤用現代科技，將會輕易摧毀所有"生命之樹"」美著名科學家

前哈佛大學校長康南特　(James B. Conant)　在「現代科學與現代人」
一書中指出「過去科學被視爲絕對知識的府庫，但今天，它已成爲一大
問題。」⑥

　　目前，生產、建設和戰略三種型態的科技，造成了嚴重的環境危
機。生產型態的科技是指一切從事物質生產的現代工業和農業，工廠和
機械化農場爲典型代表。工廠的廢氣、廢水、廢料、噪音造成環境的污
染，機械化農場濫墾、濫伐、興建水壩以及濫用農藥、化學肥料等措
施，造成了生態危機。建設型態的科技，主要指的是從事於工程開發的
建築和交通等事業而言。興建都市、營造住宅，建設工廠及開闢道路等
工程設施，雖構築了完美的人爲環境，但其誤用與缺乏遠見，造成了嚴
重的都市問題、交通事故及自然的危機。戰略型態的科技，所製造的戰
爭武器，僅僅是爲野心家作爲摧毀生命和破壞環境的殘酷行爲工具而
已。

　　科技愈進步，所造成的環境破壞也可能愈大。今日科技所直接間接
造成的環境危機，已使人類生活遭受難以估計的傷害和損失。科學家、
發明家、政治家、實業家、工程師等人，已經有意或無知的在許多事件
上，充當謀殺者和破壞者的罪惡角色。解決科技帶來的環境危機須重新
檢討科學和科技的本質，並重新研究科學和科技的運用。

　　索羅金在「時代的危機」提出科學和科技應特別注重社會、人文和
人性等文化領域的發現與發明，使心理學、社會學、宗教、哲學提供心
靈的眞正知識，使人類自我發展，心靈的極度平衡和人類相互親善的氣
氛充滿人間。因此在科技的發展中，我們應摒除有害的科技活動，並加
強創辦各種文化活動，使物化、僵固的社會，成爲「心靈極度平靜和充

⑥　楊亮功等譯，雲五社會科學大辭典第八册－教育學，商務印書館，民國五十九
　　年十一月。

滿親善氣氛」的理想環境。

三、都市發展與社會教育

人口遽烈爆脹及農業機械化等因素，造成大量人口湧入都市，使每一個國家的城市都變爲人民謀生和發展的基地。

在未開發國家裡面，鄉村人口比例很高，約佔百分之八十，城市人口只佔百分之二十。但已開發國家，人口分布恰好相反，城市人口百分之八十，鄉村人口百分之二十。根據資料顯示，從一九二〇年～一九六〇年，四十年間，都市和城鎮人口增了三倍，而鄉村人口只增加三分之一。一九五〇年，世界人口約有五分之一（約爲五億）居住在二萬多個城市。根據「國際人口及城市研究中心」戴維斯博士 (Dr. Kingsley Davis) 的統計，到公元一九九〇年時，世界上會有一半以上的人口要居住在城市之中，連最小型城鎮也要容納十萬人口。

人口大量密集都市後，除了造成公害問題外，最明顯的是活動空間的緊張現象，無論是工作環境，休閒環境或生活環境，都是暴露出嚴重的空間壓力，同時也反映出混亂的社會行爲。就表面看來，髒亂的市容、擁擠的交通及緊張的人群，都是嚴重空間壓力的徵象。就實質情況看，冷漠的人際關係，消極的工作態度、短視的人生觀念以及乖戾的社會風氣和犯罪事件，都是混亂社會行爲的標誌。

都市空間壓力的另一個型態爲住宅問題。世界上每一個城市，無論任何型態的繁榮與進步，後面必皆隱藏一個落伍而髒亂不堪的貧民窟。美國都市與住宅專家阿布朗 (Charles Alrams) 在其著作「人人都要房子住」(Man's Straggle for Shelter in An Urbanizing World, 1964) 中說：「住宅問題一直是工業革命留下來無人照料的孤兒，貧民窟是給工人永遠居住的下等房屋。」都市住宅的發展，永遠趕不上工業和經濟的發展，成爲各種建設中最貧弱的一部分。居住環境的簡陋矮小、擁

擠、污穢、凌亂和喧鬧，不僅構成對健康的威脅，而且是對人性尊嚴的侮辱。⑥

現在世界各國都實施都市計劃，其內容不外為 1. 建築關係設施 2. 交通關係設施 3. 供應設施（水道、污水處理場） 4. 自由空地設施（綠地、遊樂場） 5. 防災設施 6. 都市重新（土地重劃、舊城翻新）等。上述可稱為建設性設施，另有由間接的控制（或拒絕）發展程序來調節都市的發展，例如市鄉計劃之擬訂。

過去都市發展過分重視物質層面，如建築、交通、企業方面的發展，忽略精神建設的價值，除公園、綠地、遊樂場的設施外，社會上應有一套計劃，指引生活在都市中的人，結合成各種民間團體，運用已有的設施，發展健全身心，使現代人不致迷失在都市的繁榮混亂裡，成為都市的「棄嬰」或「寂寞的群眾」。

四、公害問題與社會教育

公害（pollution）是指工業發展的危險副產品，它與天災、瘟疫和戰爭一樣，被認為是另一種足以毀滅人類的嚴重災難。

世界大百科辭典解釋公害為「足以構成或危及人類生活環境之人為侵害事項。」日本的「公害對策基本法」則進一步將公害解釋為「因事業活動及其他人之活動，所生相當範圍之大氣污染、水質污染、土壤污染、噪音、震動、地盤下陷及惡臭，致人體之健康或生活環境遭受之損害」，說明了公害的範圍及它所引起的主要影響。聯合國「經濟社會委員會」（ECOSOIC）則解釋為「以技術的革新，無計劃和無限制的開發，以致破壞人類的環境，危及生活的基礎，遂產生環境污染的問題。」將公害直接而簡明的解釋為「環境污染」，並將形成的基因和引起的惡

---

⑥ 楊顯祥編，都市計劃，復興書局，民國六十年十月。

果闡釋得相當透徹。

美生態學家泰勒在「科技的噩夢」中提出警告「以目前看，人類似乎在竭盡所能的破壞生存環境，我們不但製造髒和亂。我們還破壞賴以維生的大自然，我們砍伐樹木，於是製造氧氣的東西減少了；我們將耕牧的良田建成工廠，於是糧食減少了；我們用機器製造噪音，於是我們的神經變得脆弱或麻木了。」另美生態學家呂普利 (S. Dillon Ripley) 在「人類環境的品質」(The Quality of Man's Environment) 的緒論中說：「自然正繼續不斷的遭受一個從不聲張和從未宣戰的戰爭的侵害，人類的情緒經常因為渴求利潤和壯麗的行動而激昂澎湃，我們的自然也就在這種氣氛下，繼續不斷的遭到腐蝕的命運。」⑩

公害對環境的污染是多方面的，可區分為「物質環境污染」與「精神環境污染」二種基本型態。前者包括化學性公害（空氣污染、放射污染、油污染、臭味），物理性公害（熱污染、噪音、地陷、震動、土壤流失），生物性公害（揮發物和垃圾引起疾病傳染）。後者包括視覺性污染（都市雜亂廣告，建築群的不合諧），心理性公害（空間壓力、環境距離、噪音）。目前，對於公害的處理，著重在物質環境的污染。事實上，人類感受精神環境的污染更為嚴重。前者引起的只是物質的毀損和肉體的傷害，而後者所造成的却是精神的腐蝕和心靈的僵死。因此我們必須將精神環境的改善為公害的另一核心問題。

公害發生的根本因素在於人口的激烈膨脹、科技的不當措施、工業的盲目發展以及社會的惡性繁榮等癥結上面；而且這些因素之間，存在著一種連鎖性的惡性循環，使公害問題愈演愈烈。因此防治公害，須從解除人口和社會的壓力，消滅科技和工業的威脅，才能徹底解決問

⑩ 陸蜀棠，公害處理實務，科技圖書公司，民國六十五年五月。

題。加強公害教育措施，是防治公害的基本策略。在社會教育方面，利用現代媒體向社會大眾傳播公害的禍患和防治的對策，使社會全體對於公害問題具有共同的認識、警覺和支持；另一方面，大量培植專業人才，設置學術機構，並對各種學術研究和技術發明予以獎勵，使公害防治工作有健全充分的計劃體制。

貳、社會教育與生態學的整合

社會教育乃是就人類共同生活環境中，所組織之社會文化影響的積極設施，有計劃的輔助社會全民，充實自己，增進人類全體的生活，促進社會全面向上的歷程。它的範圍極廣，從時間來說，包括從出生到老死；從對象來說，包括各種行業；從內容來說，包括全部人生生活的活動。⑩ 根據上述生態危機對人類生活的嚴重影響，現擬從基本教育、專業教育、學術教育與文化教育四種社會教育的基本型態，說明社會教育解決生存危機的有效途徑。

一、基本教育

所謂基本教育，乃是為滿足人民基本生活的需要而設施，授以人民若干現代的基本的知識技能及身心健康的訓練。雖然社會愈來愈進步繁榮，教育水準也愈來愈提高，但污染及人口膨脹所帶來的許多問題，却往往是由於無知所造成的。因此須配合政府、衛生、交通、教育、財經及科技等單位，透過大眾傳播方式：電視、報紙、廣播、影片、傳單、講演等方式，使民眾了解生存環境的危機，讓大家產生「拯救環境危機，如同拯救自己生命」的意識，然後灌輸衛生知識，指導家庭計劃之施行及各種防治污染的方法，不僅使改良現有生存環境，也教導大眾更有效的適應現代社會型態。

⑩ 相菊潭，社會教育，正中書局，民國四十七年八月。

二、專業教育

所謂專業教育，乃是各項專門職業及某種技能的培養。此項教育的目的，在使社會上所有的人都能獲得專業的知識與技能，有效的從事社會的各項生產工作。根據自然淘汰律原則，擁有生存條件愈多者，則爲最適生存者。現代科技、工業高度發展，分工專精細密是其特徵之一。各種行業均需要專門技術人員，若無一技之長，則喪失生存之基本條件。雖然各國都注意在積極創造就業機會，但各行業所要求的人才不同，且隨時代進步，專業人員資格的要求也愈多，因此常發生「事求才，人求事」的困擾，學用之間常有距離。目前學校、各機關、公司行號有開辦各種專業課程，職訓所也積極舉辦在職進修或給予技能訓練。每個人除至少擁有一項技術外，應時時參加在職訓練，充實自己，培養他方面的技能，俾能有更多的選擇機會，同時也配合社會的需要，以增進社會的發展。

三、學術教育

所謂學術教育，乃是一種專門學術的研究，不僅使科技更能造福人群，也避免科技的濫用與誤用。此種教育，一方面培養研究學術的專門人才，一方面鼓勵創造和發明。國家方面則應設立研究機構。政府及私人機構也提供研究發明獎金，並選派專人到各國考察，針對現有社會問題提出各種計劃方案。

四、文化教育

文化教育的目的在於培養群眾高尙情操，良好的休閒娛樂活動，使人生的興趣，能獲得多方面的滿足與增高。人類生活於危機環境，每天籠罩在緊張、煩惱、憂慮、恐懼、憤怒的陰影下。因此社會教育除外在物理環境的建設改良外，亦積極擴展文化性活動，滿足人類心理的需求，身心獲得健全發展。美術館、圖書館、公園綠地、植物園、動物

園、音樂廳、博物館等建築物的興建，乃舉辦文化教育的基本建設。而戲劇表演、演講、展覽、旅遊活動、各種研習等活動則爲文化教育的內容。期使民衆能從參與中，解除危機的精神壓力，對人生的意義價值有正確的詮釋，發展健全的心理及自我，然後再以樂觀奮鬥精神，繼續人類生存的各種活動。

結　　語

應付一個變遷複雜的社會環境，任何學科的出現，往往容易與他種學科結合，理論與實際相互爲用。生態學在今日社會的地位，已由純理論學科，發展爲應用科學，舉凡政治、教育、軍事、公共工程、公共衛生莫不與之發生密切關係。其基本上爲研究生物與其生活環境的關係，而人爲萬物主宰，生活環境的興衰榮枯，全在於人爲的力量。人類的無知與科技的誤用，導致並加速生活環境的破壞，爲人類種下毀滅的惡果。社會教育在此時，應努力發揮振聾啓瞶功效，由各國政府倡導，釐訂計劃目標，運用有效的傳播工具，結合群衆力量，創造進步美滿的社會。

第四章　各國社會教育的概況

　　世界各主要國家如：美國、英國、法國、德國、日本或北歐諸國，雖不一定有社會教育之名，但皆有社會教育之活動，且大多當作教育的主流來辦理，尤其社會經濟愈進步，其成人推廣教育亦就愈需要，愈發達，這是共同一致的發展趨勢。探討各國的社會教育活動，藉收他山之石，可以攻錯之效。

第一節　美國的社會教育

　　美國沒有「社會教育」（Social Education）這個名詞，有關社會教育的活動，一般稱之為「成人教育」（Adult Education）、或「校外教育」（Out of School Education）。一九六五年聯合國教科文組織提倡以後，「繼續教育」（Education Permanente or Continuing Education）和「終生學習」（Lifelong Learning）等名詞，也較廣泛地使用。

　　在美國，成人教育等名詞，其涵義甚廣。根據一九六六年成人教育

法案 (the Adult Education Act) ❶，所謂成人，係指十六歲以上的個人；所謂成人教育，係指一切爲成人而設的服務或教學，其目的在擴充教育機會，使得全體成人繼續其教育與訓練，成爲有職業，有生產力和負責任的公民，因此成人教育的內容包括技術性、專業性和文雅性的教育，而成人教育的設施，亦包括識字教育課程、休閒娛樂、手工技術、職業和專業性教學，以及高深的學術研究。所以，美國的成人教育和社會教育，已經很類似。

據成人和繼續教育年鑑 (Year book of Adult and Continuing Education 1976-77) 報告，美國一九七四～七五年在成人教育方案註册的學生人數甚多，計有：初等教育（一～八年）課程一、〇八七、三四四人，中學（九～十二年）文憑一、一〇九、二一二人，中學程度課程四一三、〇〇六人，美國化公民教育一〇八、七〇八人，工商企業課程六六六、六〇〇人，一般課程五、二三九、二三〇人。從事成人教育行政人員：專任三、一一一人，兼任八、六七七人；成人教育的教師專任一三、五五二人，兼任一三七、六七八人，雇用圖書舘員或輔導人員專任一、六八三人，兼任五、四四二人。同年，美國成人教育方案所動用的經費亦甚爲龐大，合計爲三六五、三〇九、四四四美元。❷ 玆分成人教育的意義、演進與成人教育的現況二部分，加以探討。

壹、美國成人教育的意義與演進

美國成人教育是個人需要與興趣、機構的目標和社會壓力的反應，

---

❶ 一九六六年美國通過「初等與中等教育修正案」，其中第三章爲成人教育，可視爲「成人教育法案」。見於 Marguis Academic Media, *Yearbook of Adult And Continuing Education*, 1976-77 second edition, Chicago: Marquis Who's Who, Inc., 1976.

❷ 同上註。

因此成人教育缺乏一個統一的管轄機構，任其自由與分歧的發展，誠如：布萊遜（Lyman Bryson）所說：「成人教育十足反映美國生活的複雜性與生動性。」❸

　　美國成人教育的自由與分歧，直接反映在成人教育的意義上。綜合來說，在美國，成人教育可分三種意義：第一、最廣泛的意義，將成人教育視爲一種過程（the process），男女成年人在完成正軌學校教育後繼續學習的過程，這種學習包括一切經驗的形式，例如：閱讀、聽講、旅行、會談等都包括在內。第二，技術性的意義，將成人教育視爲有組織的活動（a set of organized activities），即男女成年人在特定機構內完成特殊教育目標，例如：有組織的學級、研究團體、系列演講、研習會、討論會、有計劃的閱讀方案和函授課程等。第三、綜合前二義，將成人教育視爲一種運動或園地（a movement or field），這種運動或園地在綜合所有關心成人教育的個人、機構和協會，共同爲改善成人教育的方法與資料，擴大成人學習機會，提高文化水準而努力。❹

　　成人教育學者諾威斯（M. S. Knowles）即依第三種意義，將美國成人教育的演進分爲四個時期：第一、醞釀時期（一六〇〇～一七七九年）；第二，奠基時期（一七八〇～一八六五年）；第三，成立時期（一八六六～一九二〇年）；第四，發展時間（一九二一年以後）。茲簡要加以介紹如後。

一、醞釀時期

美國在十七世紀殖民地時代，成人教育都是無組織的、職業的，基

---

❸ Lyman Bryson, *Adult Education*, New York: American Book Company, 1976, pp. 13-14.

❹ Malcolm S. Knowles, *The Adult Education Movement in the United States*, New York: Holt, Rinehart and Winston, Inc., 1962, Preface, Vi-Vii.

本上，相信每個人祇要努力工作，便會有所成就。一六三六年建立哈佛學院 (Harvard College) 培養神職人員，但無成人教育。新英格蘭地區的市鎮會議 (Town Meeting) 是當時重要的成人教育設施，其目的在討論公共事務，彼此交換意見。

一七二七年佛蘭克林 (Benjamin Franklin) 在費城設立一種討論俱樂部，稱爲 the Junto，是當時唯一的成人教育機構，迄今，這仍是一種獨立的成人教育組織。

這個時期，尚有一些成人教育設施，例如：小型圖書館、博物館、戲院等，而第一種報紙，「波士頓新聞報」(the Boston News Letter) 也在一七〇四年出刊。

二、奠基時期

美國獨立後，到內戰期間，教育目的在培養民主國家的公民，科學也跟著發達，因此一七八〇年設立美國藝術科學院 (The American Academy of Arts and Sciences)，傳佈各種科學知識。波士頓的機械學徒圖書舘 (The Mechanic's Apprentices Library) 和紐約的商業圖書舘 (Mercantile Library) 在一八二〇年同時成立。費城的佛蘭克林學社 (Franklin Institute) 於一八二四年成立，其目的在促進科學與工藝之進步，其內容包括：(1) 頒發獎助金；(2) 出版雜誌；(3) 設立圖書舘；(4) 舉辦科學演講；(5) 研究；(6) 設置博物舘；和 (7) 巡廻展覽。一八二六年這種工藝學社在各地相繼成立。

一八二六年賀伯樂 (Josiah Holbrook) 在麻薩諸塞州設立公共講演社 (Lyceum)，爲一般民衆講演時事問題。一八二八年各地有百所左右，一八三四年約有三千所。一八三一年於紐約成立全國講演社 (National American Lyceum)。直到南北戰爭時期，公共講演社才告停頓。

　　一八三三年後，美國新的報紙、雜誌紛紛出刊，成爲民眾知識普及
的重要讀物。公共圖書舘於一八三三年成立，一八五二年波士頓成立公
共圖書舘，最爲著名。科學、藝術、民俗及大學博物舘也紛紛在各地成
立。

　　補習夜校（Evening Schools）大約在一八一〇年後成立，由小學
夜校而進展爲中學夜校，其對象主要爲失學青年。一八〇〇年美國已有
十五所私立學院，約有學生二千人，全爲培植神職人員。州立大學也在
這時開始設立。大學推廣教育的觀念，尚未形成。

三、成長時期

　　從內戰到第一次世界大戰期間，是美國成人教育快速成長時期。

　　一八七四年溫遜與米勒（John Vincent and Lewis Miller）於紐
約的 Chautanqua 湖邊，成立 Chautanqua 學社，最初限於訓練主日
學校的教師，後來逐漸擴充，舉辦公開演講、演戲、出借圖書等活動，
一八七八年後成爲全國性成人教育組織。

　　函授課程於一八七九年由哈潑（W. R. Harper）首先開辦，一八
九二年他擔任芝加哥大學校長，芝大也開始辦理大學函授課程。迄一九
二〇年著名的函授學校共有學生達二百多萬人。

　　總之，這個時期許多美國成人教育機構開始設立或建立更穩固的地
位，諸如：函授學校、暑期學校、大學推廣教育、地區勞工學院、夜間
學校、初級學院、鄰里中心、社會服務機構、公園與休閒中心等。成人
教育內容，也從教導一般知識，擴大到職業教育、公民教育與美國化、
婦女教育、公共事務、社會改革、休閒活動與健康教育。此外，聯邦政
府也開始參與發展成人教育機會，例如：一九一七年通過史密斯休士職
業教育法案（Smith-Hughes Vocational Education Act）規定十四至
十八歲青年，如果不在學校繼續求學，必須接受強迫補習教育；各州立

法成立成人教育服務局或直接撥款辦理成人教育；各地方紛紛開辦夜校、圖書館、博物館和地區農業推廣工作。

四、發展時期

一九二一年後，美國的人口、工藝技術、經濟、國際關係、政府組織和哲學、宗敎觀念等皆有重大改變，也是成人教育大量擴充與創新的時期。

首先，工商業逐漸發達，許多公司欲提供其受雇者受教育之機會，增加專業領導課程，擴大工業教育技術、實施建教合作，並協助學校擴大其教育成果。

各大學和學院推廣和函授課程的學生人數激增，一九二〇年爲一〇一、六六二人增至一九五二年爲八四三、九二三人。一九五二年全國七十六個大學推廣協會，估計有五千萬到六千萬成人，曾參與短期活動，約一百五十萬人曾參加有組織與繼續性的教學方案。此外，大學推廣或函授服務的範圍擴大，課程增多，行政權集中，人員專門化，經費更龐大，方法也改進。

一九二〇年以後，許多基金會、政府機構、衞生福利組織、勞工聯盟、大衆傳播機構、中小學校、教會等也紛紛辦理各種成人教育活動。

而一九二四年，美國教育協會 (National Education Association) 設立成人教育部 (Depertment of Adult Education) 負責研究成人教育問題。一九二六年美國成人教育協會 (American Association of Adult Education) 成立，舉辦各種成人教育事業。一九五一年這兩機構合併爲成人教育協會 (Adult Education Association)，並於次年發行成人教育雜誌 (Adult Leadership)。

總之，一九二〇年以來，美國的工藝技術、經濟、政治和文化事務等變化很大，成人教育成爲美國生活方式的一種整合部分。我們可以看

見，一九二〇年以前，成人教育這個名詞尚未出現在專業性的教育刊物上，而一九六〇年以後，成人教育一詞已廣泛地使用，因此，成人教育已成為美國最有組織的教育園地。❺

貳、美國成人教育的現況

美國成人教育最近的一項統計，是莊史東（John W. C. Johnstone）根據一一、九五七個家庭調查推估而得，茲將該項資料，列表如下。❻

表一　美國成人教育課程的類別與人數統計

主辦機構	課程種類	參加人數
教　　　會	692	3,260,000
大　　　學	689	2,640,000
社 區 機 構	488	2,240,000
工 商 企 業	406	1,860,000
中 小 學 校	383	1,740,000
私 立 學 校	246	1,120,000
各級政府機構	235	1,050,000
軍 事 單 位	116	480,000
其　　　他	50	240,000
合　　　計	3,305	13,360,000

上表，指出幾項重要事實：（1）美國成人教育甚為發達，計每年約一千三百餘萬人參加過成人教育課程；（2）成人教育主辦機構甚為繁

❺ 參閱 (1) M. S. Knowles, op. cit.
  (2) Hartley Grattan, *American Ideas about Adult Education 1710-1951*, New York: Burean of Publications, Teachers College, Columbia University, 1959.
  (3) Mary E. Ulich, *Patterns of Adult Education, A Comparative Study*, New York: Pageant Press Inc., 1965, Chapter IV.
❻ R. M. Smith, G. F. Aker, and J. R. Kidd, (ed), *Handbook of Adult Education*, New York: Macmillan Publishing Co., Inc., 1970.

雜；（3）成人教育課程種類，亦多達三千餘種。茲簡述美國成人教育幾種主要活動的目前情況。

一、大學推廣教育

近半世紀來，美國大學推廣教育迅速發展，其重要理由為：（1）由於民主思潮的影響，大學教育採門戶開放政策，供給社會人士以教育機會；（2）由於科學進步，工業發達，人民需要更多的知識，以應付生活上和職業上的需要；（3）由於交通發達，國際關係日益密切，人民需要瞭解國際形勢。❼目前美國大學推廣教育的實況是：

1. 大學推廣部（exfeusion divisions）或夜間學院（evening coll-eges）修習學分或學位的推廣教育：目前每年約有九十萬人在大學推廣部或夜間學院修習，獲取學士學位，這是目前大學成人教育最主要的功能，可預見的未來此種趨勢愈來愈殷切。此外，每年有八十萬人以部分時間修習高級學位，隨著教育程度提高，這種推廣功能也將愈重要。

2. 不修習學分的推廣課程：目前美國成人在大學不修習學分的班級、短期課程、函授課程、專題討論會等註冊的人數每年約一百八十萬人，其註冊類別如次：

表二　美國成人參加不修習學分課程的類別與百分比

類　　　別	百　分　比	類　　　別	百　分　比
教　　　育	15%	科際合作	7%
人　　　文	14%	健康課程	5%
商　　　業	12%	法　　　律	4%
農　　　業	9%	物理科學	3%
行為科學	9%	生物科學	1%
工　　　程	8%	其　　　他	13%

---

❼ 孫邦正撰，美國的成人教育，載於中國教育學會主編，社會教育研究，臺灣商務印書館，民國五十七年，頁十九。

3. 繼續性專業教育: 近年來美國大學辦理繼續性專業教育 (Continuing Professional Education) 有急劇成長的態勢, 因為專業人員如: 律師、醫生、工程師和教師等, 工作數年後, 亟欲提高工作素質, 進修專業知識, 因此大學為各類專業人員辦理的專業教育愈來愈多, 例如: 卡羅林納大學多年來辦理的推廣專業課程, 該州三分之一的律師、四分之一的牙醫師、六分之一的醫師、八分之一的工程師和十二分之一的教師, 都已參加過這種推廣教育。

4. 成人文雅教育: 成人文雅教育 (Liberal Adult Education) 固然是重要的推廣教育, 但是其經費甚難自足, 加以一般人對於職業或專業教育才有興趣, 因此日趨沒落。例如: 成人文雅教育研究中心 (Center for the Study of Liberal Education for Adults) 成立十六年後已關閉, 便是明證。

5. 特殊需要的課程: 目前美國大學亦開設許多配合成人特殊需要的課程, 其對象如: 勞工、經理人員、公務員、老年人和婦女。這種課程視需要而定, 變化甚大, 譬如勞工教育已不時興, 有關婦女再進入勞動市場的訓練課程, 倒很風行。此外, 如法律常識、老人進修課程、文化或經濟不利地位兒童的教育問題等課程, 是目前美國大學經常開設的推廣課程。❸

上述這些大學成人教育課程的經費, 部分來自各級政府補助, 大部分要靠學費自給自足, 一般的情形是私立大學的成人推廣課程經費百分之八十一, 公立大學約百分之七十五, 社區學院為百分之四十五來自學費。關於美國大學成人推廣教育經費佔各大學每年總預算的比例, 其情形如下:

❸ R. M. Smith et. al., op. cit. pp. 191-121.

表三　美國大學成人教育經費佔大學總預算的百分比

大　學　形　態	大學每年平均總預算	成人教育佔總預算的 百　　分　　比
古　老　大　學	3,440,000美元	5.1%
公　立　鄉　村　大　學	2,506,000美元	6 %
公　立　都　市　大　學	1,100,000美元	5 %
私　立　大　學	860,000美元	8.5%
社　區　學　院	237,000美元	1.7%

此外，許多私人基金會如: 福特基金會、卡內基金會、柯洛克
(Kellogg) 基金會等，也常支助大學辦理各項特定成人教育研究或教
學。

二、圖書館和博物館

圖書館與博物館在蒐集資料，以加強本地區的人民，瞭解過去、現
在與未來。以往圖書館、博物館是爲少數專家學者而設，現在的圖書館
博物館乃在履行教育社會全民的功能。

目前美國圖書館的重要職責有四:

1. 社區研究與服務: 自一九五五年美國圖書館協會（American
Library Association）提倡圖書館～社區方案（Library-Community
Project）以來，美國各地圖書館便以社區研究與服務爲其重點工作，據
李氏（Robert E. Lee）一九六八年調查、美國三二八所圖書館中，二
二〇所都以社區研究與服務爲其主要工作。❾

2. 圖書館配合教育機構、社區機構，爲社區中的文盲、犯罪者與復
健者等服務。

---

❾ Robert E. Lee. *Continuing Education for Adults Through the Amer-
ican Public Library*, 1813-1964, Chicago, Ill.: American Library Asso-
ciation, 1968.

3. 圖書舘編印目錄、索引和資料，從事個別讀者服務。

4. 圖書舘從事成人教育的團體服務工作，如：團體討論、放映影片、非正式座談、展覽與講演等。

目前美國博物舘主要可分三類：卽藝術博物舘、歷史博物舘和科學博物舘。藝術博物舘蒐集的範圍較廣，歷史博物舘以地方歷史爲主，科學博物舘則大多集中在某一專門主題。這三種博物舘分工甚精，殊少重複。據統計，目前全美國有五千所博物舘，一半是歷史博物舘、藝術與科學博物舘約各佔四分之一。美國博物舘協會（American Association of Museums）調查，一九六五年美國各博物舘所舉辦有組織的班級和講演中，學童八百萬人，成人四百五十萬人，藝術系學生五萬六千人，大學博物舘學課程學生一萬四千人，研究生四千人。目前博物舘服務對象中百分之十四爲成人，百分之二十爲兒童，可見成人爲博物舘教育服務的重要對象。❿

三、廣播電視教育

美國廣播電視教育隨各地之需要，自由發展，以電視教學爲例，其範圍有全國性者，有州際性者，有州內性者，有電視臺附近區域性者，也有校區性者，一校性者，一教室性者，玆簡述如次：

1. 全國性電視教學：美國全國性電視教學，有於商業電視臺播映者，有於教育電視臺播映者，若干節目甚至配合學校實行學分制。第一次示範性之電視教學係一九五八～五九年於 NBC 商業電視臺播出，命名爲「大陸教室」（Continented Classroom），其目的在改進全國科學課程，節目經費最初幾年由福特基金會負擔，其後，由大個大公司共同負擔。

---

❿ R. M. Smith et. al., op. cit. pp. 245–263.

2. 州際空中電視教學: 州際電視教學之實施極爲生動, 最初之實驗在美國中西部, 命名爲「中西部空中電視教學節目」(Midrwest Program on Airborne Television Instrustion), 簡稱 MPATI, 將來計劃以六架飛機, 飛行三萬呎高空, 將課程播映全美各重大城市。

3. 州內專線電視: 州內專線電視 (Closed-Curcuit T. V.) 係南加羅林納州所實施者, 緣該州經費有限, 學齡兒童衆多, 合格教師較少, 教育當局乃設置此一專線教學電視制度, 以解決師資問題。

4. 州內聯映電視: 除去南加羅林納州之專線教學電視外, 美國其他各州還實行一種聯映辦法 (Open Circuit Telecasting), 將電視課程播映給在校學生觀看。

5. 教育電視臺映區內之電視教學: 地方教育電視臺播映區域內之電視教學範圍極爲廣泛, 數目極爲龐大, 難予罄述。其中重要者諸如: (1) 芝加哥市立專科學校, 自一九五六年以來, 卽提供一次爲期二年之全部專校課程, 至一九六三年, 註册修習此等電視課程之學生已達十萬餘人; (2) 波士頓教育電視臺所播爲期三年之初級法文課程, 有十四萬餘學生收看, 此節目後來分交十四座其他教育電視臺播映, 學生觀看總數, 估計有兩百萬左右; (3) 內勃拉斯加大學之教育電視臺爲該州之鄉村學校播映若干選修課程, 有二十五所學校使用。

此外, 尚有校區內之電視教學, 校內電視教學及教室內閉路電視教學等。

美國各州負責空中教育者大多爲各地之大學, 俄亥俄州立大學 (Ohio State University) 於一九二八年創辦教育電臺, 實施教育播音, 開大學辦理教育廣播之濫觴。其後各大學紛紛成立教育播音臺。一九四一年明尼蘇達大學附設空中學校的播音節目, 每週節目中, 有衞生常識、科學知識、音樂欣賞、時事報告、職業指導等。一九四五年威斯

康辛州成立一個廣播事業委員會，聯合各大學院校統籌辦理全州的教育播音網，各中小學紛紛裝設收音機，據當時估計，約有十一萬五千多學生，經常收聽。至於全國收聽教育節目的成人教育班，約有一萬五千個，學員三十萬至五十萬人，這些成人教育班有規定的上課時間，收聽播音節目，然後舉行討論。

　　自從電視發明之後，更成為推廣教育的利器。各大學紛紛籌設教育電視臺，設置教育性電視節目。一九三六年紐約大學利用美國國家廣播公司播送教育節目，並設有可得學分的電視課程。此外如西儲大學（Western Reserve University）托禮多大學（University of Toledo）休士頓大學（University of Huston）等也與商業電臺合作，舉辦電視節目，所授課程包括文學、英語、心理學、歷史、植物學、生理學等。一九五〇年三月愛阿華州立學院的電視臺正式開播，這是大學舉辦的第一座教育電視臺。其後各大學相繼創設電視臺，實施推廣教育。

　　總之，美國廣播電視教育最為發達，但其體制及設施，則因各校各地而異，殊不一致。以電視教學措施而言，從全國性電視教學至一教室內閉路電視教學者皆有之；以電視教學運用方式而言，有全部教學、合作教學及補充教學；以電視教學範圍而言，則從小學一年級到大學科目，每一課程皆透過電視傳授給學生。尤其美國空中教學實驗次數之頻繁，教學方式之更新，更是無出其右者。這種自由發展的精神，便是美國廣播電視教育的特色。⓫

四、其他成人教育事業

　　1. 公立中小學辦理成人教育：美國公立中小學辦理成人推廣教育已有百餘年歷史，依據全國公立學校成人教育協會（National Association

---

⓫ 孫邦正著，各國空中教育制度之比較，國立政治大學學報第二十七期，民國六十二年五月，頁七五～一一〇。

for Public School Adult Education）報告，近年美國中小學辦理成人教育集中下列數項工作：(1) 一般學術教育；(2) 公民與公共事業教育；(3) 美國化與基本教育；(4) 藝術教育；(5) 手工藝操作教學；(6) 商業與分配教育；(7) 農業職業課程；(8) 職業與技術教育；(9) 家政教育；(10) 父母與家庭生活教育；(11) 健康與衞生教育；(12) 個人適應課程；(13) 休閒活動；(14) 安全與駕駛教育；(15) 復健與特殊教育。

2. 合作推廣服務：合作推廣服務（Cooperative Fxfension Service）卽是農業推廣教育，於一九六七年提供給一千四百萬農村與都市家庭，與三百二十三萬五千青年予服務。

3. 軍人推廣服務：美國陸、海、空軍及陸戰隊軍人，於服役期間及退伍後，皆由政府提供各種學校推廣服務，以協助其就業，擔任重要責任及享受終生生活。

4. 勞工教育：美國全國性工會一八○個，分成七萬五千個地方工會，共有會員一千八百萬人。這些工會除協調勞資關係、參與政治立法、非政治性活動外，亦辦理各種勞工教育，這種教育側重就業技術和職業教育。

5. 特殊教育：對於成人施予矯治服務，對於身心有缺陷的兒童，施予特殊教育。

第二節　英國的社會教育

英國在政治、教育上的保守性是有名的，在社會教育的發展上，亦大體承襲這種民族性。英國無「社會教育」這個名詞，在教育系統上，有「擴充教育」一詞，與社會教育有類似的地方，有關社會教育的活

動，有時亦稱爲「成人教育」，⑫不過所謂成人教育亦與美國所謂的成人
教育有所不同。這種名詞的歧異，制度的差別，對於英國社會教育的內
容，很難作絕對性的劃界，因此本節根據我國社會教育的範疇，以下列
諸項爲探討的內容：(1) 勞工教育；(2) 成人教育；(3) 靑年服務；
(4) 特殊教育；(5) 圖書舘、博物舘教育；(6) 廣播電視教育。並爲求
與上章體例一致起見，玆分英國社會教育的意義與演進，英國社會教育
的現況兩大部分，加以論述。

壹、英國社會教育的意義與演進

英國教育系統上，「擴充教育」(Further Education) 一詞，與我國
社會教育一詞，頗相類似。「擴充教育」一詞，自一九四四年教育法案
(the Education Act of 1944) 公佈後，始正式納入法律名稱內。其
所包含之意義，至極複雜。目前所謂擴充教育，係指職業教育，成人敎
育及靑年服務而言。依一九四四年敎育法案第四十一條之解釋，擴充敎
育之定義如下：⑬

　1. 爲超過義務敎育年齡者，所設置全部和部分時間的敎育；

　2. 依超過義務敎育年齡者的能力、意願與需求，所設置休閒時間的
訓練，包括有組織的文化訓練與娛樂活動二項。

成人敎育 (Adult Education) 根據「敎育法案」係指針對年齡十
八歲以上者，叫實施的非職業性的敎育 (Non-vocational education)。
不過皮特斯 (A. J. Peters) 認爲「成人敎育」在英國始終未有確切的

---

⑫ 例如：Robert Peer 於一九五八年著 Adult Education, A Comparative
　Study 爲英國社會敎育代表作，可爲例證。該書已有一九六六年新版，筆者手
　邊尙無此種新版本。

⑬ A. J. Peters, *British Further Education*, Oxford: Pergamon Press,
　1967, p. 2.

意義，他綜合各種文獻，收納成人教育有六種意義： ⑭

1. 指爲十八歲以上者，所實施的各種教育，這與中等教育、擴充教育、青年服務等有所區別；

2. 指爲十八歲以上者，所實施的各種非職業的教育，這與職業訓練和軍事教育有別，但已括職業性課程中的普通教育部分；

3. 指爲十八歲以上者，所實施較具文化性的教育，包括所有文化訓練，但不包括社區中心的娛樂活動；

4. 指爲十八歲以上者，由教育部所提供的非職業性的教育，包括文化及娛樂活動，但不包括職業課程中的普通教育部份；

5. 指爲十八歲以上者，由教育部所提供的非職業性，且較具文化性的教育，包括一切非正式的教育活動，如圖書舘及廣播等；

6. 指爲十八歲以上者，所實施的非職業性，且較具文化性的教育活動，而係教育部爲其他機構所提供者；

這幾項定義概略說明英國成人教育一詞涵義的複雜性，有所謂「職業性」或「非職業性」、「文化性」的區別，亦有所謂「由教育部提供」或「無特定機構提供」的界限。總之，英國成人教育的意義，特指爲十八歲以上的成人，所實施的文化教育。這種成人教育的意義與美國等其他國家對於成人教育的看法，顯然有所不同。

茲依據英國牛津大學成人教育講座教授皮爾斯（Robert Peers）的意見，將英國成人教育的演進分爲四個階段：第一階段，成人教育成長時期（一八五〇年以前）；第二階段，成人教育進展時期（十九世紀後五十年）；第三階段，成人教育現代化開始時期（二十世紀最初二十年）；第四階段，成人教育系統化時期（一九二〇年以後）。至於英國成人教育的當前狀況，則留待下節討論。

⑭ Ibid., pp. 193–194.

一、成長時期

英國在十九世紀中葉以前，成人教育的成長主要來自教會的提倡，如：一七九八年衞理公會辛格頓（William Singleton）在諾丁罕（Notlingham）設立的第一所英語成人學校，一八一二年史密斯（William Smith）在布列斯托（Bristol）設立的另一所成人學校，都是在宗教團體領導之下，教導閱讀聖經及宣傳宗教工作。

英國工藝學社（Mechanics' Institutes）曾造成一次成人教育運動。白貝克（Teovge Birkbeck）於一七九五年在格拉斯哥創立這個學社，最初目的僅在交換知識，傳授工藝和應用科學，後來正式成立班級，實施工人基本教育。以後幾年，愛丁堡、利物浦甚至倫敦等大城市也相繼成立工藝學社，其目標轉爲改進工藝，建立科學圖書舘，以及每週舉辦演講和討論會。一八二三年發行工藝雜誌（The Mechanics' Magazine）。迄一八五〇年全英國已有六一〇所工藝學社。

當時英國成人教育運動的另一重大趨勢，乃是工業革命以後，英國社會與政治逐漸解放，民權運動相繼產生，許多組織，如：合作協會，工會，工人協會等强調爲拯救社會病態和政治不平，教育爲第一要務。例如：互助改善會（Mutual Improvement Societies）是當時工人自動的結合，經常集會，並協助建立鄉鎮圖書舘。

資本家歐文（Robert Owen）創立合作組織，是當時影響工人教育運動最深遠的人。他在新拉納克（New Lanark）的實驗，使他深信良好的環境、良好的教育是生產的重要條件，這種信念影響了許多人。他們曾創立一種代表利物浦合作人（The Co-operator），迄一八三〇年英國已有合作組織三百所，可見影響甚大。

民權運動（chartist movement）於一八三〇年後崛起，他們相信勞工階級必須採取政治行動，影響立法，保障權益，而教育是達成這些

目標的必要條件。當時民權運動之領導者洛威特（William Lovett）便致力於勞工教育，召集工人開討論會，爲他們建立圖書館，不遺餘力。

民權運動另一領導者古柏（Thomas Copper）是一位修鞋匠，他經由自修獲得知識，終生著書立說，也到處巡廻演講，亟力鼓吹教育的重要性。洛威特、古柏等民權運動者，可稱爲英國現代成人教育運動的創始者。⑮

二、進展時期

十九世紀下半葉，英國成人教育的進展可分三個次階段，第一階段是上半葉的延續時期，第二階段是各種新實驗時期，第三階段是一八七三年後大學的加入時期。

一八四五年史土格（Joseph Sturge）開始在伯明罕創立一所成人學校，從事教導成人讀寫的工作，也作聖經的研究，其中學生大部分爲工人。這個學校有二點不同於前述成人學校：一是它的領導者都積極參與學校工作；一是它與當時的友誼學社（the Society of Friends）等團體保持密切之連繫。成人學校繼續發展，到了一八七五年後，變得更爲自由地追求教育機會，滿足更多成人基本教育的需要。

一八四二年貝利（R. S. Bayley）牧師提議在雪菲爾設立民衆學院（the People's College），教導成人學習拉丁文、希臘文、法文、德文、數學、英國文學、邏輯學和繪圖等，上課時間爲早上六時半至七時半，下午七時半至九時半，據說第一年有三百位學生，以後稍有增加，一八四九～五〇大約有六三〇名學生，到一八七九年七月則因故停辦。

一八五四年基督教社會主義者（the Christian Socialists）莫利斯（Mourice）等人，爲了從事社會改革的實驗，創立倫敦勞工學院

---

⑮ Robert Peer, *Adult Education*, A Comparative Study, London: Rout le dge and Kegan Paul Ltd., 1958, pp. 3-29.

（London Working Men's College）第一年學生約一二〇～一七六人，
以後亦逐年增多，學院曾分數學、英文文法、繪圖、聖經、政治、地
理、歷史等班級。這個學院代表一般工人接受高等教育的理想。

　　一八八三年在倫敦東區由柏納德（Cannon Barnett）率領牛津學院
（College of Qxford）師生創立著名的湯恩比館，（Toynbee Hall）這
是大學參與改善社會教育工作的新精神。誠如柏納德所說：「湯恩比館
雖不是教育中心，但它是富人與窮人，受教育者與未受教育者共同尋求
社會和平、提高人類尊嚴的好地方。」這也是大學推廣教育的先聲。⑯

　　三、現代化開始時期

　　英國成人教育的歷史，在十九世紀祇有某些孤立的實驗，到了廿世
紀才開始形成一股新穎、壯瀾的潮流，構成一種成人教育運動。例如：
從前各個機構的民間演講，變成大學的推廣教育和系列的演講會；又
如：各個工人協會的研究團體，變成大學的輔導班級。這些活動到本世
紀都逐漸形成全國性的現代成人教育運動。

　　英國的大學推廣教育是指大學有計劃地擴大其學生的數量、開放大
學教育機會給非本大學的學生、增設大學的學院、在新興工業市鎮設
立新的學院等。一八五七、五八年牛津、劍橋大學建立地方考試制度
（the System of Local Examination）是大學推廣校外演講課程的開
始，一八七三年劍橋大學三一學院的史圖亞（James Stuart）教授開始到
英國各地去舉辦各種演講會，是現代校外演講（extra-mural lectures）
眞正推行的開端。

　　一八七六年大學推廣教學倫敦學社（London Society for the
Extension of University Teaching）在都市地區廣泛推行這種運動，

⑯ Ibid., pp. 30–46.

他們負責與劍橋大學協調，在倫敦舉辦大學推廣敎學，直到一九〇一年，倫敦大學推廣部成立，才終止其活動。

大學推廣也常以工人爲實施對象，例如：一八八〇年英國北部諾森伯蘭郡（Northumber land）成立推廣委員會，在五個鄉村開設政治經濟講座，每次演講收一先令費用，竟經常有一千三百個煤礦工人聽講，且通過考試，可見當時勞工熱中接受敎育之情形。

一九〇二年倫敦大學開始給予推廣課程學生，頒授「繼續研究」證書，一九〇八年改頒「人文學科」文憑，使得大學推廣課程，獲得正式承認之文件。

英國大學推廣課程的另一種結果，是許多地方學院的建立。例如：一八七九年成立雪菲爾學院，一八八一年成立諾丁罕大學學院，一八九二年成立雷汀學院，一八九三年成立艾克斯特學院等，這些學院後來都發展成爲新式地方大學。

一九〇三年後，大學推廣課程，經過明斯布立菊（Albert Mansbridge）等人提倡，與新成立的工人教育協會（Worker's Educational Association）合作，積極推展勞工敎育，如：合作班級、工會座談、通俗演講，閱讀指導和各種討論會等。

一九〇八年大學推廣課程爲適應新的需要乃新增加一種輔導班級（Tutorial Classes），倫敦大學的敎授貝特西（Battersea）是第一位輔導敎授，所謂輔導班級便不再是斷續的演講，而是深入的，繼續的班級研究，譬如開放一種爲時十週的課程便是。

一九〇九年各大學成立暑期學校（Summer Schools）提供短期研究的機會，也建立輔導班級中央聯合諮詢委員會（Central Joint Advisory Committee），促進大學推廣敎育向前增進一大步。迄一九一四年第一次世界大戰開始前，全英國已建立十四個大學聯合委員會，一四五

個輔導班級，學生達三千三百四十三人。⑰

四、系統化時期

成人教育的目標，在實現教育民主化和促進教育機會均等的理想，英國成人教育運動，經過一百多年的成長，進入二十世紀三十年代以後，逐漸加以系統化，慢慢接近這種目標的實現。

前面談過，大學推廣課程是一八七三年由史圖亞教授在劍橋大學創立，各大學乃群起倣效。一九二三年有七五一班，一九三七年三、〇〇四班，一九四七年六、一九九班，一九五四年達七、四四八班，學生十四萬七千七百八十二人。大學推廣課程由推廣教育委員會負責辦理日常事務，大學負責選派講師，擔任教學，講演科目爲文學、歷史、政治、經濟、藝術等。每一科目授課時間須在十八小時以至最多四十八小時，每次講演完畢，隨卽討論，使學生與教師有交換意見之機會。

大學輔導班級則在給予不能入大學者以大學程度的教育，大多由工人教育協會與大學聯合舉辦。一九二二年三六三班，一九三二年七六二班，一九三七年八八二班，一九五四年達九六三班。每班由一位導師擔任講學，講召期限，最短一學期，最長三年，每年至少集會二十四次，每次至少二小時，其餘的時間，則在家庭中自修，閱讀導師指定的書籍和教材，並且每月要交一件書面報告。講授科目有經濟學、文學、歷史、哲學、藝術、地理、政治等。

寄宿學院（Residential College）從暑期聚會等活動轉變而來，學生須寄宿校內，共同生活，其目的乃在增進師生之相互研討接觸。一八九九年拉斯金（John Ruskin）的三位美國學生在牛津大學創設拉斯金學院，爲英國第一所寄宿學校，修業二年，畢業後可從牛津大學得到一

⑰ Ibid., pp. 47-74.

種文憑，一九五一年共有男女學生一百人。又如：一九二七年工人教育協會和威爾斯大學聯合設立哈萊希學院（Harlech College），有男女學生六十人，主要科目爲文學、歷史、經濟學、心理學等，此外，有短期的寄宿學院，是第二次世界大戰以後新建立的，通常修業期限，祇有兩星期，或一星期或三天，或一個週末。例如：一九四四年曼徹斯特大學所設立的好萊羅得學院（Holly Royde College）便是這種短期寄宿學院。

　　另外尚有一種成人教育中心（Adult Education Centery），就是在每一地區，選擇一個適當場所，來推行成人教育。例如：諾丁罕工人教育協會卽兼本地成人教育中心，學生下班逕自來中心，先吃一頓豐盛的晚餐，閱讀報紙、雜誌、進圖書舘找資料，然後進行討論式的班級教學。教育中心的工作，除了舉辦講演和設置技能科目外，還常舉辦各種活動，如：戲劇表演、歌詠、跳舞、繪畫、製造陶器、編織毛線、縫紉等學習活動。參加者沒有年齡和地位的限制，在共同工作，共同遊戲中，接受教育。⑱

　　此外，英國在一九三〇年代以來，圖書舘、博物舘、廣播電臺、電視臺等亦都成爲推行成人教育的重要利器。以電視而言，英國廣播公司（BBC）於一九三六年卽設電視節目，爲大衆服務。一九五四年英國已有電視機三百五十萬架以上，全國過半數成人，爲電視觀衆。足見電視已成爲成人教育的重要媒介。

貳、英國社會教育的現況

　　英國的社會教育經過近二百年的長期演進，逐漸形成現在的面貌，因此英國社會教育現有的型態，極爲複雜，玆就成人教育、補習教育、

⑱ Ibid., pp. 75-132.

青年服務、特殊教育、圖書館與博物館教育以及廣播電視教育，加以履述。

一、成人教育

　　在英國的社會教育領域中，體系最完備，實施最具成效者，要屬成人教育。英國成人教育是由四方面協調實施的：（1）地方教育當局；（2）成人教育的負責單位（Responsible Bodies）：即某些私人志願團體如：勞工教育協會（Worker's Educational Association 簡稱 W. E. A.）與大學推廣部的合稱；（3）國防部；（4）負責單位以外的私人團體（Voluntary Bodies）❶。在一九四四年的教育法案中，成人教育的責任，原係大部份由地方教育當局負責。而事實上，其實施則大部份由「成人教育負責單位」擔當重任。

　　茲將上述四類機構舉辦之成人教育設施，略陳如次：

　　1. 地方教育當局，經常維持或協助擴充教育學院、寄宿學院及成人教育中心辦理非職業性成人教育，並舉辦各種短期課程及會議。

　　2. 成人教育負責單位主要是指大學推廣部及勞工教育協會合組的單位而言，大學類皆經由校外推廣部（Department of Extra-Mural Studies）、成人教育部（Departmant of Adult Education）或教育學院（School of Education）履行負責單位之職權。推行工作時，與大學保持密切聯繫，並與大學及勞工教育協會聯合舉辦各種班級。各地區勞工教育協會，英格蘭及威爾斯計有十七個單位，均經教育部核定為負責單位。除大學及勞工教育協會外，尚有若干負責團體，❷舉辦小規模的

---

❶ 雷國鼎著，各國教育制度，臺北：三民書局，民國六十四年再版，頁一六三。

❷ 其他負責單位有：Cornwell Adult Education Joint Committee, the Devon Joint Adult Education Committee, the Educational Centers Association, the Seafarers Education Service, and the University of Wakes Councile of Music.

教育活動。

負責單位所舉辦的成人教育課程共有六種，茲叙述如下：

(1) 導師輔導班級 (Tutorial Classes)：修業三學年，每一學年上課二十四次以上，每次上課時間不少於二小時。這一類的課程大部份與勞工教育有關，而最近的發展亦慢慢增加非勞工教育的課程。

(2) 學年性課程 (Sessional Courses)：修業一學年，上課二十次以上，每次時間不得少於一個半小時。這類課程相當於前一課程的第一年，有時則根據特別團體的需要，提供特別課程。

(3) 終結性課程 (Terminal Courses)，上課十次以上，每次時間不少於一個半小時。

(4) 其他不屬於上列三種之博雅成人教育課程。

(5) 成人教育師資訓練課程。

(6) 住宿受教課程。㉑

各負責單位，每年均向教育部提供預定實施計劃，及其經費預算，經核准後由教育部對整個教學經費予以直接補助。

3. 國防部於一九四八年邀請各大學負責協助軍中成人教育之推展，成立特殊委員會，現在所舉辦之成人教育工作，極具成效，約有下列數項：(1) 協助軍中時事討論：由大學的相關委員會提供專門性演講或主辦住宿訓練，輔導主持時事討論之軍官；(2) 提供各種住宿教育課程：有些大學設有專門住宿中心，有些大學商請軍事單位負責住宿，作爲施教場所，課程內容包括甚廣，從文學戲劇，至生物化學皆有；(3) 提供高深教育課程：爲具有較高學術或專業知識的軍中人員繼續進修而設。

4. 其他私人團體舉辦之普通成人教育，種類繁多，施教機關，大都

㉑ 林清江著，英國教育，臺灣商務印書館，民國六十一年十一月，頁一七九。

爲各種學社，增進藝術欣賞的學會，同業公會，青年組織及敎會。

　　英國舉辦成人敎育的各種團體，爲互相溝通意見及增進合作起見，乃成立全國成人敎育社（National Institute of Adult Education 限於英格蘭及威爾斯），供應資料，提供建議，辦理調查，組織會議，設立圖書舘，出版成人敎育機關指南，並與國外成人敎育團體，建立聯繫關係。該社經費悉賴社員會費，敎育部年度補助，及出版品銷售之收益維持。大部份的大學及地方敎育當局，均係該社團體社員。㉒

　　二、補習敎育

　　自從一九○三年開始，英國卽倡導十八歲以下離學青年的強迫補習敎育，一九一八年、一九二二年、一九四四年的英國敎育法案，也繼續強調這一原則，而有所謂一日釋工制（Day Release System）及長期釋工制（Block Release System）的補習敎育辦法。

　　一九四四年法案確定地方補習學校（County College）爲補習敎育的主要機構，當時希望能適應青年的基本及職業需要，注重公民、博雅與職業的兼顧，而成爲擴充敎育的一環。這種理想，事實上並未在全國順利實施，直至一九六四年全國性的工業訓練法案（Industry Training Act）付諸實施，在勞工部的行政指揮下，普遍設立各種工業訓練委員會，擔負職業訓練的工作，使得每一英國青年，在十八歲以前，都得受強迫的正規的或補習性的敎育。㉓

　　三、特殊敎育

　　英國的特殊敎育，根據一九五九年的「殘疾學生及特殊學校規則」（The Handicapped Pupil and School Regulation）規定應給予特殊敎

㉒ 同註十九，頁一六五。

㉓ 王文科等編著，各國敎育制度，臺北：文景出版社，民國六十二年，頁四十二。

育的兒童，包括下列幾種：盲童、半盲童、聾童、半聾童、智力或學習能力較差兒童、癲癇兒童、適應不良兒童、生理殘疾兒童、語言困難兒童、營養不良兒童等。根據最新統計，英國現有七六、四六六個殘疾兒童，約佔學齡兒童人口百分之一。可是由於特殊教育設施不够，其中有一三、〇〇〇人（總數的六分之一強）等待入學，甚至有五千個兒童已經等了一年，尚未能入學。❷❹

英國的特殊教育公私兼辦，在行政權責方面亦分為三個部門：五歲以前的特殊教育由衞生部負責，五～十六歲由教育部負責，十六歲離校之後再由衞生部負責。勞工部或地方教育當局的青年就業輔導人員亦協助十六歲以後的教育輔導。不過，五～十六歲之間的特殊兒童，如果被認為是「無法教育者（ineducable）」則仍歸衞生部負責。❷❺而特殊教育機構或行政單位之間，亦常缺乏聯繫。

英國一九六七年發表的卜勞敦報告書（The Plowden Report）對於特殊教育提出數點改進建議：（1）應使特殊兒童儘量在正常的一般學校接受教育；（2）注重殘疾兒童的早期發現；（3）應設置特殊兒童父母之諮詢服務，和（4）應對特殊教育問題作一專門調查。❷❻根據此一報告書，英國的特殊教育將逐漸走上人性尊嚴、早期診察、及正常化的教育。

四、青年服務

英國的青年服務係包括由私人團體、地方政府及中央政府為十四歲至二十歲青年所提供的社會及體育訓練，娛樂活動等，這種措施的積極

---

❷❹ 同註廿一，頁一八一。原見 Confederation for the Advancement of State Education, Educating Our Handicapped Children, Report of Working Party on Special Education, 1966-1967.

❷❺ 同註廿一，頁一八二。

❷❻ 參見 Department of Education and Science, Children and Their Primary Schools, London: H. M. S. O., 1967, pp. 296-304, 亦見同註廿一。

倡導，始於一九三九年之後。

　　目前英國青年服務機構的會員總數在二百萬以上，其中大部份均係
私人倡導，政府補助的自願團體，其較大的廿七個團體，成立一常年
性組織，稱爲全國自願性青年組織永久性聯合會（The Standing Conf-
erence of National Uoluntary Youth Organization）。各地的青年輔
導委員會，則由教育、青年就業輔導人員、警察、及其他有關人員組
成。至其一般行政體系，可用下表說明：**㉗**

表一　英國青年服務行政體系（英格蘭與威爾斯，1966年）

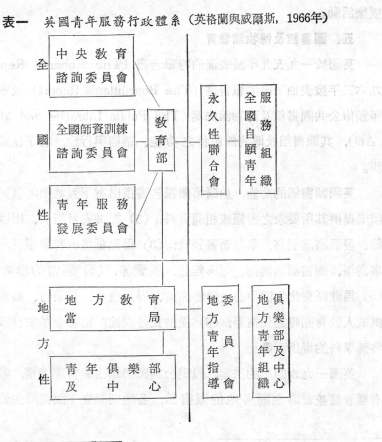

㉗ A. J, Peters, op. cit., p. 211.

英國一般地方教育當局，大都利用學校校舍，設立青年中心，亦有少數地區單獨建築青年中心。倫敦地區於一九三九年以前，即已供應青年娛樂活動的設備。青年中心例由地方教育當局維持，供應室內遊戲及活動、體育、音樂、美術、戲劇及正規班級，各項活動，青年自由參加。此外，英國有許多青年自願組織或團體，如：童子軍協會、女童軍協會、少年團，基督教男、女青年會、社區自願服務隊，及宗教性的青年服務團體等，共同為英國青年於休閒時間，舉辦正規的教育、社會及娛樂活動。

五、圖書館及博物館教育

英國於一九五九年發表羅伯特報告書（The Robert's Report）一九六二年發表伯爾第蘭報告書（The Bourdillan's Report）及一九六四年頒佈公共圖書館及博物館法案（The Public Libraries and Museums Act），其圖書館及博物館服務之功能、結構與行政，有了極顯著之進步。

英國圖書館的功能，伯爾第蘭報告書指出有下列數項：（1）為任何讀者提供其所要求之書籍或相關資料；（2）提供書目指引、出版新書目錄、發展諮詢服務、舉辦新書展覽；（3）為兒童提供特別服務，如：故事講播、圖書館俱樂部、電影雜誌、展覽等；（4）適當的參考服務；（5）為社區文化生活中心，舉辦演講、唱片欣賞、音樂會、展覽、及提供成人教育團體之住宿等；（6）提供良好設備，為各類學生自修或研習特殊學科的場所。㉘

英國一九六四年的法案，規定公共圖書館由教育部管轄，教育部長有權管轄並督導全國各地的圖書館，各地則成立「圖書館主管機關」

㉘ 同註廿一，頁一八五。

(Library Authorities)，負責爲其區域中的人民，提供綜合而有效的圖書館服務。目前，英國圖書館服務已成爲一種獨立性的社會敎育制度。

英國現有九百所以上的博物舘及藝術舘。國立者十八所，在倫敦者包羅範圍很廣，計有：藝術、考古、科學、歷史、及一般性質等；其他特別性質的博物舘，如軍械、檔案等。非國立的博物舘或藝術舘常散處各地或與大學密切聯繫，或具地方特徵。英國的博物舘及藝術舘長年擧辦「經常性」及「臨時性」展覽，其目標在達成三大功能：(1) 使兒童或成人於較短時間領略較多事實；(2) 使人獲得一種綜合知識，體悟事實及事實間的關係；(3) 使觀察者在學習歷程中，養成正當的心理態度，如邏輯思考、獨立觀察等。❷⁹

六、廣播及電視敎育

英國的廣播及電視敎育主要係透過英國廣播公司 (British Broadcasting Corporation 簡稱 BBC) 而實施。

英國的學校廣播早在一九二四年卽在中學開始，到一九二六年全國卽有兩千所學校運用廣播了。一九二九年成立中央學校廣播委員會，制定學校廣播政策，並作廣播敎育間之橋樑，一九四七年易名爲學校廣播委員會。二次大戰以後，英國學校廣播都以彌補敎育型態的變化與空隙爲主，所以對於中學廣播方面，增添現代歷史科學和現代生活等節目，對於小學廣播方面，主要爲綜合節目和科學節目，至於爲敎師所編印的手册也日漸受到重視，近年來更以錄音帶供應學校使用，給敎師帶來了便利。

英國的學校電視首由閉路電視開始。遠在一九五二年，卽在倫敦北部的六所中學開始實驗。一九五七年 BBC 與英國敎育部正式宣佈學校

---

❷⁹ 同註廿一，頁一八六～一八七。

電視實驗結果，成立世界上第一個全國性的電視網，以從事永久性的學校電視。除 BBC 外，二次大戰後，英國成立第二家電視公司，卽獨立電視公司 (Independent Television Authority 簡稱 ITA)，該公司亦播學校電視節目，使英國學校電視工作，在競爭下更求進步。

此外，英國空中大學是一個嶄新的成人高等教育制度。它的成立是英國教育史上一個重要里程碑亦是全世界的創舉。空中大學的正式名稱是公共大學 (Qpen University 或直譯開放大學)，顧名思義，這所大學是爲每一個人而設的，因爲入學資格不加限制，無論有沒有正式的學歷證件，都可以就讀。

英國政府爲了實現這一普及高等教育與造福人群的崇高理想，於一九六七年九月設立空中大學計劃委員會進行籌劃工作，一九六九年一月提出建校報告，一九七〇年一月開始辦理招生，一九七一年八月入學申請截止，計有四萬二千名報名，經學校當局決定錄取二萬五千名。這兩萬多名學生中，有三分之一是中小學教師，此外包括清道夫、警員、工商界人士、足球健將、市長、部長夫人、盲人和犯人等，眞正符合有教無類的理想。

空中大學修業不限年限，完全採用「學分制」，其學分是每一年修習課程通過後得一個學分，學生每人同時只能修一門或兩門課程，凡修滿六個學分的學生可得文學士學位，修滿八個學分可得榮譽文學士學位。空中大學教學內容，都經過極爲審慎的準備與設計，而教學方法乃是各種不同方法的配合運用，其主要項目包括有：(1) 函授教學；(2) 指定作業；(3) 電視廣播教學；(4) 區域分校導師教學；(5) 研習中心教學；(6) 顧問指導；(7) 暑假講習。

空中大學爲增進師生感情與保持全校師生精神聯繫起見，亦出版學生日報，製作每週廣播新聞節目與每月特別電視節目，並配製校徽、領

帶或圍巾等標誌，以促進全校師生的向心力。空中大學透過這些教學方式，獲致優良的教學成績，贏得普遍的讚譽。目前美國、加拿大、日本、德國、比利時、荷蘭以及其他國家，都已派專家前往考察，並進行合作計劃。而日本、印度與澳大利亞已完全模仿英國的作法，創辦空中大學。所以有人稱讚英國這一所空中大學是世界上第一所「廿一世紀的大學」。❸⓪

第三節　法國的社會教育

法國雖也用「社會教育」這個名詞，不過法文中「社會教育」這名詞所指的是「社會意識的教育」，有點近似我國的「群育」，可是政治意味却較濃厚。此外，在法文中與社會教育活動有關的名詞，尚有：「通俗教育」(l'éducation populaive)「離校後之繼續教育」(l'éducation postscolaire)「社會進昇」(la promotion sociale) 及「終生教育」(l'éducation continuée)，這些名詞都是指一般學校教育以外的「補充教育」、「繼續教育」、「擴充教育」及「成人教育」。❸① 茲根據上述這種認識，來探討法國社會教育的演進與現況。

壹、法國社會教育的演進

根據法國社會教育學者第穆 (Colin J. Titmus) 指出，法國社會教育的設施，由來已久，孟坦 (Michel de Montaigne 1533-1592) 設立拉伯雷修道院是最早的成人寄宿學院，一七〇九年拉薩爾 (de la Salle)

---

❸⓪ 同註十一。
❸① 郭爲藩著，法國社會教育的特質與型態，收於法國教育及其他，台南：開山書店，民國六十年，頁一〇三。

在基督敎兄弟會學校創設第一個成人專業訓練課程。不過，儘管有許多
實驗和理論，但直到一七八九年法國大革命後，成人敎育運動才構成一
種潮流。㉜

　　一七九二年四月二十日康多塞（Marie Antoine Nicolas de Con-
dorcet）向國民會議（the National Assembly）提出一項公共敎育報
告，建議由國家辦理各級學校敎育，其中亦建議應以公共預算支持成人
敎育。他主要建議各級學校敎師應利用夜晚或星期假日爲民衆開設班級，
推行公民敎育。各地小學應籌設圖書館，並展覽博物標本及生產器械的
模型，以供民衆學習觀摩。這個報告書雖經過立法，可惜大部份皆未能
實現。

　　一七九四年九月法國巴黎創設國家工藝院，這個機構一方面是一種
工藝博物舘，蒐集保存並公開展示各種機械模型、生產工具及設計圖
本，同時收藏借閱各種工藝之圖書；另一方面，它也是一所社會大學，
經常舉辦專題講演，介紹新式生產器械製作及運用技術，並作公開演
習，藉供民衆參觀，這個機構一直維持迄今，成爲當前法國規模最大之
社敎學府。㉝

　　一八一〇年加諾（Lazare Carnot）在巴黎設立初等敎學協會（the
Society for Elementary Instruction），一八二〇年起仿照英國工藝學
社爲勞工辦理免費夜間課程，男女兼收。

　　一八三〇年許多革命者與多藝學院學生在巴黎成立「學藝協進會」
（the Association Polytechnique），以推行成人職業敎育，講授有關工
藝、商學、數理科學、建築工程、工業製造等類課程，學生經考試及

㉜ Colin J. Titmus, *Adult Education in France*, Oxford: Pergamon Press,
1967, P. 1.

㉝ 同註三十一，頁一〇五。

格，可獲得研習文憑。

十九世紀下半葉法國的成人教育主要在改進初等學校的成人補習班級，尤其杜魯（Victor Duruy）於一八六三——六九年擔任教育部長期間，小學成人補習班級從四、一六一班增到二八、五四六班便是一例。

法國大學推廣教育發展很遲，十九世紀最後數年才有一些大學教授個別從事通俗講演。一八九八年巴黎成立第一所民眾大學（People's University），二、三年內，巴黎地區湊增為五十所，而各地方也成立有一百所以上的民眾大學。這種民眾大學的成立迄一九○四年達於頂點，第一次世界大戰發生即日趨沒落，據國際成人教育手冊（International Handbook of Adult Education）統計，一九二七——二八年，全法國僅餘一百十一所民眾大學，學生人數也不多。❸❹

二十世紀以後，法國的社會教育由原來僅屬民間團體之倡辦，進而為政府有計劃之輔導與協調，最具體之例證係見諸於教育立法。

首先值得一述的是義務職業補習教育之規定。法國的義務教育創制於一八八一年，當時義教年限為六歲至十二歲，一九三六年延至十四歲，到一九五九年復延至十六歲。在一九一九年頒佈的「亞斯蒂葉法案」（La Ioi Astier）中規定：凡已離校之男女少年於十四歲至十八歲這段期間應接受每週至少四小時，每年至少一百小時之職業補習教育；這種部份時間性之職業訓練係義務性而免費，由工商團體設辦，技術教育督學輔導。學生在接受三年訓練後，得參加「職業適性證書」之考試。❸❺

第二件大事則為「學徒稅」的制定。在一九二五年頒佈的財稅法中規定雇主應繳納薪俸支付總額千分之二為學徒稅（一九四八年提高至千

❸❹ 同註三十二，頁二十八。
❸❺ 同註三十一，頁一○六。

分之四，一九六六年底增至千分之六），若雇主業已從事學徒技術訓練，則此等稅賦可行扣除。

第三件大事則是一九五九年七月一日之法規，就職業進昇制度作綜括性的規定，揭示了「社會進昇」的理念，一九六二年七月及一九六六年十二月的立法於此復有重要的補充與修訂。㊱

在法規制訂前常有各種教育改革方案爲前驅，先行鼓吹，蔚成風氣。第二次大戰後，法國的教育改革運動蓬勃一時，方案齊出，盛況空前。這些方案對於社會教育觀念之發揚有極大的貢獻。例如一九四七年的「郎之萬改革方案」於通俗教育就曾一再強調。一九四九年 Yvon Debos 及一九五三年 Ahdre'-Marie 所提的教育方案，均於「學校後公共教育」專列一章討論。最重要的要算一九五六年的「延長義務教育與公共教育」改革的方案，揭示「終生教育」之原則，一再強調離校後繼續教育的必要性。㊲

總之，法國社會教育觀念乃逐漸演進而來，十八、九世紀的法國社會教育，實際上包括識字教育與技術訓練，純爲一種工人教育，欲由知識水準之提高，以改善勞工之生活狀況。其後，由於工會運動之勃興，成人教育之觀念隨著發展。及十九、廿世紀之交，因受國民教育觀念與普及教育思潮之衝盪，大學推廣教育與強迫性職業補習教育日趨重要。二次大戰後，社會進昇與文化進昇的觀念代表了法國社會教育理念之成熟。今日在法國，「終生教育」乃成爲社會教育最新之趨勢。

㊱ 同註三十一，頁一〇七。
㊲ 同註三十一，頁一〇七。

貳、法國社會教育的現況

當前法國社會教育的型態紛繁，多采多姿，下面我們將介紹成人職業進修制度、圖書舘博物舘教育、青少年康樂教育、以及廣播電視教育。

一、成人職業進修制度

法國社會進昇的體制係根據一九五九年七月卅一日所頒法規奠定基礎，該法申明社會進昇係遵循「社會正義」之原則，欲藉教育手段，增進個人職業適應能力，促進「社會流動」與經濟發展，使每個人之學識技能，繼續充實，不斷在職業階層中昇進。

目前法國擔負職業訓練與在職進修責任的社會機構，依其性質，大致有四類：❸

1. 國立技術中學附設之社會進昇學程：依照一九四八年四月十五日部令之規定，技術中學（等於我國之高級職業學校）得附設職業訓練班，開設職業進修適性證書之初級課程或預備職業合格證書之中級課程（後者結業時相當於技術中學畢業）。參加這種補習之青年工人在夜間（每週兩晚）或星期六下午上課，並在學校工廠實習操作。修業期限所習學科不等，一般而言，爲二年或三年。

2. 各工廠及企業機構自設之進修班：按法國有學徒稅之規定，凡工商企業機構雇有員工而未能有進修教育之設施者，應繳納所付員工薪俸總額千分之六爲學徒稅。因而一般規模較大之生產機構多自設或合設進修班以訓練其員工。較著名者，如法國煤氣公司、電氣公司、Renault汽車廠、法國煤礦公司、法國鐵路局等，均有規模龐大之員工進修體系。

---

❸ 同註三十一，頁一一六～一一七。

3. 國家工藝院的高級進修系統: 國家工藝院爲法國最重要的社會大學, 開設有各種經濟與理工課程, 專供有志上進欲成爲工程師或高級企業管理人員者進修。此外該校且附設十多所專科學校, 培養專門人才。該院且廣設分校, 配合電化教育, 便利全國各地在職人員進修。

4. 各大學的推廣教育課程: 法國的大學推廣教育課程有兩種, 一種是函授與廣播課程, 例如: 巴黎大學的課程轉播, 以人文科學與社會科學課程爲主, 尚無文憑與考試之銓定; 另一種爲「工作之高級進昇」, 以培養高級技術員與工程師爲主。

二、圖書舘博物舘教育

在法國社會教育領域中, 圖書舘、博物舘、劇院、電影及其他性質之藝術文化機構, 所從事的教育性活動, 有其重要地位, 法國的博物舘事業, 不但規模宏鉅, 且起源極早。上面提到的國家工藝院附設的工藝博物舘及聞名於世的羅浮宮博物院, 均設於一七九四年。一九三七年則於巴黎設立數大博物舘, 如: 國家現代藝術博物舘、法國史跡博物舘及科學博物舘。

一九五九年七月法國成立文化部, 掌管文化康樂事業之督導管理, 諸凡文物史料之保存, 名勝史跡之修護, 音樂美術文藝戲劇活動之倡導, 藝術教育之推動, 全國博物舘及公立劇院之管理, 皆屬其職掌範圍。一九六三年後更在各地普設「文化舘」(Les Maison de la culture), 此種文化舘類似我國社教舘, 爲綜合性之社教中心, 通常內設展覽走廊、劇院講堂, 以推動社區文化康樂活動爲目的。❸❾

三、青少年的康樂教育

法國的社會教育尚有一個重要的領域, 就是青少年課餘或假期的康

---

❸❾ 同註三十一, 頁一〇九～一一一。

樂教育。這種學校外的社會性、教育性及康樂性活動，於十九世紀末葉分別萌蘖於英國、德國及瑞士德語區，其後逐漸擴及整個西歐，法國也受這個潮流的衝擊，在這方面蓬勃發展，迄今盛況不衰。這些運動，最初由社會團體所倡辦，後來逐漸建立體制，由政府協調與督導，並在經費上支持，最明顯的例子就是一九六六年成立之青年活動與體育運動部。

根據一九六五年的統計，法國計有一九四個倡辦青少年活動的全國性團體，一萬三千個地區性團體。這些團體所辦的活動最主要的為「假期康樂營」、「青年旅舍」、「童子軍運動」、「少年先鋒隊」、及「兒童社區」等，其中以假期康樂營最具代表而規模也最龐大。❹

四、廣播電視教育

法國的空中教學課程，創始於一九三九年，原係應戰時之需要，後擴大其服務對象為病患、偏遠地區的兒童與就業中的成人，不久演變成為國家空中教學中心，以中學課程為主。一九五九年空中教學課程改隸屬於「國家教學研究所」(National Institute of Pedagogy)，其下分為三部份教學：(1) 初級及補充教學；(2) 傳統及現代教學；(3) 技術及專業教學。

法國空中教育於一九六〇年代起亦開始播授高等教育課程，特別針對教育人員之需要，創設「教學進修課程」或「社會進昇課程」。自一九六四年波特士大學等七所學校試辦函授廣播學校後，由於效果良好，其他大學也跟著實施。❹

總之，法國空中教學為千萬無法進入正規中學、大學的學生，打開

---

❹ 同註三十一，頁一〇八。

❹ 孫邦正著，各國空中教育制度之比較，政大學報第二十七期，民國六十二年五月。

一條寬暢的大道，使法國學校教育眞正實現教育機會均等之理想。

第四節　德國的社會教育

在德國，有社會教育這個名詞，但用法與我國不相同。例如：德國教育學者拿托普（Poul Natorp 1858-1924）曾用過社會教育一詞，且出版「社會教育學」（Sozial paedagogik）一書，不過他用社會教育一詞的意義，只是就教育的性質方面，確定教育必須含有社會的意義，並不是在教育範圍方面，把教育分爲兩個部分，一個是學校教育，一個是社會教育。⑫德國有關社會教育之活動，稱爲成人教育（Erwachsenenbildung），其成人教育重要的設施爲源自英國和北歐的大學推廣教育、民衆大學、勞工補習教育和民衆圖書舘等，其範圍較我國社會教育爲狹隘，玆爲適應我國社會教育之狀況，除探討德國成人教育主要設施外，也闡述德國圖書舘博物舘教育、廣播電視教育、及其他社會教育設施，以收借鏡之效。

壹、德國社會教育的演進

德國成人教育的起源，曾受到英國與斯堪地那維亞國家的影響，前已述及，英國的大學推廣教育在十九世紀七十年代就影響德國大學，開始辦理通俗講演、專題講演和假期講座。當時這些大學通俗講演課程的主要對象爲中產階級民衆，著重學術性內容，由「大學教師協助民衆課程協會」（Vereine für volkstümliche Kurse）主辦，與大學當局沒有直接關係。這種運動受到第一次世界大戰的影響，到一九二〇年左右，

---

⑫ 田培林著，社會教育的本質及其工作原則，收於教育文化，台化：五南圖書公司，民國六十五年，上册，頁一〇七～一四七。

即告中止。㊸

德國成人教育另一影響來自丹麥教育家葛龍維治（Nicolai Frederik Severin Grundtvig 1783-1872）所創立的民衆大學制度。遠在一八七一年以前，德國境內雖然已有一些夜間民衆大學（Abendvolkshochschule），但只是由教會及私人團體負責辦理，爲數甚少，並不普遍。自從一八七一年以後，夜間民衆大學在德國境內，才受到重視。

一九一九年以後，德國因戰禍的影響，政治與社會有了劇烈的轉變，民衆大學（Volkshochschulen）在許多都市成立，舉辦各種短期演講課程，主題很廣，甚至舉辦音樂、手工藝、舞蹈等休閒娛樂活動，並與民衆劇院，民衆圖書館與畫廊、音樂社等結合在一起。㊹

當時德國最有發展的成人教育是寄宿民衆大學（Heimvolkshochschle），這些寄宿大學分別由政黨、工會、教派等設立，將青年與教師聚在一起共同生活與學習，以培養勤學與自我犧牲的理想。綜合當時德國各種成人教育的目標，有下述四項：㊺

1. 成人教育在使個別成人瞭解知識，瞭解人文主義，瞭解德國文化；

2. 成人教育在協助成人瞭解社區的概念或意識；

3. 成人教育在協調社會主義與個人主義、倫理精神與物質主義、國家主義與階級利益、普通教育與特殊教育等的衝突；

4. 成人教育在完成當前實際的教育需求。

一九二七年德國成立「帝國民衆大學聯合協會」（Reichsverband

㊸ Robert Peers, *Adult Educatin, A Comparative Study*, London: Routledge & Kegan Paul, Ltd., 1958, p. 293.

㊹ lbid., pp. 294—295.

㊺ lbid., p. 297.

der Volkshochschulen)，並於一九三一年集會時，明白宣稱:「成人教育之功能在傳授知識，加深經驗，以發展獨立自主思想與創造批判能力。」這種目標自然無法爲希特勒的第三帝國所容忍，故除極少數教會的靈修會所以外，幾乎所有成人教育機構，均被納粹的宣傳訓練機構所替代。❹

　　第二次世界大戰結束後，西德各邦若干熱心人士，携手共謀成人教育運動之復興。除於各邦成立地區成人教育協會外，並在一九五三年六月，推派代表赴柏林組成一種新型的德國成人教育協會 (Deutscher Volkshochschulverband)。❹

　　一九四六年德國卽已恢復設立許多寄宿民衆大學，一九五六年，德國境內計有一、〇四七所夜間民衆大學，其分校有三、六七一所。這種夜間民衆大學的經費來源有三: 地方負擔、聯合協會負擔和私人捐款維持，有些地方所需經費乃列入正式教育預算項內。

　　從一九五五年迄今，德國已有一、二八〇、六四八人，在四七、七四三個成人教育班級中，修讀各類課程。同一時期，舉辦單獨講演五〇、四五九次，計有聽衆五、〇一六、八八四名。目前德國實施成人教育機構，除夜間民衆大學外，尙有寄宿民衆大學及成人教育研究中心。❹

貳、德國社會教育的現況

　　第二次世界大戰期間，德國在人力與物資方面損失慘重。但戰後不

❹ 田培林，許智偉著，德意志聯邦共和國的社會教育，載於中國敎育學會主編，社會敎育研究，臺灣商務印書館，民國五十七年，頁八十二。

❹ Marry Even Ulich, *Patterns of Adult Education*, A Comparative Study, New York, Pageant Press, Inc., 1965.

❹ 雷國鼎著，各國教育制度，台北: 三民書局，民國六十四年再版，頁二九三。上述爲截至一九七二年前之資料。

久，西德在各方面迅速復興，在一九五〇年代已成爲文敎與經濟大國，而在一九六〇年代成爲穩居歐洲第一位的工業國家。西德的文化及經濟建設的驚人成功，固然可以歸繫於德人勤勉合理的精神以及政府的政策，但敎育之功尤不可沒。❹社會敎育爲敎育的重要一環，西德這種戰後迅速富强的成就，社會敎育亦有其重要之影響。玆將西德社會敎育的現況簡述如次。❺

一、民衆大學

目前西德民衆大學的任務在辦理高等的補習敎育，如：政治修養，專業進修及一般文化活動等。它除了繼承北歐諸國民衆敎育運動的歷史以外，還採取了英國式的大學推廣敎育之經驗。首先積極與民衆大學合作的大學是科隆和明斯德，它們在一九五九及六〇年便開始在民衆大學中設立了大學班次，使一般民衆得能與大學生享受同樣的高等敎育。

目前西德的民衆大學有兩種形式：第一種卽夜間民衆大學，通常設於都市之中，利用學校敎室及圖書舘舍實施。自一九五五年以來，亦有許多民衆大學自建獨立的院舍，以便於舉行週末與假期講習，並使學生獲得一個聯絡與交誼的中心。歸納言之，這種民衆大學的敎學方式有下列數種：

1. 語文及各種專科補習班；
2. 系統性講座；
3. 育樂活動；
4. 旅行敎學。

---

❹ 鄭重信著，西德的敎育制度，台北：幼獅文化事業公司，民國六十六年，序言。

❺ 下段文字內容，大體參閱：田培林，許智偉著，德意志聯邦共和國的社會敎育，頁八一～九六。

第二種形式爲寄宿民衆大學，大部份散佈於鄉村，且往往建於風景優美之區，使參加者除進德修業外，亦能欣賞山水、調劑身心，一九六八年西德境內共有公立寄宿民衆大學五十二所，其講習會每期舉行之時間，有一個月以內者、一～四個月者及四個月以上者三種，成人教育專家非常讚揚這種長期寄宿講習，認爲是給予一般民衆良好團體生活的機會。

除了公立的民衆大學外，類似的成人教育機構，尚有基督教福音學院，天主教教育工作協會主辦的東方學院。其他如總工會、婦女會、公務員協會、各同業公會等民間團體也均辦理有各種講習所，以推動成人教育的工作。

二、圖書舘與博物舘教育

德國的成人教育運動一開始就認識圖書舘的價值，而努力創建以一般民衆爲對象之民衆圖書舘 (Volksbücherei)。這種圖書舘向來被認爲是國民學校教育的延長。它除了供給閱覽，出借藏書外，並可辦理轉借其他學術性圖書舘的書籍和資料，辦理讀者聯誼晚會，及與民衆大學聯合舉行演講會、民覽會等。

一九六七年西德聯邦境內共有公立圖書舘約七千所，藏書超過七百萬卷，基督教圖書舘約三千四百所，天主教圖書舘約七千所。目前許多邦已訂有「長期發展成人教育計劃」，在各村鎭增建圖書舘，並提倡流動圖書舘及加強各縣市總舘與分舘間圖書流動及交換事宜。

此外，西德各城市有許多社會教育機關，如：紀念舘、畫廊、美術舘、科學舘、博物舘及展覽會場等，有公立，有私立，數目衆多，嘆爲觀止，單以各地方政府主辦的家鄉博物舘而言，即有一百十二所。國立博物舘中，如柏林的大倫博物舘，慕尼黑的德意志博物舘、紐倫堡的日耳曼民族博物舘、法蘭克福的自然博物舘等，均爲各國人士觀覽欣賞的對象。

三、廣播與電視教育

西德有廣播電台十一座，其中「自由柏林」係針對東德陷區人民，「德國之聲」則係對全世界而發。普通電台均設有「靑年節目」、「兒童節目」、「學校節目」及其他教育節目。

西德電視台共有三座，自一九六七年起播送部分彩色電視片，其中第三電視特別重視教育節目，每週均播出史地及自然科學實驗等節目。爲求廣播電視之節目，更富有教育意義，除了學理上的探討外，並有聽衆協會的組織，來參議電台節目之選擇及檢討。

四、其他社會教育設施

1. 函授教育：德國早在一八五六年便有人用函授法教授外國語文，至一八九六年開始擴充至各種科目，包括中學和職業學校的全部課程，目前函授學校總數已超過一百所，學生數逾一百五十萬人。

2. 新聞教育：一九六七年西德共有日報一、四六四家，雜誌五、六三〇種、畫報二十種，它們也均能注意到有價值的系統知識之供應。

3. 國民體育：西德境內幾乎每個城市均有公共體育場，兒童遊戲場及公立游泳池，而鄉鎮中至少擁有足球場和露天游泳池，國民體育風氣極爲普遍。

4. 藝術活動：西德政府對於戲劇音樂之輔導也不遺餘力，通常演出費用、演員與音樂工作者的待遇，均非單靠門票收入，而由各級政府予以充分的補助，故劇院與音樂會場大部份均爲公立。

5. 社會教育行政與研究：西德各邦教育部中均設有專門科處，分別負責成人教育與一般性文化的設計、輔導與推動工作，而實際督導工作則歸屬於各縣市教育局。邦政府不僅負擔邦屬機構之經費，也補助各縣市政府辦理成人教育的費用。邦政府並且負有培養社會教育工作人員之使命。

　　一九六五年西德於新成立的波洪（Bochum）大學中，設立社會教育研究所，其擔任下列任務：（1）從事成人教育之社會學與心理學研究；（2）發展成人教育之教材教法；（3）研討成人教育歷史；（4）講授及報告成人教育之研究成果；（5）設立推廣教育機構以協助民衆大學工作；（6）實施社會教育工作人員之深造進修教育。

第五節　日本的社會教育

　　「社會教育」一詞，在日本所使用的意義，不僅指成人教育，而且指學前教育、家庭教育、校外青年活動、青年工人的教育和老年教育等，易言之，在日本，社會教育的概念可以包括聯合國教科文組織所倡導的終生教育的理想。❺[51]自第二次世界大戰結束後，日本的社會急遽變動，教育機會甚為普遍與廣泛，因此當前日本社會教育所扮演角色，很難適當地加以論述。茲先探討最近二、三十年日本社會教育演變之史實，再據以分述當前日本社會教育之現況。

壹、日本社會教育之演變

　　日本的社會教育，初名通俗教育，明治十九年（西元一八八六年），日本制定「各省官制」，文部省學務局掌管事項，已列有「通俗教育」之名。明治四十四年，制定「通俗教育調查委員會官制」，其所職掌，卽是社會教育之事，此項調查委員會至大正二年（西元一九一三年）廢止，對於社會教育貢獻殊多。大正八年，文部省普通學務局特設第四

---

❺[51] *Education in Japan, Social Education, Journal For Overseas*, Vol. V, 1970, The International Educational Research Institute, Hiroshima University, p. 104.

課，掌管通俗教育事項。大正十年，修改文部省官制，遂改通俗教育為「社會教育」。其後四年更制定「地方社會教育職官制」，昭和四年（西元一九二九年），文部省設社會教育局，置社會教育官，由是社會教育一詞，在日本流行日廣。❷

　　第二次世界大戰結束後，日本的社會教育無論質與量都有了長足的進步。戰後一九四五年九月，文部省發布「新日本建設之教育方針」，其中指出建設新日本在使「國民道義之昂揚與國民教育之向上」，欲達此目的，務須全面地振興社會教育，「提倡成人教育、勞工教育、家庭教育，廣設圖書館、博物館，倡導美術、音樂、電影、戲劇及出版等文化事業。」同年十月恢復了戰時廢止的社會教育局，消除帶有濃厚戰時色彩的社會教育，重新釐訂基於民主主義之社會教育方針。❸此時盟軍總部民間情報教育局及美國教育使節團之對於戰後日本社會教育之改進與推動影響甚鉅。

　　一九四七年三月，日本政府根據教育當局新委員會之建議，制定「教育基本法」。在該法中，列有關於社會教育之規定，且明示社會教育必須由政府及地方公共團體積極獎勵。一九四九年日本政府正式制定了「社會教育法」，凡有關社會教育事項，與社會教育有關的各種團體、社會教育委員、公民館、學校設施之利用、以及通訊教育等都列有專章，為戰後日本社會教育進展奠定了良好的基礎。❹

　　戰後應時代的需求新設置公民館，在社會教育法尚未制度化之前，日本政府早已開始討論如何振興之策略，至社會教育法釐定之後，公民

---

❷ 雷國鼎著，各國教育制度，臺北：三民書局，民國六十四年再版，頁三七〇。

❸ 劉焜輝等著，日本現行教育制度，臺灣商務印書館，民國六十年五月，頁五一七。

❹ 林本，徐南號著，日本社會教育之現狀及其問題，載於中國教育學會主編，社會教育研究，臺灣商務印書館，民國五十七年，頁九十七。

舘便成爲地方社會教育之中心機構，而與原有的圖書館、博物館鼎足而三，並稱爲社會教育重要設施之一。

後來圖書舘法及博物舘法亦先後釐訂公布，社會教育設施逐愈益充實完整。一九五一年社會教育法作第一次修正，將社會教育專門人員卽「社會教育主事」正式列於都道府縣教育委員會編制之內。一九五九年再作第二次修正時，規定地方基層單位的市町村亦須比照都道府縣設置社會教育主事，惟得依據地方財政能力及人口之多寡而逐漸實施。到目前爲止，設置社會教育主事的市町村，全國已達百分之八十以上，使地方上有專門人員負責推動社會教育工作。⓹

關於就業青年之社會教育，從前帶有濃厚軍事色彩之「青年學校」，至戰後一概廢除，但許多農村裡的失學青年求學心切，他們不久又組織所謂「青年學級」以自動討論、進修、吸收新知並交換經驗。這種學習活動，慢慢地在各地普遍發展起來，而且各界認爲這種學習風氣應予助長，遂要求中央政府暨地方公共團體協助辦理。於是至一九五三年亦由政府制定了「青年學級振興法」，給予積極的支援。

戰後成人團體之中活動最顯著的是「親師協會」（Parent-Teacher Association 簡稱 P. T. A.）。親師協會係受美國教育使節團之勸告與文部省之積極倡導而成立，對於溝通學校與家庭之感情，改善教師與父母的教育態度，貢獻甚著，故於一九五〇年已遍設於全國各地。

根據美國教育使節團之勸告，勞工教育應爲成人教育中重要的一環，因此文部省與勞働省就共同協議，調整有關勞工教育事務之權限，據此協議，則屬於文部省職掌範圍之內者，應爲勞工的公民教育、技術教育及文化陶冶等。

⓹ 同上註，頁九十八。

　　至於婦女敎育，因戰後婦女享有參政之機會，故漸爲政府及社會所重視，文部省乃於一九六一年四月增設婦人敎育課，以掌管婦女敎育。

　　此外，對於家庭敎育之重視，「靑年之家」及「兒童文化中心」等靑少年敎育之設施，成人敎育之充實，社會體育之提倡，聯合國敎科文組織活動之推廣，藝術文化之普及與文化財之保護等，皆努力推行不遺餘力。一九六五年日本政府爲加強社會敎育人員的繼續研究起見，又特別設置了一所「國立社會敎育研修所」，專供社會敎育指導人員之進修，對於社會敎育人員素質的提高，甚具貢獻。⑯

貳、日本社會敎育現況⑰

一、工商企業所組織的學校

　　許多工商企業機構設置各種訓練課程以敎導其新進的受雇者，技術員，領班和經理人員，這些課程和班級其性質皆爲社會敎育，不過，尙有許多企業機構沒有配合這種急速的進步，推行社會敎育。

二、混合學校

　　日本每年在普通學校以外，約有混合學校七千八百所開設靑年和成人課程一百四十四萬四千個班次。這些學校以商業課程爲多，施敎內容以實用和職業敎學爲重，而文理敎育則較爲忽視。日本全國有公民舘八千六百所，經常爲靑年和成人設置各種成人班級、課程、講座、展覽和其他社會敎育活動。

三、大學推廣敎育

　　有愈多的人接受高等敎育，就有愈多的人欲繼續從事高深的研究，

---

⑯ 同上註，頁九十九。

⑰ 李建興撰，社會經濟變遷中的日本社會敎育，載於臺灣敎育輔導月刊，第二十一卷第五期，民國六十年五月，頁十六～十七。

大學正應該配合這種需要，設置推廣班級和課程，開辦講座等等，過去多數日本的大學，旣不準備亦不辦理推廣工作。最近大學推廣工作的重要性漸受重視，有些大學和學院在文部省的要求下，已開辦推廣課程。大學在實施成人敎育中的地位，正是日本社會敎育最值得探討的問題。

四、廣播和電視

日本由四個大島所組成，人民屬於同一種族，有共同的語言，交通和傳播網縱橫交錯，連繫至爲便利。最新式的火車，飛馳全國，時速高達二百一十公里，大衆傳播（諸如無線電廣播、電視、電話、電報等）的密度高居世界之首位，表一卽指出日本大衆傳播媒介的實況：

表　一

	1960	1965
1. 收聽廣播平均時數 （十歲以上）	16m*×2h**19m***	43m×2h44m
2. 收看電視平均時數	29m×2h28m	74m×3h11m
3. 收音機總數 （限於領照者）	11,802,000	2,361,000
4. 電視機總數	6,860,000	18,224,000
5. 報紙份數	24,438,000	29,776,000
6. 出版圖書數	23,682	24,202

(*m＝百萬人　**h＝小時　***m＝分鐘)

這種情況刺激日本社會敎育廣泛而系統地運用電視、廣播網的可能性，進而運用一種新式的 UHF 敎育廣播制度以抗拒商業廣播，推展敎育計劃。日本人民早就發現傳播媒介可以使他們舒適地在家庭內學習，無需受奔波之苦，對他們的學習研究益處很多。雖然這種敎育方法可能有統一、被動、糢糊的缺憾，甚至敎育的效果，視聽衆或觀衆的態度而定，可是目前日本每天正有許多新聞、戲劇、娛樂等節目繼由空中傳

搖，發揮教育性的潛能，實為未來日本社會教育發展的最佳途徑。

五、家庭敎育

日本由社會變遷的迅速，產生許多家庭問題，諸如核心家庭的增加，兒童早期的養育，入學考試的競爭，生活方式激劇現代化，職業婦女的增加，科學技術學的急速進步等，為配合這些困難情況，解決家庭教育問題，日本文部省多年來在全國各地開辦家庭教育研究班。一九六七年這類性質的班級有一萬一千二百班，這種父母教育將是日本社會教育重要計劃之一。

六、靑年服務

二次世界大戰後，日本文部省在鄉村地區置許多靑年研究班，不過近十年來由於鄉村靑年大多走向城市，這類靑年研究班逐日遞減，反之，城市的靑年中心，紛紛設立以應靑年工人閒暇活動的需要。其次，地區性的靑年中心也不斷設立，其任務為藉靑年團體的研究與訓練使靑年適應自然，教育自己。現在日本設有六個全國性的靑年中心和約有一百四十個地方性的靑年中心。

七、黑面族的敎育活動

日本雖然沒有像美國和南非那樣激烈的種族衝突，但是有一種轉為特殊的種族叫做「黑面族」，這是德川幕府時代低於四種一般階級：武士、農人、藝匠、商人之外的一群人民。現在這種黑面族猶生活於低等經濟，社會和文化情況中，據日本文部省一九六三年統計，黑面族有四千一百六十個部落，一百一十一萬三千零四十三人。日本社會學家對黑面族長期奮鬥的歷史，曾有許多積極的調查，一九六五年且曾召開黑面族問題會議。日本政府亦曾設法欲改善他們的經濟、社會和文化情況，諸如建立社區中心，組織社區會議，刺激各種領導團體，訓練領導人物以及舉辦各種研究等。

八、社會教育工作人員的培養

日本文部省曾經要求八所國立大學提供訓練社會教育工作員的課程，以提高社會教育教育工作員的水準，歷年接受這類課程的人數如表二所示：

表二　合格的社會教育工作人員的人數

年	人　數
1959	772
1960	946
1961	891
1962	824
1963	777
1964	723
1965	779
1966	696
1967	886
1968	860

一個合格而優秀的社會教育工作人員不僅當爲青年和成人教育活動的指導者和教師，而且應是社區中各類社會教育計劃的規劃人員和執行者。日本文部省有鑑於目前各大學所辦理的訓練課程，要同時達到使社會教育工作員獲得計劃的能力和教學的要領殊爲困難，因此於一九六五年另外設立國立社會教育研修所，其宗旨在補救前述大學教育之不足及實施在職訓練，辦理各類高深研究課程，以便社會教育園地中的現職工作人員，獲得進一步進修之機會。

參、結　語

日本現在業已步進富裕社會的階段，它的社會也正在急遽的變遷中，許多人民處於這種迅速變遷的社會常有難以適應之苦。最明顯的是

他們的精神生活不能配合物質生活的進步，他們的教育水準雖然已提高許多，但是他們却易於漠視離開學校後的學習生活，基於此因，日本教育當局積極提倡學校教育應該重新組織以配合終生教育的理想，不過這種理想恐怕非有一段漫長的時間不能實現。目前日本教育當局在推展正式學校教育園地以外的教育活動，其主要目的在發展全民的潛在能力以盡其在變遷社會中的公民責任，易言之，今天日本社會教育最重要的使命，乃在促進教育服務以幫助人民陶冶其眞實的生活哲學。

附錄：日本社會教育法

（一九四九年六月一日制定，法律第二〇七號。一九六七年八月一日改訂，法律第一二〇號）

第一章　總　　則

第一條（本法之目的）本於教育基本法之精神，本法律以闡明有關社會教育的國與地方公共團體之任務爲目的。

第二條（社會教育之定義）在本法律上所稱之「社會教育」，是指基於學校教育法，除去學校教育課程之教育活動，而主要的對青少年以及成人實施的、有組織的教育活動（包括體育、餘暇活動）而言。

第三條（國與地方公共團體之任務）依照本法律以及其他法令之規定，國與地方公共團體必須務於設置及辦理獎勵社會教育所必需的設施，並通過集會、製作資料、頒佈等方法，促使所有國民能利用所有的機會與設施，自行提高文化性的敎養。

第四條（國對地方公共團體之援助）爲達成前條之任務，國應依照本法律及其他法令之規定，在其預算範圍內，對地方公共團體做財政上的援助，或提供物資。

第五條（市町村敎育委員會之事務）市（包括特別市，以下同）町村的敎育委員會，在社會教育上，應配合該當地方的需要，在其預算範圍內辦理以下各事。

①援助社會教育活動。

②有關聘請社會教育委員之事。

③有關公民舘之設立與管理之事

④有關管轄區內之圖書舘、博物舘、靑年之家以及其他關係於社會教育的設施
　之設立與管理事。

⑤有關靑年學級之開設與管理之事。

⑥有關管轄區域內之學校所擧辦的社會教育講座之辦理與獎勵之事。

⑦有關講座之開設及討論會、講習會、演講會，展覽會等集會之辦理與獎勵事。

⑧有關職業敎育以及關係產業的科學技術指導之集會之辦理與獎勵事。

⑨有關生活科學化的指導的集會之辦理與獎勵事。

⑩有關運動會、競賽及其他體育指導之集會之辦理與獎勵事。

⑪有關音樂、演劇、美術及其他藝術之發表會等之辦理與獎勵事。

⑫有關對一般大衆刊行與頒佈社會敎育資料之事。

⑬有關提供視聽敎育、體育及娛樂之設備、器材以及資料之事。

⑭有關情報之交換以及調查研究之事。

⑮其他爲達成第三條所規定之任務所必須之事務。

第六條（都道府縣教育委員會之事務）在社會敎育上，都道府縣敎育委員會應
按該當地方之需要，在其預算範圍內，做前條所擧各項事務（第三項與第五項除
外）之外，行下列各項事務。

①在設立公民舘以及圖書舘上，做必要的指導與調查。

②有關社會敎育工作者之研究設備之設置與管理，以及擧辦講習會、分發資料
　等之事。

③有關在辦理社會敎育之設施上，所必需的物資之供給與斡旋之事。

④有關獎勵靑年學級之事。

⑤有關與市町村敎育委員會連絡之事。

⑥其他本於法令規定，屬於其職務權限之事項。

第七條（敎育委員會與地方公共團體首長之關係）地方公共團體之首長，在其
所掌轄的宣化工作之中，認爲有利用視聽敎育或其他敎育設備比較妥當時，得依賴

敎育委員會付之實施，或要求教育委員會協助。

2. 前項規定準用於其他行政廳的宣化工作。

第八條　敎育委員會在行使有關社會教育事務上，必要時得向該地方公共團體之首長或關係行政府廳要求提供必要的資料，以及其他協助。

第九條（圖書舘與博物舘）　圖書舘及博物舘為社會教育之機關。

2. 有關圖書舘及博物舘之必要事項，另以法律制定之。

第二章　社會敎育主事與社會敎育主事補

第九條之二（社會敎育主事與社會敎育主事補之設置）　在都道府縣以及市町村教育委員會之事務局設置社會教育主事與社會教育主事補。但在町村敎育委員會事務局，可無社會教育主事補。

第九條之三（社會敎育主事與社會敎育主事補之職務）　社會教育主事對實施社會教育者給與專門的和技術上的助言與指導。但不得命令與監督。

2. 社會敎育主事補助理社會教育主事之職務。

第九條之四（社會敎育主事之資格）　有下舉各項之一者，有當社會教育主事之資格。

①在大學肄業兩年以上，修完六十二學分以上，或高等學校畢業之後任社會教育主事補三年以上，再或在官公署以及社會教育關係團體從事於文部大臣所認定的社會教育工作三年以上，而修得第九條之五所規定的社會教育主事講習會之課程者。

②持有教育職員的普通免許狀，且在文部大臣所認定的有關教育之職位五年以上，而修得第九條之五所規定的社會教育主事講習會之課程者。

③在大學肄業兩年以上，修得六十二學分，且在大學裡選修有關社會教育之科目，而曾任社會教育主事補一年以上者。

④修完第九條之五之規定的社會教育主事講習會者之中（第一項與第二項規定除外），經都道府縣教育委員會認定為對有關社會教育之專門的事項有相當於前項規定之敎養與經濟者。

第九條之五（社會敎育主事之講習）　社會教育主事之講習，在受文部大臣委

囑的大學或其他教育機關實施之。

2. 受講資格及其他在社會教育主事講習會上必要的事項，以文部省令制定之。

第九條之六（社會教育主事及社會教育主事補之研修）　社會教育主事與社會教育主事補之研修，由任命權者主辦之外，由文部大臣及都道府縣教育委員會辦理之。

第三章　社會教育關係團體

第十條（社會教育關係團體之定義）　在本法律中，所謂「社會教育關係團體」，不論是法人或非法人，指不屬於官公廳而以實施有關社會教育之事業為目的的團體而言。

第十一條（與文部大臣及教育委員會之關係）　應社會教育關係團體之要求，文部大臣及教育委員會得給與專門的以及技術上的指導或助言。

2. 文部大臣及教育委員會，應本於社會教育團體之要求，給與實施社會教育事業上必要的物資援助。

第十二條（與國及地方公共團體之關係）　國及地方公共團體對社會教育關係團體，無論以何種方式，不得有不當的統制或支配之行為，也不得對其事業加以任何干涉。

第十三條（對社會教育審議會等的諮詢）　國或地方公共團體擬撥付社會教育關係團體補助金時，在國則應預先由文部大臣諮詢社會教育審議會，在地方公共團體則應由教育委員會預先聽取社會教育委員之意見。

第十四條（報告）　文部大臣及教育委員會得向社會教育關係團體要求提出編製指導資料或調查研究所必需的報告。

第四章　社會教育委員

第十五條（社會教育委員之組織）都道府縣以及市町村得設置社會教育委員。

2. 社會教育委員選自下列各項的人士，而由教育委員會委任之。

①該當都道府縣或該當市町村區域內之各學校之學長。

②在該當都道府縣或市町村之區域內設有辦公處的各社會教育關係團體，以選舉方式推舉出來的代表。

③學識經驗豐富者。

3. 前項規定之委任行爲，由教育長基於前項細節做成候選人名册，提交教育委員會實行之。

4. 教育委員會如認爲教育長所提出的候選人不適當時，得令其重新甄選。

第十六條（社會教育委員與公民館籌備審議會委員的關係） 在市町村，社會教育委員得以第二十九條所規定的公民館籌備審議會之委員會充當之。

第十七條（社會教育委員之職務） 社會教育委員對有關社會教育之事項，通過教育長向教育委員會提供意見，並負有以下之職務。

①有關社會教育諸計劃之立案。

②定時或臨時的舉開會議，應教育委員會之諮詢，申述意見。

③爲實行前二細節的職務，行必要的研究與調查。

2. 社會教育委員可出席教育委員會之會議，對有關社會教育之問題申述意見。

3. 市町村的社會教育委員受教育委員會之委囑，研議有關青少年教育的特定事項時，得向社會教育關係團體、社會教育指導者、以及其他有關係者要求提供意見與指導。

第十八條（社會教育委員的定數等） 社會教育委員的定數、任期以及其他必要項目，由該當地方公共團體以條例規定之。

第十九條（一九五九年刪除，法律第一五八號）

第五章 公民館

第二十條（目的） 公民館是爲市町村以及其他固定區域內的住民實施配合實際生活之教育，及舉辦有關學術、文化之各種事業，而以提高住民之教養、增進住民之健康、純化住民之情操，來振興生活文化以及貢獻社會福祉爲目的。

第二十一條（公民館之設立單位） 公民館由市町村設立之。

2. 除了前項規定之外，在事業上必要時，公民館得設分館。

第二十二條（公民館的事業） 爲要達到第二十條所規定的目的，公民館應實施下列事業。但本法律或其他法令所禁止者，則不在此例。

①舉辦青年學級。

②開辦定期講座。

③主辦討論會、講習會、實習會、展覽會等。

④準備圖書、記錄、模型、資料等，籌劃其利用方法。

⑤主辦有關體育、娛樂等的集會。

⑥計劃各種團體、機構的連繫。

⑦提供其設施給住民以及其他公共集會使用。

第二十三條（公民館之實施方針）　公民館不得有下列之行為。

①辦以營利為目的的事務，或讓特定的營利事業利用公民館之名，以利其業。

②舉辦與特定政黨有利關係的事業，或在選舉上支持特定的候選人。

2.　市町村所設立的公民館，不得支持特定的宗教或支援特定的教派、宗派及教團。

第二十三條之二（公民館之基準）　為求得公民館的健全發展，由文部大臣制定設置的基準以及辦理上的必要的事項。

2.　為要使依前項基準設立的各市町村公民館得以合理地辦理，文部大臣與都道府縣教育委員會對該市町村須加以指導、助言以及其他援助。

第二十四條（公民館之設置）　市町村擬設立公民館時，應以條例規定有關公民館的設置與辦理各事項。

第二十五條（一九六七年刪除，法律第一二〇號）

第二十六條（同第二十五條）

第二十七條（公民館之職員）　公民館置館長一名，並得置主事及其他必要的職員。

2.　館長掌公民館所實施的各種事業與事務，並監督所屬職員。

3.　主事受館長之命，實施公民館之事業。

第二十八條　市町村設立之公民館之館長、主事及其他必要的職員，由教務長提名推薦，而由該市町村教育委員會任命之。

2.　關於前項規定之館長之任命，市町村教育委員會應事先聽取公民館籌劃審議會（第二十九條規定）之意見。

第二十八條之二（公民館職員之研修） 第九條之六之規定，準用於公民館職員之研修事務。

第二十九條（公民館籌劃審議會） 公民館置公民館籌劃審議會。但設有兩處以上公民館的市町村，依照條例之規定，僅須設置一公民館籌劃審議會。

2. 公民館籌劃審議會應館長之諮詢，對公民館的事業計劃或實施方法，加以調查或審議。

第三十條 市町村公民館之公民館籌劃審議會之委員，在下列各人士之中，由市町村教育委員會聘選之。

①設於該當市町村區域內的各學校之校長。

②在該當市町村設有辦事處的有關教育、學術、文化、產業、勞動、社會事業等之團體或機關，對第二十條規定之目的有功勞者之代表人。

③有學識經驗者。

2. 前項第二號之委員之選拔，應以各團體或機關用選舉或其他方法選出來者為對象實行之。

3. 第一項第三號之委員，得聘選市町村之首長或其補助機關之職員，再或市町村議會之議員。

4. 第一項之公民館籌劃審議會之委員定員、任期及其他必要的事項，均以市町村之條例訂定之。

第三十一條 至於法人設立之公民館，公民館籌劃審議會委員以其理事充當之。

第三十二條刪除 （一九五九年，法律第一五八號）

第三十三條（基金） 設立公民館的市町村，為了維持經營公民館之事務，得設置準於地方自治法（一九四四年制定，法律第六十七號）第二百四十一條之基金。

第三十四條（特別會計） 設立公民館的市町村，為了維持經營公民館的事務，得設特別會計。

第三十五條（公民館之補助） 國在其預算範圍內，應對設置公民館的市町村，補助公民館之設施、設備所需之經費，或其他經費之一部份。

2. 有關前項補助金之撥付規定，另以政令訂定之。

第三十六條　刪除（一九五九年，法律第一五八號）

第三十七條　基於地方自治法第二百三十二條之二之規定，都道府縣擬對公民館之經營行經費補助時，依照政令，文部大臣得要求都道府縣呈報其補助金之金額、比率、補助方法及其他有關事項。

第三十八條　受國庫補助的市町村，有下列之情形之一者，必須將既得之補助金退還國庫。

①公民館違反本法律或基於本法律之命令，抑或違反基於其他法律之處分時。

②公民館廢棄其事業之一部分或全部，抑或被利用於第二十條規定之目的以外的活動時。

③違反交付補助金之條件時。

④以虛偽之方法領取補助金時。

第三十九條（法人設置公民館之指導）　文部大臣及都道府縣教育委員會，得對法人所設立之公民館之辦理以及其他有關之事，給與必要的指導與助言。

第四十條（公民館之事業或活動之停止）　公民館有違反第二十三條之規定之行為時，若是市町村設立之公民館，則由市町村教育委員會；若是法人設立的公民館，則由都道府縣教育委員會，依法下令停止其事業或活動。

2. 有如前項之事發生於市町村所設立的公民館時，都道府縣教育委員會得勸告市町村教育委員會，下令停止其事業或活動。

第四十一條（罰則）　違反前條第一項規定之停止令者，處以一年以下之勞役或禁固之刑，抑或處以三萬圓以下之罰金。

第四十二條（類似公民館之設施）　任何人都有權設置類似公民館之設施。

2. 關於前項設施之實施辦法，以第三十九條之規定準用之。

第六章　學校設施之利用

第四十三條（適用範圍）　利用國立或公立學校（本章以下簡稱「學校」）之設備實施社會教育之有關事項，概依本章之規定實行之。

第四十四條（學校設備之利用）　在不妨礙學校教育之範圍內，學校之管理機

關務須將該學校之設備提供社會教育活動之用。

2. 前項中的「學校的管理機關」，在國立學校則指文部大臣，在公立之大學則指設置者的地方公共團體之首長，大學以外之公立學校則指設置者的地方公共團體之教育委員會。

第四十五條（利用學校設備之許可）　為舉辦社會教育擬利用學校之設備者，須得該學校之管理機關之許可。

2. 依照前項規定，學校之管理機關擬許可利用學校設備時，須預先聽取該學校校長之意見。

第四十六條　國或地方公共團體為了社會教育擬利用學校的設備時，不拘前條之規定，得直接與關係學校之管理機關協議之。

第四十七條　依照第四十五條之規定利用學校之設備，如係一時的，學校的管理機關得將同條第一項之有關許可之權限委任於學校校長。

2. 有關前項規定之權限之委任以及其他利用學校設備上之必要事項，由學校之管理機關規定之。

第四十七條之二　視教員組織及學校設備之狀況，學校（大學及高等專門學校除外，以下在本條內同）之管理機關得要求其所屬學校，利用學校的設備實施青年班之教育。

第四十八條（社會教育講座）　學校的管理機關得要求其所屬學校，配合其教育組織及學校設備之實際情況，開辦文化講座、專門講座、暑期講座、社會學級講座等的社會教育。

2. 文化講座對成人的一般教養，專門講座對成人的專門的學術知識，暑期講座則在暑期休假期間中，對成人的一般教養或專門的學術，分別在大學、高等專門學校或高等學校舉辦之。

3. 社會學級講座對成人的一般教養，在小學校或中學校舉辦之。

4. 擔任第一項內各講座的講師之酬謝及其他必要經費，在預算範圍內，由國或地方公共團體負擔之。

第七章 通信教育（函授學校）

第四十九條（適用範圍） 除了學校教育法第四十五條、第五十四條之二及第七十六條之規定之外，有關以通信方式實施的教育活動，概依本章之規定行之。

第五十條（通信教育之定義） 在法律上，「通信教育」是指在某一定的教育計劃下，以通信方式郵寄受講者各種教材、補助教材，並利用此等教材設問解答、添削指導、質疑應答之教育活動而言。

2. 實施通信教育者，為實現其計劃，需置必要的指導者。

第五十一條（通信教育之註冊立案） 文部大臣學校的或依照民法第三十四條組織之法人所辦的通信教育，在社會教育上有獎勵之必要者，得給與通信教育之註冊立案（下稱「立案」）

2. 擬申請立案者，遵照文部大臣之規定，向文部大臣提出申請。

3. 文部大臣依照第一項規定擬准立案時，必須預先諮詢社會教育審議會。

第五十二條（立案手續費） 文部大臣得向申請立案者徵收手續費。但國立或公立之學校之通信教育則不在此例。

2. 前項手續費用，每一課程在一千圓以上三千圓以下之範圍內，由文部大臣決定之。

第五十三條 刪除（一九五二年，法律第一八六號）

第五十四條（郵費的特別措施） 經立案之通信教育，在實施上所需之郵費，本於郵政法（一九四七年，法律第一百六十五號）之規定，得享特別之待遇。

第五十五條（通信教育之廢止） 擬廢止經立案的通信教育或變更其條件時，須請得文部大臣之許可。

2. 關於前項之許可，準用第五十一條第三項之規定。

第五十六條（報告及措施） 對經立案的通信教育，文部大臣得命其提出必要之報告或命其辦理必要之措施。

第五十七條（立案之取消） 經立案者，若違反本法律之規定或基於本法律之命令時，文部大臣得取消其立案。

2. 有關立案之取消，準用第五十一條第三項之規定。

第六節 北歐的社會教育

北歐斯堪地那維亞地區，位於北緯五十四度到北緯七十一度間，包括丹麥、挪威、瑞典三國及若干小島。全面積不大，僅約三十一萬五千零八十平方哩；人口也不多，約在一千五百九十萬人左右。但其教育、工藝和文化水準甚高，現代建築或傢俱、社會福利或政治民主，不僅在歐洲佔有重要地位，且是世界上最著名的國家。

丹麥、挪威和瑞典三國的歷史背景相同，它們的社會教育也來自同一根源，同樣聞名於世，這卽是柯隆威（Nicolai Frederic Severin Grundtvig 1783-1872）所創立的「民衆高等學校」（Folk High Schools）。基本上，民衆高等學校是一種鄉村學校，入學無需考試、就學免費、以講授歷史、民俗、詩文和民歌爲主。民衆高等學校聚集年齡十七～三十歲的農村靑年，男性於冬天設置五個月的課程，女性於夏天設置三個月的課程，使他們生活、學習打成一片，了解國家歷史和文學，並激勵他們的愛國情操。

丹麥於一八四四年成立第一所民衆高等學校，到一八九○年共有民衆高等學校七十五所，學生四千人，其中三分之一爲女性。挪威的第一所民衆高等學校，設立於一八六四年，瑞典的民衆高等學校，組織較爲正式化，而且接受中央視導，但這些學校都是柯隆威倡導的成人教育理想的實現，因此北歐諸國的民衆高等學校，已爲世界各國「繼續教育」「終生教育」奠立良好的典型。❺⑧

---

❺⑧ Mary Ewen Ulich, op. cit, pp. 1-2.

壹、柯隆威與民衆高等學校

柯隆威是丹麥的愛國者、教師和教育改革者，若說培斯塔洛齊 (J. H. Pestalozzi 1746-1827) 爲現代初等學校之父，柯隆威就是民衆高等學校之父。⑲柯隆威出生於一七八三年，是路德敎一名牧師之子，早年由於父母之敎導，對於詩歌、宗敎和歷史卽感興趣，後求學於阿爾胡斯 (Aarhus 1798-1800) 文科中學和哥本哈根大學 (1800-1805)。求學期間，眼見丹麥社會，民不聊生，精神苦悶異常，後又親身經歷丹麥多次戰敗之恨，卽提出「失之於外，須自求補償於內」的口號，號召國人，發奮圖强，決心爲丹麥民衆，建立一種新式敎育制度。

柯隆威於一八四四年在丹麥的羅亭 (Roedding) 正式成立第一所民衆高等學校，該校係一種寄宿的、全時的成人敎育機構，其目的在使一般農民及市民獲取有用的知識與技能，供應屆滿法定年齡以後之靑年與成人學習之場所。這種民衆高等學校，在它成立二十年後，才普遍爲人所重視。

柯隆威是一位哲學家，以其哲學理論爲基礎，實施各項學校敎育計劃。柯隆威是一位作家，著作等身，其所著書籍，包括哲學、宗敎、文學、歷史及敎育，也有不少聖歌和詩歌的創作。柯隆威也是一位科學家，信奉正敎，並係極端的保守分子，曾猛烈攻擊自由主義的思想家。柯隆威還曾擔任過丹麥國會議員，一八七二年死前，係哥本哈根的名譽主敎，享年八十九歲。

根據烏立治 (M, E. OLich) 的看法，儘管吾人不一定贊成柯隆威的觀念和作法，但對於他的創造力、勇氣、思想和智慧，則不能不深致

---

⑲ Ibid., p. 5.

敬佩之忱。⑩

貳、丹麥的民衆高等學校

丹麥的民衆高等學校，因爲受了柯隆威的影響，始終把農村的青年農民和工人，當作主要的教育對象，而且大多數民衆高等學校都有自己的校舍和附有會堂和宿舍。生活技能的補習，政治理論的介紹，都不是主要的教育目的，民衆高等學校最重要的任務，在於養成全國各階層人民的「同胞愛」與「同胞感」，所以共同生活的場所，對於民衆高等學校，特別有其必要。就學的時間，經常多爲五個月，但是短的也有一個月，長的也可達一年。教育的方式，避免「被動的」注入，重視「自動的」參加。至於科目，則注意民族的習俗與文化，並以民族的觀點，解釋政治與經濟的問題，此外對於體育與音樂亦同樣重視。⑪

目前丹麥的民衆高等學校，分佈甚廣，且均係寄宿學校，限收年滿十八歲以上之男女。所設課程，通例分爲兩種：多季班，五個月，專收男生；夏季班，三個月，專收女生。間有少數學校，設置男女兼收的多季班。

所有民衆高等學校，均係私立，或爲校長所私有，或由社團及協會所設置。例如：奧登色 (Odense) 的斯茂荷德學校 (The Small-holders' School 或意譯爲低薪人員學校)，即爲自耕農協會辦理者。政府爲維持各民衆高等學校的最低學術水準，每給予經費補助，此項補助，通例包括教師薪俸的二分之一，經常費及設備費的三分之一。有時，基於平抑校舍建築投資的價格，每由政府給予校舍修繕及保養補助費。大部份的學生，均可獲得國家發給的生活補助費，此項補助費，包括學雜費及

---

⑩ lbid., p. 7.
⑪ 田培林撰，社會教育的本質及其工作原則，頁一一二～一一三。

膳宿費總額的二分之一。⑥

　　一般民眾高等學校，既無入學規程，更無任何考試。柯隆威對於考
試，十分痛恨，他認爲學生在校求學，並非藉考試相互競爭而求取較高
分數，而在增進其文化地位及生活幸福。丹麥早期的民眾高等學校所特
有的一種强烈民眾主義觀念，及民族至上思想，已普遍深入丹麥自由民
主的傳統中，因此現今丹麥各地的民眾高等學校，其辦法類皆遵循傳統
的理想。⑥

　　各民眾高等學校的學生，其肄業期限，平均爲一學期，亦有在不同
的學校，就讀第二學期及第三學期者。此外，尚有兩所高級民眾高等學
校 (Advanced Folk High School)，其一在阿斯可夫 (Askov)，另一
設在哈斯尼夫 (Haslev)，均招收正規中學畢業或民眾高等學校畢業
生。設於阿斯可夫的高級民眾高等學校，亦可稱爲「民眾大學」，因其
修業期限爲三年，男女兼收。在各地的民眾高等學校肄業的學生，大都
爲鄉村人民，但亦有二所專收都市及城鎮工人的民眾高等學校。⑭

参、挪威的民眾高等學校

　　挪威與丹麥相似，柯隆威的民眾高等學校成爲自由思想的中心。挪
威於一八六四年，在哈馬爾 (Hamar) 附近建立第一所民眾高等學校。
嗣後全國各地，相繼成立三十餘所，惟維護宗教權益的保守分子及政府
當局，均持反對態度，並多方限制其發展。迨至挪威與瑞典分離後，愛
國思想及民族主義的情感再度復活，於是民眾高等學校乃得復興。至一

---

⑥ 雷國鼎撰，國際聞名的社會教育設施，載於中國教育學會主編，社會教育研
　究，頁二三〇～二三一。

⑥ 同上註，頁二三一。

⑭ 同上註，頁二三一。

九一八年，挪威政府的地方教育當局，並開始管理及維持民衆高等學校。

　　民衆高等學校在挪威社會上的影響力，遠不及丹麥之大，近年由於知識分子的就業機會增加，且所任工作，更不須較高的知識，故挪威青年，樂於進民衆高等學校者，日漸減少。**⑥**

肆、瑞典的民衆高等學校

　　瑞典的民衆高等學校，稱爲平民高等學校（The People's High School）亦由丹麥模仿而來。通例招收年在十八歲以上的學生，旣未制定入學規程，更無固定的課程及考試。所設課程，職業性與文化性兼備，對於教師的資格及學術素養，極爲重視，因此瑞典各平民高等學校的教師，幾全係大學畢業生，瑞典人每引以自豪，瑞典的平民高等學校，分爲公立與私立兩種，一律須受國家的監督，這與丹麥的情況，完全不同。**⑥**

伍、柯隆威民衆高等學校的影響

　　北歐各國的社會教育暨民衆高等學校，多受丹麥的影響，除瑞典、挪威外，芬蘭亦藉民衆高等學校作爲幫助民族運動的一種新教育，冰島的成人教育亦注重公民教育與民族意識的養成，這是北歐各國成人教育的共同特色。

　　丹麥的民衆高等學校向南影響德國，稱爲民衆大學（Volkshochschule），影響瑞士，稱爲「民衆訓練之家」（Volksbildungsheim）影響到英國，稱爲「寄宿的學院」（Residential College），名稱雖不同，但在

---

⑥ 同上註，頁二三二～二三三。

⑥ 同上註。

性質上，則並沒有根本的差別。

在美國，亦有許多類似丹麥民衆高等學校的實驗。其中以甘柏爾 (John C. Campbell) 在北卡羅林納州，布拉斯鎮建立的民衆學校最著名，此外，丹麥移民亦在美國許多地方設置民衆音樂學校如：阿俄華、密西根、威斯康辛、內布拉斯加、明尼蘇達等洲皆曾設立，可惜這些實驗，皆因無法解決新舊文化衝突的問題，宣告失敗。

總之，柯隆威在丹麥首創的民衆高等學校運動，影響了整個北歐，進而震動了世界各國的教育界。但隨着時代潮流的演進，隨時在變更其重點，不但丹麥本身的民衆高等學校隨時在課程、方法與目標方面，予以變更，以適應社會的興趣與需要，即受丹麥影響的瑞典、挪威、德國等國，也在隨時改進他們民衆高等學校的設施。但是無論如何，民衆高等學校所強調的國民必須予以教養，培育國家民族意識，以肩負國家社會的責任，則永遠是不會改變的眞理，這是社會教育永遠必須信守的原則。

第五章　我國社會教育的發展

　　梁任公曾云：「史也者，記述人類社會賡續活動之體，相較其總成績，求得其因果關係，以爲現代一般人活動之資鑑也。」故欲瞭解現代社會教育問題，必須追尋社會教育過去演變發展之過程，因爲現代社會教育乃是其所淵源的歷史發展之成果。❶

　　本章將我國社會教育的歷史發展分爲二個階段，一爲民國以前的社會教育，一爲民國以來的社會教育。前一階段綿延數千年，又可分爲：(1) 虞夏商周時代，(2) 秦漢晉唐時代，(3) 宋元明清時代，以及 (4) 清朝末年等四個時期的社會教育。後一階段歷時七十年，又可分爲：(1) 民國初年的社會教育，(2) 國民政府成立後的社會教育，(3) 抗戰時期的社會教育，(4) 復興基地的社會教育。如此分期，誠屬人爲，並以其各時期的社會教育皆有其特色。玆就其各時期社會教育之重點論述之。

---

❶ 楊亮功序，劉伯驥著西洋教育史，中華書局，民國五十三年。

第一節　民國以前的社會教育

社會教育雖爲近世新興之教育事業，然其之所以普受重視，並非來自突然，而是經過歷代的變遷及近世客觀環境所促成的。我國歷代雖無社會教育之名，但有關社會教育之措施，却是屢見不鮮。

壹、虞夏商周時代的社會教育

根據我國史書之記載，舜帝前因「百姓不親，五品不遜」，乃由司徒「敬敷五教」，此可說是我國社教工作之始。其後周代更以六德、六行、六藝等「鄉三物」教化萬民，足見我國古代卽有各種社教措施及豐富的社教內容。當時社教實施的對象不限於兒童，而是以成人爲主。此與今日外國所言之成人教育如出一轍，所不同者，只是我國古代之成人教育，僅爲短暫、散漫、零星的設施，或爲政府一時之需，缺乏完善之體制罷了。茲將虞、夏、商、周時代的社會教育，分列四項特點，說明如次：

一、教育官員的設置：就文字記載考之，古代教育也以社會教育爲先，唐虞之際，初設「司徒」，以「敬敷五教」爲目的。據孟子說：五教是「父子有親、君臣有義、夫婦有別、長幼有序、朋友有信。」皆弘揚人倫道德的教育，屬於公民教育的範圍。當時設教的動機，因恐人民「飽食暖衣，逸居而無教，則近於禽獸」❷，乃設司徒，教以人倫，所以說是社會教育居先。

二、政教合一的實施：夏商二代，沿襲唐虞制度，到了周朝，對於

❷ 孟子滕文公上。

社會教育頗為重視。周禮地官:「立地官司徒,使帥其屬而掌邦教…小司徒之職,掌建邦之教法。…鄉師之職,各掌其所治鄉之教而聽其治…鄉大夫各掌其鄉之政教禁令…州長各掌其州之教治政令之法…黨正各掌其黨之政令教治…司市掌市之治教政刑,量度禁令。」這是官師不分政教合一的制度。所教內容,周禮地官:「大司徒…正月之吉…懸教象之法於象魏…以鄉三物教萬民而賓興之。一曰六德:知仁聖義忠和;二曰六行:孝友睦姻任恤;三曰六藝:禮樂射御書數…以五禮(吉凶賓軍嘉)防萬民之偽,而教之中;以六樂(黃帝及唐虞夏商周六代之樂)防萬民之情,而教之和。」❸這個鄉三物(德行藝)便是周代社會教育的內容。

又觀地官列舉之十二教:「一曰以祀禮教敬,則民不苟;二曰以陽禮(鄉飲酒之禮)教讓,則民不爭;三曰以陰禮(婚姻之禮)教親,則民不怨;四曰以樂禮教和,則民不乖;五曰以儀辨等,則民不越;六曰以俗教安,則民不偷;七曰以刑教中,則民不虣;八曰以誓教恤,則民不怠;九曰以度教節,則民知足;十曰以世事教能,則民不失職;十有一曰以賢制爵,則民慎德;十有二曰以庸制祿,則民興功。」❹觀此規定,可知周代社會教育的輪廓,仍以人倫道德的訓練為重。

三、家庭教育的設施:當時對於家庭教育方面亦甚注重。所教內容,有一定的程序和標準,禮記內則:「子能食食,教以右手;能言男唯女俞;男鞶革女鞶絲;六年教之數與方名;七年男女不同席,不共食;八年出入門戶,及即席飲食,必後長者,始教之讓;九年教之數曰(朔望與六甲);十年出就外傅,居宿於外,學書記。」女子十歲以後,仍在家庭受教,注重德育外,又重手工業和助祭祀。內則:「女子十年不出,

---

❸ 王鳳喈編著,中國教育史,正中書局,民國五十四年九版,頁二七~三五。
❹ 同上註。

姆敎婉娩聽從，執麻枲、治絲繭、織紝組紃，學女事以供衣服，觀於祭
祀、納酒漿籩豆菹醢、禮相助奠。」❺ 這是家庭敎育的情形，也是男女
分敎的古法。

四、建國復國的國民訓練： 春秋之時，各國國君爲挽救危亡，振興
國家，而從社會敎育入手者，也不乏其人。如衞文公「敬敎勸學」（左
傳閔公二年）；晉文公「始入而敎其民」（同上僖公廿七年）；楚莊王「無
日不討國人而訓之」（同上宣公十二年）；越王勾踐的「十年生聚，十年
敎訓」（同上哀公元年）。這些都是注重社會敎育而得良好結果的例證。

貳、秦漢晉唐時代的社會教育

周亡之後，秦漢晉魏亦不乏各種社敎措施。秦代特重社會改造，並
以普及社會文化爲達到社會改造之途徑。李斯之奏章云：「今天下已定，
法令出一，百姓當家則力農工，士則學習辟禁。」又云：「若有欲學法
令，以吏爲師。」其用意乃在於促使全國民衆均能具備法律常識，藉以
提高社會文化水準，而秦之統一文字，更是推行全民敎育的不朽功勞。

漢代獨尊儒術，確立我國五千年的正統思想，推展民族精神敎育，
居功厥偉。至於平民敎育的實施，則在官學之外，尙有閭、里、鄉、師
所說的「書舘」。每年正月，農事未起，十五歲以上的成童，入舘讀五
經。遇農事則休業，待事畢再入舘，此乃利用業餘施敎的補習敎育。九
歲以上之幼童，硯凍釋卽入學，嚴寒盛暑而外，終年在舘，此爲一種平
民敎育。由此觀之，平民敎育之推行，自漢以後卽已肇端。析而言之，
秦漢晉唐時代的社會敎育有六種重要的措施： ❻

一、語言文化的統一運動： 秦代不重學校設立，而重社會改造。它

---

❺ 孫邦正編著，六十年來的中國敎育，正中書局，民國六十年十月，頁六一六。
❻ 鄭明東編著，社會敎育，正中書局，民國四十二年，頁一八六～一八八。

的著手方法於李斯奏章云：「今天下已定，法令出一，百姓當家則力農工，士則學習法辟禁。」又云「若有欲學法令，以吏爲師。」重視農工實業，本是法家注重人民生計的一貫政策，至於「以吏爲師」，也是古代政敎不分的遺制。戰國之時，律令異法，衣冠異制，言語異聲，文字異形，李斯奏請同之，就是語言文物的統一運動。專重法令的學習，是有利於政令的宣揚，而加速改革社會的效率。當時並將文字，由大篆改爲小篆，更由小篆改爲隸書（東漢時改隸書爲正楷，後有行書的創造），便於大衆寫作，顯然均和現在文字簡化運動的意義相同。秦祚甚短，且未設立學校，而能奠定我國數千年的統一基礎，不能不歸功於社會敎育了。

　　二、民族精神敎育的樹立：漢初去戰國未遠，學派紛爭，幾如戰國時代一樣。至武帝用董仲舒的建議：「諸不在六藝（卽六經）之科，孔子之術者，皆絕其道，勿使並進，然後統紀可一，法度可明。」（天人策中）。由是儒家學說遂爲我國二千年的正統思想，對於中華民族精神的樹立，社會文明的推進，是有特殊關係的。

　　三、社會風尙的奠定：漢代獨尊儒術，儒家思想的出發點，就社會組織言，以家族爲本位；就經濟言，以農業爲本位。故言道德以「孝」爲基本，由孝而移作忠；言政治以重農爲本，孔子言「足食」，孟子言「不違農時」，荀子言「彊本節用」，均爲重農主義。所以漢代的社會風尙，注重「孝弟力田」，其流風遺俗，遠垂後代而不衰。

　　四、平民敎育的設施：漢代除官學以外，還有閭里書師所設的私塾，稱爲「書舘」。每年正月，農事未起，十五歲以上的「成童」，入舘讀五經，春耕休業；到十月農事畢再入舘。這就是利用業餘而設的補習學校。九歲以上的「幼童」，不任勞作，「硯凍釋」卽入學，嚴寒盛暑而外，終年在舘。正月到十月學篇章讀和寫。所謂「篇章」是字書，每句

三字或四字，叶韻易誦；有「急就篇」，有「三蒼篇」（三蒼指蒼頡篇、訓纂篇、滂喜篇）。多天硯凍，沒有火爐，不能寫字了，就讀「孝經」和「論語」。這就是一種平民小學了。

五、民間善行的旌表： 漢代各鄉設三老，主管敎化，居民有孝子順孫，貞女，義婦讓財，救患以及學士可作居民模範者，皆匾表其門，以示褒揚。

六、佛教教育的影響： 佛教是漢末傳入的，歷魏晉至唐而極盛，深深的支配著文人學者和廣大民衆的精神。分別的說：文人學者研究佛教的思想而產生燦爛光華的理學；普通人民，深信佛教因果報應之說，頗能趨善避惡。東西各國，皆將宗敎教育列入社會教育範圍，無非因其對於社會上，發生影響較大的緣故。

參、宋元明清時代的社會教育

宋代之後，私人之社敎事業逐漸興起，例如：宋代藍田呂氏發起鄉約制度，對於民衆之公民訓練，自治訓練，以及社會道德之培養有莫大的裨益。朱熹創立「社倉」，調節民食，改善農村經濟。范仲淹首創「義莊」，內設養老，恤嫠、養疴、育嬰、嚴敎等室，組織極爲嚴密，極似近代之社會教育館。

元代推行「社制」，以五十家爲一社，由人民公選社長一人，負責管理鄉村自治，勸課農業及敎化工作。明朝洪武年間一里、邑皆置「旌善亭」及「申明亭」，用以表彰正義及調解紛爭。洪武三十年，頒行聖訓六諭：(1) 孝順父母，(2) 尊敬長上，(3) 和睦鄉里，(4) 敎訓子弟，(5) 各安生理，(6) 無作非爲。實爲推行家庭教育、倫理教育與親職教育之鐵證。

清朝初年，順治皇帝立六諭臥碑，並頒行天下，六諭內容與聖訓六

諭無異。康熙帝別頒聖諭十六訓，以敎化人民。雍正帝就聖諭十六訓作衍論，謂之「聖諭廣訓」。凡此種種，均屬社會教育之領域。分而言之，本期的重要社教設施，有下列十項：❼

一、保甲制度： 宋儒程頤爲晉城令（今山西晉城）令，立「保伍法」，王安石執政後改爲「保甲法」。十家爲保，有保長，五十家爲大保，有大保長，十大保爲都保，都保有正副；爲保甲者許自蓄弓箭，共習武藝，這就是現在的一種自衛訓練。清代及現行的保甲制度，皆導源於此。

二、鄉約制度： 宋代藍田呂大鈞依古人所說的：「出入相友，守望相助，疾痛相扶持」的意思，約集了隣里族黨，訂約實行，後代稱爲「呂氏鄉約」，共有四大綱目：1. 德業相勸，偏於修身齊家的事情；2. 過失相規，注重戒煙酒、賭博、游惰、鬥毆的事情；3. 禮俗相交，包括長幼之序，和相親相敬之禮；4. 患難相恤，包括水火、盜賊、疾病、死喪、孤弱、誣枉和貧乏。其後朱熹加以修改，流行甚廣，對於移風易俗，有相當的效果。後來元明清仍有仿其制，繼續推行的。

三、社倉制度： 朱熹創立社倉，請於官府，得常平米六百石賑貸，夏季受粟於倉，多季則加息計米以償，隨年聚散，歉年蠲其息之半，大饑卽盡蠲之。其制各地先後仿行。

四、義莊制度： 范仲淹於姑蘇（今江蘇吳縣）買良田數千頃，凡族中嫁娶喪葬，有力不能舉者，皆贍給之。其制號爲「義莊」。莊內組織，設有養老室、恤嫠室、養疴室、育嬰室、讀書室、嚴敎室、與現在綜合的社會教育機關，如：社會教育館相近似。

五、慈幼制度： 宋理宗時，設立慈幼局，收養道路遺棄初生的嬰

---

❼ 同上註，頁一八九～一九二。

兒，和今日的保育院制度相同。

六、冬學制度： 陸游之秋日郊居詩：「兒童冬學鬧比隣，據案愚儒
卻自珍，授罷村書閉門睡，終年不著面看人。」自註云：「農家十月乃遣
子弟入學，謂之「冬學」，所讀雜字百家姓之類，謂之「村書」，可見宋
朝的門舘村塾，還是和漢朝的「書舘」一樣。成童要於十月收穫穀物以
後，才入學的。這種制度，歷元明而至清末，沿用不絕。甚至現在的鄉
隅村角，仍有採用者。

七、社制及社學： 元代推行社制，把宋代的鄉約、保甲都包括在
內。每社五十家，由人民公選社長一人。社長管理鄉村自治，勸課農桑，
負責敎化。又仿宋制，設立義倉，創立社學。明初洪武年間，令全國設
立社學，規定五十家設立社學一所；後改里制，每里一所，收十五歲以
下的幼童讀書，敎材爲御製大誥及本朝律令，兼習冠婚喪祭的禮儀。清
代直省府州縣的大鄉巨堡，各置社學；附近的子弟，年在十二歲以上，
二十歲以下者，均可入學。其制不重升學入仕，而重敎育國民，甚似今
日的國民小學。

八、旌善亭申明亭的設置： 明洪武年中，里邑皆置旌善、申明二
亭；民有善行，則書其人姓名事蹟於旌善亭，有惡則書於申明亭。凡戶
婚、田土、鬥毆等小事，里老於此勸導解紛。

九、聖訓六諭的頒佈： 明洪武年間，頒布「聖訓六諭」訓勉民衆，
那六諭是「孝順父母、尊敬長上、和睦鄉里、敎訓子弟、各安生理、毋
作非爲。」並令每里選一耆老，手持木鐸，且行且擊，且擊且誦，以警
悟民衆。後來在鄉約會場，成爲鄉約的主文。清沿明制，將六諭立爲臥
碑，以碑文敎化民衆。康熙時又將六諭擴爲「聖諭十六訓」： 1. 敦孝
弟以重人倫， 2. 篤宗族以昭雍睦， 3. 和鄉里以息爭訟， 4. 重農桑
以足衣食， 5. 尚節約以惜財用， 6. 隆學校以端士習， 7. 黜異端以

崇正學，　8.　講法律以儆愚頑，　9.　明禮讓以厚風俗，10.　務本業以定明志，11.　訓子弟以禁非爲，12.　息誣告以全良善，13.　戒窩逃以免株連，　14.　完錢糧以省催科，　15.　連保甲以免盜賊，　16.　解仇忿以重生命。（雍正時將此聖諭十六訓各條作衍諭，謂之「聖諭廣訓」，用至清末。）

　　十、通俗讀物的流行：宋元以後，尚有一種通俗讀物，流行甚廣，對於社會教育貢獻至鉅。這類通俗讀物較普及的有：　1.　平民讀本：如雜字、百家姓、千字文、三字經等書，語句簡短，且多叶韻，便於兒童記誦。　2.　民衆歌本：以極淺俗之類之韻語，陳述一種故事，以便民衆自行誦咏。如：梁山伯祝英台故事之例，入情入理，流傳甚廣，感人甚深。　3.　高等小說：如元代施耐菴的水滸，明代羅貫中的三國演義，清代曹雪芹的紅樓夢，其中所描寫的人物，在我國社會上，均有深刻的印象。

肆、清末的社會教育

　　清朝末年，政治腐敗，內憂外患接踵而至，尤其鴉片戰爭、甲午之戰及八國聯軍之役的相繼慘敗，割地賠款，門戶開放。列強侵略，中國遭到三千年亙古未有之變局。清廷震恐，志士仁人之憂國亡無日，乃有康梁之變法，曾李之圖强。朝野有識之士，以教育爲富强之基礎，群起謀教育之發展與速成。於是廢科舉，興學校，尤注意學校之外的各項活動，使清末之社會教育工作蔚爲大觀。

　　首先爲光緒廿二年左侍郎李瑞棻奏請推廣學校摺中，首奏請設立藏書樓、儀器院、譯書館、報舘等。光緒廿五年，羅振玉著「學制私議」一文，鼓吹設立圖書舘、博物館、植物園、動物園、簡易學校、陳列所等。二者雖未被清廷所重視，但已顯示縉紳已發出提倡社會教育之呼

聲。

　　光緒卅一年，延用千載的科舉制度正式廢止，而設立學部。卅二年頒佈教育宗旨，各省設立提學使司，各廳州縣設立「勸學所」，並於勸學所附設宣講堂或借用明倫堂及地方公地，或租用廟宇或在通衢進行宣講，其目的在開通民智，增進民德，改良民俗。民間也有半日學堂等倡設，教人識字。尤其在清廷籌備立憲時期，更是積極的推展人民識字教育。

　　宣統元年，學部奏請設立「簡易識字書塾」，以滅絕文盲，並頒行簡易識字學塾章程，用以補救年長失學成人及貧寒子弟無力就學者。當時因推行甚力，頗收成效，據宣統三年學部統計，全國共有簡易識字學塾一一九、四七四所，其中四川省最多，共有一六、三四四所，其次為直隸，共有四、一六〇所，安徽及江西各約二百所。除此之外，清末尚有農民教育如：農業夜課、耕種補習班；工人教育如：女工傳習所、半日婦女學堂；商人教育如：商人補習夜舘、半日營業學堂等，內容均以識字教育為主。❽

結　語

　　在民國成立以前，歷代即陸陸續續的推展社教事業，然因缺乏有系統的組織與一貫的體制，因此歷代社教工作僅限於政府短期的設施或私人慈善的義行，往往有「其人存則其政舉，其人亡則其政息。」之缺憾，雖亦可收教化之功，惜其成效不宏。

　　清末之社教措施，已具備今日社會教育之雛型，惟其重點，仍在推行簡易識字學塾，教民識字。直至民國成立，我國之社會教育方才漸露曙光，步入新境。

---

❽ 同註五，頁六一七。

第二節　民國以來的社會教育

社會教育在中華民國建國七十年中，始終是一種重要的教育活動。自民國元年以來，我國中央政府教育部便設有社會教育司，歷七十年而連續不斷，而省市或縣市政府亦設有社會教育專管科課，專門辦理各地社會教育活動。在教育學者或一般國人的心目中，社會教育與學校教育並列，同樣是促進國民身心健全發展，提高國家文化水準的重要方法，因此社會教育的受到重視便是很自然的現象。

社會教育的重要性雖無可置疑，社會教育的名稱、內涵及其任務，卻隨國家情勢、經濟發展與教育系統的變動，而有所更迭。例如：民國肇始，共和體制初建，全國民眾教育程度普遍偏低，文盲太多，通俗教育或平民教育以「除文盲，作新民」為當時社會教育的重要工作；時序進入民國六、七十年代，國家經濟高度發展，教育文化活動普及，社會教育便有其獨立功能，以實施全民教育、終身教育為宗旨。雖然如此，我國的社會教育脈絡相承，始終一貫，對於國家發展、社會文化建設，每一時期都有其不可漠視的貢獻。❾

茲為了解我國社會教育在建國七十年來的發展情形及其重要功能，謹分為：1.民國初年的社會教育；2.國民政府成立後的社會教育；3.抗戰時期的社會教育；4.復興基地的社會教育等時期，加以履述。❿然而

---

❾ 李建興，社會教育的突破與革新，中央日報六十九年十一月二十七日二版。

❿ 第二次中國教育年鑑，第九編社會教育，將中國近代社會教育沿革分為四期：自光緒二十一年至宣統三年（公元一八九五～一九一一年）為第一期，即社會教育萌芽時期；自民國元年至十五年（公元一九一二～一九二六年）為第二期，即社會教育成立時期；自民國十六年～二五年（公元一九二七～一九三六年）為第三期，即社會教育發展時期；自民國二六～三六年（公元一九三七～

近三十年來，政府在復興基地——臺灣的社會教育建設其績效特別顯著與輝煌，是我國社會教育最興盛發達的時期，因特以較多篇幅，叙述這一時期社會教育的主要情況及其重要活動。

壹、民國初年的社會教育

民國元年，國體驟更，專制政體下的生活陋習與頑固思想，均待清除，倡導民眾識字，促進國語統一，乃當時最急切之事項，因此本期社會教育的目標與活動，主要為：1.確定社會教育行政機構，2.推行通俗教育，3.推進語文教育，4.提倡平民教育。

民國成立，擬訂教育部官制，特設社會教育司，與普通教育司、專門教育司並立。此為我國正式採用「社會教育」一詞之始，亦即社會教育在教育行政上確立地位之肇端。⓫社會教育司初分為三科，後改為二科，即第一科圖書博物科，第二科通俗科。據民國三年七月修正之教育部官制，社會教育司職掌為：一、關於通俗教育及講演會事項；二、關於感化事項；三、關於通俗禮儀事項；四、關於文藝、音樂、演劇事項；五、關於美術館及美術展覽事項；六、關於動植物園等學術事項；七、關於博物館、圖書館事項；八、關於各種通俗博物館、通俗圖書館事項；九、關於公眾體育及遊戲事項。這些職掌相沿至今，雖有更易，但未有多大改變。⓬

省社會教育行政方面，在民國成立之初全國尚無劃一制度，社會教

（續上頁）一九四七年）為第四期，即社會教育積極推進時期。本文之分期，大體與之相似，祇是略去第一期，增充民國三十八年以後復興基地之社會教育而已。

⓫ 第二次中國教育年鑑，第九編社會教育，民國三十七年，商務，頁一○八七。

⓬ 第四次中華民國教育年鑑，第十三編社會教育，正中，民國六十三年，頁一○六五。

育多與普通教育混合。民國六年教育廳暫行條例公布後，各省始普設教育廳。當時廳內分爲三科，第二科兼管社會教育。縣社會教育行政方面，民國初期各地組織甚爲分歧。民國四年部頒勸學所規程，通令各省一律設置勸學所。民國十二年公布縣教育局規程，各縣教育局下設社會教育課（股）。由是社會教育行政系統逐漸完成。

　民國初年社會教育運動，多以通俗教育爲名。民國三年北京通俗教育調查會產生，令各省著手調查通俗教育。民國四年教育部設立通俗教育研究會，公布通俗教育講演所規程，通俗講演規則，通俗圖書館規程，各地通俗教育事業因以展開。據民國十年出版之教育行政紀要第二輯所載，全國有通俗圖書館二百八十六所、圖書館一百七十餘所、閱報所一千八百二十五處、巡廻文庫一百五十九處、博物舘十三所、演講所一千八百八十一所、巡行演講團九百四十餘團、通俗教育會二百三十三個，可見當時通俗教育之概況。❸

　　我國方言複雜，爲民族團結與國家統一之大障礙。民國成立，教育部卽召集讀音統一會，民國二年正式開會，審定國音，制定注音字母、組織國音統一期成會。民國七年，教育部公布注音字母（民國十九年改爲注音符號）。民國八年教育部成立國語統一籌備會，負責推動國語統一。這種國語推行運動，不獨改變了我國語文的形式，也是一種重要的社會教育運動。

　　民國初年社會教育另一項特出的表現是平民教育運動。平民教育的目的在「除文盲、作新民」，在我國社會教育史上佔有極重要的地位。這個運動的緣起是第一次世界大戰，英、法在中國招募二十餘萬工人，參與戰地築路、掘壕運輸等工作。這些華工多爲失學青年或成人，不識

❸　同註十一，頁一〇八八。

文字，缺乏常識，迭遭困難，情狀可憐。晏陽初等留美學生，赴歐擔任翻譯，日與華工相處，深感華工不識字的痛苦，乃臨時自編課本，教育華工，頗著成效。

大戰結束，國人思想大為變動，全國學生和有知識的人正努力於新文化運動，鼓吹民主和科學。各省學生自動組織學生會，創設平民學校、通俗學校、工讀學校等。晏氏自歐洲返國，目睹此種情勢，乃本其在歐洲教育華工的經驗與精神，從事國內平民教育。他以湖南全省平民教育促進會為基點，不久推行到各省，所設平民學校，幾遍及全國。銷售「平民千字課」約達三百餘萬部，受教民眾當在五百餘萬人以上。此項運動迄於民國十六年仍未稍衰。❹

平民教育實施的步驟很合乎科學原則，他們根據客觀的分析，中國人民有四大弱點，即貧、愚、弱、私，而分別施以文字、生計、衛生和公民等四大教育，並從社會、家庭與學校三方面著手。晏氏曾說：「學校並不是唯一的教育之路，此外還有家庭和社會。你要教育你的人民，你就必須同時顧到這三方面。這就是我們在定縣提倡實驗的四大教育三大方式。文化、經濟、衛生、政治是我們的教育內容；學校、家庭、社會是我們的教育方法。」❺自民國十二年起，中華平民教育促進會成立，選定河北省定縣為平民教育實驗區，以平民學校為骨幹，從事鄉村的教育建設，平民教育更有輝煌的成就。

綜觀民國初年的社會教育，首在確立社會教育行政制度，樹立了推進社會教育的動力。其次是推行通俗教育，建立通俗教育館、通俗圖書館為以後的社會教育事業奠定基礎。推進國語文教育的成功，則使一般

---

❹ 熊光義，我國社會教育的演進，載於昨日今日與明日的教育，開明，民國六十六，頁一八二。

❺ 同上註，頁一八三。原見許孟瀛著，談平教運動。

民衆有接收知識和發表思想的方便，增進了不少社會教育的效率。至於平民敎育運動注重鄉村建設及農村敎育，開創了以後鄉村敎育的新機運。

然而，民國初年的社會敎育則因人才不足，經費短絀，加以內戰時起，政府無能力發展敎育，以致各項運動雖粗具成效，但多未能繼續發展，擴大影響。

貳、國民政府成立後的社會敎育

民國十六年，國民革命軍北伐成功，奠都南京，鑒於「喚起民衆」的重要，將以往通俗敎育與北伐時的民衆運動合流，乃有民衆敎育的產生。此一時期的社會敎育有長足的進展，其主要措施，有下列幾項：1. 確定社會敎育行政系統，2. 確立社會敎育實施目標，3. 培養社會敎育人才，4. 確定社會敎育經費，5. 推行民衆敎育。茲分項敍述之。

民國十六年中央廢止敎育部，改設大學院，爲全國學術及敎育行政最高機關，院內設敎育行政處，分社會敎育組，圖書館組，管理全國社會敎育行政事宜。十七年底，大學院廢止，恢復敎育部，部內仍設社會敎育司。此時省敎育廳由第三科管理社會敎育，縣敎育局內亦設社會敎育科，且有視導員或視察員的設置，社會敎育行政系統分級確定。

社會敎育原無正式之目標，民國十八年政府頒布敎育宗旨及其實施方針，其中第三項，明定社會敎育實施方針爲：「社會敎育必須使人民認識國際情況，瞭解民族主義，並具備近代都市及農村生活之常識，家庭經濟改善之技能，公民自治必備之資格，保護公共事業及森林園地之習慣，養老、恤貧、防災、互助之美德。」❻此外，民國二十三年敎育

---

❻ 同註十一，頁一〇八九。

部民衆教育委員會規定民衆教育的目標為：「從民衆生活之迫切需要出發，積極充實其生活力，從而培養其組織力，並發揚整個民族自信力，以達到民族獨立，民權普遍，民生發展之教育宗旨。」此一目標確立了三民主義社會教育宗旨。

社會教育為一專門事業，必須有曾受專門訓練之人員，始能推展順利。民國十七年，江蘇省立教育學院成立，為我國訓練社教人才的第一所學校。民國十九年，浙江省立民衆實驗學校，私立文華圖書館專科學校相繼成立。民國二十年，湖北省立教育學院、四川省立教育學院、山東鄉村建設研究院相繼成立，民國二十二年，廣西國民基礎教育研究院成立，其他尚有社會教育或民衆教育講習會或訓練班之設，這些永久性或臨時性訓練機構，所培植之社教人才，為數不少。❼

社會教育經費方面，民國十七年大學院曾通令各省教育廳，規定社會教育經費應佔教育經費總額百分之十至二十。民國二十年教育部訓令各省市「在全國教育改進方案，關於成年補習教育及社會教育方案，未奉核定公布以前，各省市仍應遵照迭令，增籌社會教育經費，務以達到社會教育成數與該省市的教育經費全數之十至二十之標準，自令到之日起實施。」民國二十二年教育部又通令各省市「嗣後各省市新增之教育經費，社會教育經費在該項新增經費內所佔成數，在市至少應為百分之三十，在縣市應為百分之三十至五十。」從此各省市社會教育經費，逐年增多，社會教育事業得以發展。

社會教育此一時期的另一重點工作為推行民衆教育與識字教育。民國十八年，教育部頒布民衆學校辦法大綱，識字運動宣傳大綱。民國二十三年修訂為民衆學校規程，規定「凡年在十六歲以上之失學者，均應

---

❼ 孫邦正，六十年來的中國教育，正中，民國六十年，頁六二二。

入民衆學校。」此外，當時對於民衆教育之實驗，亦蔚爲風氣。據教育部民國二十四年統計，全國計有民衆教育實驗區一百九十三處。最著名者爲：中華平民教育促進會主辦之定縣實驗區、江蘇省立教育學院主辦之北夏實驗區、山東鄉村建設研究院主辦之鄒平實驗區。

　　總之，自民國十六年至二十五年，雖僅十年，但在社會教育方面則有不少成就。❸社會教育行政系統的確定，社會教育目標的確立，社會教育經費的規定，社會教育實施人才的積極培育，民衆識字教育的推行與實驗等工作，都爲社會教育奠定了良好的基礎。

叁、抗戰時期的社會教育

　　民國二十六年對日抗戰發生，我中華民族面臨生死存亡之考驗，因此，對於人民智識水準之提高，生產建設實力之培養，與夫民族道德之發揚，實爲抗敵制勝重要條件，對於社會教育與掃除文盲工作，乃列爲首要之圖。此一時期，社會教育的重要改進措施，主要的如：1.確定戰時社會教育目標，2.組織社會教育流動團隊，3.興辦電化教育，4.提倡藝術教育，5.推進社會體育，6.建立補習教育制度，7.督促學校辦理社會教育等。

　　關於戰時社會教育目標，中國國民黨於二十七年召開臨時全國代表大會，通過抗戰建國綱領，訂定「戰時各級教育實施方案綱要」，教育部據此規定「確定社會教育制度，並迅速完成其機構，充分利用現有之一切組織與工具，務期於五年內普及識字教育，肅清文盲，並普及適應於建國需要之基礎訓練。」民國二十八年教育部召開第三次全國教育會議，規定「戰時社會教育之目的，在覺醒人民之整個民族意識；並促進

---

❸ 國聯教育考察團報告，認爲此時中國各種教育中，以社會教育、民衆教育最有價值，最感興趣。

適齡者之服兵役，培養人民之軍事力量以作持久消耗戰之人力補充與普及民眾教育，提高文化水準，鼓勵技術人手，以謀抗戰建國之數量的增加及效能的提高。」民國三十年國民黨五屆八中全會通過戰時五年建設計劃大綱，規定：「社會教育應特別注重人民生活之改進，民智民德之培養，抗戰意識之增強。」總之，戰時社會教育的任務，在於喚起民族意識，激發抗戰情緒，以爭取戰爭之勝利。⑲

電化教育為推行社會教育之利器，教育部於民國二十九年成立電化教育委員會，並在社會教育司內增設第三科，掌管該項事宜，並通令各省擴充電化教育服務處。民國三十三年訂頒電化教育實施要點，規定：電化教育之實施，分為：學校電化教育與社會電化教育二部分，至於實施方法，則各省市劃定「省市電化教育區」，設「電化教育巡廻工作隊」，分別在指定區域內，巡廻實施電影播音及幻燈教育。據三十二年底統計全國共五十二隊。⑳

抗戰發生後，政府將社教人員加以組織，深入民間，發動民眾抗敵，乃先後設立「社會教育工作團」四隊，「實驗戲劇教育隊」一隊，「巡廻戲劇教育隊」四隊，「民眾教育巡廻施教車」及施教船各一，及「西北公路線社會教育工作隊」一隊。這些社會教育流動團隊分佈於各省市，推行民眾組訓，宣傳對日抗戰，協助民眾軍訓，辦理傷兵及難民之救護教育等，貢獻甚大。

抗戰時期於藝術教育亦曾大力提倡，例如音樂教育方面：設置國立禮樂館，以制禮作樂；設置國立音樂院、音樂專科學校，以培植人才；設置中華交響樂團、管弦團、歌詠團並訂定音樂節，以提倡音樂。戲劇

⑲ 楊亮功、熊光義，我國社會教育的沿革及其發展，收於中國教育學會主編，社會教育研究，商務，民國五十七年，頁八～九。
⑳ 第三次中國教育年鑑，正中，民國四十六年七月，頁八一一。

教育方面：設置國立戲劇專科學校、歌劇學校，以訓練人才；組織巡廻劇隊，分發各地公演。美術教育方面：成立美術教育委員會，負責研究推行；成立藝術文物考察團，考察古代史蹟文物；設置國立敦煌藝術研究所，美術學院，提倡及研究美術。

　同一時期，政府亦致力於社會體育之推進，其重要措施如：(1)民國三十年教育部將體育委員會，改為國民體育委員會，規劃全國體育的推行事宜。(2)教育部及各省市設體育督學。(3)考試院二度舉辦體育行政人員考試。(4)修訂國民體育法，頒布體育場規程，積極推進體育。(5)創設體育專科學校。(6)三十一年起定九月九日為體育節。

　關於社會教育實施機關，除民眾教育館、圖書館、博物舘等均有增加外，對民眾科學教育、戲劇教育、音樂教育、美術教育、電化教育、國語教育、國民體育、家庭教育、特殊教育等的興辦，亦甚積極。民國二十七年教育部頒佈「各級學校兼辦社會教育辦法」，學校自此依法兼辦社會教育。後又頒佈「社會教育機關協助各級學校兼辦社會教育辦法」，「各級學校兼辦社會教育經費支給辦法」，「各省市縣各級學校兼辦社會教育考核辦法」等。學校內部成立社會教育推行委員會，負責校內社教行政事宜，又規定各師範學院、教育學院、師範學校及民眾教育舘對當地學校兼辦社會教育，加以輔導，是以各級學校與社教機關密切合作，學校教育與社會教育逐漸合流。民國三十三年公布國民教育法，規定「國民學校分設兒童教育及失學民眾補習教育兩部」，均分高初兩級，將社會教育納入學制系統，這在教育史上是值得稱道的。㉑

　總之，本期社會教育措施，有三大特點：(1)適應抗戰需要，確定戰時社會教育目標，採取各種必要措施，如：救濟戰時社教工作人員，

___
㉑ 同註十九，頁九~十。

組織巡廻團隊，成立電化教育工作隊，巡廻戲劇教育隊，從事抗戰宣傳，組訓民衆工作。(2) 擴大社會教育事業的範圍，不僅注意識字運動，以掃除文盲，同時對於音樂、戲劇、美術、電影、播音等，也積極倡導，開拓社會教育的新局面。(3) 建立補習教育制度，以補救學校教育之不足，並使學校教育與社會教育互相溝通。❷ 這些社會教育措施，皆有助於抗戰之成功，奠定社會教育救國之良好典範。

肆、復興基地社會教育的發展

政府播遷來台，以臺灣爲反攻復國復興基地，社會教育的設施，卽在配合復國建國的政策。從民國三十九年起，社會教育的發展，主要有幾項重點：1.訂頒社會教育法令，2.擴充社會教育事業，3.辦理失學民衆補習教育，4.加強補習進修教育，5.重視特殊教育，以及6.倡導廣播及電視教育。茲分項說明之。

一、訂頒社會教育法令

民國三十九年教育部訂定「戡亂建國教育實施綱領」，指出社會教育的重點，在於轉移社會風氣。民國四十一年，中國國民黨七全大會議定政綱，其中與社會教育有關者有：「確立社會教育制度，擴大工作範圍，使失學成人盡量獲得補習教育機會。並在貫徹國策原則下，扶植新聞、出版、廣播、電影、電視等事業，及提倡文學、美術、戲劇、音樂、體育等活動，藉以展開三民主義文化運動；光復大陸後，爲消除匪共毒化影響，對兒童、青年、成人，分別施以個性與群性調和發展之人格教育。」❷

民國四十二年九月二十四日，總統令公佈「社會教育法」，民國四

---

❷ 同註十七，頁六二八。
❷ 同註十二，頁一〇六六。

十八年三月二十八日加以修正，全部條文共十七條，這是我國社會教育史上的大事，亦爲我國社會教育實施的最高指導原則與依據，舉凡社會教育的對象、範圍、主要任務、機構以及社會機構的設立、社會教育行政、經費、教材等均有明確的規定，茲將其要點臚列如下：

1. 社會教育實施之對象爲一般國民，凡已逾學齡未受基本教育之國民，應一律受補習教育，已受學校教育之國民使其獲有繼續受教育及進修之機會。（第二條）

2. 社會教育之主要任務如下：(1) 發揚民族精神及國民道德，(2) 灌輸科學智能及國防常識，(3) 訓練公民自治及四權行使，(4) 增進語文知識及掃除文盲，(5) 養成衞生習慣及健全體格，(6) 培養藝術興趣及禮樂風尚，(7) 保護風景名勝及史蹟文物，(8) 改進通俗讀物及民衆娛樂，(9) 授予生活技能及推行生產競賽，(10) 其他。（第三條）

3. 中央及省（市）縣（市）酌設下列社會教育機構：(1) 圖書舘，(2) 博物舘（包括科學、藝術、民族文物等），(3) 體育舘或體育場，(4) 特種學校（如盲啞殘廢等學校），(5) 其他。（第五條）

4. 社會教育之實施，除應用固定場所及班級教學外，兼採用流動及露天等方式，並得以集會、講演、討論、展覽、競賽、函授及其他有效方法施行之。（第十一條）

社會教育法公布施行二十餘年後，由於我政府與民衆的勵精圖治，軍經建設飛躍進步，文教發展更是一日千里，社會教育法必須適應社會實際需要，審察當前社會情況及未來發展，以充分發揮教育領導社會之功能，於是在民國六十九年十月公布社會教育法修正案，本次修正重點有下列幾項特色： ㉔

㉔ 同註九。

1. 社會教育以實施全民教育及終身教育爲宗旨。(第一條)

2. 社會教育新增五項任務: (1) 推行文化建設及心理建設, (2) 輔導家庭教育及親職教育, (3) 推廣法令知識, 培養守法習慣, (4) 輔助社團活動, 改善社會風氣, (5) 改善人際關係, 促進社會和諧。(第二條)

3. 直轄市、縣(市)應設立文化中心, 以圖書館爲主, 辦理各項社會教育及文化活動。(第四條)。

4. 各級政府設立或核准下列社會教育機構: (1) 圖書館或圖書室, (2) 博物舘或文物陳列室, (3) 科學舘, (4) 藝術舘, (5) 音樂廳, (6) 戲劇院, (7) 紀念舘, (8) 體育場所, (9) 兒童及青少年育樂設施, (10) 動物園, (11) 其他。(第五條)

5. 社會教育之實施, 應儘量配合地方社區之發展, 除利用固定場所施教外, 得兼採流動及露天方式等; 並得以集會、演講、討論、展覽、競賽、函授或運用大衆傳播媒體及其他有效辦法施行之。(第十二條) 這些是當前我國社會教育推行中最高的指導原則。

二、擴充社會教育事業

政府爲推動社會教育工作, 先後擴充許多社會教育事業機構。民國三十四年先後設立新竹、彰化、臺南、臺東四個社會教育舘, 各舘除辦理本舘工作外, 並積極推行社教活動。民國四十三年九月, 國立中央圖書舘奉令在臺復舘, 民國四十五年在臺北南海路開放閱覽, 對於圖書的保存、編目、閱覽、典藏等項頗有貢獻。截至民國六十一年止, 除上述四所省立社教舘外, 另有高雄縣社教舘、宜蘭社教舘、臺北市立社教舘、高雄市立社教舘、及福建省連江社教舘、金門社教舘等, 臺灣省各縣市亦紛紛設立圖書舘。此外, 民國四十四年設立國立歷史博物舘, 負責蒐集文物、研究改訂、印製文物及參加國際展覽、舉辦國內展覽等工作。

民國四十五年設置國立教育資料館，負責視聽教育、教育廣播、教育資料之搜集研究等工作。民國四十六年設立國立臺灣藝術館，其工作爲舉辦各項藝術展覽、出版藝術書刊、演出國劇、舉辦專題講演、放映電影等。

三、辦理失學民衆補習教育

政府來臺，依據憲法，實施失學民衆補習教育，掃除文盲，以十三歲至四十五歲失學成人爲施教對象。凡未受基本教育之民衆，及受日據時代教育而不識本國文字與國語者，均須接受補習教育，並規定依據強迫入學條例，實施強迫入學。失學民衆補習班，依照法令規定，分初級、高級班二種。修業期限初級班四個月至六個月，高級班六個月至一年。失學民衆補習班，由縣（市）政府責成各國民學校辦理。㉕

臺灣省實施失學民衆補習教育，可以分爲四個時期:

第一期: 試行辦理民衆補習班時期。民國三十四年，臺灣光復之初，各國民學校之民衆補習班，以推行國語爲主要目標。此項國語補習班，自民國三十五年至三十九年，全省共舉辦六、三三八班，接受國語補習教育之民衆，計一九六、一五〇人。

第二期: 實施失學民衆補習教育時期。民國四十年春，臺灣省開始計劃辦理失學民衆補習教育。由各縣市分別調查失學民衆人數，全省計有一、四一三、五六九人，約佔全省人口百分之十七點九六。經過九年的努力，截至四十九年，在全省人口一千〇七十九萬二千二百〇二人中，尚有文盲七十八萬一千七百六十一人，其百分比爲百分之七點二四。

第三期: 配合軍事需要舉辦役男補習教育時期。民國四十五年秋，爲配合軍事需要，於四十六年暑期先就十八歲至三十五歲之失學役男爲

㉕ 教育部社會教育司編印，中華民國社會教育概況，民國五十二年十月，頁一。

施教對象，辦理役男補習班，每期二個月，每日上課三小時，由各國民學校辦理。全省辦理役男補習班一、八七五班，受教者六〇、四四五人，結業考試及格者五〇、九七五人。役男補習班效果良好，民國四十八年春，乃再辦一、五四四班，結業考試及格者五二、三七五人。對於提高役男知識水準及訓練國語能力，頗收成效。

　　第四期：清查失學民衆重新計劃施教時期。民國四十九年六月，臺灣省清查失學民衆人數，同年九月清查完畢，五十年六月統計竣事。計十六歲至六十五歲之失學民衆計一、七〇八、四六七人，佔全省人口總數一一、〇一七、七一七人之百分比爲十五點五。十歲至四十五歲之失學民衆計九三三、四二〇人，佔人口總數之百分比爲八點四七。十三歲至四十五歲之失學民衆計九〇四、八五二人，佔人口總數百分比爲八點二一。❷❻此項清查工作爲教育史上之創舉，具有重大價值，以後依此結果，重新計劃施教工作。

　　總之，失學民衆補習教育在臺灣光復初期，爲社會教育之重點工作，其重要性不言可喻。

四、加強補習進修教育

　　臺灣地區補習教育頗爲發達，政府來臺後，尤注重發展職業補習教育。補習學校分爲普通補習學校及職業補習學校二種，各分初、中、高三級。學生資格與國民小學、國民中學及高中（職）相當。畢業學生得由主管教育行政機關舉行資格考驗，及格者，發給資格證明書。證明其具有同級正式學校畢業同等之資格。

　　據統計，民國三十八學年度，僅有普通補習學校十所，班級數爲三十七班，學生一、四〇八人；職業補習學校十六所，學生一、七八六

---

❷❻ 同上註，頁一～二。

人。民國五十八學年度，普通補習學校計三十四所，三七○班，學生一八、五四四人；職業補習學校計九十三所，一、一六四班，學生五六、二五六人。民國六十八學年度，普通補習學校計一四三所，一、一五九班，學生五三、七六五人；職業補習學校計一九三所，三、八三○班，學生一六九、四一三人。㉗

短期補習班亦分普通與職業補習班二種，修業期限為三個月至一年。學生不分性別，亦不受年齡與入學資格之限制，卒業後無學籍。據統計，臺灣地區民國四十學年度，有短期補習班二五九所，班級數一、六三四班，學生總數一四、○○○人；民國五十八學年度，一、二五四所，二、三九七班，學生六七、○七六人；民國六十八學年度，一、七五一所，四、九三一班，學生二一七、六五三人。㉘

此外，教育部為加強推行補習教育，曾於民國六十年十一月召開補習教育研討會，舉辦補習教育資料展覽。民國六十一年教育部公布「自學進修學力鑑定考試辦法」一種，使得失學國民得以藉自學進修而承認其學力。

五、重視特殊教育

政府播遷臺灣之後，對於特殊教育亦相當重視。早期特殊教育係以收容盲啞學生實施特殊訓練為主。民國三十四年臺灣光復時，僅有盲啞學校二所，民國四十九年又成立豐原盲啞學校，五十一年三所學校皆更名為盲聾學校。民國五十六年成立仁愛實驗學校，收容肢體殘障少年與兒童。至民國六十四年，臺灣地區計有公立啓聰學校三所，啓明學校二所，仁愛實驗學校一所；私立則有惠明盲校、啓英聾啞小學、義光復健小學。

㉗ 教育部編印，中華民國教育統計，民國六十九年。
㉘ 同上註。

　　自民國五十年開始，臺北市東門國小設立兒童心理衛生室，輔導及矯治情緒不穩兒童。民國五十一年起，臺北市中山國小試辦啓智班。五十二年開始，屏東縣仁愛國小設肢體殘障特殊班；五十三年臺北市福星國小、陽明國小試辦資賦優異兒童之教育輔導；五十五年開始，實施盲生就讀國民小學計劃。㉙

　　民國五十七年，政府頒布「九年國民教育實施條例」，其中第十條規定「⋯對於體能殘缺、智能不足及天才兒童，應施以特殊教育或予以適當就學機會。」使特殊教育開始有了法規的依據。民國六十五年曾舉辦「全國特殊兒童普查」，據初步調查顯示，目前約有一六、九九四名學齡兒童因身體殘障原因而未能就學。

六、倡導廣播及電視教育

　　政府遷臺後，為迎應社會的需要及適應時代的潮流，對於廣播教育的倡導，推行不遺餘力。行政院於四十八年底令准成立教育廣播電臺，附設於國立教育資料館內，四十九年三月二十九日正式開播，是為我國第一個真正為教育而設置的電臺。㉚

　　教育廣播電臺成立之後，教育部鑑於新興之大衆傳播工具——電視，亦為理想之教育工具，復於五十一年二月成立教育電視廣播電臺。該臺的節目性質完全屬於教育性的，社會教育與學校教育並重，學校教學節目中，國小教學部份，配合國民小學有關科目實施空中教學。

　　教育電視廣播電臺成立後，教育部並積極籌劃有關空中學校的實驗工作，至民國五十四年二月，教育部指定當時臺灣省立臺北商業職業學校，先行實驗電視教學，最初播講的科目為商業概論及商業會計兩科，

㉙　教育部社會教育司編印，中華民國特殊教育概況，民國六十五年四月，頁三~四。

㉚　同註二十三，頁一〇七。

民國五十五年教育部呈奉行政院令准公佈「高級商業職業廣播實驗補習學校設置暫行辦法」及「教育部廣播教學委員會組織規程」，指定臺北商業專科學校附設高級商業職業廣播實驗補習學校，從事空中教學實驗工作，由教育部廣播教學指導委員會負責該校之策劃、督導、考核、指導等工作，是爲我國第一所空中學校。㉛

空中學校創設的宗旨，在於利用電化傳播工具，幫助在職青年，利用工作餘暇，獲得進德修業的機會，進而提高各級商業人才的素質及培養良好的經建人才。其教學方式包括電視、廣播、函授、面授，課程的編排與教學時數均比照一般高級商業職業學校。該校經四年的實驗，成效尚稱良好，教育部決定加以擴大辦理。

民國六十年教育部成立空中教學委員會，負責有關空中教學之策劃、協調及督導等有關事宜，並公布「公立補習學校空中教學實驗辦法」，擇定各地公立高中、商專、高商共二十九所附設空中補習學校。同時教育部與國防部合作就原有教育電視臺加以擴建，以加強實施社會教育與軍中政治教育。民國六十年十月三十一日中華電視臺正式開播，特設置教學部主持空中教學。截至六十二學年度，空中學校計包括高中、高商、高工三部份。其中附設空中高中補校十九所，附設空中高商補校十所，附設空中高工補校九所，總數共三十八所，共有學生七千九百六十六人。

教育部爲提高國民小學師資素質，於六十二年決定師專暑期部利用空中教學，七所師專總計有一萬四千零一十五位國小教師參加進修。此外，國立政治大學亦開設空中行政專科補校，教育部近期亦正在籌劃空中大學工作，以期建立完整空中教學體制。

㉛ 同上註。

除上述各項社會教育工作，政府曾大力提倡，急速發展外，語文教育、社會體育、藝術教育等亦皆有長足進步，而中華文化復興運動、社會風氣之改革、國民生活規範之改善等亦皆是這一時期社會教育的重點工作，且獲相當顯著的成果。

第六章　我國社會教育的現況(上)

對於當前我國社會教育的現況分析，爲本書的重要內容，兹分兩章來探討。本章首就當前我國社會教育的重點工作，例如：補習教育、特殊教育、社敎機構、文化復興運動、文化中心工作、國語文教育以及文藝教育活動等，先做簡略之介紹。次就社會敎育的三級行政組織——教育部社會敎育司、省（市）社會敎育科、縣（市）社會敎育課等的職掌及其主要業務，加以闡述。第三節則就各級各類社會敎育機構如：社會敎育館、圖書館、博物館、科學館、藝術館、動物園、文化中心、教育資料館、紀念館、以及交響樂團等，加以介紹，並以實例，介紹其工作概況。

第一節　當前社會教育的重點工作

近年來，政府對於加強社會敎育，促進文化建設，極爲重視。尤其近三十年來政府勵精圖治，經濟飛躍成長，改善社會風氣，加強國民休閒娛樂等問題，使社會敎育愈來愈爲重要。民國六十九年十月社會敎育

法業已修正，今後社會教育更需百尺竿頭更進一步。玆就目前我國社會教育的重要工作，分補習教育、特殊教育、社教機構、文化復興運動、文化中心工作、國語文教育以及文藝教育活動等項，略述如次。

壹、補習教育

民國六十五年七月公布「補習教育法」，依該法第一條規定:「補習教育，以補充國民生活知識，提高教育程度，傳授實用技藝，增進生產能力，培養健全公民，促進社會進步爲目的。」又第三條規定:「補習教育區分爲國民補習教育，進修補習教育及短期補習教育三種: 凡已逾學齡未受九年國民教育之國民，予以國民補習教育；已受九年國民教育之國民，得受進修補習教育；志願增進生活知能之國民，得受短期補習教育。」❶ 玆分條加以說明。

1. 國民補習教育: 國民補習教育由國民小學及國民中學附設國民補習學校實施之。

(1) 國民小學補習學校: 分初、高級二部，初級部相當於國民小學前三年，修業期限爲六個月至一年；高級部相當於國民小學後三年，修業期限爲一年六個月至二年。六十八學年度統計， 國小附設補校十一所，一〇一班，學生四、二八三人。

(2) 國民中學補習學校: 國民中學補習學校相當於國民中學，修業年限不得少於三年。國中附設補校於六十二學年度起開始辦理，六十八學年度共有國中附設補校九十九所，八一五班，學生三九、四六二人。

2. 進修補習教育: 進修補習教育由高級中等以上學校依需要附設進修補習學校，或由政府機關、公民營事業機構及私人設置實施之。進修

---

❶ 臺灣省教育廳編印，臺灣省社會教育法令有關資料彙編，民國六十八年十一月。

補習學校分爲高級進修補校與專科進修補校二級，高級進修補校又分爲普通與職業二類，各相當於同性質之同級學校。高級進修補校及專科進修補校，其施敎方式，分爲一般補校及空中補校兩種。

(1) 高級進修補習學校：六十八學年度全國共有公、私立普通及職業高級進修補校二二一所，三、五七一班，學生一五六、三一一人。

(2) 專科進修補習學校：正規補習敎育過去僅限於中等敎育以下各階段，自六十五學年度起，始推展至專科敎育階段。近年來鑑於科技的發展，工商業的進步，社會的變遷，而爲社會最感迫切需要者，卽專科程度的補習敎育。故敎育部自六十六學年度開辦專科進修補校，現開設有工業、商業及行政三類。

　　a．工業專科進修補習學校：由省立台北工專及高雄市立工專附設辦理，計開設電機、機械、電子、土木、化工、工業工程等六科，現有學生三、四八三人。

　　b．空中專科進修補習學校：目前開設商業及行政兩類。空中商業專科進修補習學校由國立成功大學，省立台中商專及台北市立商專三校附設辦理。目前共有學生一二、四七七人。空中行政專科進修補習學校，由國立政治大學附設，現共有學生八、六七三人。

3. 短期補習敎育：短期補習敎育旨在增進國民生活知識，傳授實用技藝，提高生產能力，促進社會繁榮與進步。分技藝補習班與文理補習班二類。由學校、機關、團體或私人辦理之。六十八學年度全國共有短期補習班一、七五一所，學生二一七、六五三人。

4. 自學進修學力鑑定考試：爲鼓勵社會讀書風氣，使失學國民經由自學進修學力鑑定考試而獲得學力之承認，自六十二年開始辦理高中程度以下之學力鑑定考試。截至目前爲止，已有五、六八三人因此項考試

而獲得升學、就學之機會。❷

貳、特殊教育

目前全國特殊教育學校計有：啟明學校二所，啟聰學校四所，肢體殘障兒童學校、智能不足兒童及多重障礙兒童學校各一所，共九所。附設於一般學校之特殊教育班計有：智能不足兒童班二二三班，資賦優異兒童班七十二班，肢體殘障兒童班三十四班，聽覺障礙兒童班十二班，混合於普通班級就讀之視覺障礙兒童達七〇七人，合計特殊學校（班）教師達一千二百人，學生人數達九千二百七十九人。❸

特殊教育五年發展計劃按期認真執行，已成立師範大學特殊教育中心，彰化教育學院特教中心，高雄師院特教中心，並指定臺灣省立台東師專及台北市立師專亦增設特教中心，以加強特殊教育師資之培育訓練與研究工作。

此外，教育部為使特殊學校學生有升大專之機會，分別辦理國中畢業盲聾生升五專甄試及高中（職）畢業盲聾生升大專院校甄試。

參、社會教育機構

民國六十年全國各圖書館、社會教育館等社教機構共有六十六所，迄六十七年底止，已增加至一百三十四所，其中包括國立六所，福建省五所，臺灣省九十六所，台北市二十七所。近年來，積極鼓勵民間、個人或團體興建私立圖書館，並規劃臺灣地區每一鄉鎮城市，均應逐漸設

---

❷ 本段資料綜合參考：（1）教育部編印，文教發展概況，民國六十八年七月；（2）王華林，加強社會教育，促進文化建設，收於中國社會教育社刊印，社會教育年刊，民國六十九年十二月；（3）教育部，中華民國教育統計，民國六十九年。

❸ 教育部編印，文教發展概況，民國六十八年七月，頁七十五。

立至少一所圖書舘。近年來，圖書舘發展快速，對建立文化大國及實現文化紮根之理想，更邁進一大步。

肆、推行文化復興運動

先總統　蔣公於民國五十五年十一月十二日頒佈「中山樓中華文化堂紀念文」，政府乃明定每年　國父誕辰紀念日爲中華文化復興節，積極推展中華文化復興運動，且列爲重要社教活動之一。

近些年來，教育部及各級社教單位推行文化復興運動，其主要具體活動如：❹

1. 輔導大專院校推行中華文化復興運動。

2. 每年暑期舉辦國學硏究會，編印「孔子學說與中華文化」專集，普遍流傳。

3. 舉辦中華文化復興論文競賽，自五十八年開始，分社會與大專學生兩組。

4. 輔導推行「國民生活須知」及「國民禮儀範例」。

5. 舉辦「臺灣省各縣市」及「台北市」文化講座。

6. 舉辦「學術文化講座」及「三民主義文化講座」。

7. 舉辦「大專院校巡廻文化講座」及座談會。

8. 編印文化講座專集。

伍、文化中心之建設

自政府播遷來臺，在三民主義政策的引導下，由於經濟建設的成就，使國民所得提高，貧富差距縮短，社會自由安定，呈現一片富足與

---

❹ 同註二，前二項資料。

繁榮的景象。但在文化建設方面，尚需積極推動，使中華文化在臺灣地區發揚光大，與經濟建設同現光芒。

　　蔣總統經國先生在行政院長任內，宣佈十二項建設時，特別列入「建立每一縣市文化中心，包括圖書館、博物館、音樂廳」。教育部根據指示，訂定「教育部建立縣市文化中心計畫」及補充計畫，已奉行政院核定施行，現正積極籌建規劃中。❺其計畫要點：

　　1. 中央：

　　（1）遷建國立中央圖書館。

　　（2）興建音樂廳、國家劇院、海洋博物館、自然科學博物館及科學工藝博物館。

　　（3）充實改進國立藝術館、科學館、教育資料館及省立博物館。

　　2. 臺灣省：

　　（1）每一縣市建立文化中心，以圖書館為主，並包括文物陳列室或畫廊、美術展覽室、演藝場所或集會堂等。

　　（2）興建美術館一座、音樂廳二座。

　　3. 臺北市：

　　（1）興建社教館一座。

　　（2）每一行政區建立圖書分館一所。

　　（3）興建美術館、中華民俗文物村、青少年文藝及活動中心、遷建動物園、擴建天文臺等。

　　4. 高雄市：

　　（1）興建中正文化中心，含前廳及陳列室、大會堂、音樂廳兼國際

---

❺ 參見（1）教育部印製，教育部建立縣市文化中心計畫，民國六十七年十二月；
　（2）教育部印製，教育部建立縣市文化中心補充計畫（草案），民國六十八年十月。其中部份計畫已有修正，且增加高雄市部份。

會議廳及圖書舘等四大部份。

（2）每一行政區建立圖書分舘一所。

除以上計畫外，另有培養人才、組織管理及教育活動等計畫，俾實際推展各項活動。建立文化中心工作已於六十七年七月開始，預定五年內完成。各項建設完成後，可爲未來長期文化發展及社會教育奠定基礎，俾在反共復國戰爭中，加強心理建設與精神武裝，以建設現代化國家。

陸、國語文敎育

加強國語文敎學多年來一直列爲各級學校教育的重要工作，且經常推行國語講演及作文比賽等，以資激勵。近幾年來，敎育部社會教育司更加強幾項國語文敎育工作：❻

1. 重編國語辭典，以供國內及友邦人士研究中國語文查考之用。

2. 重編中國語文教材，以便利英語國家及地區人士學習中文需要。

3. 完成常用國字標準字體研究。

4. 民國六十八年四月成立「國語文敎育促進委員會」，經常會商研究改進國語文敎學。

柒、文藝敎育活動

行政院在六十七年十二月十四日通過「加強文化及育樂活動方案」。這個方案包括下列十二項措施：❼

1. 文化建設與文化政策之推行，宜有統一事權之機構，以加強其決策、規劃、推動與督導之功能。因此行政院文化建設委員會正在協議

---

❻ 同註三，頁八〇～八一。

❼ 見　（1）陳奇祿，中華民國現階段的文化建設，中央日報六十九年九月專欄；

　　（2）教育部印，加強文化及育樂活動方案，民國六十八年二月六日。

中。

2. 發動民間熱心人士組織文化建設協進委員會，策動文化基金之成立。

3. 每年舉辦文藝季。六十九年教育部已主辦第一屆文藝季。

4. 今後對文化有重大貢獻者，政府予以獎勵。

5. 積極檢討「著作權法」，早日修訂完成。

6. 研討「文化資產保存法」。

7. 培育文藝人才。

8. 提高音樂水準。

9. 推廣和扶植國劇和話劇。

10. 設置臺灣省各縣市及臺北市、高雄市的文化中心。

11. 保存與改進傳統技藝。

12. 由政府制定民間設立文化機構之規章，並予以鼓勵。

教育部亦於民國六十八年四月修訂公布「推行文藝教育活動實施方案」，內容依國民教育、中等教育、大學教育及社會教育等四個階級，分別策訂工作項目，由各級學校及社教機構推動。

目前，加強文藝教育的主要作法，是在學校方面透過國語文、音樂、美術等課程，以及課外之學生各項文藝活動實施，如詩歌、散文、小說寫作、國樂、管弦樂、合唱、國劇、話劇、舞蹈、書法、繪畫、攝影以及工藝、家事等活動，其目的在以文藝活動方式，潛移默化，促進青少年身心之平衡發展。在社會方面則獎勵優良文藝創作及純正文藝活動，寓教育於娛樂，發揚民族文藝，以配合文化建設之推展。

在舉辦文藝活動方面，主要的內容是：

1. 音樂活動方面：獎勵優良歌曲樂曲創作，發揚及推廣國樂教育如：舉辦國樂樂曲創作獎、舉辦臺灣區音樂比賽、舉辦音樂服務社會活

動、舉辦音樂教師研習會、輔導大專院校合唱與音樂活動、輔導國樂研究與推廣、健全省市交響樂團以及禮樂之製作試用等。

2. 戲劇活動方面：主要工作為整理發揚國劇，保存地方戲劇及民間藝術及輔導話劇活動。

3. 舞蹈活動方面：以鼓勵民族舞蹈研究創新及推廣全民舞蹈為主，每年舉辦臺灣區民族舞蹈比賽、舉辦舞蹈指導人員研習會等。

4. 文藝活動方面：以獎勵優良創作，提倡戰鬥文藝為主，如舉辦小說、新詩、散文及劇本、書法、水墨畫、篆刻等創作獎，並舉辦文藝巡廻講座及文藝研習會等。

5. 美術活動方面：以獎勵創作展覽，提倡應用美術為主，如舉辦書法、國畫、油畫創作獎、美術指導人員研習會及舉辦剪紙藝術傳習展覽活動等。

此外，教育部於民國六十三年成立「國家文藝基金會管理委員會」，迄六十九會計年度已撥基金新臺幣七千萬元。該會訂有五年文藝工作輔導發展計劃，主要工作如舉辦國家文藝獎，獎助優良文藝雜誌，大專學生文藝獎學金，文藝巡廻講座，翻譯文藝名著，推動文藝論評，舉辦文藝講習班，獎助發行英文季刊，舉辦國際性文藝會議，選派作家出國訪問，協助文藝社團推展工作及協助成立示範國樂團及管弦樂團等活動。❽

第二節　社會教育的行政組織與業務

我國社會教育之行政機構，在中央為教育部社會教育司，在省（市）則由各省（市）教育廳（局）設社會教育科掌理，在縣（市）則由縣

❽ 同註三，頁八三～八四。

（市）教育局（科）設社會教育課負責。此外，教育部並成立各種委員會，以推動各項社教業務。各級社會教育行政機構，對於社會教育主管業務直接負計劃、執行、考核之責。

壹、中央社會教育行政組織與業務

教育部社會教育司為全國主管社會教育的最高行政機構，依據民國六十四年四月教育部組織法第十一條之規定，社會教育司掌理：

(一) 關於民族文化之復興與宣揚事項；

(二) 關於補習教育及家庭教育事項；

(三) 關於學校辦理社會教育事項；

(四) 關於特殊教育事項；

(五) 關於視聽教育事項；

(六) 關於社教書刊之編譯事項；

(七) 關於藝術教育及文藝活動之獎助事項；

(八) 關於文化團體之輔導事項；

(九) 關於圖書館、博物館、科學館　藝術館及社會教育館等社教機構事項；

(十) 關於文獻及古物保存事項；

(十一) 其他社會教育事項。

社會教育司設司長、副司長各一人，下分五科掌管有關事務。

第一科掌管有關補習教育，自學進修學力鑑定考試，空中教學及通俗讀物之徵集與編印等事項。

第二科掌管有關特殊教育、語文教育、視聽教育及大眾傳播教育等事項。

第三科掌理有關社會教育機構、民族精神教育、社會科學教育、社

會教育活動及古物的保管挖掘等事項。

　　第四科掌管有關民族文化之復興與宣揚、文化運動與文化活動之策劃與推進、文化事業與文化機構、團體之聯繫與輔導、文化資料之蒐集整理、文化書刊之編譯、地方政府文化業務之指導及其他公共關係等事項。

　　第五科掌管有關文學、音樂、美術、戲劇、舞蹈、攝影等各種文藝之輔導、各種文藝機構、團體之管理及輔導、各種文藝活動之倡導與獎助、各種文藝創作及作家之獎助及各種文藝之國際活動等事項。

　　茲將教育部社會教育司各科辦事細則，條列如下：❾

　　社會教育司設第一、第二、第三、第四、第五等五科。

　　第一科　掌下列各事項：

一、關於補習教育之計畫及發展事項。

二、關於補習學校之設立及變更事項。

三、關於補習學校之課程、教材、教學設備及輔導事項。

四、關於補習學校之訓練、衞生事項。

五、關於補習學校辦理空中教學事項。

六、關於學校、機關、團體辦理補習教育之規劃及輔導事項。

七、關於勞工補習教育、隨營補習教育、感化補習教育等之協調與輔導事項。

八、關於國立復興戲劇學校教育事項。

九、關於自學進修學力鑑定考試之規劃與輔導事項。

十、關於通俗讀物之規劃、編輯及輔導事項。

十一、關於僑民社會教育之聯繫事項。

❾ 教育部人事處編印，教育人事法規釋彙編（上、下冊），民國六十六年七月，教育部處務規程，第十二條，頁十六～十九。

第二科　掌下列各事項:

一、關於視聽教育之計劃、審查及發展事項。

二、關於視聽教育機構之設立、變更及專業人員之訓練與儲備事項。

三、關於優良視聽教育教材、教具之審核、推廣及輔導事項。

四、關於教育電視及教育廣播之規劃、督導及發展事項。

五、關於國語推行之規劃、研究、審核及督導事項。

六、關於語文教育與文字之研究、整理、改進及推廣事項。

七、關於特殊教育之計畫及發展事項。

八、關於特殊學校之課程、教材、教學、設備及輔導事項。

九、關於家庭教育之計劃及發展事項。

十、關於學校辦理社會教育之計劃及發展事項。

第三科　掌下列各事項:

一、關於社會教育機構施教與活動之計劃、發展、督導、考核及改進事項。

二、關於社會教育機構之設立、變更及組織編制之研議、審核事項。

三、關於社會民族精神教育之計劃及輔導事項。

四、關於社會教育經費之規劃及支配事項。

五、關於社會教育人員之登記、檢定、聘用、待遇、進修及獎勵事項。

六、關於社會教育社團輔導事項。

七、關於古物文獻之研究、調查、採掘、保存、推廣之督導與古物出國之審議事項。

八、關於社會的科學教育之計劃、發展、督導及考核事項。

九、關於道路交通安全教育之計劃輔導及考核事項。

十、關於本司文書收發事項及不屬本司其他各科之有關社會教育事項。

第四科　掌下列各事項：

一、關於文化復興與宣揚之計劃及發展事項。

二、關於學校及社教機構推行文化復興運動之策劃、督導及考核事項。

三、關於文化活動之策劃、輔導及聯繫推進事項。

四、關於文化書刊之編印與文化資料之蒐集及整理事項。

五、關於文化機構團體與個人之輔導及獎勵事項。

六、關於禮制風俗「國民生活須知」與「國民禮儀範例」教育及輔導推進事項。

七、關於文化作戰之策劃及輔導推進事項。

八、關於文化復興與文化作戰人才之培養及輔導事項。

九、其他有關文化工作之計劃及督導事項。

第五科　掌下列各事項：

一、關於文藝工作及文藝教育之計劃、研究及推展事項。

二、關於文藝機構、文藝社團之聯繫輔導及考核事項。

三、關於文藝人才之發掘、培養及獎助事項。

四、關於文藝創作、文藝活動之倡導、推廣及獎勵事項。

五、關於文藝作品之審議事項。

六、關於文藝事業有關工作之策劃及督導事項。

七、關於國家文藝基金保管運用之督導、考核事項。

八、其他有關文藝工作之計劃及督導事項。

目前教育部社會教育司另設有空中教學委員會、國家文藝基金管理

委員會、文化復興推行委員會，教育改革促進委員會、國語文教育促進委員會及文化建設規劃委員會。

茲以空中教學委員會為例，說明各項委員會辦理之事務。空中教學委員會係民國六十年七月七日教育部令公布空中教學委員會組織規程而成立，該委員會之任務:

（一）有關實驗空中教學之策劃、協調及督導實施事項;

（二）有關各校辦理空中教學事務之督導考核事項;

（三）有關空中教學實驗成效之檢討、研究、改進事項;

（四）有關辦理空中教學之電視台、廣播台與各校間之協調事項;

（五）有關空中教學經費收支分配及審核事項;

（六）其他有關空中教育事項。

空中教學委員會設主任委員一人，由教育部次長兼任，委員十五人至十九人，執行秘書由社教司司長兼任、由部長聘任。空中教學委員會下設督導及研究二組，分別掌理有關空中教學事宜。空中教學委員會委員會議，每月舉行一次，必要時得臨時召開之，為有關空中教學事項的最高決策機關。

茲將教育部社會教育司組織與職掌，列表如次:

教育部社會教育司組織與職掌

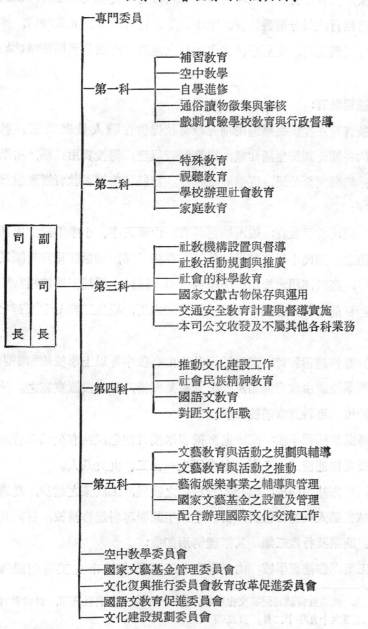

```
          ┌─ 專門委員

                    ┌─ 補習教育
                    ├─ 空中教學
          ┌─ 第一科 ─┼─ 自學進修
          │         ├─ 通俗讀物徵集與審核
          │         └─ 戲劇實驗學校教育與行政督導

          │         ┌─ 特殊教育
          │         ├─ 視聽教育
          ├─ 第二科 ─┼─ 學校辦理社會教育
          │         └─ 家庭教育

司  副    │         ┌─ 社教機構設置與督導
          │         ├─ 社教活動規劃與推廣
   司     │         ├─ 社會的科學教育
          ├─ 第三科 ─┼─ 國家文獻古物保存與運用
          │         ├─ 交通安全教育計畫與督導實施
長  長    │         └─ 本司公文收發及不屬其他各科業務

          │         ┌─ 推動文化建設工作
          │         ├─ 社會民族精神教育
          ├─ 第四科 ─┼─ 國語文教育
          │         └─ 對匪文化作戰

          │         ┌─ 文藝教育與活動之規劃與輔導
          │         ├─ 文藝教育與活動之推動
          ├─ 第五科 ─┼─ 藝術娛樂事業之輔導與管理
          │         ├─ 國家文藝基金之設置及管理
          │         └─ 配合辦理國際文化交流工作

          ├─ 空中教學委員會
          ├─ 國家文藝基金管理委員會
          ├─ 文化復興推行委員會教育改革促進委員會
          ├─ 國語文教育促進委員會
          └─ 文化建設規劃委員會
```

近年來，教育部社會教育司對加強社會教育，促進文化建設，極爲重視。茲將推行成果分補習教育、空中教學、特殊教育、社教機構，推行中華文化復興運動、文藝季、文化中心之建設等方面分別摘要略述如次：❿

一、補習教育：

補習教育旨在提供失學國民補充教育及提供在職人員繼續進修教育，其目的在補充國民生活知識，提高教育程度，傳授實用技藝，增進生產能力，培養健全公民，促進社會進步。茲將目前補習教育辦理概況簡述如后：

（一）國民補習教育：國民補習教育，由國民中、小學附設國民補習學校實施之。國民小學補習學校分初、高級二部，初級部相當於國民小學前三年，高級部相當於國民小學後三年。國民中學補習學校相當於國民中學。目前全國共有國中附設補校一〇六所，學生二萬七千三百七十六人。

（二）進修補習教育：進修補習教育由高級中等以上學校依需要附設進修補習學校或由政府機關及公民營事業機構，私人設置實施之。分高級進修補校與專科進修補校二級。

1. 高級進修補習學校：高級進修補習學校目前全國共有公私立普通及職業高級進修補校二一八所，在學學生一三二、九九八人。

2. 專科進修補習學校：政府鑑於科技之發展，工商業之進步，爲適應社會在職從業人員進修需要，自六十六年開辦專科進修補校，目前共開設工業、商業及行政三類，其辦理情形如次：

（1）工業進修補習學校：由省立臺北工專及高雄市立工專附設辦

---

❿ 王華林撰，加強社會教育促進文化建設，載於中國社會教育社刊印，社會教育年刊，民國六十九年十二月，頁二四～二六

理，計開設電機、機械、電子、土木、化工、工業工程等六科，現有學生三、四八三人。

(2) 空中專科進修補習學校：目前開設商業及行政兩類。空中商業專科進修補習學校由本部指定國立成功大學，省立臺中商專及臺北市立商專三校附設辦理。目前共有學生一二、四七七人。空中行政專科進修補習學校，由國立政治大學附設，現共有學生八、六七三人。

（三）短期補習教育：短期補習教育旨在增進國民生活知識，傳授實用技藝，提高生產能力，促進社會繁榮與進步。分技藝補習班與文理補習班二類。由學校、機關、團體或私人辦理之。目前全國共有短期補習班一五二二所，其中技藝補習班一、二七九所，文理補習班二七八所，學生共計一二三、〇二七人。

二、空中教學：

（一）運作體制與分工：教育部設空中教學委員會負責空中教學之策劃及督導事宜，另委託中華電視臺，負責教材編印，教師之遴聘，函授及廣播教學等工作，各空中學校負責面授教學、作業批改、成績考查、生活教育及學籍管理等工作。

（二）教學方式：空中教學係由函授教學、電視教學、廣播教學、面授教學四種教學方法互相配合的教學制度，另輔以生活教育，使能達成德、智、體、群四育兼修的目的。

（三）經過概述：空中教學係於民國五十五年在臺灣省立臺北商職廣播實驗補校，從事空中教學實驗，因實驗成績甚佳，遂於六十年擴大辦理，擇定高中、高商計二十九所附設空中補校，辦理空中教學。並指定公立大學開設空中大學選修科目。六十一年又指定九所工專及高工辦理工業類科之空中教學，另辦理師專暑期空中教學，提供在職國小教師進修。至民國六十五年補習教育法公布施行，將補習教育提高至專科階

層，旋於六十六年元月及七月先後成立空中商專及空中行政專科進修補習學校，以提供在職人員進修。第一屆商專補校結業生，已於本（六十九）年三月二十九日舉行資格考驗完畢。

（四）歷年各類空中教學學生人數（人科次）如下：

1. 大學選修科目：八四、六一四人。

2. 空中高中補校：二、一三四人。

3. 空中高商補校：六、八六九人。

4. 空中高工補校：一、一八八人。

5. 空中商專補校：一二、三六七人。

6. 空中行專補校：八、四八六人。

三、特殊教育：

（一）法令的制定：教育部近年為推展特殊教育，除修訂特殊教育推行辦法外，並訂頒特殊學校教師登記辦法、特殊兒童鑑定及就業輔導標準，以及積極研訂特殊學校組織準則草案、特殊學校設備標準草案、特殊學校課程綱要草案。

（二）師資：為提高各級特殊學校師資水準，因此特殊學校教師登記辦法除規定應具備一定學經歷資格外，並應修習特殊教育科目二十學分始可登記為特殊學校合格教師。該部並委託國立臺灣師範大學，國立彰化教育學院在寒暑假分別辦理各類特殊學校教師特殊專業科目研習班。

（三）設備：教育部為充實各特殊學校設備，除積極研訂特殊學校各級設備標準草案外，並曾報行政院核定動支六十四年度中央政府總預算第二預備金分別補助臺灣省教育廳五百萬元及臺北市政府教育局二百萬元，作為充實盲聾學校設備專款。

（四）教材教法：為提高特殊學校教學水準，教育部積極研訂各類

各級特殊學校課程綱要草案，並已分發各校試行中，此外另開協調會議，統一供應盲校點字教科書，並鼓勵各校經常從事教學研究及辦理觀摩教學。

（五）生活輔導：為促進特殊學校學生之生活輔導工作特別規定凡學校有住校生四十人應有一名專任教師輪流住校輔導，住校生超過時，住校輔導教師亦成比例增加。

（六）升學：教育部為使特殊學校學生有升大專之機會，分別辦理國中畢業盲聾生升五專甄試及高中（職）畢業盲聾生升大專院校甄試。

四、社教機構：

近年來，政府對文化事業之發展極為重視，蔣總統經國先生把文化建設列為十二項建設之一。規定各縣市設置縣市文化中心，包括圖書館、博物館、音樂廳。教育部近年來并全力推展一鄉鎮一圖書館。為此圖書館從民國六十年的四五所成長至目前的一二二所，而圖書館之成長又以鄉鎮立圖書館之設立最為快速，從民國六十年的三所增加至目前的五十七所，成長十一倍有餘，充分顯示近年來基層圖書館發展之快速，對建立文化大國及實現文化紮根之理想，更邁進一大步。

五、推行中華文化復興運動：

（一）舉辦各項文化講座：

1.「臺灣省各縣市文化講座」：民國五十九年四月起由教育部與省文復分會在臺中市合辦，六十四年二月再擴大，至今此項講座全省分五區，每區四縣市，每月配合各地國父紀念月會以公教人員，社會工作人員為對象舉辦一次，每月計二十次，聽眾每月計達一二、○○○人次。

2.「學術文化講座」：教育部與文復會於民國六十五年六月起合辦，每月一次。

3.「三民主義文化講座」：民國六十六年七月起教育部與文復會合

辦，每月一次。

4. 「大專院校巡迴文化講座」：自民國五十八年起每年舉辦，分別在全國各大專院校作巡迴演講並舉行座談會。

5. 編印文化講座專集：共編有專集一六〇集。

6. 舉辦六十九年度中華文化復興運動大專院校學生徵文競賽：徵文競賽始於民國五十八年三月每年舉辦一次。

7. 臺北市文化講座：自民國六十年三月起教育部與實踐堂管理指導委員會合作，每月舉辦一次，自六十九年元月起已交由臺北市教育局自辦至今共計舉行一七九次。

（二）反共愛國教育：

1. 編印完成中小學愛國通俗讀物叢書一套共二十冊。分發國小、國中及高中陳列閱讀。

2. 編印大陸瞭望月刊：每期發行八萬份，分發中等學校各班級閱讀。

六、文化中心之建設：

自政府播遷來臺，在三民主義政策的引導下，由於經濟建設的成就，使國民所得提高，貧富差距縮短，社會自由安定，呈現一片富足與繁榮的景象。

但在文化建設方面，尚需積極推動，使中華文化在臺灣地區發揚光大與經濟建設同現光芒。

因此蔣總統在行政院長任內宣佈十二項建設時，特別列入「建立每一縣市文化中心，包括圖書館、博物館、音樂廳。」

計畫要點：

（一）中央

1. 遷建國立中央圖書館。

2. 興建音樂廳、國劇院、海洋博物館、自然科學博物館及科學工藝博物館。

3. 充實改進國立藝術館、科學館、教育資料館及省立博物館。

(二) 臺灣省

1. 每縣市建立文化中心，以圖書館為主，並包括文物陳列室或畫廊，美術展覽室、演藝場所或集會堂等。

2. 興建美術館一座、音樂廳二座。

(三) 臺北市

1. 興建社教館一座。

2. 每一行政區建立圖書分館一所。

3. 興建美術館、中華民俗文物村、青少年文藝及活動中心、遷建動物園、擴建天文臺等各一。

(四) 高雄市

1. 興建中正文化中心，含前廳及陳列室、大會堂音樂廳兼國際會議廳及圖書館四大部份。

2. 每一行政區建立圖書分館一所。

除以上計畫外，另有人才培養、組織管理及教育活動等計畫，俾實際推動各項文化活動，使中外文化交流，各項文藝活動得以蓬勃展開。

七、文藝季：

教育部遵照行政院第一六四六次會議報告執行「加強文化及育樂活動方案」中院長提示關於六十九年文藝季活動，應配合中正紀念堂之落成擴大辦理。

為追思總統　蔣公豐功偉績並配合中正紀念堂落成，舉辦文藝各項活動，使文藝教育與文藝活動獲得示範觀摩效果，以發揮功能。

教育部為舉辦六十九年文藝季，經與有關單位多次會議協商決定舉

辦美術、音樂、舞蹈及國劇等四大項，旋奉行政院核定增列文藝座談項目，並訂四月四日至六月四日為本年文藝季，先在臺北舉行，然後巡廻臺中、高雄展演。茲將演展情形略述如次：

（一）音樂方面：聘請高水準的中廣國樂團、國防部示範樂隊、管弦樂隊、省市交響樂團及國內外名音樂家分別在臺北市國父紀念館、臺中市中興堂，高雄市立商職演出，每場均極熱烈，盛況空前。

（二）國劇方面：邀請國內外名票、名伶聯合大公演，演出秦香蓮、白蛇傳、群英會、四郎探母、節義廉明……等十齣劇目。並分別在臺北市國軍文藝活動中心、臺中市中興堂、高雄市立高雄商職演出，場場爆滿，轟動一時。

（三）舞蹈方面：邀請菲律賓新古典、西班牙、華岡、中華等舞蹈團及雲門舞集分別在臺北市國父紀念館、臺中市中興堂、高雄市體育館演出，各項節目新穎，頗獲觀衆好評。

（四）美術方面：全國第九屆美展配合文藝季擴大舉行，作品包括名家作品以及歷年美展優等作品。並分別在臺北市國立歷史博物館、國立臺灣藝術館展出後，巡廻臺中市文化中心、高雄市體育館展出，共展出五十二天，效果甚佳。

（五）文藝座談方面：邀請國內文藝界人士參加，以迎接自強年，創作新時代文學為主題，目標包括三項：

（1）文藝界本身的自強團結。

（2）文藝陣地的強化與確保。

（3）文藝作品水準的提升。

於四月十九日至四月二十日假日月潭涵碧樓舉行。

貳、省市社會教育行政組織與業務

省（市）社會教育行政事務，係由省（市）教育廳（局）內設社會教育科掌理之。目前臺灣省政府教育廳其組織與職掌為：

第一科：掌理師範教育、高等教育、考試訓練、教師登記事宜。

第二科：掌理省、縣市（市）立及私立中學及其附設補習教育事宜。

第三科：掌理公立職業專科教育、公私立職業教育、公私立職業補習教育、職業訓練事宜。

第四科：掌理國民中小學暨中級普通科補習教育、失學民眾補習教育、地方教育行政、學校衛生教育事宜。

第五科：掌理電化教育、藝術教育、補習教育、民眾教育、特殊教育、國語文教育等社會教育事宜。

第六科：掌理國民體育事宜。

秘書室：掌理機要會議、工作計畫報告編彙、施政計畫彙編及管制、公文查詢、特定管制、新聞發佈資料搜集、總動員業務、功勛子女獎勵。

總務室：掌理文書、庶務、財產、保管、出納、檔案、教育基金等事宜。

主計室：掌理歲計、審核、帳務、統計等事宜。

專門委員、研究員、督學、視察：辦理有關教育設施研究視導事宜。

人事室：掌理考勤、獎懲、職位分類、任免、核薪、退休、撫卹、人事資料查核等事宜。

軍訓室：掌理高級中等以上學校軍事教育事宜。

茲將臺灣省教育廳第五科辦事細則，條列如下：⓫

⓫ 同註九，臺灣省政府教育廳辦事細則，第九條，頁九十一～九十四。

第五科科長承廳長、副廳長之命，綜理科務，專員二人襄助之，並設下列各股，其職掌如下：

一、第一股：

（一）關於藝術教育工作計畫、工作報告、工作檢討及法令規章之撰擬、審核事項。

（二）關於藝術電化教育之推進及各類教材之編訂、審核事項。

（三）關於影劇院、影片商、劇團及音樂、舞蹈藝術團體申請設立之審議事項。

（四）關於各類劇本之審查及上演登記證之核發事項。

（五）關於戲劇查驗證之核發事項。

（六）關於電影、戲劇放映上演之查驗事項。

（七）關於各縣市電影、戲劇查驗人員之審查事項。

（八）關於教育廣播及空中教學之規劃與推行事項。

（九）關於籌劃攝製電影片及幻燈片之擬議事項。

（十）關於教育電影之巡廻放映事項。

（十一）關於藝術人員團體申請出國之審議事項。

（十二）關於藝術電化教育資料之徵集、整理及登記事項。

（十三）關於電教器材之統籌購置與管理事項。

（十四）關於全省性藝術教育活動之籌辦與督導事項。

（十五）關於本科承辦文件之收發及繕寫事項。

（十六）其他有關藝術電化教育事項。

第二股：

（一）關於補習教育工作計畫、工作報告、工作檢討及法令規章之撰擬、審核事項。

（二）關於各級補習學校、短期補習班、傳習所及函授學校（班）

設立與變更之擬議事項。

　　(三) 關於各級補習學校增班及編制之擬議事項。

　　(四) 關於各級補習學校學生學籍及教務、訓導設施之審核事項。

　　(五) 關於各級補習學校學生學業競賽及作業抽查事項。

　　(六) 關於各級補習學校學生畢業資格之考驗事項。

　　(七) 關於各級補習學校經費分配及徵收學生費用標準之簽擬及臨時費用途之審核事項。

　　(八) 關於各級補習學校在學學生申請兵役緩徵名冊驗印事項。

　　(九) 關於普及國語、文及失學民眾補習教育之推行事項。

　　(十) 關於勞工補習教育之推行、督導及考核事項。

　　(十一) 關於國軍隨營補習教育結業考試及同等學歷證明書之核發事項。

　　(十二) 關於盲啞學校增班設校及教務、訓導設施之審議事項。

　　(十三) 關於盲啞學校學生公費及學籍之審核事項。

　　(十四) 關於特殊教育之推行事項。

　　(十五) 關於補習教育及盲啞教育資料之徵集，整理及登記事項。

　　(十六) 其他有關補習教育事項。

第三股:

　　(一) 關於民眾教育工作計畫、工作報告、工作檢討及法令規章之撰擬、審核事項。

　　(二) 關於社會教育機關設立與變更之擬議事項。

　　(三) 關於教育文化團體之登記及聯絡事項。

　　(四) 關於各種社教活動之籌辦事項。

　　(五) 關於全省體育活動之推進事項。

　　(六) 關於體育團體（隊）申請出國比賽之審核事項。

（七）關於書刊及連環圖畫之審查事項。

（八）關於各級學校兼辦社會教育之推進及擬議事項。

（九）關於文獻、古物之調查、登記及保管事項。

（十）關於資深優良教師表彰之審議事項。

（十一）關於附屬機關學校動員月會之督導、考核事項。

（十二）其他有關民衆教育事項。

第一股股長一人綜理股務，並辦理第一款第一目、第二目事項。科員一人辦理第三目至第六目事項。科員一人辦理第七目至第十目事項。科員一人辦理第十一目至第十四目事項。雇員二人辦理第十五目、第十六目事項。

第二股股長一人綜理股務，並辦理第二款第一目至第三目事項。科員一人辦理第四目至第八目事項。科員一人辦理第九目至第十二目事項。辦事員一人辦理第十三目至第十六目事項。

第三股股長一人綜理股務，並辦理第三款第一目至第三目事項。科員一人辦理第四目至第六目事項。科員一人辦理第七目至第十目事項。辦事員一人辦理第十一、第十二目事項。

可見，臺灣省教育廳是由第五科主管全省社會教育事宜，掌理項目爲：電化教育、藝術教育、補習教育、民衆教育、特殊教育及國語文教育等。科長之下，並分股掌理有關社會教育事項。

臺灣省社教工作可概括爲一般性社會教育、藝術教育、補習教育、國語文教育、加强全民精神建設等五大類。臺灣省現有公私立圖書舘八十所，其中省立的一所，縣市立十七所，鄉鎮四十五所，山地十所，私立的七所。總藏書量約七百二十多萬册。各級圖書舘除了視社區需要，定期開放民衆閱覽、利用外，並經常舉辦各種學術演講、音樂電影欣賞會、美術文物展覽等社教活動。

臺灣省教育廳組織系統表

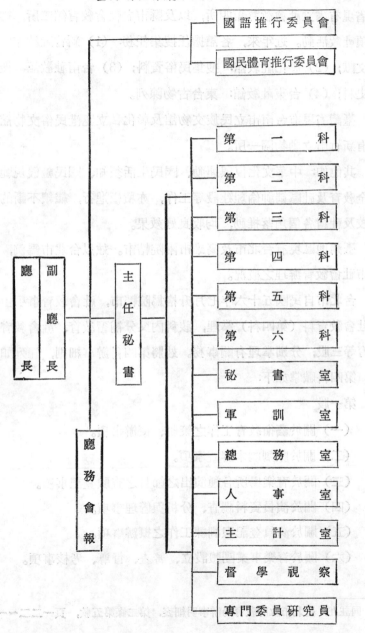

國語推行委員會

國民體育推行委員會

第　一　科

第　二　科

第　三　科

第　四　科

第　五　科

第　六　科

秘　書　室

軍　訓　室

總　務　室

人　事　室

主　計　室

督　學　視　察

專門委員研究員

廳長

副廳長

主任秘書

廳務會報

臺灣省現僅有省立博物舘一所，為臺灣唯一的自然歷史博物舘。臺灣省現有省立社會教育舘四所，以及縣市立社會教育舘三所，經常推行各項社教活動。近年來，各舘擔任搜集任務：（1）新竹社教舘：搜集地方文獻；（2）彰化社教舘：搜集民俗資料；（3）台南社教舘：搜集鄭成功史料；（4）台東社教舘：東台古物陳列。

臺灣省現有台南市立民族文物舘及彰化私立鹿港民俗文物舘。全省僅有新竹市立動物園一所。

其他如：中華文化復興運動、國民生活須知、國民禮儀規範、交通安全教育及社區精神倫理建設等工作，亦積極進行，繼續不斷的在各級學校及社會各個角落推動，均收良好效果。

臺灣地區現有台北市及高雄市兩院轄市。茲以台北市為例，說明院轄市社會教育辦理之概況。

台北市自民國五十六年七月升格為院轄市，社會教育事項由教育局內社會教育科（第四科）掌理，該科內又分補習教育、社會教育、戲劇教育等三股，分別掌理有關事務。茲將第四科辦事細則，條列如下：❷

第四科職掌如下：

第一股

（一）關於藝術教育工作之策劃、擬辦事項。

（二）關於戲劇劇本審查事項。

（三）關於育樂場所各種演出之節目之查驗登記事項。

（四）關於演員資料調查、分析與管理事項。

（五）關於演員登記與訓練工作之擬辦事項。

（六）關於育樂事業團體設立、審查、督導、考核事項。

---

❷ 同註九，臺北市政府教育局辦事明細表，第二條第五款，頁一二二～一二四。

第二股

（一）關於補習學校教學訓導方案之擬議事項。

（二）關於補習學校（班）之輔導、管理、考核事項。

（三）關於補習學校暨補習班立案變更之審查事項。

（四）關於補習學校招生班級之審查及招生注意事項之擬議事項。

（五）關於補習學校（班）學業及格證書之核發事項。

（六）關於補習班案卷暨各項資料調查整理分析事項。

（七）關於補習學校結業生資格考驗之擬辦事項。

（八）關於補習學校（班）民族精神教育及學藝活動之擬辦事項。

（九）關於補習學校收費標準擬議暨公費生案件之審查事項。

（十）關於各區公所辦理失學民眾補習教育工作之協辦事項。

（十一）關於失學民眾補習班補助費及證書審查事項。

（十二）關於特殊教育工作之計畫與推行事項。

（十三）關於各項體育活動之協辦事項。

（十四）關於補習學校學生學籍核備事項。

（十五）關於補習學校購置教育用品免稅之審查事項。

（十六）關於自學進修學力鑑定考試之規劃、擬辦事項。

第三股

（一）關於民眾教育工作計畫之擬議事項。

（二）關於社會教育所屬機構之聯繫、各項體育活動之擬辦事項。

（三）關於財團法人暨私立社教機構設立之審查事項。

（四）關於推行民族精神教育事項。

（五）關於體育團體獎助案件之擬議事項。

（六）關於復興中華文化及改進國民生活運動之擬議事項。

（七）關於推行國語及科學電化教育工作之規劃事項。

台北市政府教育局組織系統

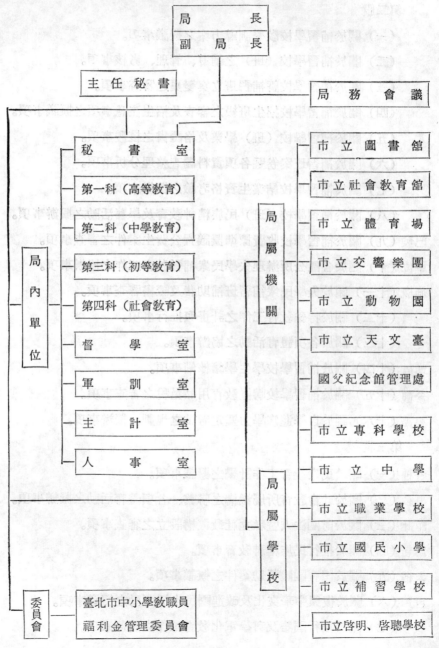

| 局　　　　長 |
| 副　局　長 |

主 任 秘 書

局 務 會 議

局內單位
- 秘　書　室
- 第一科（高等教育）
- 第二科（中學教育）
- 第三科（初等教育）
- 第四科（社會教育）
- 督　學　室
- 軍　訓　室
- 主　計　室
- 人　事　室

局屬機關
- 市 立 圖 書 館
- 市 立 社 會 教 育 舘
- 市 立 體 育 場
- 市 立 交 響 樂 團
- 市 立 動 物 園
- 市 立 天 文 臺
- 國父紀念館管理處

局屬學校
- 市 立 專 科 學 校
- 市 立 中 學
- 市 立 職 業 學 校
- 市 立 國 民 小 學
- 市 立 補 習 學 校
- 市立啓明、啓聰學校

委員會
- 臺北市中小學教職員福利金管理委員會

（八）關於各種書刊會同審查事項。

（九）關於一般社會教育工作擬辦及輔導事項。

（十）關於文化團體獎助業務擬辦事項。

（十一）關於學生交通安全案件之擬辦事項。

（十二）關於社會教育工作資料之蒐集與整理事項。

（十三）關於學校康樂活動之輔導事項。

（十四）關於文化團體參觀訪問協調聯繫事項。

（十五）關於精神動員有關工作之協辦事項。

台北市社會教育之推行，因台北市社會本質與形態在近十幾年來均已發生相當變化，爲配合此項情勢之需要，一切社教設施及所屬各社教單位之業務性質，均須作適度調整與加強。玆將台北市社教單位工作實施概況，分述如次：

1. 社教機構

（1）國父紀念館：該館爲綜合性文教藝術活動機構，以宏揚國父豐功偉績、革命思想及精神爲主要目標。珍藏各項革命文物，供社會人士參觀，並經常舉辦革命史蹟及美術、科學展覽，並舉辦各種文藝活動及學術演講。

（2）社會教育館：目前館址爲借用該市孔廟明倫堂，但仍經常舉辦各種技藝訓練、藝文活動、圖書資料、美術書法等展覽並放映科學及時事教育影片等。惟該館因限於館址狹小，影響業務推展至鉅，爲解除該館此項實際困難，經積極辦理館址遷建，現已擇定台北市體育場左側作爲新館址用地，該處有基地約七百餘坪。並已設計完成，計爲九層社教大樓，包括集會堂一所，預計作爲文化活動中心之用。一至五樓由該館自用，六、七樓將由市立交響樂團使用，八、九樓國樂團團址，將可達成多目標建築功能。現已興工，預計兩年完成。

(3) 圖書館: 總館設於台北市金門街，館舍暫與古亭分館共同使用。另設有北投、南港、城中、東園、西園、城北、城西、大同、松山等九所分館。本（六十八）年度新建之大安、建成兩分館，亦已興建完成，開放閱覽。另設有閱覽室十七處，盲人點字圖書室一處；閱報牌五十三座。此外，尚有圖書巡廻車一輛，定期行駛各區服務。又為配合加強文化建設，現正規劃自六十八年度起至七十二年度五個年度內，完成每一行政區均設一分館之目標。

(4) 動物園: 該園包括動物園及兒童樂園兩部份。動物園飼養珍禽異獸甚多，兒童樂園各種遊戲設備數十種，可供兒童五百人同時使用。現已決定將園址遷移至木柵區頭廷里，面積一八二公頃，現正積極規劃中，預計七十二年度全部遷建完成，新址內容將包括: 各類動植物展示，兒童遊樂場所、青少年體能鍛鍊場所及露營營地等。

(5) 天文臺: 原臺址設於台北市圓山，每年前往該館參觀者達三萬伍仟人次以上，對於提高一般市民天文知識裨益良多。民國六十七年該臺為加強推行天文科學教育，以配合科學發展需要，增建天象館一座，於六十九年七月一日開放。

(6) 體育場: 台北市體育場一般田徑及球類場所均甚齊全，並有夜間照明及塑膠跑道等現代化設備，並另建網球場、羽球館、排球場、游泳池等多處。

2. 社教活動:

台北市近年推行規模較大之社教活動計有: 全市四區聯合運動會，市府員工運動會及越野競賽，中小學體育漫畫，全市民族舞蹈、音樂、美術，攝影等項比賽及展覽，舉行中小學文化精神堡壘觀摩會、兒童劇展、優良藝術團隊服務社會演出及積極推行排隊運動。近又因台北市工商業發展迅速，市民休閒活動之需要昇高，因而一般娛樂事業蓬勃興

起，目前登記有案之歌舞、音樂、技術等遊藝團體，屬於職業性者已有五七九個單位，業餘性者一七一個單位，共達七五〇個單位之多。並有遊樂場所（包括歌廳、舞廳、音樂廳、音樂餐廳等）三十六所。為提高遊藝團隊水準，除每年舉辦地方戲劇比賽，獎勵優良劇團及優良劇本創作外，並嚴辦理歌唱演員資格審查。全市登記合格之歌唱演員，總數計有九二七人。

3. 補習教育:

(1) 六十七學年度本市計有補習學校四十一所（市立高級普通補校二所、市立職業補校二所，國中補校五所，國小補校十一所，私立普通補校十所，私立職業補校及普通補校職業科二十所），學生人數達二九、八七九名之多。

臺北市育樂事業團體登記概況　　六十八年二月

職業			業餘				
類別		團數	類別			團數	
綜 合 藝 術 團		271	國		劇	64	
舞 蹈 團		34	樂		團	99	
特 技 團		51	舞 蹈		團	8	
歌 劇 團		56					
合 唱 團		89					
掌 中 戲		30					
獸 藝		3					
樂 隊		45					
小 計		579	小 計			171	合 計　750

(2) 除補習學校外，本市尚有補習班五〇四所，其中包括文理補習

班一一九所、工農補習班五七所、法商補習班四十一所、家政補習班一四〇所、藝術補習班一二一所、體育補習班及汽車駕駛班二十班，函授學校十七所。 爲促進各補習班正常發展， 該局經常派員赴各班輔導改進， 並訂定「臺北市補習班設立及管理規則」一種， 以爲管理輔導依據。

(3) 爲鼓勵自學進修青年獲得相當學歷資格， 該局歷年均舉辦小學、國中、高中學歷鑑定考試。考試及格者，發給證書，以供其深造或就業之需要。

參、縣市教育行政組織與業務

臺灣省各縣（市）之社會教育行政事務，則由各縣（市）政府教育局設社會教育課掌理之。

以臺灣省桃園縣爲例， 縣政府內設教育局， 教育局長下設五課：1.學務管理課，2.國民教育課， 3.社會教育課， 4.體育保健課， 及 5.人事課。另設縣立圖書館、體育場等推行全縣社會教育事務。 ❸

桃園縣教育局社會教育課的行政工作，主要在推動：1.加強辦理社會教育推行全民精神建設方案及改善社會風氣重要工作；2.輔導全縣各級社會教育機構；3.辦理教師節祭孔釋典，表揚資深優良教師及兒童節表揚模範兒童；4.推行交通安全教育，倡導禮讓運動；5.成立社教工作站，加強勞工農村青年藝文活動；6.推展圖書館工作：桃園縣已達一鄉鎮市一圖書館之目標：

---

❸ 桃園縣教育局編印， 桃園縣教育簡介，民國六十九年三月。

桃園縣政府教育局組織系統

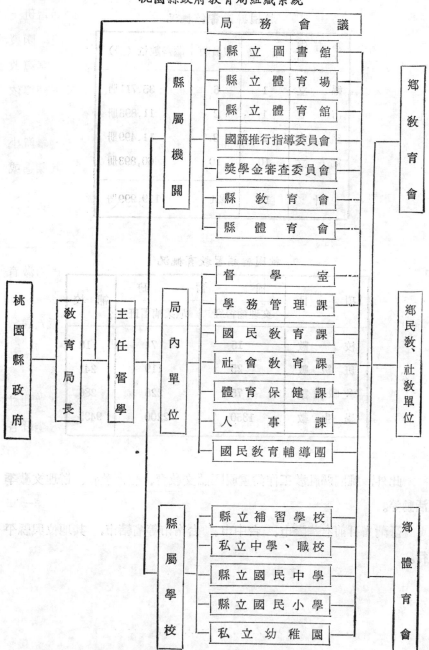

桃園縣圖書館概況

縣 市 鎮 立 別	館　數	職員數	藏書數量（冊）
縣　　立	1	6	35,711冊
市　　立	1	2	11,896冊
鎮　　立	2	3	11,499冊
鄉　　立	10	10	60,893冊
計	14	21	119,999冊

桃園縣補習教育概況

項　　目	補　習　班		補　校
	文理補習班	職業補習班	
校　　數	15	74	18
班　級　數	25	119	241
教職員數	75	228	286
學　生　數	1350	2200	9435

　　此外，桃園縣社教工作尚重視國語文教育、藝術教育、辦理文藝季活動等。

　　臺灣省目前有基隆市、台中市、台南市等省轄市，其地位與縣平行。

第三節　社會教育的機構與活動

我國的社會教育機構，根據六十九年社會教育法修正案第四、五條所規定，包括：社會教育館、文化中心、圖書館或圖書室、博物館或文物陳列室、科學館、藝術館、音樂廳、戲劇院、紀念館、體育場所、兒童及青少年育樂設施、動物園及其他有關社會教育機構。這些社會教育機構，經常辦理各項社會教育及文化活動，促進我國社會教育之發展。

壹、社會教育館

社會教育館是實施社會教育的綜合機關，也是社會民眾的活動中心，它是以社會有價值的活動為課程，以全社會為施教範圍，以全民為施教對象，以全人生為施教的時間，其實施包括全部社會教育活動。因此，社會教育法賦予社會教育館之任務為：推展各種社會教育事業並輔導當地社會教育之發展。

我國現有社會教育館，根據教育部社會教育司民國六十八年九月統計，計有：（1）臺灣省立新竹社會教育館，（2）臺灣省立彰化社會教育館，（3）臺灣省立臺南社會教育館，（4）臺灣省立臺東社會教育館，（5）臺北市立社會教育館，（6）高雄市立社會教育館，（7）宜蘭縣立社會教育館籌備處，（8）臺中縣立社會教育館，（9）高雄縣立社會教育館，（10）金門縣立社會教育館，（11）連江縣立社會教育館等十一個單位。⓮

⓮ 教育部社會教育司編印，公私立社教機構一覽表，民國六十八年九月。

　　玆以省立新竹社會教育館之館務推展情形，來說明我國社會教育館之一般概況。⑮

一、沿革

　　民國四十二年社會教育法公佈後，臺灣省政府爲加强推行社會教育，籌備設置省立社會教育館，初步計劃先在本省北、中、南、東區各設省立社會教育館一所，作爲本省社會教育推行及輔導機構。北部館經擇定設於新竹，民國四十二年五月廿一日成立籌備委員會，由當時臺灣省教育廳劉廳長先雲先生兼任主任委員，並假新竹縣立圖書館辦理籌備設館工作，同年九月一日正式成立，定名爲臺灣省立新竹社會教育館，省派王儀先生爲首任館長。

　　館址問題經與新竹縣政府會商撥借中山堂爲本館大禮堂，中山堂後側空地增建民衆閱覽室，陳列室及教室各乙間。四十四年四月建築及籌備工作告一段落，於四十四年四月三十日正式開館。

　　民國四十七年八月一日，王館長因健康關係請辭，省府派盧永汶先生接任，乃着手改善環境，逐步增添活動場所及器材設備，推展各項活動，民國六十四年五月一日盧館長退休，館務由教導組主任祝家樹先生兼代，現任館長陳憲生先生，於同年十二月卅日奉派接任。

---

⑮ 新竹社會教育館編印，臺灣省立新竹社會教育館概況，民國六十六年。

二、組織與編制

（一）組織系統：

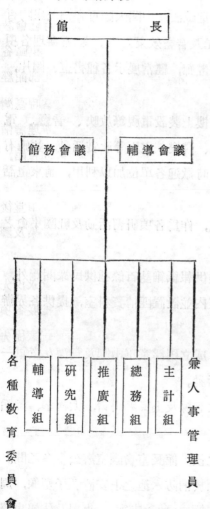

（二）編制員額表：

職　　稱	編制員額	現有員額
館　　長	一	一
組　　長	三	三
輔　導　員	二	一
編　　纂	二	
主　計　員	一	一
幹　　事	三	四
助理幹事	二	二
書　　記		一
雇　　員		一
司　　機	一	一
技　　工	二	二
工　　友	三	三
合　　計	二十	三十一
備　　註		

三、建築與設備

(一)、建築:

(一)大禮堂: 由原新竹縣中山堂改設, 中間大廳可容納民衆陸百餘人, 並有表演舞臺, 經整修後燈光及音響效果尚佳, 經常辦理各項展、演活動, 其旁利用原有走廊設置畫廊, 經常展示各種書畫、圖片, 並提供各界舉辦教育性活動。

(二)視聽教室: 在大禮堂前庭樓上裝設電視錄放映、 音響、 電影、 幻燈等放映設備, 經常舉辦電視、音樂、電影等欣賞活動, 並備有各種錄影帶、 錄音帶、 電影片等, 隨時歡迎各單位加以利用, 請來電話接洽。

(三)普通教室二間: 設於後院, 作爲各項研習活動及社團集會之用。

(四)閱覽室: 設於後院, 除提供報紙雜誌百餘種供民衆閱覽外, 並有圖書萬册, 經常供民衆借閱, 室內並設置匪情資料室, 提供各界辦理匪情教育, 加强仇匪恨匪之觀念。

(五)童子軍團部: 設於後院, 成立羅浮童軍兩團及資深女童軍一團, 資料器材完備, 經常辦理各項活動。

(六)後院廣場: 提供作爲溜冰訓練及土風舞研習, 太極拳、舞蹈等各項活動。

(七)行政中心: 設於大禮堂之後, 館長室會議室辦公室各乙間。

(八)前院及孔子塑像: 前院除於消防水池之上安置孔子塑像, 周圍裝設孔子行教圖外, 並有大型佈告欄、 社教走廊、 車栅及休憩桌椅等, 並佈置各種教育性圖畫。

（二）、主要設備

名　　稱	單位	數量	規　格	備　註
施　教　車	輛	1	9 座	
天體望遠鏡	架	1	80mm	
電　影　機	架	4	16mm	
彩　色　電　視	臺	2	20 吋	
電視錄放影機	部	1	國　際	華國公司借用
錄　音　機	部	4	卡　式 盤　式	
幻　燈　機	架	1	半自動	
錄　影　帶	卷	53	30 分	
錄　音　帶	卷	19	60〜90 分	
電唱機(音響)	部	1		

四、工作現況

該館係一綜合性社教機構，爲輔導區社會敎育發展中心，以推行民眾公民、語文、健康、生計、藝術、科學敎育爲範圍。輔導區包括本省北部宜蘭、基隆、臺化、桃園、新竹、苗栗等六縣市。工作方針以一般民眾爲主要施敎對象，運用社會資源配合各機關社團共同推行社敎活動及協助學校辦理社會敎育，目前以：推行中華文化復興、加强心理建設；推行民族精神敎育、貫徹反共復國行動；推行國民生活須知禮儀範例、改革社會風氣；實施大衆科學敎育活動、提高國民知識水準；辦理各種文康育樂活動、充實民衆休閒生活等爲重點。茲就工作現況分別列述如次：

1. 研究工作——

省立社會敎育館輔導區域廣大，對社敎業務之推展主要在研訂各項推動方法策動各界推行，方能普遍深入基層，故研究工作爲該館主要業務之一，其工作簡述於后：

一、調查區內社敎活動概況及蒐集活動資料作統計研究。

二、各項文敎資料之蒐集整理，提供推廣施敎。

三、調查各級學校辦理社敎概況，並研究可行方法供學校採行。

四、歷史文物及地方文獻之探訪、蒐集、整理、研究編輯、典藏與展示等。

五、遴聘專家從事各項專題研究，編印報告及出版叢書刊物等。

六、辦理社會敎育實驗工作。

七、有關社敎人員訓練及進修等事項。

八、附設圖書室，辦理圖書閱覽等事項。

九、附設匪情資料室，有關資料蒐集整理，陳列及推廣事項。

十、有關社敎法令規章設施等之研訂。

十一、舉辦各項專題座談及語文競賽、測驗、猜謎、有獎徵答等活

動。

2. 輔導工作—

該館奉指定臺灣省北區（宜蘭縣、基隆市、臺北縣、桃園縣、新竹縣、苗栗縣）六縣市為輔導區。輔導工作簡述如后：

一、籌劃召開輔導會議及社教工作研討會。

二、策劃輔導各縣市舉辦輔導區社教聯合活動。

三、協調、鼓勵及獎助各單位以策動舉辦社教活動。

四、輔導社教機構及學校辦理社會教育，以謀社教事業之發展。

五、獎勵社教優良事跡及優良社教人員。

六、各級社教機構之聯繫與有關社教諮詢之解答。

七、籌組各種社會教育委員會推展各項教育。

八、其他有關社教輔導事項。

3. 推廣工作—

該館除策動輔導各單位舉辦社教活動外，就現有建築設備及人力，仍儘量辦理各項活動，以作示範推廣。其工作簡述如后：

一、舉辦各種教育性之展覽、演出等活動。

二、舉辦各種示範性或倡導性之文教活動或競賽。

三、支援或配合其他單位辦理各項文教活動。

四、實施流動施教及巡迴放映電影等活動。

五、舉辦視聽教育活動及視聽器材維護服務。

六、舉辦有關文化、科學等專題演講或座談會。

七、辦理各項藝文研習，補習教育及開放館舍等活動。

八、辦理童子軍教育活動。

九、協助戲劇及禮俗改良宣導活動。

十、有關社教政策之推行宣導。

十一、舉辦各項休閒活動。

十二、其他有關社教推廣事項。

貳、圖書館

　　圖書館蒐集許多圖書資料，可以便利民眾自由閱覽、自習或繼續研究之用，更可以利用館內人員、設備，有計劃的辦理各種活動或讀書指導工作，以提高社會全民的文化水準。

　　臺灣地區現有國立中央圖書館暨臺灣分館各一所。中央圖書館於民國廿二年創設於南京，卅八年遷臺，四十三年在臺北復館。臺灣分館係於六十二年由前省立臺北圖書館改設。兩館藏書共計一百〇六萬册，員工二百廿人。

　　臺灣省現有省立臺中圖書館一所，藏書十八萬册，員工一四六人。臺北市設有市立圖書館一所，分館九所，藏書廿三萬册，員工一五一人。高雄市立圖書館藏書十五萬册，員工卅人。

　　臺灣省各縣市，除臺中市、臺南縣及臺東縣外，其他十七縣市均設有圖書館一所。據六十八年十二月調查統計，各館全部藏書共有一、五四三、五九八册，員工共有五二二人。六十九年購書費總額為五百五十九萬九千元，平均每館廿九萬四千七百元。

　　大專圖書館共一一三所（包括軍事學校及僑大先修班）。據六十八年十二月調查統計，總藏書是為九、七二九、四九四册，聘用人員八七四人，六十九年購書費總額為一億三千零一十一萬元。

　　中、小學圖書館：現有中等學校九九〇所，國民小學二、三二九所，依照規定每校均應設置圖書館（室）一處。

　　據六十八年調查臺灣地區共有專門及政府機關圖書館一一〇所，共有圖書二百八十四萬册。規模較完備者有：中央研究院各所圖書館、故

宮博物院圖書館、孫逸仙圖書館、中山科學院圖書館、國防部圖書館。

　　臺灣省各縣之鄉鎮（市）立圖書館，據教育部六十八年九月資料所列，約有五十六所。目前政府正在積極發展鄉鎮圖書館。

　　私立圖書館較有規模者廿餘所，如：耕莘文教院圖書館、道藩圖書館、雲五圖書館及行天宮圖書館等。⓰

　　玆以國立中央圖書館之組織編制與六十九年度之工作概況，來協助說明當前我國圖書館事業之情形。⓱

　　中央圖書館隸屬教育部，掌理關于圖書之蒐集、編藏、考訂、展覽，及全國圖書館事業之研究、輔導事宜。民國廿二年該館籌設于首都南京，抗日戰爭時遷移重慶，卅八年遷臺，迄四十三年在臺北市南海路現址復館。六十二年十月，奉命接收前臺灣省立台北圖書館，改爲該館臺灣分館。

　　該館組織，館長之下設採訪、編目、閱覽、特藏、總務五組，出版品國際交換處及分館各一處，另有人事、會計兩室。採訪組辦理國內外出版品之徵集、採購、登錄事項。編目組負責中外圖書分類編目、編製各種專題目錄等工作。閱覽組辦理中外圖書資料之典藏、閱覽、圖書出納、參考諮詢及國內外圖書展覽等事項。特藏組主管善本圖書、金石拓片、古器物之登記、典藏、考訂及編目等事項。總務組負責文書、庶務、出納及不屬於其他各組事項。出版品國際交換處執行該館代表政府履行國際交換公約及一切出版品國際交換事項。臺灣分館辦理地區性圖書館服務，以及輔導地方圖書館事業。至於人事、會計兩室則分掌人事及歲計、會計、審核事項。

⓰ 王振鵠撰，圖書館教育與文化建設，載於中國教育學會主編，教育發展與文化建設，幼獅文化事業公司，民國六十七年十二月，頁三〇二～三〇三。

⓱ 王振鵠撰，國立中央圖書館六十九年度重要工作概況，收於六十九年社會教育年刊，頁四五～五〇。

國 立 中 央 圖

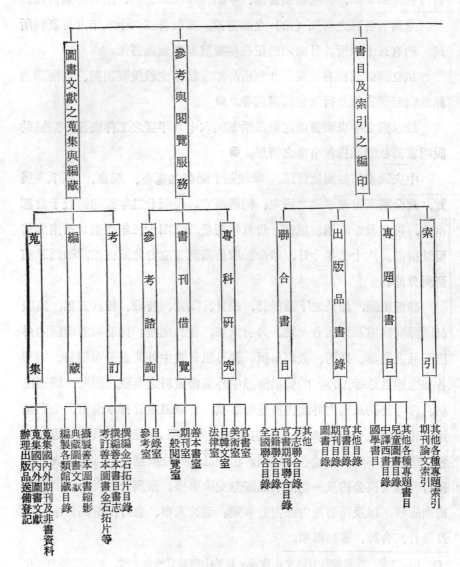

圖書文獻之蒐集與編藏 — 蒐集 — 蒐集國內外圖書文獻／蒐集國內外期刊及非書資料／辦理出版品送備登記
　　　　　　　　　　　　 — 編藏 — 攝製善本圖書縮影／典藏圖書文獻／編製各類館藏目錄
　　　　　　　　　　　　 — 考訂 — 撰編金石拓片目錄／撰編善本書目書志／考訂善本圖書金石拓片等

參考與閱覽服務 — 參考諮詢 — 參考室／目錄室
　　　　　　　 — 書刊借覽 — 一般閱覽室／期刊室
　　　　　　　 — 專科研究 — 善本書室／日韓文室／法律室／美術室／官書室

書目及索引之編印 — 聯合書目 — 全國聯合目錄／古籍聯合目錄／官書聯合目錄／方志期刊聯合目錄／其他聯合目錄
　　　　　　　　 — 出版品書錄 — 圖書目錄／期刊目錄／官書目錄／其他各種目錄
　　　　　　　　 — 專題書目 — 國學書目／中譯西書目錄／兒童書目錄／其他各種專題書目
　　　　　　　　 — 索引 — 期刊論文索引／其他各種專題索引

圖書館業務一覽

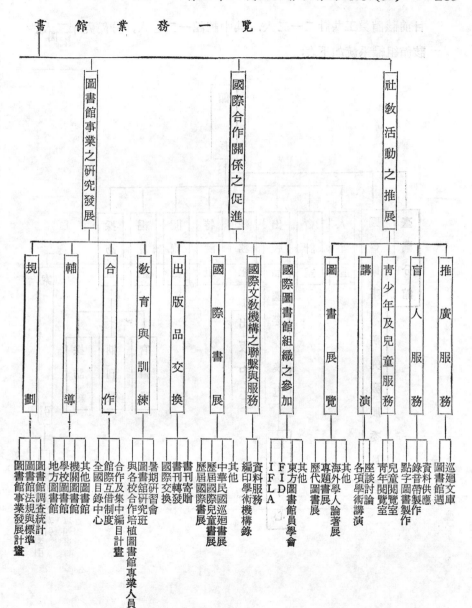

目前該館員工共計二一二人，其中總館一二〇人，分館九十二人。

該館組織系統如下表：

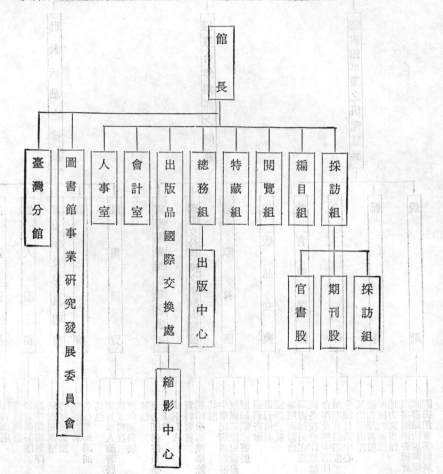

茲將該館自六十八年七月至六十九年六月各項重要工作報告如后：

一、蒐集國內外圖書文獻

該館在臺復館之初，僅有自南京運來之十四萬册圖書，經二十五年來之蒐集，迄民國六十九年六月底藏書已達六十一萬二千餘册，臺灣分館亦達四十四萬二千餘册，合計共達一〇五萬二千餘册，該館藏書現況如下：

(一) 藏書類別及册數

類　　別	册　　　　　　　　　　　　　　　數
善　本　圖　書	144,467
中　文　圖　書	210,366
西　文　圖　書	77,406
日　文　圖　書	44,762
韓　文　圖　書	6,738
官　　　　書	85,319
期　　　　刊	43,300
共　　　　計	612,358
附　　　　註	1 另藏金石拓片 11,502 件，漢簡 30 枚。 2 未裝訂之官書、期刊、散頁未計。

(二) 館藏期刊報紙種數

	期　　　　刊	報　　　　紙
中　　文	3,607	193
西　　文	1,425	41
日　　文	461	2
韓　　文	203	1
共　　計	5,696	237

（三）臺灣分館藏書類別及冊數

類　　　別	冊　　　　　數
中 日 韓 文 圖 書	405,237
西 文 圖 書	36,953
共 　 計	442,190

該館藏書有下列特色：

（一）國內出版品蒐集之完整

該館職司國家文獻之蒐集編藏，藏書來源有徵集、交換、贈送、購買等四種方式，徵集方面係依據出版法規定接受國內出版機構、政府機關各項出版品之呈繳，交換方面係以該館或國內出版品向世界各國交換有關漢學論著或流落外國文獻為主，贈送方面則本館經常接受海內外學者收藏家及公私團體之贈書，購買方面係以外國印行失傳之本國文獻為主。

（二）善本古籍珍藏之繁富

目前館藏善本圖書近十四萬四千冊，其中宋版二八一部，金元本三六〇部，明刊本八、三三九部，名家稿本、批校本一千餘部，歷代手抄本三、五〇〇部，餘如明清內府輿圖、敦煌寫經、日本及安南舊刻本等，藏品之繁富精美，海內外首屈一指，除數量外，尚有以下特點：1.各書版本相當完備，足供校勘之用；2.孤本秘笈或罕傳本甚多，在五百種以上；3.明代資料極為豐富，明人著作在三千種以上，內明人文集即達一千三百餘家；4.歷代各種圖書形制完備，自漢簡牘、隋唐寫本卷子、活字印本、套色印本，以及卷軸等各種裝訂形式，一應具備。

（三）國內外官書收羅之周全

該館收藏之國內外官書資料，除本國官書外，一部份為各國政府與

我國依據官書交換協約之規定，由各國之交換機構蒐集其政府機構之資料統籌寄贈本館者；一部份係由各國國際組織，將其印行之資料逕寄本館者，故本館所藏此類資料亦爲我國圖書館中最完備者。

（四）臺灣文獻及東南亞資料之宏富

該館臺灣分館原係光復前之臺灣總督府圖書室及南方資料室，搜羅有關臺灣及東南亞之圖書資料歷史悠久，基礎雄厚，所藏資料不僅爲國內第一，而且聞名世界。

（五）縮影圖書資料之收藏

縮影圖書資料爲現代圖書典藏及利用之趨勢，該館除已將館藏善本拍成縮影微捲一萬三千餘種、一萬二千餘捲外，近年來收藏此類型式之圖書、公報、期刊等爲數甚夥，本年內計訂購中國研究博士論文三百捲、中國當代文獻四百餘片，民國三十八年以前中文期刊十九種等，交換日本國會圖書館資料亦均屬縮影資料。

二、籌劃新館遷建事宜

本年內關於新館之籌建，除召集兩次遷建委員會議工作小組擬訂之計劃外，主要係完成土地之徵收撥用及協調地上物拆遷補償事宜。中山南路西側之遷建用地內，包含公有、私有、未登錄三類土地，舉凡公有土地之撥用、私有土地之徵收，及未登錄土地之登記產權等各項手續均經分別完成；至地上物之拆遷補償，亦經報請教育部協調臺北市政府成立專案小組進行辦理中。

新館設計爲適應未來三十年之發展需要爲目標，建築面積一萬坪（三三、〇〇〇平方公尺）藏書二百萬冊，容納四千人同時閱覽及文敎活動。內部設普通書庫、善本書庫、各專科閱覽室、參考室、期刊室、輿圖室、官書室、視聽室、美術室、音樂室、及目錄中心等，另設有圖書展覽與學術講演之場所，新館遷建事宜預計四年內完成，一俟完成公

開徵求設計圖後，即可動工興建。

三、編印各項目錄索引

出版爲該館重要業務之一，本年度除繼續編印各項定期刊物及專書外，並開創國內自動化處理圖書館目錄之新猷，與王安電腦公司合作，進行「中文期刊聯合目錄」之電腦建檔，包括一三六所圖書館所藏之六千五百四十三種中文期刊，對於讀者之檢索、編印之經濟，均大爲方便。

本年度該館其他出版品計有：

（一）定期刊物

1. 中華民國出版圖書目錄：月刊，收錄該館新編圖書，以目片著錄方式印行，供國內外各圖書館採編圖書之參考，本年度共出十二期，收錄圖書四、九一七種。

2. 中華民國期刊論文索引：月刊，收錄全國重要期刊之學術性論文，供學者專家學術研究之指引，本年度共出十二期，收錄六八八種期刊，二〇、八八五篇論文。

3. 新到西文圖書選目：月刊，收錄該館新收西文圖書，打字油印本。

4. 每月新到西文政府出版品選目：月刊，六十八年九月創刊，打字油印本。

5. 國立中央圖書館館刊：半年刊，刊登圖書館學及目錄學等學術性論文，報導圖書館界消息、新書提要等，已出刊至新十二卷二期。

6. 國立中央圖書館通訊：英文本，季刊，報導該館各項重要業務、活動及交換消息，發行對象爲國外單位，已出刊至十二卷三期。

7. 國立中央圖書館館訊：中文本，季刊，報導該館各項業務活動，及呈繳出版品名單等，發行對象爲國內圖書館、文教機構及出版界，已出版至三卷二期。

（二）專書

1. 中國圖書分類法（試用本）：本書由教育部補助，組織中國圖書分類法修訂委員會歷時二年完成，初稿擬訂後曾分送各科專家審查，印行後並送請國內圖書館參考試用，以資檢討改進。

2. 中國文化研究簡易書刊目錄：收錄研究中國文化之中外文書刊，並以目前仍在刊行或可於圖書館查得者爲限，共收中文書刊二、九六七種，西文二七七種。

3. 臺灣公藏普通本線裝書目人名索引：包括臺灣八所收藏最富之圖書館館藏，總計一千一百頁之鉅，六十九年六月出版。

4. 中華民國期刊論文索引彙編六十七年度：包括國內出版期刊中二萬二千餘篇論文，分十大類、七十九小類，六十九年七月出版。

四、舉辦國內外圖書展覽

（一）舉辦國外書展

該館爲慶祝國慶及推展中華文化至海外，特與澳洲澳亞協會及自由中國協會聯合主辦一項「中華書畫展」，自六十八年十月十日起在澳洲布里斯本市政廳舉行十天，該館運送圖書一八四冊及中西繪畫六十五件赴澳展出。揭幕當晚並舉行慶祝酒會邀請該國國會議員致詞，另有各項表演活動，場面至爲熱烈，爲中澳斷交後之一次盛會。

（二）參加國際書展

1. 美國大西洋中區圖書館聯合會圖書展覽，六十八年十月二日至五日，該館展出圖書一五〇冊。

2. 美國波士頓公共圖書館第五屆國際兒童書展，六十八年九月十六日至十月十五日，本館展出圖書二一〇冊。

3. 美國加州圖書館協會八十一屆年會書展，六十八年十二月八日至十一日，該館展出圖書一九〇冊。

4. 比利時布魯塞爾第十二屆國際書展，六十九年三月十五日至二十三日，該館展出圖書一五〇册。

5. 美國圖書館協會第九十九屆年會書展，六十九年六月底，該館展出圖書二〇〇册。

6. 多明尼加第八屆國際書展，六十九年四月二十四日至三十日，該館展出圖書一百餘册。

7. 加拿大多倫多中華文化海外復興協會文物展覽，六十九年五月三十一日至六月一日，該館展出圖書三九册，圖片三〇幅。

（三）辦理國內書展

1. 文藝作品展覽，該館與全國圖書出版事業協會合辦，六十八年九月十五日至二十三日在本館舉行，共三十三家出版社展出圖書二、一五八册。

2. 中華民國政府出版品展覽，該館與行政院研考會、新聞局合辦，自六十八年十月九日至二十八日在國父紀念館舉行，共一七八單位展出圖書七、〇〇〇册，資料唱片等三、〇〇〇件，此次展覽爲建國六十八年來規模最大之政府出版品展出，行政院孫院長等曾往參觀巡視。

3. 六十八年出版新書展覽，該館與圖書出版事業協會合辦，自六十九年三月二十二日至三十日在該館舉行，參展圖書二、〇〇〇册分屬三十餘家出版社。

4. 中華民族偉人傳記資料展覽，該館與一八〇機關團體合辦，自六十九年五月十九日至二十五日在該館等三處舉行。

5. 第十一屆全國新時代兒童創作展覽，該館與中國語文學會合辦，自六十九年五月二十二日起至六月二日在該館等兩處舉行。

五、改進善本圖書典藏

（一）整編館藏金石拓片

　　館藏歷代金石拓片達一萬一千餘件，向因空間有限無法有效整理，近來該館爲將此批文物提供學術研究，乃積極從事整編，並將原已年久遭損者予以修補裝裱，效果甚佳。

　　（二）拍攝歷代墓誌縮影膠片

　　繼館藏善本圖書完成縮影膠捲之後，該館繼續將墓誌拓片以膠片拍攝保存，以利典藏，兼便流通。

　　（三）修訂善本圖書保管辦法

　　爲隨時檢查爲數多達十四萬餘册之善本書，該館於最近修訂保管辦法，增加檢查一項，分爲保管單位自行檢查，館長隨時抽查等項並紀錄檢查結果以重珍籍。

六、加強國際聯繫與合作

　　（一）出席國際圖書館會議

　　國際圖書館學會聯合會（IFLA）自六十八年八月廿七日至九月一日在丹麥哥本哈根舉行第四十五屆大會，該館爲會員之一，因由王館長代表應邀出席，在大會之外並參加分組討論之國家圖書館組，會後順道考察歐美日本圖書館事業以加强與各國之連繫。王館長並訂購該次大會全部二百餘份論文微片，供國內借鏡。

　　（二）邀請及接待各國專家訪華

　　爲增進國際對我國圖書館事業之瞭解，該館經常與其他機關共同邀請或接待各國專家來訪，本年內較著者如：

　　1. 美國圖書館學敎授凱塞博士（Dr. David Kaser），凱氏爲享譽全球之圖書館規劃設計專家，於六十八年十一月廿七日來館拜會，並與王館長就該館遷建之規劃討論甚詳。

　　2. 日本國會圖書館副館長酒井悌，該館爲日本之國家性代表圖書館，酒井氏任職多年，對我國素爲友好，于六十八年十二月十三日來華

訪問一週，抵臺後即至該館拜會並出席接待會，就兩館合作事宜交換意見。

3. 美國國立圖書館自動化專家艾傑士 (J. B. Agengroad)，于六十九年六月十三日來華，在該館主持四場圖書館自動化討論會，並參觀國內各圖書館及電腦公司，至十九日返美。

其餘如日本農業圖書館協會訪問團、澳洲澳亞協會代表團、韓國國會圖書館訪問團、日本東洋思想研究會等多項團體或個人。

(三) 加強出版品國際交換工作

該館代表我國與世界各國進行出版品交換工作，並與各國學術機構及學者聯繫，以促進國際文化交流，目前與該館建立交換關係者計有七十七個國家及兩地區之圖書館、學術機構，共九五五單位，另外該館經常寄贈圖書資料之單位計十八處。本年度內該館共收到國外寄來書刊三八、二一四冊，寄往國外書刊一四九、九九二冊。

七、推展全國圖書館事業

(一) 協助各縣市文化中心之興建

各縣市文化中心自上年度起紛紛展開設計及進行工程，該館接受教育部要求就各地文化中心之設計提供參考準則並協助審查圖樣，本年內完成審查者計有臺中市、花蓮縣、新竹縣、彰化縣、屏東縣、宜蘭縣、臺北縣等，該館並贈送二十部歷年編印書目予各地文化中心採訪圖書參考。

(二) 推動圖書館自動化計劃

該館為因應電腦處理中文資料需求，擬訂全國圖書館自動化計劃陳教育部轉行政院核定，預計至民國七十二年完成全國資訊網之建立，目前從事者為第一階段之中文機讀式目錄格式之編製，及中文編目規則之修訂。該館並與中國圖書館學會合組策劃委員會推動其事。

（三）召開圖書館事業座談會

六十八年十月二十日，該館邀請以機關圖書館為主之代表，研討政府出版品徵集交換工作，及人文社會科學館際合作兩項議題，行政院研考會魏主任委員曾就政府出版品管理發表專題講演。

叄、博物館

博物館蒐集並陳列各種歷史上的真實事物，或標本、模型、表解、說明或美術品等，供人自由閱覽，以實施直觀的教育，使一般民衆能了解歷史上或大自然界的種種事蹟或現象，以擴充民衆的知識，並可陶冶其欣賞藝術的能力，涵泳其德性，藉收藝術教育、道德教育、民族精神教育、科學教育之效果。

目前臺灣地區的博物館，據六十八年的統計資料顯示有：（1）國立故宮博物院，（2）國立歷史博物館，（3）國軍歷史文物館，（4）臺灣省立博物館，（5）臺灣省臺南市立民族文物館，（6）臺灣省嘉義縣立博物館，（7）福建省金門縣立社敎館附設歷史文物館，（8）馬祖歷史文物館，（9）財團法人臺北市私立中華博物館等九個單位。

茲以國立歷史博物館為例，說明我國博物館之主要概況及活動情形。[18]

一、沿革：

該館原名歷史文物美術館，始於張前部長曉峯，其特點在於融歷史、文物、美術於一爐。以歷史之演進為中心透過美術之手法，藉各種實物作具體之表現，以表現中華文化之精神。民國四十四年十一月成立籌備處，以包遵彭為籌備主任，經多方協調與苦心經營，於民國四十五

---

[18] 第四次中華民國教育年鑑，頁一〇九四。

年三月十二日，正式成立，並於同年十二月五日經行政院核准公布組織規程，並以包主任爲首任館長，嗣經全國考古學者，歷史學者及藝術家等道義協助，經由蒐集、考證、復原，仿製諸方法，陳列標本模型圖片，並配置實物，開放展覽，其後藏品大增，乃澈底更換展品，全部展出古器物及古今美術品諸原物，旣而陸續擴建外圍，展覽空間大增，乃更名爲國立歷史博物館，並置有國家畫廊，現任館長爲何浩天敎授。

二、館址與設施：

該館位於臺北市南海學園，建館之初，僅爲一日式破舊木樓，餘無所有，自四十七年後之不斷擴展，尤以六十年之拆除舊展覽大樓，改建並擴建爲六層宮殿式新展覽大樓及整建庭園，不但外形美侖美奐，而且展覽空間亦大爲增加，除擁有廣大之展覽室外，並設有國家畫廊、歷史教學研究室、美術教學研究室、古物安全陳列室、中國文字陳列室、古代工藝陳列室、國民革命史蹟陳列室、近郊古物庫房、貴賓接待室、藝術家交誼室，地下倉庫等等。

三、編制：

該館隸屬教育部，掌理歷史文物美術品之採集、保管、考訂、展覽及有關業務之研究發展事宜，內設研究、展覽、典藏、總務四組，分掌各組事務，其編制有館長、秘書、組主任、編輯、幹事、會計主任、人事管理員、雇員、警衞、技工、工友、及編制外各展覽室管理員，現有員工六十七人。另設研究、美術、鑑定、推廣各委員會，聘請專家擔任委員。

四、工作概述：

（一）文物蒐藏：文物蒐藏爲該館之重要工作之一，自先後接收戰後日本歸還古物三批，保管前河南博物館新鄭、安陽、輝縣出土商周銅器、玉器、甲骨、洛陽一帶出土之陶器，以及淸宮舊藏織錦等物。復承

自總統府以下各級軍政機構、法院等，歷年撥交多批，及國內外收藏家捐贈，及至各地採訪蒐集，藏品甚豐，前後已有五十九案，內容計有銅器、錢幣、文字史料、石刻及雕塑品、玉器、陶器、瓷器、家具、服裝織繡、古今書畫、碑帖、革命文獻眞蹟與史學名著手稿等各類文物，尤以該館之銅陶玉器，皆有出土紀錄，其學術價值甚高，爲中外專家學者所矚目，錢幣部分，亦爲世界中國錢幣收藏之重鎮。漢熹平石經原石六百餘字，及北魏九層石刻千佛塔等，皆爲絕世孤品。總計現藏各類文物達四萬件。

　　（二）出版工作：除編印館刊外，已出版歷史文物叢刊十八種，有關文物美術等各項書籍畫册八種，以及介紹中華文物專册四種，漢書拓片二十三種，民俗版畫六種，古物彩色圖片三套二十一種等。

　　（三）研究工作：該館研究事項有專題研究、鑑定代驗古物，輔助國內外學人或學校團體研究我國歷史文物，提供資料，解答問題，複製古物，研究佛教藝術，維護及發掘古物，出席國際學術會議等等。

　　（四）舉辦特別展覽及巡廻展覽：該館經常展覽商周禮器、樂器、兵器、以闡明我國傳統禮樂兵刑制度，同時陳列歷年石刻、玉器、陶器、瓷器、錢幣、家具、文字、工藝美術品、宗教文物等。並爲達成社會教育功能，在國內外不斷舉辦各項特展及巡廻展覽。

肆、科學館

　　科學館是陳列科學文化的各種物品，並說明其自然現象，以供研究觀覽的場所。其主旨在推行通俗科學教育，並輔導學校科學教育。

　　臺灣地區的科學館，目前祇有二所，卽：國立臺灣科學教育館和臺北市立天文臺。

一、國立臺灣科學教育館

國立臺灣科學教育館於民國四十五年十一月奉行政院令准設立，民國四十七年於臺北市南海路現址，正式開放展覽。現任館長陳石貝先生。

該館隸屬教育部，置館長一人，秘書一人，設實驗、展覽、推廣、總務等四組，並置會計主任及人事管理員，依職掌辦理各項業務和事務。

該館之職掌為推行臺灣地區通俗科學教育，輔導中等以下學校與社會教育機構推行科學教育事宜，並依據國家科學發展計劃指定之工作，推展業務；其辦理事項為：

1. 敦請國內外敎授專家作學術性科學演講；六十九年舉辦七次；

2. 舉辦各項專題特展，六十九年度計舉辦專題展覽計十二次；

3. 舉辦全國性中小學科學展覽，已辦二十一屆；

4. 舉辦科學展覽及發明展之巡廻展覽，舉辦八屆；

5. 參加國際發明展；

6. 進行科學實驗，辦理科學研習活動；

7. 研製電化教學模具。

二、臺北市立天文臺

臺北市立天文臺於民國二十七年設小型天文臺於臺北市中山堂，專供民眾參觀天象，藉以普及天文知識。民國五十八年該臺正式成立，臺長為蔡章獻先生。目前市立天文臺位於圓山頂上，設有各種天文觀測儀器，民國六十七年該臺為加強推行天文科學教育，以配合科學發展需要，特增建天象館一座，並於六十九年七月一日開放。該臺主要社教活動為：

1. 開放參觀及放映天象影片；

2. 舉辦天文研習活動；

3. 辦理天文學術演講；

4. 編印天文刊物，

5. 天文服務。

新近完成之天象館為二層圓頂大樓，一層設有大廳、展覽室、會議室、演講室和辦公室；二層樓則包括景象廳、管理室、展覽室、技術室和市民休息室。景象廳為直徑十六公尺的圓頂放映廳，設有二百三十三個座位，中央安裝著「天象儀」。目前，天象館的放映業務，依對象分為：

1. 一般放映：每場四十五分鐘，內容老少咸宜，介紹春夏秋冬四季的星座，解釋普通天文常識；

2. 研習放映：以各級學校學生團體為主要對象，介紹各季節的星座；

3. 幼稚園放映：以托兒所幼稚園團體為對象，介紹天文故事。

該館自開幕以來，對推廣天文科學教育，發揮社教功能殊巨。

伍、藝術館

藝術館是蒐集人類文化的業績之博物館，主要陳列品為美術工藝品，供給民眾觀覽或臨摹，一方面可以使民眾了解人類以往的業績，一方面又可以發展民眾對藝術的鑑賞能力，陶冶民眾美的情操，以達到身心和諧的境地。

目前臺灣地區祇有一所國立臺灣藝術館，於民國四十五年籌建，四十六年三月二十九日正式開館。該館之任務為掌理臺灣地區藝術教育之實施與推廣，輔導地方社會機構及中等以下學校推行藝術教育，以培養國民對藝術之興趣，提高藝術水準。該館組織因迄未完成立法程序，無編制員額，僅設館長一人，總理館務，秘書一人，協助館長統轄業務組、總務組、資料組、會計室事務，並有人事管理員一人。

該館館址在臺北市南海路，有正廳一間，樓下座位六百一十二個，樓上座位一百五十個，畫廊三個，此外，又有舞臺、化裝室、貴賓室各一間，並有鋼琴、螢幕、照相機各一座。

該館以推廣民族藝術教育為重要任務，其推廣方式則藉演出、展覽、出版三方面進行。六十九年度該館除辦理定期國劇欣賞、國樂欣賞、民族舞蹈欣賞外，其犖犖大者如：第九屆全國美術展覽、第十屆大陸地方戲劇聯合公演暨第五屆民俗曲藝演出。第九屆全國美術展覽除在臺北展出外，並在臺中、高雄市各展出十二天，全部作品並印行專輯發行海內外。

此外，臺北市為推展美育活動，提高藝術水準，特於六十七年間，配合文化建設方案，著手規劃籌建市立美術館。這座藝術界期待已久的美術館業於六十九年十月動工興建，預定在七十一年年底完成。

美術館館址擇於臺北市圓山第二號公園預定地，基地面積約為一五〇〇坪，北鄰圓山動物園，東接市立天文臺，且有第一號及第四號公園環繞其周，環境幽美，交通便捷。該館為配合幽美的環境，在設計上，一方面減少地面建築，力求建築公園化；一方面在建築造型取法殷商銅器雕刻中的雄獷及宋代的拙樸風格，呈現中國建築的特色，以表達中華文化的獨特精神與風貌。因此，該館之成立，不但將成為臺北市美術作品蒐藏與展示中心，且為臺北市增一觀光勝地。

該館之規劃與設計係採公開競圖，經籌建單位邀請專家審慎評選，決定採用名建築師高而潘先生之設計；該建築計有地下室三層，地上三層樓，總工程費高達五億二千萬元。地面三層樓分別規劃成陳列室、展示部、特展室、臨時展示部門及收藏準備室。一層樓的特展室可展出高十二公尺、寬十二公尺以上的巨幅畫，另附有聲光控制室，適於各種動態藝術之展出；陳列室淨高五・五公尺，可彈性隔成若干間，分供收藏

國畫、篆刻、書法、水彩、版畫、油畫等不同的作品。二層樓的展示部門淨高四公尺，適於彈性展出各種工藝品、水彩、版畫、雕刻等，除沿牆面展出外，亦可用臨時隔間增加展示面的長度。地下層則設有大型會議室、小會議室、圖書室、研究室、教室、出版部、保養室及辦公廳室。此外，館外的庭園廣場，亦將配合光、影、風、雨的自然效果，展出雕塑品，使參觀者能夠從空間的體驗中，達到啓發性靈的效果。以强化美術館的藝術功能。

　　近年來，國內美術界人才輩出，迭有佳作展出，其中，不乏在國際美展獲獎之傑作與享譽國際藝林之士；同時，由於經濟繁榮，民生富裕，蒐藏者亦日益增多，而促進私人經營畫廊業務的發展，不但畫廊相繼成立，各項展覽也持續不斷。但是，私人經營的畫廊往往由於場地限制，設備欠佳，大爲減弱展出的效果，對於代表性作品之蒐藏更難有妥善之處置；而幾個經常作爲美術展覽的公共場地，如省立博物館、國立藝術館和歷史博物館，皆嫌過於狹小，且非爲美術展覽專設之所。展出場所的問題，誠爲美術活動推展中之一大缺憾，是以，一座合乎國際水準的美術館一直爲美術界人士所夢寐以求，而關心人士亦一再呼籲政府賞資興建。臺北市立美術館之籌建，正應時需，將使國內美術推展邁向一個新的境界。

　　臺北市立美術館成立後，將提供美術創作者最佳的展出場所，不但國內各項盛大的美展和個人的展出皆可獲得適宜的展覽場地；更可進一步舉辦國際性的美術展覽，俾利觀摩，以提高國內的藝術水準。尤其，對於具有代表性的作品，更可有計劃地蒐藏，以利藝術珍品的保存，並提供藝術研究更有利的條件，而該館設有專門圖書室和研究室，尤便於研究工作之進行。同時，該館還規劃一座大型的會議場所和一座小型會議室，一方面可供國內美術界人士舉辦研討會，並作爲有志獻身美術創

作之學生研習之用，另一方面可適時舉辦國際性藝術研討會，以促進國際文化之交流與國內藝術水準之提高。

　　我國歷代在藝術創作上皆有輝煌的成就，今日我們在有利的創作環境之下，當在既有的基礎之上，創造更豐碩的成果。臺北市立美術館成立之後，將延攬專業人才，負責行政業務之推動，以配合美術教育之推展，適應美術界人士之需求，致力於國內藝術水準之提高，以達成文化建設之目標。⑲

陸、動物園

　　動物園是一座活的自然博物館，它兼具教育與娛樂的功能，而一座設備完善，動植物網羅齊全的大型動物園，更可供生物研究之用。臺北市立圓山動物園建立迄今已有六十餘年的歷史，面積僅有七千坪，實嫌太小，而動物繁衍日盛，且不斷引進新的動物，活動空間益顯狹隘，更難適應二百多萬遊客之需求，更談不上發揮研究之功能。因此，台北市決定在木柵區頭廷里籌建一座合乎國際水準的大型動物園，以便將圓山動物園遷往新址，俾供民眾遊覽觀賞。⑳

　　新建動物園面積廣達一百八十公頃，為圓山動物園的廿六倍，開發完成後，將是遠東地區最具規模、設備完善的動物園。建園工程由磊磊工程顧問公司負責規劃，已於六十九年五月完成全部規劃工作，全部工程將分三期十年興建完成，屆時可供每月十五萬人次遊覽觀賞。首期工程亦已發包施工，預定在七十二年國慶日完工開放市民遊覽。首期工程由承德造形工程公司監造，為期工程設計完美，承德公司負責人陳光猷先生最近曾前往東南亞、歐洲與美國等地考察世界著名動物園，供作興

---

⑲ 臺北市政府編印，臺北市文化建設，民國七十年，頁三十~三十一。
⑳ 同上註，頁三十二~三十三。

建木柵動物園參考。

　　新建動物園設計的構想，係參照世界動物園發展的趨勢，並根據我國社會發展實際需要進行規劃，以不破壞基地的自然景觀爲原則，模擬自然景觀，以展示動植物的生態環境，創造一處提供民衆觀賞遊憩，並發揮教育與研究功能的理想園地。該動物園將規劃爲下列各區：

　　（一）室內動物展示區

　　（二）兒童動物園區

　　（三）臺灣動物展示區

　　（四）亞洲雨林動物展示區

　　（五）亞洲落葉林動物展示區

　　（六）北美針落葉林動物展示區

　　（七）南美雨林動物展示區

　　（八）非洲草原動物區

　　（九）澳洲稀樹草原動物區

　　（十）沙漠動物展示區

　　（十一）鳥類世界

　　（十二）蝴蝶谷公園區及蝴蝶養殖場

　　（十三）臺灣原生植物展示區

　　（十四）中國大陸植物展示區

　　（十五）熱帶植物展示區

　　（十六）經濟植物展示區

　　（十七）野外動植物觀察區

　　（十八）配合各動物展示區栽植展示世界各地代表性植物以供研究與觀賞。

　　此外，該動物園還附設露營區、野餐區和青少年體能鍛鍊活動區，

並於四處分設休息站、餐飲站及兒童遊戲場地。另外配置作業區、行政區及公共服務設施，以提供遊覽民衆適時的服務。

至於遊園道路的規劃，分爲導遊汽車參觀系統與電車、步道配合的參觀系統。前者係沿著各動物展示區的外圍興建車道，全程設有五處停車參觀區，遊客可搭乘導遊汽車環繞參觀，在停車參觀區，可下車詳細觀賞各區的生態景觀與動植物；後者係圍繞室內與戶外動物展示館與展示區的內外側築一單軌電車道，全程設有五個車站，各站皆與步道相聯，通向各動植物展示區。

遊客進入園內後，可先在遊客中心瞭解該園動植物的概況，藉遊園指引，以決定參觀路線和將利用的遊園交通系統，事實上，導遊汽車、電車與步道，遊客可隨個人需要交互利用，至爲便捷。此二大交通系統的規劃，並以人車分道，儘量減少相互之間的干擾爲原則。

新建動物園在規劃定稿後，市府曾邀請美國動物園及水族館協會會長華士德和田納西州諾市動物園園長來華作實地勘查評估，兩位美籍專家，對於全盤規劃情形皆表滿意。市府除積極進行施工，俾能如期完成之外，並將延攬專業人才從事管理與服務工作，以提供民衆一個環境幽美、內容豐富、服務周到的遊覽勝地與充實生物知識的場所。

市府希望在文化建設過程中，市立動物園的開放，將帶給市民一個接近自然景觀的遊憩場所，而在遊覽觀賞之餘，不但增進市民動植物的知識，亦能培養市民的仁愛之心，以創造經濟富庶、和諧安寧的社會。

柒、其他社教機構

社會教育機構甚爲繁多，除上述社會教育館、圖書館、博物館、科學館、藝術館和動物園外，尚有：文化中心、教育資料館、紀念館、交響樂團等，茲簡要敍述之。

1.　**文化中心**：文化中心爲未來文化建設的主要機構，但文化中心到底是實體或虛體將來可能視各縣市情況而留有彈性，且本書將有專章討論。目前文化中心已完成且開始推動文化建設者，爲高雄市中正文化中心，與臺中市立文化中心。茲簡要介紹之。高雄市中正文化中心，會議廳及陳列室，大會堂音樂廳兼國際會議廳及圖書館四大部份。組織編制及人員甄選，皆正在作業中。

臺中市立文化中心於六十九年度辦理許多活動，諸如：民俗文物展覽、美術工藝展覽、主辦音樂活動、開放圖書室、提供場所協助公私社團活動、舉辦文化社教活動以及協辦兒童音樂教室、跆拳道教室活動等。

2.　**教育資料館**：教育部設有國立教育資料館一所，掌理國內外教育資料之研究推廣事宜，擔負著研究教育理論與方法，輔助學校教學和推廣社會教育的責任。其重點工作有如下幾項：

(1) 教育資料的蒐集與研究；

(2) 視聽教育之推行；

(3) 辦理教育資料之推廣與服務；

(4) 辦理教育廣播。

3.　**紀念館**：我國目前擁有　國父紀念館和　中正紀念堂二大紀念館，都辦理各項社教活動。

國父紀念館於六十一年落成開放，以紀念　國父孫中山先生及宣揚三民主義思想爲主要目標。館內設有紀念廳、大會堂、展覽室、畫廊、圖書室、講演室等，爲一綜合性活動機構，提供重要慶典集會外，並經常辦理各項學術講演及藝文活動，其主要社教活動概況：

(1) 宣揚中華文化，提高藝術創作水準，舉辦各項美術比賽及展覽活動；

(2) 倡導音樂、舞蹈、戲劇活動，提高國民欣賞水準，增進國民正當休閒活動；

(3) 舉辦史蹟展覽；

(4) 舉辦特展；

(5) 圖書館、勵學室便於民衆閱讀；

(6) 電影放映與演講。

中正紀念堂於六十九年四月四日落成，該堂以宏揚先總統　蔣公思想，紀念其豐功偉業爲目標。主要設施包括紀念堂、中正公園、國家劇院、音樂廳等，後二項爲第二期工程範圍，卽將施工興建，完成後將辦理各項文化活動。目前中正紀念堂主要之社敎活動爲：

(1) 文物展覽；

(2) 電影放映；

(3) 畫刊宣揚；

(4) 接待參觀；

(5) 配合辦理晨間活動。

4. 交響樂團：臺灣省敎育廳交響樂團和臺北市立交響樂團各一團，臺北市另有市立國樂團一團。這些音樂團隊經常舉辦音樂演奏會，輔導學校音樂，協助其他樂團演出活動。

第七章　我國社會教育的現況（下）

　　本章繼續對我國社會教育的現況，加以分析。本章分析的重點為：經費、人事與法令，這三項工作至為重要，它關係社會教育工作的成敗，亦是大家所至為關心的問題。可惜的是，目前我國社會教育的經費預算，無論中央省市或縣市，支出總數很難令人滿意，社教經費所佔教育經費的比例，尤其令人沮喪；我國社會教育人員需求甚殷，惟尚乏有計劃的培育，即使培養了一些，也很難學以致用，至於社會教育行政或事業機構，在職人員的進修，更是乏善可陳，可謂深造無門。社會教育的主要法令，如：社會教育法、補習教育法等近期已注意修正，惟觀其內容，進步的精神，尚待加強。總之，社會教育的經費、人員與法令等都深值探討分析，以為改善社會教育之重要依據與方針。

第一節　社會教育的經費

　　經費為行政事業之母，欲求社會教育事業之發達，必須先寬籌社會教育經費，然我國之社會教育經費從未寬裕，因此，民國十六年國民政

府奠都南京，大學院對於社會教育竭力提倡。民國十七年大學院召開第一次全國教育會議時，「確定社會教育經費，在整個教育經費中，暫定應占百分之十至二十。」此案成立後，於十月由國民政府明令公布。這是確定社會教育經費標準的最早規定。

民國十八年八月，教育部復根據上項規定，訓令各省市教育廳局，自十八年度起，社會教育經費應依照標準，切實增籌。二十年一月六日教育部又通令規定推行社會教育之三項重要設施，其第一項即為增籌社會教育經費，務期達到各省市縣教育經費全部百分之十至二十之標準。

民國二十二年四月，教育部又通令各省市在編製預算以前，務須切實增籌社教經費，期能達到規定標準，其已達到標準成數者，嗣後新增之教育經費，社教經費所占成數，在省市至少應為百分之三十，在縣市應為百分之三十至五十。但據統計報告，各省市能達到此標準者為數不多。

民國四十二年社會教育法公佈，第十四條規定「中央及省（市）縣（市）政府應寬籌社會教育經費，並於各該級教育經費預算內專列社會教育經費科目，邊遠及貧瘠地區之社會教育設施經費，由國庫或省庫補助之。」惜未規定一定之百分比。最近，社會教育法修正案，對於社會教育經費亦未作根本之變更，祇在原條文之後，另加一款：「各級政府得運用民間財力籌設基金，以推行社會教育；其辦法由教育部定之。」茲就近三十年來，各級政府社會教育之發展與實況，分析說明之。

壹、中央社會教育之經費

社會教育經費無論在中央、省市或縣市，皆為各級政府全部教育經費中之一項，因此為了解社會教育經費之成長與分配實況，必須先了解一般教育經費之情形。

一國教育之發展，與其教育經費成長有着密切的關係。歷年教育經費支出之增加數額，除因學生人數增加外，尚含有逐年物價變動的因素在內，若僅比較其絕對數字自無多大意義，現玆就實質增加情形，試予分析，首以教育經費總額觀之，如下表所示，四十學年度時僅為二億一千三百餘萬元，逮至六十八學年度時，增為四三二億六千餘萬元，三十年間，增加了一七一倍；同期公私立教育經費支出佔國民生產毛額的比率由1.78%，遞增至4.08%，增加了二‧三三個百分點；再就公私立教育經費佔政府歲出總額的比率而言，則由9.93%增為1.432%，增加約四‧四三個百分點。近三十年來，由於政府對於教育事業的重視及其大量的投資，顯示出各級教育的發展有着長遠的擴展與進步。㉑

近三十年政府既然對於教育事業極為重視，且有大量的投資，那麼，社會教育經費是否隨着全部教育經費的擴展而增長呢？近三十年來，社會教育經費佔全部教育經費支出的比例如何？此皆甚值研究。玆先列表，並加說明。㉒

從表二可知，從民國三十九學年度至六十八學年度，近三十年間，隨著公私立各級教育經費總額之增長，社會教育經費亦從每年四百五十九萬餘元，增加為每年十三億一千八百四十四萬餘元，增加率近二百八十七倍（全部教育經費增加率為二百七十七倍），若再以四十學年度社會教育經費與六十八學年度相較為一百六十二倍（全部教育經費增加率為一百七十一倍），可見社會教育經費增加率與全部教育經費增加率相近似。因此，近三十年間，社會教育經費佔全部教育經費的百分比，始終維持百分之三左右，這種比例，一般均認為偏低，易言之，中央社會

㉑ 蓋淅生撰，從統計數字看教育發展，載於中國教育學會主編，教育發展與國家建設，幼獅文化事業公司，民國六十九年十二月，頁五六六～五六八。

㉒ 教育部編印，中華民國教育統計，民國六十九年，頁四四～四五。

表一　近三十年來我國教育經費成長比較表

學年度	教育經費 總經費	政府經費	民間經費 (千元)	國民生產毛額 (百萬元)	教育經費總占GNP %	國民所得 (百萬元)	教育經費占國民所得 %	政府總支出 (百萬元)	政府教育經費占政府總支出 %
40年	213,082	213,082	—	12,315	1.78	—	2.30	—	9.93
41年	300,657	300,657	—	17,247	1.74	87,308	2.47	3,626	10.45
42年	352,964	352,964	—	22,988	1.54	95,281	2.56	3,876	10.05
43年	580,104	580,104	—	27,656	2.10	103,608	2.93	2,180	10.52
44年	673,263	673,263	—	32,315	2.08	112,760	2.86	5,302	11.59
45年	844,838	844,838	—	37,417	2.26	117,917	2.80	6,689	12.74
46年	971,944	971,944	—	42,635	2.28	126,515	3.11	7,368	11.90
47年	1,200,969	1,100,036	100,933	48,462	2.48	135,262	3.34	9,096	11.44
49年	1,394,382	1,264,918	129,464	57,377	2.43	144,560	3.47	10,833	13.31
50年	1,671,962	1,470,169	201,793	66,548	2.51	151,721	3.65	12,111	13.32
51年	2,138,470	1,894,841	243,629	73,872	2.91	162,260	3.83	14,026	13.57
52年	2,551,437	2,221,611	329,826	82,571	3.09	176,093	3.78	15,040	13.91
53年	2,806,086	2,415,878	390,208	95,211	2.95	196,532	3.96	15,841	13.75
54年	3,512,342	2,580,612	571,730	108,058	2.92	223,400	4.17	19,054	13.25

年									
55年	3,959,628	3,134,989	724,639	119,870	3.30	240,183	4.26	23,384	14.58
56年	4,578,272	3,735,793	842,479	136,108	3.36	262,363	4.33	25,192	15.91
57年	5,548,234	4,474,905	1,073,329	158,397	3.50	290,427	4.32	31,639	15.34
58年	7,347,494	6,105,948	1,241,546	183,244	4.01	316,504	4.49	35,235	16.42
59年	8,697,692	7,280,688	1,417,004	211,000	4.12	348,526	4.70	45,046	16.52
60年	11,236,766	9,065,121	2,171,645	243,930	4.61	387,166	5.39	51,215	16.51
61年	11,852,284	9,094,133	2,758,251	284,395	4.17	434,859	5.69	56,482	14.53
62年	12,505,683	9,722,589	2,783,094	347,972	3.59	492,296	6.30	65,258	13.37
63年	14,743,223	11,484,954	3,258,269	456,530	3.23	551,561	5.73	86,021	13.92
64年	21,064,637	16,738,643	4,325,994	540,580	3.90	540,993	5.18	109,711	14.19
65年	25,377,015	20,952,991	4,424,024	603,740	4.20	558,598	4.85	127,010	15.06
66年	30,855,390	25,337,875	5,517,515	690,916	4.47	644,479	5.13	156,088	14.54
67年	36,690,330	29,871,453	6,818,877	810,668	4.52	702,551	5.66	180,939	14.36
68年	43,269,554	35,480,093	7,789,461	1,061,564	4.08	758,817	6.01	216,339	14.32

資料來源：　一、教育經費資料係根據教育部六十九年教育統計第四六、四七頁。
　　　　　　二、國民所得及政府總支出資料係根據建國一九八〇年臺灣統計資料手冊第二七頁及一五一頁。

表二　歷年公私立各級教育經費及社教經費支出總額及百分比　　單位：新臺幣千元

學年度	教育經費總計 金額	教育經費總計 %	社會教育 金額	社會教育 %	教育行政 %	學前教育 %	國小 %	國中 %	高中 %	高等教育 %	國際文教 %	其他 %
39年	156,316	100.00	4,594	2.94	3.05	…	32.45	…	35.38	15.14	0.79	10.25
40年	213,082	100.00	8,134	3.82	1.98	…	40.72	…	33.60	12.06	0.50	7.32
41年	300,657	100.00	10,299	3.43	1.81	…	48.07	…	30.42	10.48	0.29	5.50
42年	352,964	100.00	15,173	4.30	1.89	…	42.06	…	32.50	11.83	0.22	7.20
43年上半年	225,490	100.00	10,635	4.72	1.58	…	46.67	…	30.88	10.25	0.18	5.72
43年	580,104	100.00	18,230	3.14	0.91	…	50.78	…	29.26	9.61	0.26	6.04
44年	673,263	100.00	17,516	2.60	0.70	…	46.23	…	28.82	9.48	0.23	11.94
45年	844,838	100.00	26,847	3.18	0.84	…	41.44	…	30.75	12.10	0.74	10.95
46年	971,944	100.00	33,828	3.48	0.61	…	39.70	…	30.95	10.73	0.75	13.78
47年	1,200,969	100.00	35,883	2.99	0.42	0.92	37.90	…	31.83	13.62	0.84	11.48
49年	1,394,382	100.00	41,704	2.99	0.21	1.05	39.14	…	31.49	12.80	1.14	11.18
50年	1,671,962	100.00	35,160	2.10	0.32	0.97	38.46	…	30.92	13.72	1.89	11.62
51年	2,138,470	100.00	69,638	3.26	0.30	0.83	38.09	…	31.94	14.10	1.70	9.78
52年	2,551,437	100.00	66,192	2.60	0.55	0.79	41.09	…	30.47	14.50	1.59	8.41
53年	2,806,086	100.00	78,288	2.79	0.68	0.78	39.43	…	32.26	14.70	1.66	7.70

年												
54年	3,152,342	100.00	97,469	3.08	1.25	0.80	35.98	…	32.43	18.28	1.62	6.58
55年	3,959,628	100.00	154,436	3.90	0.84	0.79	32.72	…	35.09	19.63	1.34	5.69
56年	4,578,274	100.00	143,504	3.13	1.56	0.68	32.53	…	35.87	19.69	1.16	5.38
57年	5,548,234	100.00	184,210	3.32	1.32	0.64	31.72	…	35.45	22.45	0.80	4.21
58年	7,341,494	100.00	211,697	2.88	4.16	0.29	26.66	…	40.15	22.53	0.89	2.44
59年	8,697,692	100.00	376,505	4.33	1.67	0.53	27.38	…	37.69	24.53	0.77	3.20
60年	11,236,766	100.00	482,249	3.35	2.56	0.42	25.37	…	37.66	27.59	0.64	2.41
61年	11,852,384	100.00	499,047	4.21	4.44	1.10	27.21	20.02	20.25	21.71	0.51	0.55
62年	12,505,683	100.00	466,351	3.73	3.91	1.04	28.23	19.68	20.95	21.81	0.13	0.52
63年	14,743,223	100.00	499,365	3.39	4.29	1.21	27.79	20.19	19.07	21.89	0.32	1.85
64年	21,064,636	100.00	679,366	3.23	7.29	1.09	28.87	20.65	15.74	19.79	0.38	2.78
65年	25,377,015	100.00	815,149	3.21	5.43	0.91	28.20	19.64	18.12	20.75	0.82	2.92
66年	30,855,390	100.00	970,486	3.15	10.04	1.14	27.78	18.93	16.47	20.35	0.49	1.65
67年	36,690,330	100.00	844,596	2.30	13.67	0.94	27.50	17.13	16.49	19.98	0.36	1.63
68年	43,269,554	100.00	1,318,446	3.05	7.66	1.03	26.66	17.28	16.59	18.81	0.35	8.57

附　註：六十一會計年度前，國民中學經費包含於高級中學教育經費中。

資料來源：教育部，中華民國教育統計，民國六十九年，頁四四～四五。

教育經費佔全部教育經費之比例，亟待提高。

這種社會教育經費比例偏低的情形，若與教育行政等項相比較，更爲顯著。近三十年間，教育行政經費佔全部教育經費的比例極不穩定，例如：六十七年度高達百分之十三，近十年大約維持在百分之四以上；國小經費佔全部教育經費的比例在百分之三十以上，近幾年較低維持在百分之二十七左右；國中與高中教育經費的比例，則各約百分之二十以上，高等教育經費所佔比例，約在百分之二十左右。因此，中央社會教育經費佔全部教育經費之比例，近期內求其達百分之五以上，以後逐年提高，以達於百分之十以上，應是相當合理之比例。若能如此，則對社會教育之發展，定能帶來很大的效果。

教育部社教司爲掌管全國社會教育的最高行政機構，其各項社教活動經費預算的多寡，關係該項活動或教育之推行。茲依據民國六十三年第四次中華民國教育年鑑所載，以六十二會計年度爲例，將各項經費預算表列如下，以見一般情形。❷

一、改進特殊教育提高師資素質	170,000元
二、輔導成立盲人點字及出版中心	510,000元
三、徵集編印通俗讀物	150,000元
四、審查民間通俗讀物著作	26,000元
五、加強推行視聽教育	150,000元
六、實施大學科目廣播教學	138,000元
七、大衆傳播教育	
（一）擴大辦理空中教學實施	500,000元
（二）徵集並製作社教電視	140,000元

❷ 教育部編印，第四次中華民國教育年鑑，正中書局，民國六十三年，頁一〇七八。

八、加強推行語文教育

(一) 訂定常用標準字體　　　　　　　　　　　350,000元

(二) 修訂國語辭典　　　　　　　　　　　　　200,000元

(三) 灌製語文唱片　　　　　　　　　　　　　150,000元

(四) 籌設語文中心　　　　　　　　　　　（未列專款）

九、擴大並輔導社教活動　　　　　　　　　　　230,000元

十、輔導各級社教機構　　　　　　　　　　　　 80,000元

十一　推行通俗科學教育　　　　　　　　　　　 90,000元

十二、推行社會教育民族精神教育　　　　　　　610,000元

　　共　　計　　　　　　　　　　　　　　　3,494,000元

貳、省市社會教育之經費

　　我國各省市之教育經費，根據憲法之規定：「教育科學文化之經費
……在省不得少於其預算總額百分之二十五……。」以臺灣省和臺北市
近十幾年來，教育經費支出佔該省市總歲出之百分比，已合乎此項憲法
之規定。近十幾年來，臺灣省教育經費支出佔該省總歲出皆在百分之二
十七以上（見表三），臺北市為百分之三十以上（見表四）。

　　臺灣省教育經費，民國五十七年度為十一億一千四百餘萬元，民國
六十九年度為八十一億七千四百八十八萬餘元，十幾年間，增長約七
倍；同一時期，社會教育經費從三千四百餘萬元，增加為一億九千二百
餘萬元，增長約五倍半，增長的速率較全部省教育經費略低。

　　臺灣省社會教育經費佔當年省教育經費總額之比例，經常低於百分
之三，足見臺灣省社會教育經費之比例，已屬偏低，一般認為省社會教
育經費應佔省教育經費比例百分之十五以上，現實情況與理想目標相差
甚大，實有待急起直追，力求改善。

表三　臺灣省教育經費及社教經費百分比　　　　　　　　　　單位：新臺幣萬元

會計年度	占省總歲出百分比	經費總數	社會教育 金額	社會教育 %	教育行政 %	高等教育 %	中等教育 %	師範教育 %	職業教育 %	國民教育 小學 %	其他 %
57年	29.17	111,402	3,461	3.10	4.12	28.20	31.91	1.16	18.21	1.63	11.21
58年	31.47	137,051	4,112	3.00	8.84	20.22	39.65	0.53	23.81	1.04	2.87
59年	28.89	156,029	6,900	4.42	8.25	20.89	36.64	0.24	22.39	1.01	6.12
60年	28.67	178,841	9,242	5.16	10.07	22.31	30.50	0.04	22.73	1.32	7.83
61年	27.99	196,662	4,548	2.31	8.34	20.87	25.19	—	26.92	1.49	14.84
62年	27.64	205,586	5,394	2.62	8.76	19.96	33.32	—	28.87	1.53	4.90
63年	27.32	236,862	6,019	2.54	15.11	18.54	22.84	—	24.55	1.34	15.04
64年	27.59	341,325	8,387	2.45	15.77	18.28	20.14	—	21.75	1.64	19.94
65年	28.59	425,928	14,210	3.33	15.25	20.94	26.80	—	28.16	1.51	3.98
66年	27.72	508,526	15,382	3.02	25.94	17.60	23.57	—	25.20	1.52	3.11
67年	27.06	548,911	14,010	2.55	27.22	17.16	23.37	—	24.87	1.43	3.38
68年	27.07	652,817	16,942	2.59	19.84	16.14	20.94	—	23.59	1.53	15.37
69年	26.49	817,488	19,220	2.35	22.60	14.55	20.40	—	24.20	1.53	9.53

附　註：1.國小教育經費係省立師專附小及補助偏遠地區國小負苦學生課本費。
　　　　2.師範教育經費，自六十二會計年度起併入高等教育經費。

表四　臺北市教育經費及社教經費百分比

單位：新臺幣萬元

會計年度	佔市總歲出 百分比	經費數	社會教育 金額	社會教育 百分比	教育行政 %	高等教育 %	中等教育 %	國民教育 %	其他 %
57年	35.20	44,000	2,937	6.67	5.13	2.06	39.09	47.02	—
58年	44.22	90,922	3,290	3.61	3.89	2.03	64.89	25.56	—
59年	34.85	87,119	5,402	6.20	0.53	3.35	54.00	35.90	—
60年	35.27	114,250	9,620	8.42	0.58	8.78	47.92	32.77	—
61年	32.05	125,000	7,430	5.94	0.68	8.98	47.35	33.38	—
62年	31.45	134,595	10,464	7.77	0.66	7.93	47.68	35.45	0.49
63年	34.76	182,538	11,522	6.31	0.61	8.65	38.94	32.64	12.82
64年	32.14	250,424	17,193	6.86	24.76	4.46	33.02	30.88	—
65年	31.55	293,812	17,578	5.98	13.40	4.57	38.32	37.71	—
66年	31.76	387,554	13,763	3.55	24.48	4.30	33.13	34.52	—
67年	30.76	501,535	25,411	5.06	32.15	3.24	29.10	30.42	—
68年	29.19	580,676	53,291	9.17	17.69	3.30	35.30	34.50	—
69年	—	707,797	74,957	10.59	20.67	8.82	27.80	31.92	—

其他各種教育項目，佔省教育經費總額的比例：教育行政逐年增長，近年已達百分之二十以上；高等教育約在百分之十五～二十；中學教育約為百分之二十以上；職業教育的比例約為百分之二十五以上。上述各項教育經費所佔省教育經費總額之比例，皆較社會教育經費為高。❷

臺北市自民國五十六年七月改制為院轄市後，由於工商業發達，稅收來源充裕，教育經費增加甚鉅。民國五十七年教育經費總額為四億四千萬元，民國六十九年為七十億七千七百餘萬元，增長約十六倍。以民國六十九年度而言，臺北市教育經費已與臺灣省教育經費相差無幾，以致臺灣省教育經費相較之下，顯得極為困難。

臺北市社會教育經費，民國五十七年度為二千九百三十七萬餘元，民國六十九年度為七億四千九百五十七萬餘元，增長約為二十五倍，社會教育經費增長情形，較全部教育經費為大。臺北市每年社會教育經費佔全市教育經費總額的比例，約在百分之五以上，近年已達百分之十，較臺灣省社會教育經費情況為佳。但臺北市為首善之區，且為當前我國政治經濟文化中心，為加速文化建設，推展社會教育為當務之急，所以，臺北市社會教育經費佔教育經費總額之比例，應可盡速達到百分之十五以上的目標。❷

參、縣市社會教育之經費

中華民國憲法第一六四條規定，縣市教育經費，佔該縣市每年預算總額不得少於百分之三十五，自光復以來，臺灣省各縣市文教經費，增加甚速，大都已超出憲法「百分之三十五」之規定甚多。由表五可見，

❷ 臺灣省政府教育廳編印，臺灣省教育統計，民國六十九年及其他各年度。
❷ 臺北市政府教育局編印，臺北市教育統計，民國六十九年及其他各年度。

自民國五十七年度起，臺灣省各縣市教育經費佔縣市總歲出皆在百分之四十八以上，有時高達百分之五十六，可見，臺灣省各縣市政府，對於文教經費之負擔，甚爲繁重。

各縣市教育經費數增長之情形，民國五十七年爲二十二億多元，民國六十九年爲二百億多元，增長約九倍。社會教育經費，民國五十七年三千四百餘萬元，民國六十九年五千三百餘萬元，增長約一‧五倍。社會教育經費增長速率較全部教育經費數額爲少。

臺灣省各縣市平均社會教育經費佔該縣市總教育經費的比例，每年均甚低，據表五所列，民國五十七～六十一年間，尙佔百分之一強，民國六十二年起迄今，每年所佔比例，不及百分之一。縣市社會教育經費所佔比例過低，實堪憂慮，以各縣市如此偏低之經費，欲期其維持或推展社會教育機構及其活動，無異強人所難。改善之道，當在：(1) 由省政府辦理國民中學教育，縣市政府全心全力辦理國民小學教育；(2) 由省政府大量補助縣市教育經費；(3) 縣市社會教育經費由省政府專案補助。總之，縣市社會教育經費實屬偏低，教育當局應重視此項教育問題，力求改善，以期縣市社會教育能大力推展，作好全民精神建設工作。❷⑥

從表六，進一步可見臺灣省各縣市社教支出佔教育支出百分比之個別情形，六十九年度臺灣省各縣市中，除新竹縣和臺南市的社教支出佔教育支出百分之三和百分之一外，其餘十七縣市社教支出佔教育支出皆不足百分之一。其中，臺中縣、南投縣、雲林縣和臺東縣等四縣，六十九年度社教支出低於一百萬元，如此區區經費，何能推展社會教育！

---

❷⑥ 同註二十四。

表五 臺灣省各縣市教育經費及社教經費百分比　單位: 新臺幣萬元

會計年度	佔縣市總歲出百分比	經費數	社 會 教 育		中等教育 %	初等教育 %	其他 %
			金 額	%			
57年	48.36	223,874	3,475	1.55	34.33	63.88	0.23
58年	56.41	272,312	3,188	1.17	40.43	58.16	0.23
59年	56.89	338,617	8,547	2.52	41.22	56.04	0.22
60年	52.61	407,488	9,443	2.31	45.04	52.38	0.25
61年	53.23	458,253	4,765	1.04	43.82	55.09	0.02
62年	53.56	496,522	2,191	0.44	39.97	54.57	5.00
63年	51.40	571,351	2,799	0.48	41.58	56.34	1.58
64年	52.10	880,048	4,613	0.52	42.01	55.05	2.40
65年	48.02	1,037,618	2,783	0.26	39.93	55.38	4.41
66年	48.15	1,217,446	3,679	0.30	39.53	54.80	5.35
67年	47.35	1,473,663	5,554	0.37	35.13	52.91	7.57
68年	48.81	1,741,098	5,782	0.34	34.46	49.83	6.28
69年	49.86	2,009,655	5,366	0.27	33.04	51.54	6.93

　　六十九年度臺灣省各縣市社教支出，如何分配，以那些項目爲**重點**，其比率如何？詳見表七，可知，各縣市社教支出主要用於圖書館之經營，佔當年社教支出百分之四十五之經費，其次爲體育場及公園（佔百分之二十七點五八），再次才爲社教館及社教機構（佔百分之十七點五二），其他項目爲忠烈祠及孔廟、童子軍活動。

　　臺灣各縣市六十九年度社教支出中，幾乎全部（百分之九七·一四）用於經常門，用於資本門者僅一百多萬元，佔全部社教支出百分之二·八六。

　　回顧，民國四十三年六月，臺灣省政府曾頒佈「各縣市政府施行準

表六　臺灣省各縣市社教支出佔教育支出百分比　　（六十九年度）

單位：千元

縣 市 別	教 育 支 出 共　　　計	社教支出	社教支出佔教育支出百分比	備　註
臺 北 縣	2,327,351	4,020	0.17	
宜 蘭 縣	659,774	2,107	0.31	
桃 園 縣	1,674,469	4,201	0.25	
新 竹 縣	939,637	3,528	3.76	
苗 栗 縣	791,865	1,686	0.21	
臺 中 縣	1,237,817	998	0.08	
彰 化 縣	1,593,817	1,849	0.11	
南 投 縣	843,642	554	0.06	
雲 林 縣	1,072,036	457	0.04	
嘉 義 縣	1,142,312	3,162	0.27	
臺 南 縣	1,218,992	1,116	0.09	
高 雄 縣	1,373,488	4,811	0.35	
屏 東 縣	1,336,710	3,220	0.24	
臺 東 縣	543,941	306	0.05	
花 蓮 縣	551,000	1,147	0.20	
澎 湖 縣	250,405	1,438	0.57	
基 隆 市	771,760	2,193	0.28	
臺 中 市	881,537	5,834	0.66	
臺 南 市	885,891	11,031	1.24	
合　　計	20,096,556	53,665	0.27	

則」，其中第三項第六條旣已明白規定：「教育業務經費支出預算數，以
不少於該縣市經費總支出預算數百分之四十為原則，該項業務費：國民

教育部份， 不得少於百分之七十， 中等教育部份， 不得多於百分之二
十， 社會教育部份， 不得少於百分之十。」省府雖如此規定， 而各縣市
迄未遵照辦理， 近些年來， 各縣市社教經費平均比率， 更低於百分之
一， 令人興起無限感慨！㉗

表七　臺灣省各縣市社教支出及比率　　（六十九年度）

單位: 千元

項　　　　　目	共　　計		經　常　門		資　本　門	
	金　額	%	金　額	%	金　額	%
圖　　書　　館	24,473	45.60	24,473	45.60	—	—
童　　子　　軍	634	1.18	634	1.18	—	—
忠 烈 祠 及 孔 廟	4,347	8.10	4,072	7.58	275	0.52
體 育 場 及 公 園	14,803	27.58	14,028	26.24	774	1.34
社教館及社教機構	9,406	17.52	8,923	16.62	483	0.90
合　　　　　計	53,665	100	52,132	97.14	1,532	2.86

　　歷年來， 臺灣省三百五十四個鄉鎮， 雖非地方主管教育行政機構，
但鄉鎮經費亦部份用於文教建設， 據統計， 從民國六十年十一億餘元，
到民國六十九年五十七億餘元； 其中社教經費民國六十年為二千四百多
萬元， 民國六十九年為九千五百多萬元， 在此一期間， 鄉鎮社教經費
佔教育支出的比例， 民國六十～六十二年間約百分之二十， 民國六十三
～六十五年間約百分之四， 民國六十六～六十九年間約百分之十一～十
七。一般說來， 鄉鎮社教經費佔教育支出之比例， 尚稱允當。

㉗ 同註二十四。

臺灣省各鄉鎮社會教育經費及其比率　　　（單位: 千元）

年度	教　育　支　出	社　教　經　費	社教經費佔教育支出百分比
60年	115,116	24,035	20.87
61年	105,727	22,700	21.47
62年	119,506	24,115	20.17
63年	153,275	6,257	4.08
64年	294,437	9,798	3.32
65年	412,339	19,388	4.70
66年	497,497	56,230	11.30
67年	512,732	89,643	17.48
68年	540,193	82,755	15.31
69年	571,774	95,340	16.67

肆、社會教育機構之經費

社會教育機構種類甚多，其經費應為多少，方為合理，殊難擬議。至於社會教育機構之經費，依據我國多年之經驗，通常人事薪資費不得多於百分之五十，事業費及設備費不得低於百分之四十，辦公費佔百分之十為宜。社會教育機構以事業活動為主，所以事業及設備費宜較高。人事薪資費及辦公費宜較少，如此才稱適當。

玆據各種資料，以社會教育館與圖書館之經費為例，以了解我國社會教育機構經費之一斑。❷⓿

一、高雄市立社會教育館之經費預算

民國七十年度，高雄市立社會教育館經費預算情形，如下列所示:

❷⓿ 各社會教育機構之經費預算情形，大多見於: 中國社會教育社刊印，社會教育年刊，民國六十九年十二月。

項　目	金　　額	百分比
人 事 費	1,790,573元	49.09
活 動 費	1,709,000元	46.85
設 備 費	110,000元	3.03
辦 公 費	37,800元	1.03
合　　計	3,647,373元	100.00

從上表可知，高雄市社會教育館民國七十年度經費預算爲三百六十多萬元，其中人事費爲一百七十多萬元（佔全部預算的百分之四九・○九），活動費亦爲一百七十多萬元（佔預算的百分之四六・八五），設備費爲十一萬元（佔預算的百分之三），辦公費爲三萬七千八百元（佔預算的百分之一），此項經費分配尚稱合理，惟若總預算稍提高，則辦公費亦應相當增加。

二、臺灣省立彰化社會教育館之經費預算

民國六十九年度臺灣省立彰化社會教育館全年歲出部分：一般行政其預算數二、六七○、二一六元（佔全年歲出百分之四一・五三），該項計畫均如期完成館務行政管理以及協助社教工作；各種教育其預算數三、二五九、○○○元（佔全年歲出百分之五○・六九），該項計畫均按預定目標完成推行社會教育，提高一般民衆文化水準，以增强反共復國潛力，其績效甚高；建築及設備其預算數五○○、○○○元（佔全年歲出百分之七・七八），均依照計畫完成改建厠所工程及館舍之維護保養，以期改善社會環境。

此外，臺灣省教育廳爲推行社會教育工作站活動，特撥來經費二、五○○、○○○元，爲拍攝交通安全教育影片，特撥經費一、九一四、

八六〇元。

三、臺灣省立臺南社會教育館之經費預算

民國六十九年度臺灣省立臺南社會教育館全年歲出預算與前述彰化社會教育館相差無幾：預算數六、五四五、五六八元，其中一般行政二、五四二、九六八元，各科教育三、五〇二、六〇〇元，建築及設備五〇〇、〇〇〇元。

臺南社會教育館六十九年度經常門支出預算數六、〇四五、五六八元，佔92.36%；資本門支出五〇〇、〇〇〇元，佔7.64%。

臺南社會教育館人事費二、三六七、七六八元，佔36.17%；辦公費八一、〇〇〇元，佔1.24%；自強活動四、二〇〇元，佔0.06%；收支對列九〇、〇〇〇元，佔1.37%；事業費三、五〇二、六〇〇元，佔53.52%；建築及設備五〇〇、〇〇〇元，佔7.64%。

此外，教育廳撥給交通安全資料中心補助費十萬元，社教工作站二百二十萬元。

四、圖書館之經費預算

國立中央圖書館臺灣分館六十九年度之經費預算數及其百分比，如下表所示：

項　　　　目	預　算　表	百分比	備　　　　註
行 政 管 理	3,103,566	16.95	
書刊閱覽及採訪	7,574,248	41.38	
資料研究及推展	3,035,868	16.58	
建 築 及 設 備	4,447,300	24.30	
第 一 預 備 金	140,000	0.76	
合　　　　計	18,300,982	100.00	

臺灣省立臺中圖書館六十九會計年度核定經費計：一般行政一六

年度	人事費	辦公費	圖書管理費	設備費	修繕費	備　註
44	47,975	9,600	23,610	29,196		
45	49,386	9,600	26,263	30,300		
46	54,243	9,600	28,274	36,726		
47	56,530	9,600	22,714	42,286	4,000	
48	70,264	9,600	25,970	63,046	9,400	
49	64,688	9,600	25,907	60,931		
50	87,658	25,000	29,054	54,816		
51	86,987	36,000	14,700	65,100	4,000	
52	90,210	36,000	42,120	27,300		
53	140,362	36,000	42,561	27,200	40,000	
54	147,984	36,000	52,700	27,300	20,000	
55	165,584	36,000	53,900	26,100		
56	201,525	36,000	52,593	77,300		
57	210,479	36,000	70,590	46,313		
58	249,888	36,000	97,500	189,353		
59	269,593	36,000	137,750	116,153	33,000	
60	191,935	36,000	125,550	93,363	9,600	
61	318,362	36,000	131,230	97,683	9,600	
62	366,863	36,000	73,880	85,278	9,600	
63	457,479	36,000	44,012	84,526	19,600	
64	625,661	37,920	113,930	84,513	19,600	
65	731,552	14,400	137,800	115,600	19,600	
66	812,780	19,200	256,950	256,800	145,000	
67	865,493	24,000	316,140	359,600	132,050	
68	1,018,428	21,600	360,200	312,830	132,050	
69	1,024,908	21,600	412,638	257,862	132,050	
70	1,465,412	25,800	455,228	257,862	115,000	

七九四、三三二元（佔全年預算56.46％）；各科教育一○、六四七、一二八元（佔全年預算35.79％）；建築及設備二、三○三、三一○元（佔全年預算7.75％共計二九、七四四、七七○元。此外，教育部委託舉辦大眾科學講座經費五十萬元，教育廳委託辦理各項社教活動十一項經

費一、○三四、三一○元。

　　彰化縣立圖書館在民國六十九年出版的社會敎育年刊上，列有最詳盡的歷年經費概況，玆據以了解臺灣省各縣立圖書館近三十年來經費發展之情形。

第二節　社會敎育的人員

　　社會敎育的推行，需要大量優秀的社會敎育人員，社敎人員依其服務性質，可分三類，一爲社會敎育行政人員，一爲社會敎育專業人員，一爲社會敎育技術人員。我國過去敎育，偏於學校敎育發展，社會敎育人員的供需甚少研究與計劃，社會敎育人員的培育與訓練亦缺乏完整體系，甚至社會敎育人員的任用、升遷與待遇亦乏積極性之鼓勵，對於社會敎育之發展，有甚多不利之影響，今後爲加速社會敎育之發展，非從速培育社會敎育人員，妥善安置與鼓勵社會敎育人員，不足以應需求而宏效率。

壹、社會敎育人員之需要

　　各類社會敎育人員，全國究需若干，尙無從計算，其原因爲：一方面是社會敎育機構涇渭難分，另方面是社會敎育機構內所需人員亦甚複雜，不過，若仔細推算當前我國社會敎育有關之機構內的人員編制，亦可了解其梗概。❷❾

　　首先，就全國主管社會敎育行政機構之可能的人員數量，來作推估，其所需社會敎育人員數，據下表推估，大約全國社會敎育行政人員約爲一百八十五人。

❷❾ 以下人員推估數，係以電話請敎各單位有關人員之綜合推估數字，僅供參考。

項 目 ＼ 機 構	教育部社教司	省 市社教科	縣 市社教課	合 計
每單位人數	30人	20人	5人	
單 位 別	1	3	19	185人
合 計	30人	60人	95人	

全國社會教育館，目前包括福建省金門、連江兩縣，計有十一個單位，平均每個單位人員編制以十人計，則全國亦有社會教育人員一百一十人。

圖書館部份，據最新之統計資料顯示，國立圖書館員工二百二十人。臺灣省立圖書館有員工一四六人，臺北市立圖書館員工有一五一人，高雄市立圖書館員工三十人。臺灣省各縣市立圖書館員工共有五二二人。合計全國公立圖書館員工有一、〇六九人。

此外，博物館、科學館、藝術館、教育資料館、紀念館及其他社教機構尚需許多社會教育人員，無法一一計算。不過，教育部建立縣市文化中心計畫中，所需人員推估統計人數，倒是值得參考。根據該部預估未來文化中心所需人數計二千零二十人，其類別如下表所示：❸

---

❸ 教育部印製，教育部建立縣市文化中心計畫（含補充計畫），附表十五，頁六〇。

未來的文化中心需用人員統計表

人數 類別 \ 區分	中　央	臺灣省	臺北市	總　計
行政人員	25	466	109	600
專業人員	55	921	181	1,157
技術人員	10	181	72	263
合　　計	90	1,568	362	2,020

※中央興建之自然科學、科學工業及海洋博物館及國劇院音樂廳，所需人
　員未計算在內。

貳、社會教育人員之培育

　　我國社會教育人員的培育機構，在抗戰前後，曾盛極一時。民國十
七年有江蘇省立教育學院，十八年有河北省立民衆教育實驗學校，十九
年有浙江省立民衆教育實驗學校，私立文華圖書館專科學校，二十年有
湖北省立教育學院，四川省立教育學院（原名鄉村建設學院），山東鄉
村建設研究院，二十二年廣西普及國民基礎教育研究院，國立戲劇學校
（後改名國立戲劇專科學校），二十五年有中華平民教育促進會創設的
鄉村建設育才院（後改名中國鄉村建設學院），二十八年廣東省立文理
學院設有社會教育學系，二十九年有國立音樂院，實驗劇院，及國立中
正大學社會教育系。民國三十年教育部創設國立社會教育學院，規模宏
大，設有社會教育行政系、社會教育事業行政系、圖書博物館系、社會
藝術教育系、電化教育系、新聞系及禮俗行政組、國語專修科，學生達
五百餘人。

　　此外，尚有湖南、江西、福建所創辦之社會教育師範學校，及河

南、 湖北、 貴州等省所設之社會教育師範科均是。 至於短期訓練的機構， 則有各省市所設立的社會教育人員講習會及訓練班， 教育部設立的民眾教育館館長訓練班、國語師資訓練班、體育師資訓練所、音樂教導人員訓練班、電化教育人員訓練班等。

政府退守臺灣地區以後， 社會教育人員培育機構重振不易， 大量減縮， 民國四十年左右， 省立行政專科學校 （目前國立中興大學法商學院） 曾設社會教育科， 可惜為時甚短。 近三十年來， 國內大學院校呈現蓬勃發展之局面， 有關美術、 音樂、 戲劇、 舞蹈及體育等校院科系極為繁多， 培育人才不少， 對於社會教育事業之推展， 助力甚大。

目前我國唯一培育社會教育專業人才之機構，為國立臺灣師範大學社會教育學系。 該系成立於民國四十四年， 迄今廿五年， 無論師資陣容、 圖書設備等均具規模。該系教育內容除著重社會教育理論與實際之研討外， 為使學生各具專長， 自二年級起， 將專業課程分為： 社會工作、 圖書館及新聞三組。社會工作組注重學校社會工作理論與實務之研究； 圖書館組注重圖書資料管理方法之研究； 新聞組則注重新聞採編與報業經營問題之研究。三組學各專精， 但殊途同歸， 均以達到充實全民知能， 加速社會發展， 以及增進社會福祉之社會教育目標為其任務。

師大社會教育學系歷年所培育之社會教育人才， 如今已遍佈全國每一角落及各教育機構， 截至民國六十九年七月止， 該系共有畢業生廿一屆， 結業生一屆， 畢結業生共計一、 一四四名。 其中學以致用， 工作性質與所學專業相關者共計一○二七名， 佔畢 （結） 業總人數百分之八九. 七七。 如今政府大力推行社教工作， 並且做有計畫之人才儲備工作， 將來該系畢業生就業與出路， 必皆更可學以致用。 ㉛

㉛ 國立臺灣師範大學社會教育學系編印， 系務概況， 民國六十八年三月。又增其他補充資料。

類　別	人　數	百分比	備　　　　　　　　　　註
大專院校	31	2.70%	國立大學校長：1人，研究所長1人 教　　　　授：2人，副教授9人 講　　　　師：10人，助　教8人
中等學校	507	44.32%	行 政 主 管：95人（校 長13人） 教　　　師：412人
教育行政	8	0.70%	
社教機構	212	18.53%	圖　書　館：63人 新 聞 機 構：68人 社會福利機構：81人
出國進修	59	5.16%	
返僑居地	210	18.36%	
其　他	117	10.23%	
合　計	1,144	100%	

參、社會教育人員之任用、敍薪與權益

一位國民，雖經國家培育考選，合乎公務員之資格，但未經國家任命，旣無職位，又無權力，仍一平民。經過任命之後，則成爲官府之一員，須盡一定之勤務，以無負其職守。公務員自廣義言之，有政務官與事務官之分，政務官爲決定國家政策之公務員，事務官爲辦理旣定政策之公務員。各國之通例，政務官由選舉產生，或由政黨遴選，經民選議員同意，注意政策之實現。事務官則由政府按照合格人員委派，注重辦事效率之增進。前者隨政潮進退，其職位無確切之保障；後者一經任用，非依法不得免職。前者任用無須固定之資格，後者則否。前者離職後，其生活由其自力維持，後者可依退休制度，取得退休金。此二者之區別。

我國現行「公務員任用法」、「公務職位分類法」及「職系說明書」之規定，事務官分爲簡任、荐任、委任三等，或一至十四職等。依教育

部組織法十八～二十條之規定：㉜

1. 教育部部長，特任，綜理部務。(第十八條)
2. 教育部置政務次長一人，職位比照第十四職等。
常務次長二人，職位列第十四職等。(第十九條)
3. 教育部置司長八人，職位列第十至第十二職等。
副司長八人，職位均列第九至第十一職等。
科長、視察、專員，職位均列第六至第九職等。
科員、辦事員，職位均列第一至第五職等。(第二十條)
可見教育部長爲特任，社會教育司長、副司長、科長、科員等均各有其規定之職等。

公務員之任用，必須合乎法定資格，此項要件，可分下列二部份：

(一) 行爲要件：1. 積極方面：(1) 須有行爲能力者，(2) 須具有本國國籍者，(3) 須達到規定年齡者，(4) 須合乎性別之限制者。2. 消極方面：有下列情事之一，不得任爲公務員：(1) 犯內亂外患罪，經判決確定者，(2) 曾服公務員有貪汚行爲，經判決確定者，(3) 依法停止任用或受休職處分尙未期滿者，(4) 褫奪公權尙未復權者，(5) 受禁治產宣告尙未撤銷者，(6) 經合格醫生證明有精神病者。此外，主管者不得引用其配偶及三等以內血親于其機關以內，並不得任用爲其直屬機關首長。其他機關現任人員，亦不得任用。

(二) 資格要件：1. 實體上的資格：(1) 曾受某種教育而有相當學識者，(2) 曾任某項職務而具有實際經驗者，(3) 具有某種特殊技能者。2. 程序的資格：(1) 考試及格者，(2) 銓敍及格者，(3) 依法考績升等任用者。

以上爲一般公務員之任用要件，社會敎育行政人員之任用，亦不外

㉜ 教育人事法規釋例彙編，教育部組織法及其他規定。

此。

社會教育事業機構人員之任用，則主要者爲：

1. 國立中央圖書館館長簡任（三十四年該館組織條例）。

2. 國立教育資料館館長簡任（五十七年該館組織條例）。

3. 社會教育館，省市立者館長荐任或簡任，縣市立者館長委任或荐任，鄉鎮市立者館長委任（五十九年各省市公立社敎館規程）。

4. 博物館館長，省（市）立者荐任或簡任。

5. 圖書館館長，省（市）立者荐任或簡任，縣（市）立者委任或荐任。

社會教育事業機構，種類頗多，難於條列。

社會教育人員之敍薪，按全國軍公敎人員待遇支給辦法（民國六十六年六月公布）之規定，各機關學校公敎員工敍薪分：薪俸、工作津貼及生活津貼三項。

玆表列（1）分類職位公務人員薪俸額標準表，（2）未實施職位分類之簡荐委公務人員薪俸額標準表，（3）大學及獨立學院專任教師年功加俸表，（4）公立專科以上學校職員薪級表等，以供參考。餘者詳細規定情形，可參閱教育人事法規釋例等資料。❸❸

除上述薪俸及津貼外，公務人員或社會教育人員則可依法令規定，享受請假、保險、撫卹、退休資遣、福利互助等個人權益，這些權益依法有詳細規定，玆從略。

肆、社會教育人員之知能與品德

一個理想的社會教育人員必須具備一些基本之知識、技能與品德。玆分別就訓練社會教育人員、圖書館人員、新聞工作人員及社會工作人

❸❸ 同上註。

員所應追求與達到的理想境界敍述之。㉞

分類職位公務人員薪俸額標準表　　　單位：新臺幣元

月支俸額													
一　等	二　等	三　等	四　等	五　等	六　等	七　等	八　等	九　等	十　等	十一等	十二等	十三等	十四等
											5,690	5,745	5,800
											5,569		
										5,327	5,448	5,580	
										5,206	5,327	5,415	
									4,964	5,085	5,206	5,250	
									4,843	4,964	5,085	5,085	
								4,524	4,722	4,843	4,964		
								4,436	4,601	4,722	4,843		
								4,348	4,480	4,601	4,722		
							4,260	4,260	4,359	4,480			
							4,172	4,172	4,238	4,359			
							4,084	4,084	4,117				
						3,996	3,996	3,996	3,996				
						3,908	3,908	3,908					
						3,820	3,820	3,820					
					3,732	3,732	3,732	3,732					
					3,644	3,644	3,644						
					3,556	3,556	3,556						
				3,270	3,468	3,468	3,468						
				3,215	3,380	3,380							
				3,160	3,292	3,292							
			3,105	3,105	3,204	3,204							
			3,050	3,050	3,116								
			2,995	2,995	3,028								
		2,940	2,940	2,940	2,940								
		2,885	2,885	2,885									
		2,830	2,830	2,830									
	2,775	2,775	2,775	2,775									
	2,720	2,720	2,720										
	2,665	2,665	2,665										
	2,610	2,610	2,610										
	2,555	2,555											
	2,500	2,500											
2,368	2,445	2,445											
2,346	2,390												
2,324	2,335												
2,302	2,280												
2,280													
2,258													
2,236													
2,214													
2,192													
2,170													

㉞ 李建興，劉貞孜撰，理想的社會教育人員，收於師大編印，明日的師範教育，幼獅文化事業公司，民國六十九年六月，頁三一二～三二八。

未實施職位分類之簡薦委公務人員薪俸額標準表

單位：新臺幣元

職			級	月　支　標　準
簡	功俸	一	級	5,800
		二	級	5,770
		三	級	5,740
	一		級	5,700
	二		級	5,570
	三		級	5,440
	四		級	5,280
	五		級	5,150
	六		級	5,020
任	七		級	4,860
	八		級	4,730
	九		級	4,600
薦	一		級	4,260
	二		級	4,170
	三		級	4,080
	四		級	4,000
	五		級	3,910
	六		級	3,820
	七		級	3,730
	八		級	3,640
	九		級	3,560
任	十		級	3,470
	十一	一	級	3,380
	十一	二	級	3,290
委	一		級	3,100
	二		級	3,050
	三		級	2,990
	四		級	2,940
	五		級	2 880
	六		級	2,830
	七		級	2,770
	八		級	2,720
	九		級	2,660
	十		級	2,610
	十一		級	2,550
	十一	二	級	2,500
	十一	三	級	2,440
任	十一	四	級	2,390
	十一	五	級	2,330
同	委		任	2,280

大學及獨立學院專任教師年功加俸表

中華民國五十六年一月廿四日臺（五六）人字第一一二五號令頒行

等　別	薪			額		備註
助　教		（年功加俸）		330 310 290 275 260	245 230 220 210 200	
講　師		（年功加俸）		430 410 390 370 350	330 310 290 275 260	
副教授	（年功加俸）		550 525 500 475 450	430 410 390 370 350		
教　授	（年功加俸）	680 650 625 600 575	550 525 500 475 450			
	770 740 710					

說明：各種專科學校教師之年功加俸比照本表原則辦理，均各以晉敍五級爲限。

（一）社會教育人員應共同具備之條件

社會教育專業人員基本上必須具備：（1）社會教育專業知能，（2）社會教育行政實務能力，以及（3）社會教育專業精神三個條件，方足以擔負起民眾導師之重責大任。

1. 社會教育專業知能

（1）探討社會教育之理論基礎：社會教育工作本是複雜而多元的。如前所述其環節、層面亦極複雜而其施教對象之歧異，施教方法之種類繁多、時空之差距等更非普通教育所能及。因此，社會教育人員首先必須探討社會教育之理論基礎，了解基本的學理，方能奠定根基，穩固磐

公立專科以上學校職員薪級表

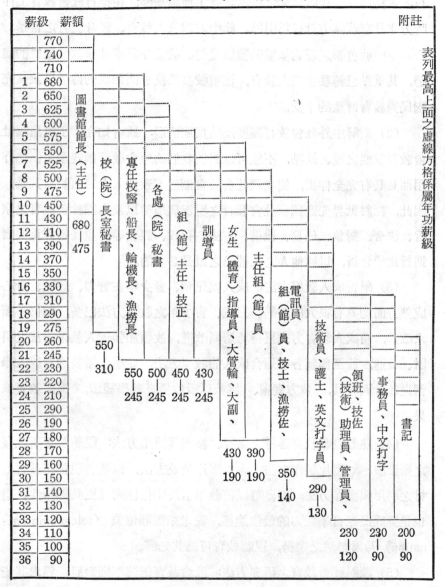

薪級	薪額	職別與薪額範圍	附註
	770		表列最高上面之虛線方格係屬年功薪級
	740		
	710		
1	680	圖書館館長（主任）680—475	
2	650		
3	625		
4	600		
5	575		
6	550	校（院）長室秘書；專任校醫、船長、輪機長、漁撈長	
7	525		
8	500	各處（院）秘書	
9	475		
10	450	組（館）主任、技正	
11	430	訓導員	
12	410		
13	390	女生（體育）指導員、大管輪、大副、；主任組（館）員	
14	370		
15	350	組（館）員、技士、漁撈佐、	
16	330		
17	310		
18	290	電訊員；技術員、護士、英文打字員	
19	275		
20	260		
21	245		
22	230	領班、技佐（技術）助理員、管理員、；事務員、中文打字	
23	220		
24	210		
25	290		
26	190		
27	180		
28	170		
29	160		
30	150		
31	140		
32	130		
33	120		
34	110	書記	
35	100		
36	90		

薪額範圍：
- 圖書館館長（主任）680—475
- 校（院）長室秘書 550—310
- 專任校醫、船長、輪機長、漁撈長 550—245
- 各處（院）秘書 500—245
- 組（館）主任、技正 450—245
- 訓導員 430—245
- 女生（體育）指導員、大管輪、大副、 430—190
- 主任組（館）員 390—190
- 組（館）員、技士、漁撈佐、 350—140
- 電訊員 290—130
- 技術員、護士、英文打字員 230—120
- 領班、技佐（技術）助理員、管理員、 230—90
- 事務員、中文打字 200—90
- 書記

石，做爲進一步探討研究之根本。有了理論基礎，在推行社會教育工作時方才具有基本方針以爲引導。此中尤重成人教育、終身教育之哲學、心理學與社會學之理論基礎與發展趨勢。蓋當今我國社會教育發展的趨勢，其重點已轉移至成人教育，注重較高深及專門知識的傳播以及擴充國民對教育財產的享受。

(2) 暸解中外社會教育制度及其實施情形： 通古知今、了解諸國社會教育制度之優、缺點，不僅可以對於我們的社會教育制度產生催化作用而且具有完全作用，使我國社會教育制度不致蹈人之短而兼有其長。因此，探討世界先進國家社會教育之現況與趨勢以及本國社會教育之宗旨、法令、對象、任務、機構、方法、行政、經費等，並且選擇重要者進行比較分析，以擷他人之長補己之短是必要的。

(3) 學習成人教學方法： 成人與兒童、青少年在智力、經驗、身心成熟方面均具有很大的差異。兒童、青少年之敎導方法已多，却仍不斷求改進，而成人教育方式更待琢磨與改進，故須加强成人教學方法之研討、改進，甚至創新各種適合成人的教學方法，並學會編製適合成人學習之教材與教具，多方實習、試教以吸收優良教學經驗，提高教育效果。

(4) 熟悉視聽教育器材之保養、修理與使用方法： 視聽教育所教授之攝影法、幻燈片製作方法、各式影片放映方法，以及各種視聽教育器材之利用與操作方法，不僅可以使教學富於變化性而且更具趣味性。這也是養成民眾自學能力的最佳途徑，蓋未來電訊傳眞 (tele-communi-cation) 乃爲必然之趨勢，視聽教育可爲其先導。

(5) 探討社會教育之研究方法： 社會教育仍舊不斷發展，爲求其能切合社會之需要，社會教育人員必須具備社會調查、統計、分析的能力。同時，社會研究法之知識更不可少。必須精通社會研究法，社會教

育人員方能應用各種合乎科學的方法和技術去研究社會現象和問題，以幫助本身更能合理地、清楚地及正確地了解社會事實和解決社會問題。

2. 社會教育行政實務知能

(1) 瞭解社會教育行政理論與實際：社會教育人員應能對社會教育有關法令及社會教育行政之組織與系統有明確的認識，熟習各種行政業務之處理程序與推展方法。

(2) 培養設計與規劃業務之能力：社會教育人員須能發掘社會之所需，擬編適合之工作方案，就人力、經費、組織、工作、績效推估、評鑑等方面做一完善可行之計劃，並了解計劃推展時各方面應如何配合與連繫的問題。

(3) 熟習推展社會教育事業的各種方法：如今與社會教育有關之機構頗多，許多文教基金會均刻意推行各種社會教育活動，如能做有系統之規劃與引導則可謀全面之發展，避免社會資源無謂之浪費，若推展得法則豈只一日千里之進步。因此社會教育人員應熟習各種社會教育事業推展方法。

(4) 熟習辦理公文及管理檔案之方法：公文處理程序、檔案之管理與利用為處理公務必備之技能，若能得其簡、速、便利之實效則業務之推展更具事半功倍之效果。

3. 社會教育專業精神

(1) 堅定從事社會教育工作之信念：社會教育工作原本就是對人羣社會的一種服務，奉獻工作，與百年樹人之大業沒有兩樣，既然選定以此為業，就應以中西社會教育史中偉人為例，觀乎其行，效乎其法，畢生犧牲奉獻，鞠躬盡瘁。若不能捨名利則須儘早另謀它途為是。

(2) 陶冶從事社會教育工作之高尚品德：社會教育人員身為羣衆之導師，其品性、道德固然應能為民衆之楷模，其專業工作之倫理信條更

應堅守不渝。爲謀服務社會大衆應有之道德責任感之養成，凡社會教育資深人員之經驗與鑑識均可做爲參考。

（二）圖書館教育人員應具備之條件

圖書館乃爲社會式之施教機關，圖書館事業與一國的文化、教育及學術發展息息相關，身爲任何型態之圖書館人員均肩負文化傳遞與教育之重任，而欲完滿達成任務，必須具備：(1) 圖書館學與資訊科學知識，(2) 圖書館之專業技能，(3) 圖書館推展社會教育知能，(4) 圖書館專業精神四個條件。兹分述如下：㉟

1. 圖書館學與資訊科學知識

(1) 研究圖書館學及資訊科學之理論：無論是知識紀錄或資訊之分類、管理均有其歷史發展之理論背景與哲學基礎，凡是從事圖書館教育工作者均應對此有所認識與了解，尤其是對於圖書館學、資訊科學、目錄學、版本學等方面應具備之知識尤不可或缺。

(2) 探討圖書館之歷史與發展趨勢：歷史如鏡，可以鑑得失。因此如能就圖書館發展文獻、圖書館歷史發展過程、圖書館事業之背景加以研究分析，判斷未來圖書館之發展趨勢，則圖書館員本身不只是文化的傳遞者，而且是文化的燈塔，可以引導迷途學海之舟。

(3) 充實基本學科知識及語文能力：學海浩瀚，圖書館員有若司舵者，若無豐富之基本學科知識以及語文能力，猶若文盲者望文如天書，如何能在汪洋中辨識航路，降伏知識之風暴。

2. 培養圖書館專業技能

(1) 研究圖書管理之原理與方法：圖書館員應具有評鑑古今圖書記錄及各類各型資料的能力；深諳資料組織的方法，如中西文圖書分類及

㉟ 中國圖書館學會出版委員會編，圖書館學，臺北：學生書局，民國六十三年，頁四四八。

編目、檔案管理，非書資料管理，並且對於以如何做到「費極微之代價，以至善之讀物，供大多數人之利用」為最高準則的圖書選擇與採訪之理論、規則、方法均須能融會貫通及運用。

（2）熟諳圖書館提供讀者服務技能：圖書館本身乃是個有機體，資料、設備、人員有如其肢體，而其所提供之服務則如其血液，讀者之利用恰似維他命，其新陳代謝是無形的，而文化的成長卽其結晶。若一圖書館缺少讀者利用則圖書館之機能必受嚴重之影響。而讀者服務卽其關鍵，若圖書館之管理系統完善且所提供讀者之服務如參考、閱覽等，手續簡便、迅速、資料充裕完整、服務態度可親，則必然效果大彰。因此，圖書館員本身對於中西文參考資料，各專科文獻及提供資訊服務方法、圖書典藏、閱覽、出納之流程與方法務必須瞭若指掌，把自己訓練成追踪資料的專家。這樣才能為讀者選擇與蒐集所需要的資料，並進而指導讀者運用資料。

（3）熟悉圖書館行政管理之理論與實務：圖書館員對於各型圖書館之功能、性質、提供服務的對象，及圖書館的行政體系，圖書館的統計與評鑑等均應有所了解，並須學習如何規劃圖書館之業務、編製預算、統計與考核紀錄。

（4）瞭解圖書館之自動化作業：由於資訊爆發與人力、經費種種限制，驅使圖書館勢必走入自動化的途徑。電腦（電子計算機）已不再是新穎的名詞，身為現代的圖書館員負有轉圜的責任，如何將所有爆發的資訊一一納入系統是當代圖書館員較重要的一個課題。因此，圖書館員對於系統分析、資訊探索、圖書館自動化作業、程式寫作等知識與技能必須加以學習、認識、了解與利用，以期能聯合圖書館界合作解決知識爆炸之大問題，置資訊於掌中，收放自如、求最經濟、最迅速且最大之效果。

3. 增進推展社會教育知識

(1) 瞭解圖書館之社會教育功能與任務：由社會教育發展史可以看出圖書館一向為社會教育主要推行機構，在社會教育工作之推展具有舉足輕重的地位。尤其是在今天文化建設為國防建設之前鋒利族，而圖書館為文化建設重心之際，圖書館員不僅應體認其所擔負之時代任務並須了解文化中心圖書館設計規劃之源起、過程及推行社會教育之計劃。

(2) 增進圖書館員推廣社會教育之各種技能：在講求經濟效用的今天，圖書館員須學習如何發掘社會文化需求以及針對人口、經濟、教育背景等因素，利用統計分析方法，研擬、設計適合於民眾需要之服務項目及舉行各種因時因地制宜的推廣活動，把圖書館的工作往更深一層紮根。例如舉辦各種展覽、演講、電影會、音樂會、圖書巡迴車等均可把圖書館的寶藏給予大眾來利用，以提高文化教育、娛樂的水準。

4. 養成圖書館專業精神

圖書館人員應從圖書館學名著、各國圖書館從業者的傳記，探討圖書館界有史以來重要人物之事蹟、思想及其影響，學習其奉獻服務的精神。如能了解或參加各種圖書館學及資訊科學有關之專門會社或專業組織之宗旨與活動，更可培養出專業認同的觀念及陶冶出敬業、樂業的優良品德。

(三) 新聞工作人員應具備之條件

新聞工作人員掌握着左右民意之傳播利器——報紙、電視與廣播。其一念之差，一言之失均足以對社會造成重大的影響。因此，如能使諸新聞從業人員均具有教育之理念，使其了解到舉「言」之輕重即可善用其利器，發揮其廣大的新聞教育功能。這不僅對於國民關心國事程度之提高及國家民族，鄉里意識之培養有極大之影響力，而且對於民眾之精神生活、文化、娛樂水準之提升更具功效。所以新聞工作人員之培育不

可不重視。美國新聞學敎授康培爾和瓦實利二氏認爲現代記者應具備四種資格：第一、他必須是心理學者，第二、他必須是一個聰敏的研究者，第三、他應是文筆流暢的作者，第四、他應是一個負責的分析家。事實上，以目前社會人文科學各方面變遷發展之速及事物之複雜，要記者能夠迅速瞭解問題、把握重點、權衡輕重並作客觀之報導是非常不容易的，必須具備多方面的知識、才能與技術方能圓滿達成，因此歸納言之，一個標準的新聞敎育人員必須具備（1）新聞專業知能（2）推廣時事敎育之能力（3）新聞事業之精神。玆分述如下：　❸

　1. 新聞專業知能

　（1）充實新聞工作之基本知能：新聞工作者眼觀天下事，尤其在今日科際整合的時代，凡事均須做多元之科學分析，故新聞工作者必須具有廣濶的知識基礎，如政治學、經濟學、社會學、法學、心理學等社會學科之基本理論與原則，以及美術、音樂、電影、戲劇、體育、及日常生活之應用知識等卽各行各業之慣用術語亦應知曉。如此外加專攻之專門學科知識卽可成爲所謂「通才中的專才」，亦方足以對天下事做一客觀的分析、判斷和報導。

　（2）加強中外語文運用之能力：新聞工作人員雖有傳播之利器，若無良好之語文基礎，犀利之口舌與文筆，則如白字長書般枉然。更何況今日電訊事業之進步已使世界親若毗鄰，須能通曉外國之語文方能廣見聞博學問，因此新聞寫作、編譯外電、特稿，以及外語採訪寫作之能力均爲新聞工作者必須培養之能力。

　（3）新聞工作之專業知識；雖然新聞工作偏重專業技能之培養，但知、能二者仍不可偏廢，必須相輔爲用。身爲新聞工作者除具備前項所

❸　鄭貞銘撰，新聞學與大衆傳播學，臺北：三民書局，民國六十七年，頁四一～四六。

述基本知能外須熟諳本行專業之知能。這包括了新聞學、大衆傳播學之理論基礎、新聞採訪、新聞寫作、深度報導、新聞編輯、副刊編輯、雜誌編輯、廣播電視製作原理與技能、報業經營原則與實務、新聞攝影等科目。誠然，無人能知百科，無人能集百技於一身，然以一新聞工作人員而言，必須先具基本專業知能，而後擇其一而專。

(4) 瞭解新聞事業發展之趨向：新聞工作人員必須隨時趕上時代，探討新聞及大衆傳播之新思潮、新觀念與新技術，並且研析新聞處理之新方向，此亦「新聞尖兵」之一義也。

(5) 增進新聞研究分析之能力：新聞工作人員透過民意調查、測驗等課程訓練統計分析之能力。此外更須加強本行之實務訓練，養成敏銳觀察、迅速閱讀、採錄、組織、表達之能力。

2. 推廣時事教育之能力

(1) 增進對國內外時事認識與分析之能力：從事新聞教育工作者除了具備基本學識以外，足以增益新聞教育工作能力之學識如國際關係、國際現勢、國際問題之探討等均可涵養其識力與遠見，且爲新聞報導與評論之重要基礎。

(2) 培養推行學校時事教育之能力：從人民關心國事、天下事的程度就可以判斷出學校推展時事教育的成效。要知愈是進步的國家，其民主輿論的力量表現愈強大，而國民亦愈易坦誠相見愈團結。因此，身爲新聞工作人員應基於國家之立場絕不容許國民漠視國事。而解決之根本方法卽加強學校時事教育工作。學校新聞理論與實務、時事敎學與研究、學校壁報刊物、社區報刊之編輯及時事測驗擧辦方法等均爲學校新聞工作人員必備之知能。

3. 新聞專業精神

新聞工作人員必須對新聞專業具有信心，並養成遵守新聞工作倫理

之習慣及對社會、報館、同仁負責任之精神。而新聞法規、記者信條、新聞評議與自律制度之了解與奉行有助於此等工作倫理習慣之養成。另則由新聞史之研究可以探討新聞事業之地位並加深新聞從業員對社會之責任感，使得發揮客觀、正義、維護基本國策且堅守民主陣容的專業精神。

（四）社會工作人員應具備之條件

為求民生樂利、社會安定、國家富強，社會工作者無不孜孜矻矻朝向此目標而勤奮耕耘。然社會工作者一樣必須具備專業條件，方足以達成任務和理想。這兒仍舊從知、能、德三者着眼說明社會工作人員所必須具備的五個條件：（1）社會工作專業如識，（2）社會工作專業技能，（3）社區建設及社區教育之知能，（4）學校輔導工作知能，（5）社會工作專業精神。❸

　　2. 社會工作專業知識

　　（1）認識社會工作原理：社會工作人員首先必須對社會工作之意義、範圍與工作哲理有一明確的認識，並且對於人類行為與社會環境之微妙關係、社會問題之成因、特性、解決途徑、各家理論、行為改變的控制因素等有所了解，方能採取積極而富建設的參與取向。

　　（2）瞭解社會工作守則：社會工作倫理是社會工作專業思想與行為的一環；而社會工作守則則是一種「專業行為」準則，也是社會工作人員從事專業活動過程中把社會工作倫理付諸實際行動的表現。社會工作人員應了解、謹記這些專業行為準則並表現於社會服務的接觸過程中。

　　2. 社會工作專業技能

　　（1）增進個案工作實施技能：社會個案工作乃是解決社會問題的一

---

❸ 白秀雄撰，社會工作，臺北；三民書局，民國六十七年，頁二六九。

種各個擊破之重要技能。 舉凡社會福利行政、 一般社會福利、 社會救助、 就業輔導、 兒童福利、 家庭服務、 醫療服務、 心理衞生與精神病診療、 公共衞生、 傷殘重建、 司法及觀護制度、 榮民服務、 學校教育、 農村社會服務等機構都採用個案工作的方法來協助案主。因此, 社會工作人員須能具備個案工作實施技能——接案、 調查、 診斷、 計劃、 治療、記錄、 轉案及追踪輔導技能, 而且必須經過不斷的嘗試, 由經驗中培養技巧, 如此方能對社會適應不良之民衆有所幫助, 並且促使社會之個體均能獲得健全之身心發展。

(2) 增進社會團體工作實施技能: 從比較嚴謹的社會工作專業服務的觀點來評量, 團體工作應能達成羣衆的社會行爲發展目標, 使羣衆得以認識與評價自我所面對的社會環境, 並且完成自己與社會的整合作用, 也就是對社會環境的認同。其實現的程度必須視其方案設計、 執行方法與團體歷程而定。社會團體工作講求的是科學的方法與技術, 社會工作人員必須接受此種專業訓練, 了解其基本原則、 方法、 實施範圍,並且具備組織團體、 安排活動、 引導民衆及撰寫團體工作記錄之能力。

(3) 增進社會工作行政技能: 社會工作之盛衰端視社會之需要與社會行政當局之決策。社會工作人員因此須對社會政策與社會立法、 社會福利行政等有所認識方足以承上啓下爲民衆與政府之間的橋樑, 服務社會, 實現社會福利的目標。

3. 社區建設及社區教育之知能

(1) 增進社區組織知能: 根據民國五十七年五月十日行政院令頒布「社區發展工作綱要」, 社區發展之目標在於有計劃的動員區域內之人力、 物力、 財力, 配合政府各部門之施政計劃與財力支援, 以增進人民生活條件, 提高區內人民生產效能, 改善區內人民生活環境, 建設民生主義新社會。而其如何組織與動員人力、 物力與財力非具有專門之知能

無以爲之。因此，社會工作人員必須學習社區組織之原理、原則及方法。並且配合實際需要，從事社區調查、研究工作，藉以了解社區權力結構及社區理事會組織。此外，應多參加社區之各種活動，實地了解社區組織型態與運作過程。

(2) 增進社區發展知能：社區發展固在促進社區之經濟、社會、文化、教育各方面的積極建設與進步，惟其發展過程仍須以和平漸進爲原則。故社會工作人員應加强社區發展的意義、工作原則、實施方法的學習，了解社區發展現況，知曉社區資源發掘與運用的途徑，具備社區發展調查、研究、組織、設計、宣傳、執行及評價之能力，以循序漸進推展社區發展工作。

(3) 增進社區教育知能：社區民衆教育的目的在於「使社區內居民認識他們周遭經濟、社會等的變遷，從而加以瞭解、參加、最後並且予以掌握」。社區發展本是種經過設計的社會運動，它需要社區內居民積極、自動自發的參與，而如何運用方法刺激社區居民，使其對此運動產生熱烈而積極的反應，有賴系統化社區教育，所以社會工作人員對於社區之民衆教育方法與過程應加以研討與實習。

4. 學校輔導工作知能

(1) 培養生活輔導知能：社會工作人員如以學校社會工作爲志向，則對於學生之生活輔導、學業輔導、職業輔導均應有所認識與研究。就生活輔導方面而言，教育與職業指導、指導活動原理與實施課程均有助於學校輔導工作原理、原則與實施方法之瞭解和應用。爲求輔導切合學生需要，有益學生行爲之改變，學校社會工作人員應熟諳心理與教育測驗方法，例如：性向測驗、人格測驗、情緒測驗等之實作技能。如此方能充分了解學生的身心發展和各方面的條件，經由「輔導」的過程使學生心理方面得到健全的發展，培養健全的人格。

　　(2) 培養教育輔導知能：教育輔導包括定向輔導、課程輔導、課外活動輔導、特殊兒童輔導、升學輔導。社會工作人員應具備各種教育輔導之專業知識與技術，如了解特殊兒童之心理與教育方法以及特殊兒童教育診斷之專門技術，輔以學習能力測驗、學業成就測驗等實作技能，方能使教育配合學生的需要，而學生也能適應教育的過程，達到自我實現的目的。

　　(3) 培養職業輔導知能：社會工作既然目的在求國家、社會、經濟等之積極建設與發展則對於人力資源之分配與運用應該能够未雨綢繆，以求達到人力資源最大的經濟效用。在這方面，職業輔導具實質功效，對改變社會對人口、人力、就學及擇業之觀念，改變教育結構、確立人力發展政策、配合經濟建設、人力規劃發展均有所幫助。因此，社會工作人員應該具備職業輔導之知能，了解其方法與過程、就業市場動向、社會資源之運用等，以為人力資源導向，使學生能正確選擇職業並積極從事就業之準備。

　　5. 社會工作專業精神

　　社會工作人員既然選定這項工作，就必須努力適應社會工作這專業的文化。即使其已精通基本的理論與技術仍不足以保證專業的成功。因此，一個新進的人員，必須熟悉和開闢迷宮般專業文化的途徑，本助人之意願，發揮愛心與熱忱，參加社會服務，並且常與育幼院、養老院或殘障教養院、少年輔育院等機構保持聯繫，對需要協助或幫忙的人伸出援手，則不但可以促進自己專業技能之成長，而且也達到了社會工作的目的，這也可以說是一種文化涵養的過程。經過此一過程才能了解此專業團體的社會價值與行為規範。同時，社會工作人員應了解專業性的工作本身就是目的，服務社區、教育大眾本身就是一種價值，因此應忠於自己的工作岡位，將服務至上、公平無私的要素帶入專業活動中，全心

全意的獻身於社會工作。

結　　語

理想的社會教育工作與學校教育工作一樣，有其遠大的目標、詳實的內涵與科學的方法。我國社會教育實施已近百年歷史，收效固宏，惟任何社會教育工作，欲求其績效更為彰著，首應培育、任用與獎勵專業而優秀的工作人員。先總統　蔣公云：「中興以人才為本」，振興社會教育之道，亦當如是。

一位理想的社會教育人員所需具備的條件固多，歸納言之，不外應博通社會教育的基本知識，熟習社會教育的技能和陶冶社會教育的專業態度與精神。當前我國社會由於三十年來政治、經濟、社會與文化發展的自然趨向，加強文化、心理與社會建設已成朝野上下一致戮力的方向，而社會教育對此乃應負起責無旁貸的神聖使命，願我全體社會教育工作人員，體認此神聖與艱鉅的責任，發揚在艱彌厲之精神，實現教育全民的崇高理想。

第三節　社會教育的重要法令

社會教育法令是推行社會教育的主要依據，亦是推行社會教育的原動力。本節在評析：（1）社會教育法，（2）補習教育法令，（3）社會教育機構辦法及（4）學校辦理社會教育辦法。

壹、社會教育法

社會教育法是推動社會教育的根本大法。民國四十二年九月總統明令公佈「社會教育法」，為我國推行社會教育有正式法律依據之濫觴。

該法計十七條，對於社會教育之目標、任務、事業、機構、設置、推行方法、人員、經費、以及教材等，皆有原則性之規定。該法公布施行後，曾於民國四十八年修正第十五條。茲條列該法於后。

社 會 教 育 法
四十二年九月廿四日　總統令公布
四十八年三月廿八日　總統令修正

第 一 條　本法依憲法第一百五十八條及第一百六十三條制定之。

第 二 條　社會教育實施之對象為一般國民，凡已逾學齡未受基本教育之國民，應一律受補習教育，已受學校教育之國民，使其獲有繼續受教育及進修之機會。

第 三 條　社會教育之主要任務如下、

一、發揚民族精神及國民道德。

二、灌輸科學智能及國防常識。

三、訓練公民自治及四權行使。

四、增進語文知識及掃除文盲。

五、養成衛生習慣及健全體格。

六、培養藝術興趣及禮樂風尚。

七、保護風景名勝及史蹟文物。

八、改進通俗讀物及民眾娛樂。

九、授予生活技能及推行生產競賽。

十、其他有關社會教育事項。

第 四 條　省（市）政府應設立社會教育館，實施各種社會教育事業，並輔導當地社會教育之發展。縣（市）鄉（鎮）依其財力及需要，得設置社會教育館或社會教育推行員。

第 五 條　中央及省（市）縣（市）政府視其財力與社會需要，酌設或核准設立下列各社會教育機構：

一、圖書館；

二、博物館（包括科學、藝術、民族文物等）；

三、體育館或體育場；

四、特種學校（如盲啞殘廢等學校）；

五、其他有關社會教育機構。

前項第二款合併設置之社會教育機構，如財力充裕時，亦得分別設立。

第 六 條　國民學校應依法辦理失學民衆補習教育。

第 七 條　省（市）縣（市）政府及公立學校、教育機關、公營事業機構，得依法設立或附設補習學校。

第 八 條　各種社會教育機構，由中央設立者爲國立，由省（市）設立者爲省(市)立，由縣（市）設立者爲縣（市）立，由鄉（鎮）設立者爲鄉（鎮）立，由私人或團體設立者爲私立。

第 九 條　私人或團體設立社會教育機構之規程及獎勵辦法，由教育部定之。

第 十 條　社會教育機構之設立變更及停辦，由省（市）設立者應由省（市）教育行政機關呈請教育部備案，由縣（市）及私人或團體設立者，應呈由省（市）教育行政機關核准並轉呈教育部備案，由鄉（鎮）設立者應呈由縣（市）政府核准並轉呈省教育行政機關備案。

第十一條　社會教育之實施，除應用固定場所及班級教學外，兼採用流動及露天等方式，並得以集會、講演、討論、展覽、競賽、函授，及其他有效方法施行之。

第十二條　各級教育行政機關應設置專管社會教育行政單位，並得設置專任社會教育視導人員。

第十三條　社會教育工作人員聘用、任用及待遇，另以法律定之。

第十四條　中央及省（市）縣（市）政府應寬籌社會教育經費，並於各該級教育經費預算內專列社會教育經費科目。邊遠及貧瘠地區之社會教育設施經費，由國庫補助之。

第十五條　社會教育之教材，除屬一般性質者由教育部訂定綱要外，並得由省(市)縣（市）教育行政機關就地方特殊情形增訂之，各種教材及教具，均須

經教育部審定後方得採用，其辦法由教育部定之。

第十六條　國立社會教育機構之組織以法律定之。國立社會教育機構之設備標準由
　　　　　教育部定之。

第十七條　本法自公布日施行。

民國四十二年公布之社會教育法，具有下列之優點與缺點：

優點方面：

1. 提示法源，以三民主義爲最高指導原則，並以提高社會文化水準
爲旨歸，合乎國家目標。（第一條）

2. 注意補習教育及繼續教育之實施，顯示社會教育特有之重要功
能。（第二條、第六條、第七條）

3. 任務之重點，由民族精神教育而至科學教育、公民教育等，層次
井然。（第三條）

4. 社會教育館、圖書館、博物館等，分別由中央及地方依其財力與
社會需要而彈性設置。（第四、五條）

5. 社會教育機構除由政府設置外，並獎助私人設置。（第九、十條）

6. 社會教育之人員、組織及設備，由中央統一規定。（第十三、十
六條）

7. 社會教育之教材教具，除由中央規定及審核外，地方政府得因特
殊情形增訂之。（第十五條）

8. 社會教育之方法，規定多種，合乎實際。（第十一、十二條）

缺點方面：

1. 社會教育館僅規定省市必須設置，縣市以下得自由設置，不易展
開社會教育。（第四條）

2. 學校「得」設置補習學校而已，嫌於消極。（第六、七條）

3. 社會教育經費未在總預算中規定比率，僅云「寬籌」，彈性過鉅，

難免徒托空言。（第十四條）

4. 「掃除文盲」、「補習教育」，皆失之消極。（第二、三、六和七條）

5. 僅規定社教館有輔導當地社會教育發展之責，其他社教機構無此規定，似偏而不全。（第四、五條）

6. 廣播電視爲極重要之社會教育方法，本法隻字未提。

　　社會教育法於民國四十二年公布施行，近三十年來，政府於復興基地勵精圖治，軍經建設飛躍進步，文教發展更是一日千里，社會教育法必須適應社會實際需要，審察當前社會情況及未來發展，以充分發揮教育啓導社會之功能，所以社會教育法乃於民國六十九年十月再一次修正、公布、施行。

修正社會教育法

中華民國六十九年十月十七日立法院通過
中華民國六十九年十月二十九日總統公布

第 一 條　社會教育依憲法第一百五十八條及第一百六十三條之規定，以實施全民教育及終身教育爲宗旨。

第 二 條　社會教育之任務如下：

　　　　一、發揚民族精神及國民道德。

　　　　二、推行文化建設及心理建設。

　　　　三、訓練公民自治及四權行使。

　　　　四、普及科技智能及國防常識。

　　　　五、培養禮樂風尙及藝術興趣。

　　　　六、保護歷史文物及名勝古蹟。

　　　　七、輔導家庭教育及親職教育。

　　　　八、加強國語教育，增進語文能力。

　　　　九、提高生活智能，實施技藝訓練。

　　　　十、推廣法令知識，培養守法習慣。

　　　十一、輔助社團活動，改善社會風氣。

　　　十二、推展體育活動，養成衛生習慣。

　　　十三、改進通俗讀物，推行休閒活動。

　　　十四、改善人際關係，促進社會和諧。

　　　十五、其他有關社會教育事項。

第 三 條　各級主管教育行政機關，應設專管社會教育行政單位，並得置專任社會
　　　　　教育視導工作人員。

第 四 條　省（市）政府應設立社會教育館，推展各種社會教育事業並輔導當地社
　　　　　會教育之發展。

　　　　　直轄市、縣（市）應設立文化中心，以圖書館為主，辦理各項社會教育
　　　　　及文化活動。

第 五 條　各級政府視其財力與社會需要，得設立或依權責核准設立下列各社會教
　　　　　育機構：

　　　一、圖書館或圖書室。

　　　二、博物館或文物陳列室。

　　　三、科學館。

　　　四、藝術館。

　　　五、音樂廳。

　　　六、戲劇院。

　　　七、紀念館。

　　　八、體育場所。

　　　九、兒童及青少年育樂設施。

　　　十、動物園。

　　　十一、其他有關社會教育機構。

第 六 條　社會教育機構由中央設立者為國立；由省（市）設立者為省（市）立；
　　　　　由縣（市）設立者為縣（市）立；由鄉（鎮、市、區）設立者為鄉（鎮、
　　　　　市、區）立；由私人或團體設立者為私立。

第 七 條　社會教育機構之設立、變更或停辦：國立，應由教育部審察全國情形定
　　　　之；省（市）立者，應由省（市）主管教育行政機關報請教育部備案；
　　　　縣（市）立及私立者，應報請省（市）主管教育行政機關核准，並轉報
　　　　教育部備案；鄉（鎮、市、區）立者，應報請縣（市）政府或直轄市主
　　　　管教育行政機關核准，並轉報上級主管教育行政機關備案。

第 八 條　私立社會教育機構之設立及獎勵辦法，由教育部定之。

第 九 條　各級學校得兼辦社會教育；其辦法由教育部定之。

第 十 條　社會教育人員之任用，依教育人員任用條例之規定。

第十一條　各級政府，應寬籌社會教育經費，並於各級教育經費預算內，專列社會
　　　　教育經費科目。
　　　　邊遠及貧瘠地區之社會教育機構經費，由上級政府補助之。
　　　　各級政府得運用民間財力籌設基金，以推行社會教育；其辦法由教育部
　　　　定之。

第十二條　社會教育之實施，應盡量配合地方社區之發展，除利用固定場所施教
　　　　外，得兼採流動及露天方式等；並得以集會、演講、討論、展覽、競
　　　　賽、函授或運用大眾傳播媒體及其他有效辦法施行之。

第十三條　廣播電視及其他大眾傳播媒體，應加強配合社會教育之推行；其辦法由
　　　　教育部會同行政院新聞局定之。

第十四條　社會教育之教材，除屬一般性質者，由教育部訂定綱要外，並得由省
　　　　（市）縣（市）主管教育行政機關，就地方特殊情形增訂之。
　　　　教材、教具及通俗讀物之審定辦法，由教育部定之。

第十五條　國立社會教育機構之組織以法律定之。
　　　　各級社會教育機構之設備標準，由教育部定之。

第十六條　本法自公布日施行。

　　　民國六十九年十月修正之社會教育法，除保留前述原社會教育法之
特色：卽前述優點之第一、第三、第四、第五、第六、第七、第八等各

項外，另具有幾項前所未有之特色：

1. 肯定社會教育的獨立功能，明確訂定社會教育的宗旨為實施全民教育及終身教育。（第一條）

2. 配合當前社會的需要，擴大社會教育的任務有五項：卽（1）推行文化建設及心理建設，（2）輔導家庭教育及親職教育，（3）推廣法令知識，培養守法習慣，（4）輔助社團活動，改善社會風氣，（5）改善人際關係，促進社會和諧。（第二條）

3. 確定文化中心的法定地位，結合社會教育與文化中心的關係。（第四條）

4. 規定各級政府設立社會教育機構：卽（1）圖書館或圖書室、（2）博物館或文物陳列室、（3）科學館、（4）藝術館、（5）音樂廳、（6）戲劇院、（7）紀念館、（8）體育場所、（9）兒童及青少年育樂設施、（10）動物園、（11）其他有關社會教育機構。（第五條）

5. 明定社會教育推行方法，加強廣播電視與社會教育的結合。（第十二、十三條）

至於原社會教育法已有之缺點，本次修正已變更者有：前述第一、第二、第四、第五、第六等項，但社會教育法修正後，仍有部份條文，值得商榷：

1. 規定各級學校「得」兼辦社會教育，似仍嫌消極。（第八條）

2. 社會教育人員之任用，尚未明確規定專業人員之優先培養、訓練或獎勵。（第十條）

3. 社會教育經費仍未在教育總預算中，規定適當之比例，僅仍云「應寬籌」，似嫌不足。（第十一條）

4. 未規定社會教育之研究發展工作，似不能積極開創社會教育事業之光明遠景。

貳　補習教育法令

　　社會教育有關諸法規中，除社會教育法外，祇有「補習教育法」是由立法機關研討通過，總統明令公布施行之法律。補習教育法原稱「補習學校法」，民國六十五年七月十二日改稱今名，並由總統公布施行。

　　補習教育法計二十五條，其主要內容及特點有下列各項：

　　1. 明定補習教育之目的為：補充國民生活知識，提高教育程度，傳授實用技藝，增進生產能力，培養健全公民，促進社會進步。（第一條）

　　2. 規定補習教育之範圍為：國民補習教育、進修補習教育及短期補習教育。（第三條）

　　3. 指定補習教育之對象為：凡已逾學齡未受九年國民教育之國民，予以國民補習教育；已受九年國民教育之國民，得受進修補習教育；志願增進生活知能之國民，得受短期補習教育。（第三條）

　　4. 規定設置各級各類補習教育之機構及期限。（第四、五、六、七、八條）

　　5. 規定補習學校之管理之機構。（第十條）

　　6. 規定補習教育之方法，得採函授、廣播與電視。（第十二條）

　　7. 規定各級各類補習學校之學生資格及考驗辦法。（第十三～十七條）

　　8. 其他相關法令之規定。

　　玆將「補習教育法」條列之。

補習教育法　　　　　　　　　六十五年七月十二日總統令公布

第　一　條　補習教育，以補充國民生活知識，提高教育程度，傳授實用技藝，增
　　　　　　進生產能力，培養健全公民，促進社會進步為目的。

第　二　條　本法所稱主管教育行政機關：中央為教育部；省（市）為省（市）教

育廳（局）；縣（市）爲縣（市）政府。

第 三 條　補習教育區分爲國民補習教育、進修補習教育及短期補習教育三種：凡已逾學齡未受九年國民教育之國民，予以國民補習教育；已受九年國民教育之國民，得受進修補習教育；志願增進生活知能之國民，得受短期補習教育。

第 四 條　國民補習教育，由國民小學及國民中學附設國民補習學校實施之，國民小學補習學校分初、高級二部，初級部相當於國民小學前三年，修業期限爲六個月至一年；高級部相當於國民小學後三年，修業年限爲一年六個月至二年，國民中學補習學校相當於國民中學，修業年限不得少於三年。

第 五 條　進修補習教育，由高級中等以上學校依需要附設進修補習學校實施之。進修補習學校分高級進修補習學校、專科進修補習學校二級。高級進修補習學校分爲普通與職業二類，各相當於同性質高級中等學校。專科進修補習學校相當於同性質之專科學校。其修業年限均不得少於同性質之高級中等學校或專科學校。

第 六 條　短期補習教育，由學校、機關、團體或私人辦理，分技藝補習班及文理補習班二類；修業期限爲一個月至一年六個月。

第 七 條　各級進修補習學校，除由同級以上學校附設外，各級政府機關及公、民營事業機構或私人亦得設立，其辦法由教育部定之。但專科進修補習學校之附設，應以公立或已立案之私立專科學校爲限；民營事業機構或私人設立進修補習學校，並應依私立學校法之規定辦理。

第 八 條　國民補習教育及高級進修補習教育，得視需要依特殊補習、勞工補習、隨營補習等方式達成之。其與學制有關者，由教育部與各主管部會會同訂定辦法實施之。

第 九 條　國民中學畢業未繼續受教育者，得實施部分時間之職業進修補習教育，至十八足歲爲止。其實施辦法，由教育部定之。

第 十 條　各級國民補習學校及進修補習學校之設立、變更或停辦：國民小學及

　　國民中學附設國民補習學校，設於直轄市者，由直轄市主管教育行政
機關核准；設於縣（市）者，由縣（市）主管教育行政機關核准轉報
省主管教育行政機關備案。高級進修補習學校，由省（市）主管教育
行政機關核准轉報教育部備案、專科進修補習學校，由教育部核准。
各類補習班之設立、變更或停辦，應報經縣（市）或直轄市主管教育
行政機關核准；其設立及管理規則，由省（市）政府定之。

第 十 一 條　各級國民補習學校及進修補習學校之授課，得採按日制、間日制或週
末制。其教學內容，以同級、同類學校之主要科目為準。每一科目教
學總時數，不得少於同級、同類學校課程標準內總時數三分之二。每
一科目修業期限，不得少於二個月。

第 十 二 條　各級國民補習學校及進修補習學校，除以一般方式施教外，得以函
授、廣播、電視等教學方式辦理；其辦法由教育部定之。

第 十 三 條　國民補習學校無入學資格限制。進修補習學校之入學資格，須具有規
定學歷，或經自學進修學力鑑定考試及格，或具有同等學力者。

第 十 四 條　各級國民補習學校及進修補習學校學生，修業期滿試驗及格者，准予
結業，並由學校給予結業證明書。

第 十 五 條　各級國民補習學校及進修補習學校學生修畢與同級、同類學校相當年
級之主要科目，試驗及格者，得報考同級、同類學校程度相銜接之班
級。其在各級國民補習學校及進修補習學校結業者，並得以同等學力
報考與原國民補習學校或進修補習學校程度相銜接之高一級學校。但
有入學年齡之限制者，從其規定。

第 十 六 條　國民中學補習學校及各級進修補習學校結業生，得由主管教育行政機
關舉行資格考驗，及格者給予資格證明書，證明其具有同級、同類學
校畢業同等之資格，其考驗辦法，由教育部定之。

第 十 七 條　各級國民補習學校及進修補習學校之教學科目、每週教學時數、課程
標準、設備標準及實習規則，由教育部定之。

第 十 八 條　各級國民補習學校及進修補習學校，置校長一人，綜理校務。

公私立學校、政府機關或公營事業機構，附設國民補習學校或進修補習學校之校長，得由各該學校、機關或機構主管人員兼任。

第 十九 條 各級國民補習學校及進修補習學校之教師，由校長聘請合格人員充任以專任為原則，職員由校長聘派。

第 二十 條 公立或已立案之私立專科以上學校，得依實際需要，設置與各該學校程度相當之進修科目，選取合格學生，修業完畢，試驗及格者，由學校給予各該科目之學分證明書。其經同級學校入學試驗錄取者，最近四年內所修之學分，如與所習系、科之學科名稱、學分數目均相同時，應酌予採認。

第二十一條 公立或已立案之私立專科以上學校，應就其所設系、科（組）性質相近者，配合社會需要，辦理推廣教育。專科學校並應特別著重技術之推廣與新技術之介紹。

第二十二條 各級國民補習學校免收學費，得酌收其他費用；各級進修補習學校得比照各同級同類學校收費，其收費標準，由主管教育行政機關規定之；各類補習班或專科以上學校辦理推廣教育之收費，須經主管教育行政機關核准。

第二十三條 補習教育規程，由教育部定之。

第二十四條 私立國民補習學校及進修補習學校，依本法之規定辦理。本法未規定者，依私立學校法及有關法令之規定。

私立補習班，除依本法之規定外，其立案、招生、獎勵及監督等，準用私立學校法第四十三條、第四十四條第四款至第十款、第五十六條及第六十七條之規定。

第二十五條 本法自公布日施行。

補習教育為當前我國社會教育重點工作之一，社會愈進步，教育愈發達，國民進修的慾望亦愈強，進修補習教育亦就愈來愈重要。我國補習教育法令，除前述「補習教育法」外，各級教育行政機構為推行補習

教育，曾陸續訂頒各種補習教育之行政辦法或規定，屆此補習教育大力
推行之際，這些補習教育法規適用之情況，有無窒碍難行之處，頗值研
究。因此，筆者曾對各種補習教育法規之適用情況，於民國六十九年七
月作過調查研究，玆將研究目的與發現，簡述如下，以作為我國補習教
育法規及行政管理改進之參考。❸

一、調查之目的與對象

本調查研究之具體目的乃在蒐集我國現行補習教育法規，研討其內
容，編為問卷，經調查訪問後，統計分析彙為各種發現與結論，提出具
體建議，俾為今後我國補習教育法規修訂之參考。

本調查研究以下列補習教育法令為主要範圍：

1. 補習教育法及補習教育規程；
2. 補習學校結業生資格考驗辦法；
3. 臺灣省公私立短期補習班設置及管理辦法；
4. 汽車駕駛訓練機構設立標準表；
5. 臺灣省私立外國語文短期補習班設立及管理規則；
6. 函授學校（班）設立辦法；
7. 臺灣省函授學校（班）管理規則；
8. 臺灣省各級自學進修學力鑑定考試辦法。

本次調查訪問的對象計一千四百九十四人（廢卷六份）遍佈臺灣省十
五個縣市，玆將其性別、教育程度及行職業別等資料分別列表如次頁。

二、改進之建議

歷年來，中央及臺灣省政府陸續訂頒各種補習教育法規，以為推展
補習教育之依據，而補習學校、短期補習班、函授學校等乃得順利而蓬

❸ 李建興撰，臺灣省現行補習教育法規適用情況之調查研究，民國六十九年九
月，未刊稿。

調查樣本之性別分佈狀況

性　　別	人　　數	百　　分　　比
1. 男	988人	66.13
2. 女	506人	33.87
合 計	1,494人	100

調查樣本之教育程度分佈狀況

教 育 程 度	人　　數	百　　分　　比
1. 國　小	43人	2.88
2. 國　中	108人	7.23
3. 高中（職）	457人	30.59
4. 專　科	385人	25.77
5. 大　學	451人	30.19
6. 其　他	50人	3.34
合 計	1,494人	100

調查樣本之行職業分佈狀況

類　　別	行 職 業 別	人　　數	百 分 比
一、各級學校（大、中、及小學）	1. 專家、學者、校長及教師	540人	36.14
	2. 學生	406人	37.18
二、補習學校（班）	1. 班主任、教師（練）	98人	6.56
	2. 學生（員）	74人	4.95
三、民意代表		10人	0.67
四、學生家長	1. 工	112人	7.50
	2. 公	88人	5.89
	3. 商	84人	5.62
	4. 醫	8人	0.54
	5. 軍	3人	0.20
五、其他		71人	4.75
合　　計		1,494人	100

勃之發展，對於國家教育文化之發達，貢獻至鉅。然而補習教育實施以還，有關補習教育的問題也曾迭生紛擾。其中補習教育法規在適用上有無不切合實際及不便民之處，尤為補習教育成敗之關鍵。

本調查研究以現行補習教育法規適用情況為範圍，採調查訪問方式，客觀蒐集資料從事統計分析，歸納若干具體之結論，作為今後改進補習教育與法規修訂之參考。玆根據調查研究及分析，提出下列之結論及建議。

一、補習教育法及補習教育規程

（一）法規條文修訂部份：

1. 補習教育法第三條等條文，宜將進修補習教育擴大，包括大學階段。

   本調查發現百分之八一‧三九之受調查者支持這項意見，其主要理由為：適應社會需要，建立補習教育一貫體系及緩和大學聯招之競爭。

2. 補習教育規程第十七條，關於各級進修補習學校應於應屆結業生結業前二個月造具學生名册，基於便民與簡化行政手續之理由，宜考慮「一個月前呈報」或「祗要呈報學生人數」即可。

3. 「臺灣省立高級職業學校附設高級職業進修補習學校試辦自給自足班實施要點」，有人以為：假公立之名行私立之實，影響政府信譽，宜予研究改進。

4. 補習教育規程第五條規定，各級補習學校係屬附設者，教務、訓導及總務等工作，得……兼任辦理之。」宜予重新研究各級補校之人員編制，以符事實之需要。

5. 補習教育法與補習教育規程諸條文中，每提到「進修補習教育」、「進修補習學校」，略嫌冗長，刪除「補習」二字，逕謂「進修教

育」、「進修學校」似較爲簡明。

（二）行政事項改進部份：

1. 各縣市國民中學附設補習學校，根據調查意見顯示，宜擴大辦理。

2. 職業進修補習教育爲配合國民教育延長爲十二年之重要措施，宜研究早日實施。

3. 各級補習學校結業生資格考驗應繼續辦理，惟考驗手續宜再簡化，考驗作業程序宜再力求公平合理。

4. 較多數的受調查者（百分之四七‧四三）贊成高中或高職夜間部一律改爲補校，修業三年，須參加資格考驗。

5. 農村中之國民小學，應經確實調查後，考慮再辦國小補習教育，或亦可透過電視教學，傳授本國文字與文化。

6. 各級補習學校教職人員編制似可重新全面研究，以符事實之需要。

7. 各級補習學校的課程標準似應再行研訂，酌減某些課程內容，但亦可稍增：音樂、美術、軍訓等課程。

8. 各級補校似應酌增訓導人員，加強訓導與導師工作。

9. 國民中學附設補校學生是否免繳學費，其辦法宜早日訂定公佈之。

10. 教育行政單位宜對各級補習學校之教學、課程、作業等經常抽查、督導，嚴加輔導。

11. 各級補校之教科書宜重行編訂或建議國立編譯館等單位統一編印，以提高教學效果。

　　二、臺灣省公私立短期補習班設置及管理辦法

　　（一）法規條文修訂部份：

1. 本辦法第五條之規定，大部分受調查者（百分之四五‧四九）雖認爲合理，惟目前補習班已變質，本項規定已形同具文，所以一

般人（百分之四〇・九七）並不清楚。本條文似可將「每日上課
時間不得少於兩小時……三小時。」刪除，以符實際狀況。

2. 本辦法第二十三條規定，補習班聘請學校教員兼任教職，應徵得
原服務學校之同意。本調查發現：半數以上的受調查者（公立百
分之四八・二七，私立百分之五〇・一一）贊成教師經校長同意
後，才可兼職補習班。但有近三分之一的受調查者（公立百分之
三三・二七，私立百分之二六・三二）主張教師不可以到補習班
兼職。易言之，受調查者中，有百分之八一・五三主張公立學校
教師不可以或有條件的到補習班兼職；有百分之七六・四三主張
私立學校教師不可以或有條件的到補習班兼職。上述這些發現，
對於本辦法第二十三之修訂，頗具參考價值。

2. 本辦法第二十四條規定，補習班兼任教員，不得誘致其原任教學
校在學生參加補習。這條規定相當狹隘，祇不能誘致原校生而
已，本研究擴大其義，調查應否禁止補習班招收在校生，竟有百
分之四一・八七受調查者主張此意，可見本辦法第二十四條應嚴
格執行，防止其弊端，且可在適當時機，修改本條文。

4. 本辦法第二十八條規定，補習班學生以男女分班教學，不甚合
理，似可刪除此部份之文字。

5. 本辦法第三十三條規定，補習班徵收學生學雜費計算標準及其公
式，一般反應（百分之五四・一二）計算標準不清楚，實際上各
補習班亦非按此公式收費，故今後是否改爲規定彈性處理原則或
規定上下限卽可。

6. 本辦法第五十條規定，補習班不可讓渡與他人辦理，似維持原條
文較妥。

　（二）行政事項改進部份：

1. 今後宜鼓勵職業技藝短期補習班之設立，如：理髮、裁縫等手藝之傳授。

2. 短期補習班之設立，應從嚴審核，尤其注意組織之健全，場地之大小，交通之方便等條件。

3. 補習班之收費應依訂定標準徵收之，並應規定退費辦法。

4. 補習班之視導考核應依本辦法第四十八條之各要項，逐項評鑑，成績優良者予以獎勵，辦理不善者，予以議處。

5. 對於未經立案之地下補習班應嚴禁及取締。

6. 公私立補習班應時常互相觀摩，並予以積極的輔導與獎勵。

　　三、汽車駕駛訓練機構設立標準表

　　（一）法規條文修訂部份：

1. 對於政府最近有關汽車駕駛訓練班之二項積極措施：（1）停止設立一年，（2）成立督導小組，這二項措施相互配合，一般民衆亦有共同的感受與需要，咸認近年汽車駕駛訓練班設置太多太快，有些浮濫，產生弊端，應予督導改進。可見這二項法令已獲得充分支持。

2. 汽車駕駛訓練機構設立標準表（以下簡稱本表）規定，駕駛教練之配置，本調查發現受調查者百分之八五・四一認爲適合實際需要，條文不必修改。

3. 本表所規定，普通駕駛授課時數，百分之四五・七二之受調查者皆認爲很適當，不需更改，可能的話，有關駕駛技術和汽車構造及修護常識可稍予增加上課時數。

　　（二）行政事項改進部份：

1. 汽車駕駛訓練班之車輛、教練、場地、收費之標準與考核，宜有較詳盡之規定。

2. 設立教練及學員之安全基金，遇有重大事故，由基金支出或補助，教練應要求一律加入勞保。

3. 教學成效優良的駕駛訓練班，應有獎勵措施。

4. 現行駕駛班之場地面積之規定尚稱合適，場地設備要求符合眞實路況，每輛教練車限收十人次，似可稍予改寬。

5. 政府在適當時機應擴大設立專業汽車駕駛訓練班或汽車職訓中心，或責成公路監理單位附設駕訓班，從事示範性之汽車駕駛訓練，提高汽車駕駛水準，維護道路交通安全。

　四、臺灣省私立外國語文短期補習班設立及管理規則

　（一）法規條文修訂部份：

1. 臺灣省私立外國語文短期補習班設立及管理規則第三條規定，私立外國語文短期補習班設立標準以當地人口多寡爲準，據調查，一般人（百分之七一‧五九）認爲，應視各地實際需要核准設立卽可。

2. 本規則第三條但書中，規定英語科得因教學需要不受人口多寡之限制，據調查，一般民衆（百分之七〇‧五八）認爲：日、法、德、阿拉伯等國語文，甚至廣東話等地方方言等亦不必受此限制。

3. 本規則第七、十三與十七等條文，乃是對於外國語文補習班教室面積之規定，一般認爲，這種原則性之規定仍至爲重要，以保障學生權益，維護學生安全。

4. 本規則第九條規定，每週上課時數不得少於九小時，據調查反應，尚稱適當，若不予硬性規定時數，保持充分彈性亦可。

5. 本規則第十條規定，學生須具有國民學校畢業以上程度者方准入學。一般認爲，社會進步，外國語文需求迫切，若以學歷限制，

將使甚多早年失學的成年人喪失從事社會競爭之能力，若本條文改爲：年齡滿十二足歲或十三足歲以上者方准入學，似較妥切。

（二）行政事項改進部份：

1. 在適當時機，宜增訂外國語文資格考驗辦法，以利社會儲備人才，工商企業藉以任用。

2. 對於外國語文補習班之教材內容、教學方式、教師資格、設備標準等皆應明訂條文，從嚴審核、督導。

3. 應隨時嚴格抽查及定期督導外國語文補習班之營業狀況及教學情形。

4. 外國語文補習班辦理成績卓著優良者，應予適當獎勵。

5. 外國語文補習班之教師，不但要精通外國語文，尤要注重品德修養及國家意識。

6. 視聽教材教具應列入外語補習班之重要設備。

7. 外國語文補習班之教材，宜有統一標準，且可由國立編譯館統一編印。

五、函授學校（班）設立及管理辦法。

1. 對於函授學校（班）應提高其最低函授期限及增設實務實習，而且將來可考慮比照空中教學方式，函授學校（班）在加强其教育指導後，給予正式學籍。

2. 空中教學之播放時間應予調整，避免過早或過晚，面授時間之規定與公假，希有同等之處理辦法。

六、臺灣省各級自學進修學力鑑定考試辦法

各級自學進修學力鑑定考試宜求嚴格公平與合理，考場之佈置、試題之命題評閱、及格證書之發給等手續，皆應力求審愼與客觀，防止鬆嚴不一或洩題之可能，以昭信譽，而維護良好之制度更加發揚光大。

參、社會教育機構辦法

　　各種社會教育機構，諸如：社會教育館、圖書館、博物館、科學館及動物園等，政府都訂頒有各種組織規程與行政命令，作爲辦事之依據，玆僅就省市社會教育館與圖書館組織規程，加以登列，以便參考。至於其他社會教育機構有關法令，可查考：教育部編印之教育法令，或臺灣省教育廳編印之社會教育法令有關資料彙編。

臺灣省立社會教育館組織規程　民國六十四年十月十四日　臺灣省政府修正

第 一 條　臺灣省政府爲推行社會教育，啓迪民智起見，特依社會教育法第四條及各省市公立社會教育館規程之規定，於新竹、彰化、臺南、臺東四處設立社會教育館，定名爲臺灣省立新竹、彰化、臺南、臺東社會教育館（以下簡稱省立社教育館），隸屬臺灣省政府教育廳。

第 二 條　省立社會教育館置館長，綜理館務，並指揮監督所屬職員。

第 三 條　省立社會教育館設下列各組：

　　　　一、研究組。

　　　　二、推廣組。

　　　　三、輔導組。

　　　　四、總務組。

第 四 條　省立社會教育館置組長、編纂、輔導員、幹事、助理幹事、書記。

第 五 條　省立社教育館置主計員，依法辦理歲計、會計、統計事務。

第 六 條　省立社會教育館人員之職等及員額另以編制表定之。

第 七 條　省立社會教育館爲謀事業之發展，得聯絡地方機關、社會團體及熱心社會教育人士組織與業務有關之各種委員會。

第 八 條　省立社會教育館應輔導其施教區域內之社教機構與學校施行社會教育及社教活動，其辦法另定之。

第　九　條　本規程未規定事項，悉依社會教育法及其他有關法令辦理。

第　十　條　省立社會教育舘辦事細則由各該館擬定，報教育廳核定之。

第十一條　本規程自公布日施行。

各省市公立圖書館組織規程

五十八年十一月十七日
教育部令修正公布

第　一　條　各省、市公立圖書館以儲集各種圖書及地方文獻供衆閱覽爲目的，並
　　　　　　得舉辦其他各種社會教育事業，以提高水準。

第　二　條　名省、市（直轄市）至少應設省、市立圖書館一所，各縣、市應設
　　　　　　縣、市立圖書館，各鄉、鎮、市應於鄉、鎮、市社會教育館內設置圖
　　　　　　書室，其人口衆多經費充裕之鄉、鎮、市得單獨設置鄉、鎮、市立圖
　　　　　　書館。

第　三　條　圖書館之設立變更及停辦，省、市立者應由省、市政府函請教育部核
　　　　　　准備案，縣、市立者應由縣、市政府報請教育廳核准，並轉報教育部
　　　　　　備案，鄉、鎮、市立者應由鄉、鎮、市公所呈報主管教育行政機關核
　　　　　　准並轉報教育廳備案。

　　　　　　申請設立時應開具下列各事項：

　　　　　　一、名稱。

　　　　　　二、地址。

　　　　　　三、編制員額。

　　　　　　四、經費。

　　　　　　五、建築（圖樣及說明）。

　　　　　　六、藏書（詳報現有書籍種類册數）。

　　　　　　七、章則。

　　　　　　八、事業計畫

第　四　條　圖書館設置下列各組：

　　　　　　一、採編組。

　　　　　　二、典藏組。

三、閱覽組。

四、推廣組。

五、總務組。

前項各組視地方情形全部設置或合併設置，其工作實施辦法另定之。

第　五　條　圖書館設館長一人，綜理館務；省、市立者館長薦任或簡任，縣、市立者館長委任或薦任，鄉、鎮、市立者館長委任；分別由各級主管教育行政機關遴選合於本規程第八條資格人員，報請各該主管機關依法任用之；並呈報上級主管教育行政機關備案。

第　六　條　圖書館各設組長一人，幹事，得酌用助理幹事及雇員各若干人，其員額由主管教育行政機關視各館業務之繁簡規定之，由館長遴選合於本規程第八條資格之人員依法任用之，並呈報主管教育行政機關備案。

省、市立圖書館得設置研究員、副研究員；縣、市立圖書館得設置編輯各若干人。

第　七　條　省市、縣市立圖書館各設會計員一人委任，依法辦理歲計、會計、統計業務；人事管理員一人委任，依法辦理人事業務，受各該館長之指揮。

第　八　條　圖書館職員資格如下：

一、省、市圖書館館長須大學畢業，曾任教育工作或圖書館研究工作七年以上著有成績，在學術上確有貢獻，對圖書教育素有研究者。

二、省、市立圖書館研究員、副研究員須大學相關科系畢業，曾任教育工作或圖書館工作五年以上著有成績者。

三、縣、市立圖書館館長須大學畢業，曾任教育工作或圖書館工作五年以上著有成績者。

四、縣、市立圖書館編輯須大學相關科系畢業，曾任教育工作或圖書館工作四年以上著有成績者。

五、鄉、鎮、市立圖書館館長須專科學校畢業，曾任教育工作或圖書

　　　　　工作三年以上著有成績者。

　　六、省、市立圖書館各組組長須專科以上學校畢業，曾任教育工作或
　　　　圖書館工作三年以上著有成績者。

　　七、省、市立圖書館幹事，縣、市、鄉、鎮、市立圖書館組長、幹事
　　　　均須高級中等以上學校畢業，並曾任教育工作一年以上著有成績
　　　　者。

第　九　條　圖書館為便利閱讀起見，應設分館、巡廻文庫、圖書站及代辦處，並
　　　　　得協助學校辦理閱覽事宜。

第　十　條　圖書館應設下列會議：

　　一、館務會議：由館長、各組組長、會計員、人事管理員組織之，開
　　　　會時以館長為主席，討論業務改進事項，每月開會一次。

　　二、輔導研究或推廣會議：由館長各組組長及各該地方有關之教育行
　　　　政機關代表組織之，開會時以館長為主席，討論圖書館之有關輔
　　　　導或推廣事項，每半年開會一次。

第 十 一 條　圖書館設經費稽核委員會，由各組組長及全體幹事互推三人至五人為
　　　　　委員（會計、庶務不得為委員）組織之，由委員輪流擔任主席，對於
　　　　　收支帳目為對內之查核，每月開會一次。

第 十 二 條　圖書館基於業務需要設置各種委員會，延聘館內外有關人員或專家為
　　　　　委員，均為無給職。

第 十 三 條　省、市立圖書館應輔導縣、市立及私立圖書館，縣、市立圖書館應輔
　　　　　導鄉、鎮、市立圖書館，並建立業務聯繫，其輔導辦法另定之。

第 十 四 條　圖書館應於每年度開始前，編具下年度事業進行計劃及經費預算書，
　　　　　呈報主管教育行政機關查核備案，並轉呈上級教育行政機關備查。

第 十 五 條　圖書館應於每年度終了後，編具上年度工作報告及經費計算書，呈報
　　　　　主管教育行政機關查核備案，並轉呈上級教育行政機關備查。

第 十 六 條　圖書館經常費分配之標準，薪工不得高於百分之五十，事業費及圖書
　　　　　購置費不得低於百分之四十，辦公費佔百分之十。

第 十 七 條　圖書館設備標準另定之。

第 十 八 條　圖書館辦事細則由館訂之，呈報主管教育行政機構備案。

第 十 九 條　圖書館應備齊各種財產目錄及閱覽紀錄，以備查核。

第 二 十 條　本規程自公佈之日施行。

臺灣省各縣（市）立圖書館組織規程　　_{五十七年八月二十八日}

五十七年八月二十八日
臺灣省政府令修正

第 一 條　本省各縣（市）政府爲儲集各種圖書及地方文獻，供衆閱覽，並輔助
　　　　　社會教育，以提高文化水準起見，特設縣（市）立圖書館（以下簡稱
　　　　　各圖書館），隸屬于縣（市）政府。

第 二 條　各圖書館置館長一人，薦任或委任，綜理館務，並指揮監督所屬職
　　　　　員。

第 三 條　各圖書館得視地方實際情形，分設下列各組，其職掌于辦事細則中規
　　　　　定之：
　　　　　　一、總務組，二、採編組，三、閱覽組，四、推廣組。
　　　　　前組各組各置主任一人，除館長應兼任一組主任外，餘由幹事兼任
　　　　　之。

第 四 條　各圖館置幹事，助理幹事各一人至三人，均委任，僱員一人，僱用。

第 五 條　各圖書館得視業務需要，呈准于適當地區酌設分館，其所需人員均
　　　　　由圖書館總員額內調用。

第 六 條　本辦法自頒佈之日施行。

臺灣省各鄉鎮縣轄市立圖書館組織規程　　六十四年四月十一日

六十四年四月十一日
臺灣省政府令修正

第 一 條　臺灣省各鄉鎮縣轄市立圖書館（以下簡稱圖書館）隸屬於各鄉鎮縣轄
　　　　　市公所，其組織依本規程之規定。

第 二 條　圖書館置管理員，綜理館務，並指揮監督所屬員工。

第 三 條　圖書館圖書未滿一萬册者，置兼任管理員一人，一萬册以上者置專任

管理員一人。

山地鄉圖書館圖書未滿五千冊者，置兼任管理員一人，五千冊以上
者，置專任管理員一人。

第 四 條　照原條文第三條。

第 五 條　照原條文第四條。

第 六 條　圖書館分層負責辦事明細表，由圖書館擬訂，報請上一級機關核定。

第 七 條　本規程自發佈日施行。

肆、學校辦理社會教育辦法

各級學校加強辦理社會教育，以使學校成爲社區精神文化之堡壘，
成爲改革社會之主導力量，這是政府當前施政的重點工作之一。關於各
級學校辦理社會教育辦法，教育部於民國三十二年卽曾令函公佈，復於
五十九年令修正公布，根據此項辦法，臺灣省與臺北市政府自行訂頒實
施要點，以利推行。茲彙集各項辦法如下：(1) 各級學校辦理社會教育
辦法，(2) 臺灣省各級學校加強辦理社會教育方案，(3) 臺灣省加強
民族精神教育實施方案，(4) 臺灣省各級學校開放學校場所實施要點，
(5) 臺北市政府輔導各級學校成爲文化精神堡壘實施要點，(6) 臺北市
立各級學校開放場地實施要點，(7) 臺北市輔導學校成爲文化精神堡壘
工作作法補充說明，(8) 臺北市各級學校成爲文化精神堡壘有關開放場
地辦法補充說明，(9) 臺北市推行社區青少年育樂活動實施要點。

一、各級學校辦理社會教育辦法

中華民國三十二年十二月二十一日
第六二三五九號令公布
中華民國五十九年四月四日
教育部臺 (59) 參字第六八三五號令修正公布

第 一 條　各級學校辦理社會教育依照本辦法之規定。

第　二　條　大學獨立學院及專科學校應就其所設系科（組）性質相近者，辦理下
　　　　　　列二種以上社會教育工作：

一、學術講座。

二、補習學校（班）。

三、函授學校（班）。

四、開放運動場、游泳池、集會場所及圖書閱覽室等供民眾使用。

五、輔導附近民眾舉辦各項文藝體育及康樂活動。

六、公民訓練及改進國民生活事項。

七、農業推廣。

八、民眾法律顧問。

九、地方自治指導。

十、各種職業技能及家事之指導。

十一、電影、電視、廣播技術及通俗科學常識之講授。

十二、防空、防毒等防護知能傳習。

十三、公共衛生指導及救護訓練。

十四、編輯民眾讀物。

十五、舉辦各項展演活動。

十六　其他切合社會需要之教育。

第　三　條　高級中等學校應辦理下列二種以上社會教育工作：

一、通俗演講。

二、補習學校（班）。

三、各種職業技能之推廣與指導。

四、公民訓練並講習有關改進國民生活事項。

五、開放運動場、游泳池、集會場所及圖書閱覽室供民眾使用。

六、輔導附近民眾舉辦各項體育及康樂活動。

七、公共衛生指導及救護訓練。

八、防空、防毒等防護知能傳習。

九、舉辦各項展演活動。

十、其他切合社會需要之教育。

第　四　條　國民中學及國民小學應配合社區發展，積極辦理社會教育，以成爲社
　　　　　　區教育文化中心，其應行辦理之事項：

一、必須辦理之事項：

　　(一) 公民訓練並講習有關改進國民生活事項。

　　(二) 開放運動場、游泳池、集會場所及圖書閱覽室等供民衆使
　　　　　用。

　　(三) 輔導社區民衆舉辦各項體育及康樂活動。

　　(四) 舉辦社區家庭訪問。

二、擇要辦理之事項：

　　(一) 通俗演講。

　　(二) 補習學校（班）。

　　(三) 協助舉辦地方建設事業。

　　(四) 協助辦理合作事業。

　　(五) 民衆衛生指導及救護訓練。

　　(六) 防空、防毒等防護知能訓練。

　　(七) 壁報。

　　(八) 其他切合社會需要之教育。

第　五　條　各級學校辦理社會教育，教職員及學生均應參加，並得鼓勵學生家長
　　　　　　參加。

第　六　條　各級學校得組織社會教育推行委員會，主持辦理社會教育事宜。

第　七　條　各級學校於每年度開始時，應擬具辦理社會教育計畫，呈報主管教育
　　　　　　行政機關核准施行，年度終了時，將辦理情形，編造報告，呈報主管
　　　　　　教育行政機關備查。

第　八　條　各省（市）、縣（市）編製預算時，應酌列經費，作爲獎勵或補助所
　　　　　　屬各校辦理社會教育之用。

第　九　條　各級學校辦理社會教育所需經費，應酌列預算，辦理補習學校（班）
　　　　　　及函授學校（班）時，可依照規定酌收費用。

第　十　條　主管教育行政機關應將各級學校辦理社會教育列入督導項目，派員前
　　　　　　往督導實施，其成績優良者，應予獎勵。

第 十 一 條　本辦法自公布日施行。

二、臺灣省各級學校加強辦理社會教育方案

中華民國六十三年十二月廿四日
府教五字第一二二六八三號函公布

　　為配合執行消除髒亂和協助推行小康計畫而所訂定的「臺灣省各級學校加強辦
理社會教育方案」，已於六十三年十二月十三日經省府第一二七一次委員會通過，
自六十四年元月一日起全面實施全文如下：

一、目標：使學校成為各社區中華文化的精神堡壘，以發揮推動心理建設，締造現
　　　　　代社會之主導力量。

二、依據：依教育部頒「各級學校辦理社會教育辦法」及本省六十五年度施政綱要
　　　　　有關「教育與社會結合」之重點訂定。

三、實施項目：其重點如下：

　　（一）切實執行消除髒亂方案，綠化美化學校及社區環境。

　　（二）協助推行小康計畫，辦理仁愛工作、技藝訓練及媽媽教室。

　　（三）全面實踐國民生活須知，首先注重一般禮節，從面帶微笑習說「請」、「謝
　　　　　謝」與「對不起」做起。

　　（四）有計畫開放學校場所及設備，以倡導體育康樂活動。

　　（五）加強民族精神教育，倡導人人說國語運動。

四、責任分工：

　　（一）省政府—以教育廳為主辦單位，社會處、衛生處為會辦單位，協調其他
　　　　　有關廳處，各按本身業務職掌，督促執行，參酌已有法令規定，層級要
　　　　　求縣市鄉鎮（市區）業務單位各就區域範圍配合實施，必要時省級得設

聯繫會報，由秘書長擔任召集人，負責綜合聯繫及推動規劃各項有關工作，並由各有關廳處定期或不定期會同派員督導考核，嚴予獎懲（標準另訂公布）以求擴大績效。

(二) 縣市政府—於本方案公布實施後，立卽邀集各有關單位學校與鄉鎮（市區）公所，訂定實施計畫及進度，研討實際作業，督導鄉鎮（市區）及學校切實執行。

(三) 鄉鎮（市區）公所—應照本方案規定項目與進度，結合小康計畫暨消除髒亂方案工作之推行參酌地方環境與需要，邀請有關機關團體學校組織執行小組，研討實施步驟，並劃分責任工作區，各就本身職掌範圍，克服各種困難，共同推展，期獲良好效果。

(四) 村里與社區—一本精神勝於物質之信念，依照鄉鎮（市區）分配之責任工作區，發動所有組織與民眾，配合學校各種措施，協力合作，發揮整體力量，爭取最大榮譽。

(五) 各級學校—應根據本方案，參照有關資料，妥擬實施計畫及工作進度，列入學校行事曆，切實推行；並應動員全體師生、童子軍、四健會及其他青少年組織配合宣導，身體力行，尤應於假期節日作各種服務及示範活動。

五、經費籌措：

(一) 由社會福利基金各相關計畫項目內配合支應。

(二) 各有關單位（含縣市鄉鎮）運用現有預算相當科目配合支應。

(三) 各級學校舉辦活動，或開放場所，可以社團為對象或以組織社團方式，用組織力量，維護財產與安全，並可酌收費用，供補充設備，水電消耗及人員加班之用。

三、臺灣省加強民族精神教育實施方案

中華民國六十四年五月六日

府教二字第三二七九一號函公布

壹、依　　據：

臺灣省政府爲求更增進民族精神教育實施之績效，爰遵照　總統蔣公手令：「革新教育注意事項」、教育部頒「民族精神教育實施方案」並參照「中華文化復興運動推行計畫」、「國民生活須知」、「國民生活範例」、「國家精神動員方案」、「推動心理建設方案」暨其他有關法令，綜合其基本精神及主要內容，訂定本方案，作爲本省所屬機關學校加強推行民族精神教育之依據。

貳、目　　標：

一、發揚民族歷史文化，喚起民族意識。提高民族自信心，以加強心理建設。

二、啓導青少年及社會大衆，體認國家民族當前處境，明瞭個人對國家民族的責任，堅定三民主義的中心思想，樹立忠誠報國之職志。

三、發揮教育功能，以學校師生爲中心，促進倫理、民主、科學建設以鞏固反共復國基礎。

參、基本要求：

一、建立正確觀念：各級教育工作人員應確認推行民族精神教育爲中心工作，並將民族精神教育，融合於正常教育之中，促成德智體群四育均衡發展。

二、講求工作方法：各級教育人員應以身作則，樹立典範，並利用各種機會，將有關民族精神教育題材，納入各項教學活動，設計務求生動活潑，以增進教學效果。

三、採取全面措施：推行民族精神教育，學校教育應與家庭教育、社會教育密切配合，做到「大家動員，人人參與」；並應利用社會資源、鄉土文物作爲補充題材，以發揮整體力量。

四、確保恒久精神：推行民族精神教育，應根據目標，把握重點，奮發自強，力行不懈，貫徹實施。

肆、實施重點：

一、加強反共愛國思想教育：將三民主義的倫理、民主、科學的精神，融會在各科教學活動之中，以培養「主義、領袖、國家、責任、榮譽」五大信念建立反共鬥爭的精神堡壘。

二、加強推行中華文化復興運動：發揮教育功能，厚植文化根基，促進文化建設，並透過各項文藝活動，以發揚中華文化傳統精神。

三、加強生活教育：實踐「國民生活須知」及「國民禮儀範例」，並將四維八德涵化於日常生活之中，以養成身心健全之現代國民。

四、加強時事教育：利用各種教學及社團活動，加強時事報導及匪情分析，說明國際情勢的演變，國家進步的狀況，剖析匪偽暴政內幕，以堅定反共復國的必勝信心。

五、加強推行小康計畫：轉移「自我中心」的觀念，培養仁愛、互助、推己及人的精神，養成服務國家社會的人生觀。

伍、工作要項：

一、省縣（市）教育行政機關部分：

（一）督導機關學校，訂定推行民族精神教育年度工作計畫。

（二）舉辦民族精神教育研討會或座談會，以研討工作方法，交換工作心得。

（三）輔導各級學校，成為社區文教活動中心，充分利用其設備場所，推行文教活動。

（四）督導各機關學校蒐集並整理有關民族精神教育文物資料，以供閱覽。

（五）舉辦全省性或區域性國語文、書法、美術、音樂、舞蹈、戲劇等比賽，尤應特別注重國畫、國樂、國劇、國術之提倡，以宏揚中華文化。

（六）舉辦全省性或區域性運動會，並輔導各機關學校推展各項體育活動，以促進全民體育。

（七）徵選具有發揚民族精神之歌曲、戲劇，儘量予以獎勵推廣，以鼓舞民心士氣。

（八）督導並鼓勵中等學校辦理保送及投考各級軍事學校，以激發青年從軍

報國之愛國熱忱。

(九) 分區舉辦地區性民族精神教育觀摩活動，及資料展覽，以收相互切磋之
　　效。

(十) 商請有關單位有計畫的編印反共書刊及我國古今忠勇義烈典型人物之傳
　　記及著述，作為民族精神教育之題材；並舉辦共匪暴政資料展覽，以激
　　發敵愾同仇之心志。

二、各級學校部分:

(一) 各級學校共同工作要項:

1. 各校應於學年度開始前，訂定民族精神教育實施工作計畫，及工作
　　進度，列入學校行事曆，加強實施。

2. 各科教學，應融入民族精神教育有關題材，由各科教學研究會，
　　分別商訂納入教學進度中實施。

3. 各校應加強訓導工作，革新訓導方法，尤應加強導師責任制，具體
　　規定導師工作事項，並視學生智力、興趣、性向、特長、學習態
　　度、家庭環境等個別差異情形，加強個別輔導。

4. 倡導學生團體活動，培養合群精神與組織領導之能力。

5. 利用各種節日慶典及集會活動，舉辦有關民族精神教育展覽、競
　　賽、參觀等活動，以激發青年愛國思想。

6. 學校環境佈置，應配合民族精神教育之要求，以收潛移默化之教育
　　功能。

7. 配合政府政策加強辦理社會教育，舉辦仁愛服務、消除髒亂、交通
　　安全、媽媽教室、技藝訓練等活動，並於假日開放學校圖書館、運
　　動場等，提供當地民眾使用，使學校成為社區文化精神堡壘。

8. 加強推行國語教育，教師應以身作則，並督導學生日常交談，應說
　　國語，並舉辦國語文競賽活動，藉以引起學生學習國語興趣。

9. 加強學生校外生活指導，養成守法重紀的習慣，並督導實踐國民生
　　活須知，樹立良好風範。

(二) 各級學校特別加強事項:

1. 國民小學應特別重視「生活與倫理」課程教學, 遵照 總統有關國民小學「生活與倫理」課程之指示, 檢討兒童生活習慣, 使其食、衣、住、行、育、樂暨一般禮節, 均能符合國民生活須知的要求。

2. 國民中學應特別重視「公民與道德」課程教學, 遵照 總統有關「公民與道德」課程之指示, 以公民教育、道德教育與職業陶冶爲主, 提高師資素質, 改善教學方法, 靈活運用教材, 以發展學生潛能, 並加強童軍訓練, 培養忠勇愛國樂於助人之健全國民。

3. 高級中等學校應特別加強三民主義教學, 將匪黨理論批評, 匪情分析, 國家進步現狀等, 納入正常教學, 以確立學生中心思想。並注重軍訓教育, 以養成文武合一現代化之青年。

4. 大專院校應特別加強愛國思想教育, 研究改進國文、「國父思想」、國際關係、中國現代史、中國通史等之教材與敎法並加強預官敎育, 以培養學生忠愛國家之熱忱; 師範院校尤應加強「良師興國」的認識, 注重人格教育與生活教育, 陶冶學生優良品德, 樹立其服務教育的終身志職。

三、各級社教機關部份:

(一) 經常蒐集並編撰有關民族精神教育, 鄉土文物資料及前人開發臺灣的偉大事蹟, 利用展覽、傳播及編印通俗書刊等方式, 廣爲宣傳介紹, 設立民族精神教育資料室或民俗館, 經常開放, 供民衆參觀、閱覽。

(二) 加強推行「國民生活須知」及「國民禮儀範例」, 以改進國民生活習慣, 倡導善良風俗, 發揮精神倫理建設力量。

(三) 舉辦國語文、書法、音樂、美術、國劇比賽及學術講演等活動, 以增進社會敎育功能。

(四) 舉辦民族精神教育資料巡廻展覽, 以擴大社教效果。

(五) 利用清明掃墓, 端陽競渡, 重九登高, 中元祭祖及春秋節日舉辦有關孝親敬長之活動, 以保存民族善良風俗, 加強民族意識。

（六）配合有關單位，舉辦表揚實踐敦親、睦鄰、敬老、尊賢、救災、濟貧、協助傷殘、郵孤慈幼、守望相助等活動，以發揚民族道德，敦厚社會風氣。

　　　　陸、檢討與考核：

一、各機關學校推行民族精神教育，於年度（學年度）結束時，應根據年度工作計畫，檢討工作得失，以資研究改進。

二、教育廳及各縣市教育局視導人員，視導所屬機關學校時，應將民族精神教育列為視導工作要項，隨時督導按年度計畫澈底實施，並考核其實施成效。

三、省屬機關學校主管，及各縣市教育局長，推行民族精神教育著有績效者，由教育廳予以獎勵，其特優者報請教育部核獎，其推行不力者列入考績紀錄。

四、縣市所屬機關學校主管，推行民族精神教育著有績效者，由縣市政府予以獎勵，其特優者，報請教育廳核獎，其推行不力者，列入考績紀錄。

五、各機關學校推行民族精神教育之績優工作人員，由各該機關學校列入考績紀錄，其特優者，列舉事實，報請主管教育行政機關核獎。

四、臺灣省各級學校開放學校場所實施要點

中華民國六十四年三月三日
第○一○一七號函公布

一、依據：省府頒發臺灣省各級學校加強辦理社會教育方案第三款第四項之規定。

二、目的：使學校與社會相結合，促進人民休閒生活，革新社會風氣。

三、開放範圍：圖書館、科學館、禮堂、田徑場、游泳池、體育館及各種球場。

四、開放時間：學校假期及每日放學後。

五、開放對象：以有組織的團隊使用為原則，個人使用須先辦理登記。

六、開放期間指導與管理：

（一）禮堂、圖書館、科學館，由學校指派適當人員指導，體育場所由各校就本校具有運動專長人員擔任指導，或外聘熱心體育社會人士義務擔任指導。

　　　（二）由各校值日或專派人員兼任學校場所開放期間管理工作。

　　　（三）指導及管理除由本校人員擔任外，並得商請當地救國團或其他社團等，
　　　　　　共同策劃辦理。

七、器材設備：

　　　（一）現有設備充份供應使用。

　　　（二）各項圖書儀器與運動器材，儘量供應借用。

　　　（三）借用單位或借用人借用圖書器材設備，如有損壞丟失，須照價賠償。

八、經費：

　　　（一）各項學校場地儘量免費供用。

　　　（二）有特殊情形者，如圖書館重要圖書，科學館貴重儀器得酌收押金，禮
　　　　　　堂、游泳池、體育館之水電費等，得酌收成本費。

　　　（三）各校開放學校場所必須補充圖書器材設備，應於每學期開始，就學校經
　　　　　　費自行調度支應。

　　　（四）學校場地開放期間，指導及管理以輪流兼辦為原則，必要時得酌予工作
　　　　　　津貼，所需經費，由各校自行設法籌措。並由各縣市政府編列預算酌予
　　　　　　補助。

九、各校場地開放實施辦法，由各校參照本要點。並斟酌當地實際情形擬定，報請
　　教育行政主管機關核備。

五、臺北市政府輔導各級學校成為文化精神堡壘實施要點

中華民國六十四年八月廿五日
第二六九次首長會報通過

一、依據：

　　依照教育部六十三年十月廿三日台（63）社字第二九二二四號函辦理。

二、目的：

　　建立各級學校成為文化精神堡壘，加速社會建設與心理建設，締造現代社會的
　　主導力量：

(一) 希望每一學校，從國小開始到國中，高中以至大專院校都成爲精神堡壘也可以說是文化的堡壘。

(二) 今後要使社會不良風氣不影響到學校，反之，要讓學校的精神教育，愛國教育影響到社會，使學校眞正成爲文化精神堡壘。

三、實施要點：

(一) 加強學校教務、訓導工作，實施反共愛國教育，建立服務社會的新觀念。

(二) 配合其他機關團體舉辦各項活動，邀請學生家長及附近民衆參觀。

(三) 開放學校場地設備，俾由學校影響社會，擴大教育效果。

四、實施要項：

(一) 教育文化服務。（服務項目見附件㈠）

(二) 學術知能服務。（服務項目見附件㈡）

(三) 體育康樂服務。（服務項目見附件㈢）

(四) 社區里鄰服務。（服務項目見附件㈣）

(五) 職業家事輔導服務。（服務項目見附件㈤）

五、輔導責任劃分：

(一) 本府方面：以教育局爲主辦單位、社會局、民政局、衛生局、環境清潔處等爲協辦單位，並協調臺北市民衆服務社及文復會臺北市分會各就業務職掌，策劃配合實施，與派員督導考核。

(二) 區公所方面：各就區內不同環境與需要，分別輕重緩急，召集會議，決定推行重點與實施步驟，協同區民衆服務分社及文復會區支會配合學校力量，共同推展。

(三) 社區方面：由社會局發動社區組織，配合學校各種措施，協力合作，發揮整體力量，完成社區發展。

六、示範與觀摩及表揚：

(一) 指定國小、國中、高中分別作文化精神堡壘工作示範與觀摩。

(二) 每年考評成績特優單位，於當年　國父誕辰紀念大會中頒發獎狀，予以

表揚。

七、經費來源:

(一) 各單位運用現有預算相關科目配合支應。

(二) 各學校在年度預算額度內,酌予編列。

附件 (一)

教育文化服務部份實施要項: (由學校配合當地環境及現有設備, 選擇要項, 詳為策劃, 認眞實施):

1. 假日 (期) 開放圖書館、閱覽室, 培養社會青年讀書風氣 (開放時間及閱覽規定由各校自行訂定)。

2. 輔導 (或以函授方式) 社會青年自學進修, 鼓勵參加自學進修考試 (由各校訂定輔導辦法)。

3. 校慶 (或重大節日) 舉辦文化復興工作成果展覽。

4. 配合有關單位, 於各種集會中加強與宣導國民生活須知, 國民禮儀範例, 民族精神教育, 時事教育及匪情報導。

5. 舉辦各項展演活動。

6. 其他切合社會需要之教育活動。

附件 (二)

學術知能服務部份實施要項 (擇要實施):

1. 協助有關單位舉辦國語演講比賽, 激勵民眾學習國語興趣。

2. 協助有關單位舉辦愛國歌曲比賽。

3. 協助有關單位舉辦書法、國畫比賽。

4. 大專院校協助民眾解答法律問題。

5. 其他有關學術知能事項。

附件 (三)

體育康樂服務部份實施要項 (擇要實施):

1. 假日 (期) 開放學校運動場、游泳池。(申請辦法由各校自訂)

2. 假日 (期) 開放學校康樂場所。(包括禮堂、活動中心) (申請辦法

由各校自訂）。

3. 指導組織社區鄉里各種球隊，分組參加練習。

4. 指導組成各種民間藝術隊，定期分組練習。

5. 指導組織國術隊，鼓勵民眾參加。

6. 輔導附近民眾各項體育康樂活動比賽。

7. 協助舉辦各界同樂晚會。

8. 配合「里鄰互助推行小組」及「鄰睦鄉互助會」等組織。舉辦各種康樂活動。

附件（四）

社區鄉里服務部份實施要項（擇要實施）：

1. 鼓勵參加社區服務團，展開服務工作（大專學校）。

2. 倡導全面實踐國民生活須知，養成良好生活習慣。

3. 協助改善社區衛生，消除髒亂死角。

4. 協助舉辦母子會、敬老會及媽媽教室等社區活動。

5. 推行國民禮儀範例，推行婚喪喜慶及拜拜節約。

6. 協助推行安康計劃。

7. 協助辦理社區精神倫理教育與活動。

8. 協助各里鄰推行敦親睦鄰守望相助工作。

附件（五）

職業家事指導服務部份實施要項（擇要實施）：

1. 舉辦短期技藝班及各種職業技能指導。

2. 舉辦烹飪班、縫紉班及營養指導。

3. 協助推行家庭計劃。

六、臺北市立各級學校開放場地實施要點

中華民國六十六年八月九日
北市教四字第三三六三三號函公布

一、爲加强社會教育活動，特依據教育部訂之「各級學校辦理社會教育辦法」及「臺北市政府輔導各級學校成爲文化精神堡壘實施要點」有關規定，訂定本實施要點。

二、市立各級學校應在不妨碍學生活動原則下，於平時學生上學前、放學後及各種假日開放學校場地，供一般民衆及團體從事各種有益身心健康之活動。

三、提供場地包括運動場、游泳池、禮堂（學生活動中心）、教室、圖書館等，由各校視設備情形及實際需要酌情開放，如屬營利性質活動者，概不出借。

四、學校場地宜保持安靜，以不借供喜慶及喪祭活動爲原則，如需借供喜慶或喪祭之用，應專案函報教育局同意始准外借。

五、各級學校於民衆及團體進入學校使用場地時，應指派專人負責管理場地及器材，並予以輔導，所需經費得專列預算辦理。

六、各級學校場地開放供民衆及團體使用，以免費爲原則，如需收取費用，一律解繳市庫，並列入決算。

七、借用者於使用後應負清潔復原之責，如有損壞公物或設備者，應由出借學校責令借用者，限期修復或照價賠償。

八、各級學校應自行訂定開放場地有關規定由本府教育局核備後公告實施，並由該局列入督導考核項目，隨時派員實地督導。

九、本要點報臺北市政府核定後實施，修正時亦同。

七、臺北市輔導學校成爲文化精神堡壘工作作法補充說明

一、區里（社區）方面：

（一）在觀念上：視所在地之學校爲市民文化活動中心，應積極輔導市民有組織的到學校去參加文化活動，從事正當娛樂。

（二）在任務上：負有協調、連繫、發起、比賽、推動文化活動之責。

（三）在推行上：

　　1.　由里推行事項：

　　　　（1）調查里內各項人才（如擅長球類、棋類、音樂、游泳、舞蹈、國術等）。

　　　　（2）發動地方具有領導力人士，分別分項完成編組。

　　　　（3）協調連絡參加學校分組練習。

　　　　（4）發起各類項目個人比賽活動。

　　2.　由區推行事項：

　　　　（1）召開區內校長、里長、團體主管、及熱心人士協調會議，研究輔導學校成爲文化精神堡壘有關事項。

　　　　（2）分期擧辦團體與團體、里與里間之分類項目比賽活動。

二、各級學校方面：

（一）在觀念上：學校應負起成爲地區文化精神堡壘的責任，積極服務社會，使中華文化復興運動以學校爲中心，在社會上全面展開。

（二）在任務上：負有指導、訓練、支援、協助比賽之責。

（三）在推行上：

　　1.　遴選富有某項活動項目專長人才，負責指導、訓練工作。

　　2.　提供分項活動之場地。

　　3.　提供可以支援之器材。

　　4.　排定分項活動之時間。

　　5.　擬訂學校推行文化精神堡壘實施計劃。

　　6.　自行訓練學校小型文化團隊，參加校外活動（如排演小型推行國民生活須知短劇、於里民大會中演出）。

　　7.　製發市民參加學校文化活動人員出入證。

八、臺北市各級學校成爲文化精神堡壘有關開放場地辦法補充說明

一、目標: 徹底執行建立學校成爲社區文化精神堡壘, 領導市民從事有益身心的活動, 使本市成爲有朝氣、有秩序、有禮貌的都市。

二、學校開放場地準則:

　　(一) 學校要作有計畫的開放學校場地 (規定開放時間, 指定開放場地, 排定輔導、活動、練習、比賽日程)。

　　(二) 學校要作有組織的開放學校場地 (調查社會民衆志願參加活動項目, 按照項目分別編組, 每組指定負責人及指導人員)。

三、實施要領: (請按實際狀況擇要辦理)

　　(一) 學校可與地區機關、團體密切配合, 聯合辦理各種活動。

　　　　1. 與文復會區支會合辦者:

　　　　　　(1) 國劇研習班 (會)。

　　　　　　(2) 國樂研習班 (會)。

　　　　　　(3) 國術研習班 (會)。

　　　　　　(4) 國語正音班 (會)。

　　　　　　(5) 國畫研習班 (會)。

　　　　　　(6) 書法研習班 (會)。

　　　　　　(7) 舉辦國語演講比賽。

　　　　　　(8) 舉辦國畫比賽。

　　　　　　(9) 舉辦書法比賽。

　　　　2. 與區體育會合辦者:

　　　　　　(1) 體能訓練班 (隊)。

　　　　　　(2) 籃球訓練班 (隊)。

　　　　　　(3) 排球訓練班 (隊)。

　　　　　　(4) 桌球訓練班 (隊)。

　　　　(5) 羽毛球訓練班（隊）。

　　　　(6) 國術訓練班（隊）。

　　　　(7) 柔道訓練班（隊）。

　　3. 與區公所暨婦女會合辦者：

　　　　(1) 縫紉訓練班。

　　　　(2) 烹飪訓練班。

　　　　(3) 挿花訓練班。

　　　　(4) 手工藝訓練班。

(二) 學校有計畫的與地方有關方面聯繫，發起民衆參加各項社團組織活動。

　　1. 發動學校校友，志願組成各項校友隊。

　　2. 發動學生家長志願參加各項活動組織，（可由學校印發學生家長志願參加活動項目調查表，分學生姓名、學生家長姓名、志願參加活動項目、參加活動時間、可分週末、星期日上午、星期日下午等欄）。

　　3. 發動學區里鄰長及地區熱心有關活動項目擅長人士負責組織之。

　　4. 項目：包括各項球類活動，各項國粹活動，各項棋類活動及其他活動項目。

(三) 學校有計畫的舉辦各項文化活動發揮文化精神堡壘的光輝。

　　1. 舉辦社會國語演講比賽。

　　2. 舉辦社會國畫比賽。

　　3. 舉辦社會書法比賽。

　　4. 舉辦遊藝會招待社會民衆。

　　5. 舉辦國民生活須知演示會歡迎民衆自由參觀。

　　6. 舉辦各種圖片展覽，教育成果展覽。

　　7. 舉辦家長會並邀請學者作親職教育專題講演。

　　8. 舉辦母姊會，同時實施親職教育。

九、臺北市推行社區青少年育樂活動實施要點

一、依據:

　　(一) 行政院頒布加強文化及育樂活動方案。

　　(二) 臺北市政府訂頒各級學校成為文化精神堡壘實施要點。

　　(三) 臺北市立各級學校開放場地實施要點。

二、目的:

　　(一) 利用假日開放學校場地, 辦理社區青少年文化及育樂活動, 使文化復興運動向下紮根, 並建立學校成為社區的文化精神堡壘。

　　(二) 提供青少年正當育樂活動, 以促進青少年身心正常發展。

三、構想:

　　參照六十八年度在松山、大同二區試辦社區青少年育樂活動之模式, 分別在本市十六個行政區內指定十所已編列開放場地經費之中學繼續承辦推行社區青少年育樂活動, 自六十九年度開始實施, 並指定一校舉辦示範觀摩會, 於年度結束後, 視各校辦理成效及社區實際需要, 再行擴大辦理。

四、實施辦法:

　　(一) 承辦單位:

　　　　興雅國中 (松山區)、南門國中 (古亭區)、景美國中 (景美區)、大同國中 (中山區)、萬華國中 (雙園區)、陽明國中 (士林區)、成淵國中 (大同區)、內湖國中 (內湖區)、大安國中 (大安區)、復興高中 (北投區)。

　　(二) 協辦單位:

　　　　臺大社會學系、師大社會教育學系。

　　(三) 實施對象:

　　　　各該校社區青少年 (包括在學與未在學)。

　　(四) 實施要點:

　　　　1. 公民教育方面:

　　　　　　(1) 法律常識座談

(2) 時事座談。

(3) 倫理教育座談。

(4) 推展社區服務。

(5) 社區文化活動。

(6) 國民生活須知及國民禮儀規範講解示範。

(7) 推行排隊禮讓運動。

(8) 其　他。

2. 康樂及藝術教育方面：

(1) 書畫研習。

(2) 樂器介紹及演奏。

(3) 棋類比賽。

(4) 球類活動。

(5) 歌曲介紹、國劇、國樂研習。

(6) 自強活動。

(7) 插花、土風舞、登山、旅遊活動。

(8) 其　他。

3. 衛生教育方面：

(1) 青少年心理衛生講座。

(2) 青少年生理衛生講座。

(3) 家庭與交誼問題講座。

(4) 其　他。

4. 語文教育方面：

(1) 演講、辯論比賽。

(2) 詩歌朗誦比賽。

(3) 應用文研習。

(4) 說話藝術研習。

(5) 其　他。

　　　5. 生產教育方面：。

　　　　(1) 家電修護研習。

　　　　(2) 珠算、打字、速記、電腦研習。

　　　　(3) 縫紉、烹飪、鈎織、手工藝等家庭副業研習。

　　　6. 科學教育方面：

(五) 活動方式：參照六十八年度試辦社區青少年育樂活動之模式實施（如附件），以團體活動為主，個別輔導為輔。

　　1. 團體活動以專題活動方式辦理，並充分運用社會資源。

　　2. 個別輔導以青少年服務信箱及個別諮商方式辦理。

(六) 活動次數：每校每月舉辦一次團體活動，惟寒假期間至少應舉辦二次。暑假期間至少應舉辦四次，全年不得少於十五次。

(七) 活動經費：

　　1. 由臺北市政府教育局六十九年度經費預算建立文化精神堡壘及輔導社區青少年育樂活動計畫項下補助承辦學校，每校參萬伍仟元整。

　　2. 如經費不足時，則在學校相關項目預算內勻支。

五、附則：

(一) 各承辦學校應依照本要點策訂實施計畫及經費預算表各二份，呈報本局核定後實施，並於年度結束前，提出工作成果報告送局。

(二) 各校辦理本項活動列入年度考核項目，凡辦理績優之學校，其專責人員得按「教育專業人員獎懲標準」予以獎勵。

第八章　社會教育與文化中心工作

　　文化中心工作或文化建設是當前我國國家建設的重要目標。蔣總統經國先生在行政院長任內，曾於六十六年九月二十三日向立法院第六十期首次會議提出施政報告，指出政府在完成十項經濟建設計劃之後，將推行十二項建設工作，其中一項是屬於文化建設的，卽：「建立每一縣市文化中心，包括圖書館、博物館、音樂廳。」同時，要求「確立社會教育體制，擴大推行中華文化復興運動，並普及改進體育與樂藝教育，以促進國民身心健康與平衡。」這確是當前重要的教育或社會教育政策與措施。

　　文化中心工作卽是廣義的社會教育，它是隨著國家經濟發展而來，加強社會建設、文化建設、心理建設或精神建設的重要內涵；它要結合各級學校教育，配合一般社會教育機構，來推動文藝、戲劇、音樂、美術、舞蹈、體育及一切國民休閒娛樂等活動，以充實國力，鞏固社會基礎，提高國民文化水準，充實國民生活內容，強化國家精神力量，達成復國建國的目標。

　　本章基此認識，以「社會教育與文化中心工作」爲題，詳述文化中心工作的背景、目標、內容，並探討文化中心工作與社會教育、學校教

育加强配合之途徑，並以文化中心工作未來的展望，作爲結語。

第一節　文化中心工作的背景

　　文化中心工作或文化建設是政府於臺灣地區，近三十餘年來，銳意建設，勵精圖治，經濟發展，政治民主的產物。同時亦是依據三民主義立國的最高原則，教育國民，改造社會，求中華民族之自救，建立自由安全大同社會之必經途徑。茲依此論述文化中心工作的背景。❶

壹、民族主義的發揚

　　近三十年來，政府在復興基地實踐民族主義的主要成就，其犖犖大者有如：

　　①復興中華文化運動：政府自民國五十六年以來積極推行中華文化復興運動，「憑藉我民族傳統之人本精神和倫理觀念，來喚醒這一代人的理性良知，以建立反共鬥爭之堅強的心理基礎與精神動力。」這與實踐民族主義有着密切的關係。

　　②實施民族精神教育：二十多年來各級學校實施民族精神教育，對全民愛國情操的培育，民族意識的加强，以及反共復國信念的堅定激勵，都發生了劃時代的影響力。

　　③改善國民健康的體質：政府遷臺後，對公共衛生一直非常重視。多年來疾病防治方面的努力，使很多傳染病相繼絕跡，同時由於醫療機構的普及，國民營養的改善，不僅平均壽命逐年提高，而且兒童的身高體重，也有顯著的增加。同時，由於家庭計畫的推行著有績效，國民的

---

❶ 李建興撰，三民主義的社會性，中央日報十一版「主流」，民國六十八年七月二日。

體質、身心的健康均有顯著的改善。

　　④提高國民教育的素質，九年國民教育的實施，各級學校教育質量的進步，國語教育的成功，僑民教育的努力推行，這些提高國民的素質的方法，亦皆是民族主義的實踐。

　　總之，民族主義指出國家社會乃基於倫理關係的結合，而國民倫理建設的實踐，尤爲國家社會健全發展的重要途徑。

　　文化中心工作卽在繼續過去三十多年來，民族主義實際建設的成果，發揚光大，以針對時代需要，不斷加強全國國民的心理建設、倫理建設或精神建設。

貳、民權主義的實踐

　　近三十年來，政府在復興基地致力三民主義模範省的建設，於民權主義政治建設方面，由於朝野人士，團結一致，同心合力，勵精圖治，對於民主憲政基礎的鞏固，地方自治的擴大實施，廉能政治的確立與政治風氣的革新等方面，皆有重大成就，玆分別敍述如下：

　　①鞏固民主憲政：民國三十八年政府遷臺，先總統　蔣公復行視事，民心士氣，大爲振奮。民國四十三年第一屆國民大會第二次會議在臺北依法召開，選舉總統、副總統，充分顯示民主憲政的法治精神。民國六十七年，國民大會第六次會議依法選舉蔣經國先生爲總統，謝東閔先生爲副總統，此尤爲我國民主憲政繼往開來之大事。加以，中央民意代表屢次之增補選，擴大法統之基礎，更可見我中華民國的民主憲政已有了輝煌的成果。

　　②實施地方自治：民國三十九年政府公佈「臺灣省各縣市實施地方自治綱要」，作爲實施地方自治之依據。自此以後，我國許多地方公職人員和民意代表，都依據全體選民自己的意願，選賢與能，來爲地方民

衆服務。這已爲我國實施地方自治樹立良好的典範。

③革新政治風氣與確立廉能政治：民國六十一年蔣經國先生就任行政院長，提出「十項革新指示」，政治風氣，大爲改進。蔣經國先生就任中華民國第六任總統文告，昭示復國建國共同的行動方向，有下列四點：①積極充實國家力量；②不斷增進國民生活；③致力擴大憲政功能，以及④全面確立廉能政治。就全面確立廉能政治方面而言，蔣總統昭示：參與國事，人人有份，人人有責，但要使每一個人的智慧、能力、德性，都能貢獻於國家社會，尤其要以公平公正的原則，多方面多目標的培植人才，獎進人才，同時加強社會教育，來改良社會風俗；以持續的行政革新，來激揚優良政風，使政治建設和廉與能的功效，相輔相成，樹立一個誠摯純潔的開放性社會和典型的民主政治。

總之，民權主義在使全體國民人人有社會參與的機會，人人負起社會政治的責任，以實現全民政治的理想目標。

文化中心工作要擴大民權主義的政治建設，眞正實現全民政治的理想，建設全民政治最現代化的國家。

參、民生主義的發展

民生主義的終極目的，是要建設一個旣富且均的社會。國父說：「我們的民生主義，是全國大生利之事，要中國像英國、美國一樣的富足。所得富足的利益，不歸少數人，有窮人富人的大分別，要歸多數人，大家都可以平均受益。」又說：「歐美經濟之患在不均，中國之患在貧，貧則宜開發富源以富之。唯富而不均，則仍不免於爭，故思患預防，宜以歐美爲鑑，力謀社會經濟之均等發展。」可見，民生主義之經濟政策，是要發達生產以求富，合理分配以求均，卽是建立一個均富的社會。

民生主義經濟政策的目標既是要求富與求均，因此一方面要加强經濟建設，增加財富；一方面要使得財富與所得分配得更平均，使人人都能享受富裕安定的生活。自政府遷臺以來，卽全力向此一目標邁進，建設臺灣爲家家富足，人人快樂的社會。茲就民生主義經濟建設的成果，分述如後：

①在經濟建設方面：自民國四十二年實施第一期四年經濟計畫起，連續實施了六期四年經建計畫，每期實施的成果，均能超出計畫目標以上；到了民國六十五年，爲了適應國際環境及國內建設的需要，又開始實施新的六年經建計畫。經過二十多年來的努力，不但國民所得提高，生活水準獲得普遍改善，而且工業和農業基礎的確立，對外貿易的大幅成長，在在都是求富方面的具體成就。至於在求均方面，三十八年起先後實施三七五減租，耕者有其田，公地放領，都市平均地權等政策，又自六十六年起，更全面實施平均地權，同時透過租稅政策，加强直接稅制的推行，也都有具體的效果。

②在社會福利方面：實施軍公敎人員保險，勞工保險，推行九年國民敎育，人人都有就業的機會，國民生活均能獲得確切的保障。尤其在蔣經國先生擔任行政院長之初，卽積極加强「農村建設」和「工業建設」。全面提高國民生活水準，成就更爲輝煌。

③在農村建設方面：政府先後撥出大量資金，收購農民餘糧，並提高「保證」收購價格，以增加農民收益；同時更進一步減輕農民負擔，舉辦無息貸款，並依據土地法的規定，降低臺灣地區田賦徵收實物標準，對減輕農業成本，提高農民收益，幫助極大。

④在工業建設方面：除全力推動十大工程建設外，更在新的六年經建計畫中，注重重化工業等技術與資本密集工業的發展。另爲因應世界性經濟危機的衝擊，運用租稅政策，以促進貿易成長，穩定國內物價，

創造財富，以安定國民生活。

總之，政府這些年來，由於發展民生經濟，實施土地改革，以及因應當前世界經濟停滯膨脹，已獲成就，經濟保持穩健成長，國民平均所得增加，每人每年所得民國六十九年底已達二千零一百美元，早已躋身富裕國家之列。在個人所得分配方面，如依收入大小順序分為五等分，過去多年來的改變，最高所得的一組較最低所得一組的平均差距，自四點三倍已經下降為三點二倍，顯示貧富間的差距，逐漸趨於縮小，較開發國家的八至十倍，和落後國家財富集中少數人，都要公平得多，亦即是個人所得分配最平均的國家，也更接近我們民生主義經濟政策所要求，經濟成果為全民共享的目標。

蔣總統經國先生於民國六十七年五月二十日就任第六任總統文告中昭示：「我們復興基地的經濟發展，已經造成了國民所得的提高，財富差距的縮短，就業機會的增加，這是民生主義的具體實踐，是同胞們發揮旺盛的創造精神和進取心，共同艱苦奮鬥的輝煌成就。但是經濟發展，一方面要提高國民水準，另一方面還要厚植復國建國的力量，今天我們必須有計畫的使資源的通用，經濟的成長，物價的穩定，生活的改善，得到安定、公平、自由的均衡，使我們雖在國際經濟的競爭和衝擊之下，仍能繼續推進經濟建設，增加國民經濟福祉。」這些指示，也正是民生主義理想的實踐。

文化中心工作要繼續發展民生主義經濟建設的成就，從國民生活水準的提高，促進國民生活素質的改善，充實國民在物質生活獲得充分滿足之後的精神需求，以期國民精神生活與物質生活可以平行發展，相輔相成。

總之，三民主義是救國主義，亦是救世主義。救國目的在求民族國家的獨立富強，救世目的在求人類社會的幸福發展，而文化中心工作既

築基於三民主義的理想目標，在求經濟平等、政治平等、民族平等，循序漸進，而能達到世界大同；亦是先總統　蔣公於民國四十二年十一月發表「民生主義育樂兩篇補述」所稱的一個人民全體都有生活的機會，有完全的自由，並有充分的娛樂和幸福的社會，亦即是一個自由安定的社會。

第二節　文化中心工作的目標

精神與物質，在理論上，雖屬不同的層次，但實質上，乃是一體之兩面，二者具有相輔相成的密切關係。精神生活的擴充，可以美化物質生活，使物質生活更為多彩多姿；而物質的建設，亦有助於精神生活的擴展，以提高精神生活的境界。在人類演進的過程中，雖不免一時偏重於單方面的發展，但終須加以調適，使精神與物質均衡發展，才能引導人類生活臻於和諧、幸福之境。

二十世紀以來，人類由於科技的突飛猛進，促進經濟高度的成長，使人類物質生活享受大幅提高，而產生精神與物質發展失調的現象。許多學者有鑑於此，而提出調適精神文化與物質文明之呼籲，且致力於現代人類精神之重整與文化之建設。

我國近三十年來，在政府與人民通力合作之下，積極推展經濟建設，促進工商發達，而創造一個經濟高度成長，民生安和樂利的安定社會。政府繼經濟建設之後，又大力推展文化建設，以期精神與物質之建設並駕齊驅，均衡發展，俾能在建立「經濟大國」之後，同時恢復「文化大國」之榮耀。此時，我們已擁有雄厚的經濟基礎，同時又承續先人的文化碩果，正是推展文化建設的最佳時機，若能政府積極倡導，民眾熱烈響應，同心協力，全面推展，必可再創輝煌的文化成果。❷

❷ 臺北市政府編印，臺北市文化建設，民國七十年元月，頁二〇～二一。

因此，先總統 蔣公昭示我們說：「文化建設爲一切建設的源頭，而文化作戰又是總體戰的前衞，文化建設有深遠的淵源，文化作戰才有銳利的鋒鏑。」蔣總統更具體指示：今天的文化建設要以倫理、民主、科學的精神，貫注於文化建設和心理建設。

今日復興基地的臺灣地區，實爲滙集我中華文化精神的唯一寶庫。因之，文化建設工作必須配合反共國策，以三民主義爲中心思想，發揚固有文化，光大民族遺產，把握時代精神，適應社會需要。故今後每一縣市文化中心的各項藝文學術活動，均應植根於民族文化的土壤中，以表現國家民族的精神、特性與歷史的光榮。

正如蔣總統經國先生所說：「建立一個現代化的國家，不單要使國民能有富足的物質生活，同時也要使國民能有健康的精神生活。因此，我們在十二項建設之中特別列入文化建設一項，計畫在五年之內，分區完成每一個縣市的文化中心，隨後再推動長期性的綜合性的文化建設計畫，使我們國民在精神生活上都有良好的舒展，使中華文化在這復興基地日益發揚光大。」具體言之，文化中心工作的目標有以下十項： ❸

一、配合臺灣地區綜合開發計畫，提供主要文化活動設施。

二、透過圖書館、音樂廳及博物館之興建，促進各縣市文化活動中心之形成。

三、普遍設置圖書館，培養國民不斷讀書求知之習慣，達成知識水準之全面提高。

四、依各縣社會、經濟活動之需要，建立不同等級之音樂廳，增進音樂活動，藉以提高國民音樂水準。

五、建立不同類型之博物館，激發國民研究興趣，進而提高國民對

---

❸ 教育部印製，教育部建立縣市文化中心計畫，頁二～三。

人文、自然、科學等方面發展之認識。

六、促進社會文化活動與學校文藝教育結合，以增進青年身心正常發展，變化國民氣質，培養社會良好風尚。

七、配合臺灣地區綜合開發計畫，培養各類文藝人才，奠定文化建設及發展基礎。

八、建立科學化管理制度，儲訓管理人才，以謀發揮縣市文化中心及社教機構之積極功能。

九、保存發揚民族文化，推動各種文藝活動，以提倡國民正當娛樂，提高國民生活品質。

十、積極輔導各類文化藝術，如：文學、音樂、戲劇、美術、舞蹈、工藝等，科學之研究創新，建立民族文化藝術及科學之新風格。

建立縣市文化中心五年計畫實施完成後，臺灣地區各縣市普遍建立文化中心，可為未來長期文化建設與社會教育奠定基礎，使文化藝術活動向下紮根，向上發展，以期質與量普遍提高與普及。在配合全面推展臺灣地區綜合開發計畫及促進國家現代化過程中，對外可增進我國競爭能力，對內可使國民除獲得富足的物質生活外，同時也能有健康的精神生活，俾在反共復國戰爭中加強心理建設與精神武裝，以復興中華文化，建設現代化國家，早日完成復國建國的歷史使命。

第三節　文化中心工作的內容

建立縣市文化是遵照蔣總統經國先生民國六十六年之指示，之後，蔣總統又曾迭次指示積極規劃辦理，教育部當即邀請臺灣省教育廳、臺北市教育局，學者專家等研訂「教育部建立縣市文化中心計畫大綱」，該計畫大綱於民國六十七年十月經行政院會議原則通過建築計畫，後又

於六十八年函核定補充計畫，待民國六十八年七月高雄市升格爲院轄市，又有了一些補充計畫，茲將此項計畫主要內容，列舉如下。❹

一、計畫項目

（一）建築部分

　　1. 中央部分：

　　（1）新建音樂廳、國家劇院各一座。

　　（2）遷建國立中央圖書館一所。

　　（3）新建海洋博物館、自然科學博物館及科學工藝博物館各一處。

　　（4）臺灣省立博物館，由教育部研究改制。

　　（5）國立臺灣藝術館充實舞臺燈光設備作爲演出實驗、舞臺管理人員訓練及話劇演出場所。

　　（6）充實及改進國立臺灣科學館及國立教育資料館之設備及工作。

　　（7）國立中央圖書館增添圖書及設備。

　　2. 臺灣省部分：

　　（1）圖書館：每一縣市各建圖書館一所共十九所，其中大型圖書館三所（分別設置於三省轄市），中型圖書館十二所，小型圖書館四所，（分別設置於各縣政府所在地或重要市鎮），十九所中可利用原館者一所，另需新建館十八所。

　　（2）音樂廳：每一縣市各建音樂廳一座，其中大型音樂廳三座（新建二座，原有一座）中型音樂廳十一座（新建十座，擴建一座），小型音樂廳五座（全部新建）。

　　（3）文物陳列室：未建博物館之其他各縣市依其需要各建文物陳列室一所，附屬於圖書館內。

❹ 同上註。

3.　臺北市部分：

（1）圖書館：增建圖書分館七所，充實改善現有六所分館，改建三所分館。

（2）音樂廳：附設於社教館內，作爲音樂社團演練及研究之用。

（3）新建美術館。

（4）新建社會教育館及文化活動中心。

（5）遷建動物園。

（6）擴建天文臺（增建天象館）。

（7）新建中華民俗文物村。

（8）新建靑少年及文藝活動中心。

（9）籌建大型體育館。

（10）闢建風景區與遊樂設施。

（11）闢建簡易運動場。

（12）開闢公園美化市容。

4.　高雄市部分：

（1）中正文化中心。

（2）博物館。

（3）民俗技藝村。

（二）人才培養部份

1.　中央方面：

（1）研究於適當時機設置藝術學院、及研究改進現有文藝系、科敎學及課程。

（2）設置綜合性藝術特殊學校，內設國劇、有關地方戲劇，民俗技藝等科。不受一般學校制度之限制。

（3）調查調整現有文藝科、系人數，充實其敎學設備，幷對各類

人才作合理規劃。

（4）檢討修訂一般大專院校、師範院校、中等學校及國民學校課程標準。增加有關文藝欣賞等課程。

（5）恢復資賦優異兒童出國進修辦法。公費留學增加文藝科、圖書館科及博物館科留學生名額。

（6）輔導現有藝術學校增加校舍及設備。

（7）在有關大學院校增設藝術研究所。

（8）舉辦文藝科各級教師在職訓練。

（9）招訓中央各館廳所需管理人員。

（10）舉辦各縣市文化中心專門技術人員訓練。

2. 省市方面：

（1）分區設置藝術資賦優異兒童實驗班。每縣市、區之國中國小中最少應有一班。

（2）舉辦中小學文藝科教師在職訓練。

（3）招訓省市各社教機構及縣市文化中心所需管理人員。

(三) 組織及管理部份

1. 中央方面：

（1）制訂縣市文化中心組織通則。

（2）修訂現有社教機構有關之組織規程。

（3）訂定國劇院、音樂廳及博物館之組織規程。

2. 省市方面：

（1）訂定縣市文化中心各館廳及社教機構之組織規程。

（2）檢討修訂現有社教機構（如社教館、介壽堂、民眾活動中心）之組織規程。

（3）訂定縣市文化中心及社教機構管理辦法。

（四）教育活動（各館廳利用）部份

　1. 中央方面：

　　（1）修訂古物古蹟保存法。

　　（2）訂定有關文化捐資（物）褒獎條例。

　　（3）輔導組織劇團、樂團、舞蹈團及民俗技藝團。

　　（4）成立文化活動基金會（或就國家文藝基金予以擴充）。

　　（5）修訂文藝教育活動推行方案。

　　（6）訂定輔導全國性文藝社團及演藝團體辦法。

　　（7）訂定邀請外國藝術團體與人員來華，及輔導文藝團體及人員出國訪問辦法。

　　（8）設置文化獎章。

　　（9）訂定「文藝季」推行辦法。

　　（10）繼續制訂禮儀樂曲。

　　（11）訂定民間設置文化機構獎勵辦法。

　2. 省市方面：

　　（1）訂定縣市文化中心教育活動內容方案。

　　（2）訂定獎助民間藝術傳授保存辦法。

　　（3）訂定輔導現有文藝團體加強活動辦法。

　　（4）訂定輔導及鼓勵私人設立文化活動基金會辦法。

二、計畫年期

自民國六十八年度至民國七十二年度，共計五年，其中：

　（一）圖書館：自民國六十七年七月至七十一年十二月全部建設完成啟用。

　（二）音樂廳：自民國六十七年七月至七十二年六月全部建設完成啟用。

（三）博物館：各縣市文物陳列室自六十七年七月至七十一年十二月與圖書館同時完成啓用。海洋、自然科學及科學工藝博物館自六十七年七月至七十二年六月完成。臺灣省立博物館自七十年七月至七十二年六月改制完成。

（四）美術館於六十八年開始規劃興建，七十年完成。

（五）社會教育館於六十八年度規劃興建，七十一年度完成。

（六）動物園遷建六十八年度規劃，六十九年遷建，採邊遷邊開放方式完成。

（七）天文臺增建天象館於六十七年度興建，六十八年度完成。

（八）中華民俗文物村六十八年度規劃，七十二年度定成近程計畫。

（九）青少年及文藝活動中心於六十九年度規劃設計，七十二年度完成主體工程。

人才培養，組織管理及教育活動自六十八年度開始至七十二年度，共計五年，各項辦法配合縣市文化中心之建築及各社教機構之擴建、改建等措施進行。務期建築完成時卽可進行推展各項活動。

三、計畫設置地區

（一）圖書館：

1. 中央圖書館（全國性圖書館）一所，位於臺北市。

2. 大型圖書館（區域性圖書館）三所，分佈於基隆市、臺中市、臺南市。

3. 中型及小型圖書館（地方圖書館）十六所，分佈於新竹、苗栗、臺南、臺東　宜蘭、臺中、彰化、南投、雲林、嘉義、屏東、花蓮、臺北、桃園、高雄、澎湖等十六縣政府所在之市鎮或重要市鎮。

（二）音樂廳：

1. 國際水準之全國性音樂廳及國家劇院各一座，設於臺北市。

2. 大型音樂廳（區域性音樂廳）三座，分設於基隆市、臺中市、臺南市。

3. 中型音樂廳十一座，小型音樂廳五座（地方性音樂廳），分設於屏東、花蓮、臺北、桃園、高雄、新竹、宜蘭、臺中、彰化、嘉義、臺東、澎湖、苗栗、雲林、南投、臺南等縣政府所在市鎮或重要市鎮。

4. 音樂活動中心一座，設於臺北市。

（三）博物館：

1. 海洋博物館一處，設於臺灣北部濱海地區（地點待決定）。

2. 自然科學博物館一處，設於臺中地區（地點待決定）。

3. 科學工藝博物館一處，設於高雄地區（地點待決定）。

4. 文物陳列室十九所，分佈於臺灣省十九縣市，附設於圖書館內。

四、規劃設計原則

（一）用地取得原則：

1. 儘量位於市鎮中心交通方便之處，或未來都市計畫中心區域。

2. 利用大型公園預定地或現有公園附近地區。

3. 以公地撥用為先。

（二）建築設計原則：

1. 依各館廳機能之不同，分別訂定設計準則。

2. 圖書館設計要領：在建築設計方面除有書庫外，閱覽室宜分為成人、學生、兒童、參考諮詢、專門研究、報紙期刊等及其他服務部門，並須注意光線、空調、隔音及消防安全等。在圖書採集方面，收藏圖書之多寡須與當地人口成合理比例，以每人一册書為發展目標；藏書以能適合時代精神、社會需要、專門研究及地區性文獻等讀物兼籌並顧，並採用館際合作互借及巡廻書車方式，力求擴大流通。

3. 文物陳列室設計要領: 應依各地方特性, 確定發展主題, 建築設計應符合展出需求, 蒐集展品如初民遺跡, 民俗狀況, 歷史文物文獻, 先聖鄉賢史蹟, 抗日事件, 特產資源, 建設成果等為主要內容。除歷史文化部分外, 並應與國家現代化及各級學校教育相結合。

4. 音樂廳設計要領: 中央興建之音樂廳為專業性音樂廳, 具國際水準, 各縣市音樂廳除音樂演奏外, 亦應適合舞蹈、戲劇、電影、歌劇及其他動態藝術表演, 亦可作文化講座、藝文活動、訓練講習、施教場所、集會會場及大眾化文康活動中心, 以充分發揮其多目標用途。在建築結構方面, 不論大型、中型、小型其舞臺面積及規格應力求一致; 音響效果、燈光照明、舞臺設計、空氣調節、隔音、化粧及放映電影等有關設備, 均須合乎適當水準, 廳內的容量視當地需要而定。

5. 博物館之設計依其個別性質, 力求配合未來發展, 幷廣泛蒐集資料, 參考各國博物館先例, 吸收其優點, 幷改進其缺點, 使其兼具教育、育樂及觀光多目標功能, 其設計原則如下:

（1）海洋博物館, 應設於濱臨海岸地區, 建築物應延伸海中, 其內容應包括所有與海洋有關之事物。如海洋地理、海洋現象、海洋動物、植物、礦物、海洋與人類之關係、人類在海洋方面努力之成就, 以及對海洋遠景之展望等。展出方法, 應以真實之實物或電動模型為之, 一切均生態化。

（2）自然科學博物館之設計, 應揚棄擺放儀器標本之觀念, 採用動態展出方式, 此一科學博物館應是自然科學教育園地, 亦是科學樂園, 猶如迪斯耐樂園, 其內容應包括: 天文、星象、太空、地球、地質、能源、物理、化學、生物、博物、人類、人體等, 及人類在科學之成就與展望過去、現在、未來等。

（3）科學工藝博物館之設計, 應兼顧體積較大之實物展出, 面

積、房屋高度均應注意，其內容應將應用科學及我國工藝發展及其演變納入，展出之展品應包括各種科學原理模型，輕重工業，及工藝產品等，并以電動模型爲之。

6. 臺北市各項建築: 臺化市各項建築之設計，應配合實際需求及未來發展，並廣泛蒐集參考資料妥爲規劃，應以敎育性爲中心目標，并兼具娛樂觀光等多目標功能。

（1）美術館: 建築設計應與當地景觀配合，并應有廣大空間供大型雕塑展出之用。內部設計應當適合中西各類美術特性之展覽室、美術圖書室、研究室、陳列室、臨摩室、敎室、畫庫、公共服務等，應注意採光、防潮防濕、通風等設備。

（2）社會敎育館: 爲社會敎育活動及服務場所，其建築設計應注意與廣大民衆之接觸面，除音樂活動中心應具音樂廳之標準外，應有各類社敎敎室，大會堂、資料室、交誼室、研究室、視聽室、展覽室、閱覽室、會議室、公共服務場所、辦公室等，以適合各類社敎及服務之用。建築結構力求堅固實用外，應顯示中華文化特色。

（3）動物園: 應配合當地自然環境設計，參照各國動物園優點，以能顯示各類動物生態與達到敎育目標爲主，并應展示植物景觀，配合設置靑少年體能鍛鍊場、露營地及完整之遊樂場等設施，並應特別注意觀衆安全之維護，及動物生活之習慣。

（4）天文臺: 應配合當前人類太空發展趨向，引起國民研究太空與天文之興趣爲設計目標，內部設計應容納較多觀衆，更新設備，並設敎室、研究室、圖書室展示天象資料，配合加強科學敎育，提高國民新知爲目標。

（5）中華民俗文物村: 有系統介紹中華各地民俗、文物及活動，將先民生活文物依固有之生活型態作適當之展示，內設文物館、資料

館。其建築及設施應力求保存原有風貌，具有規模，並將具有歷史價值之建築（如林安泰古宅）遷建，俾使國民瞭解先民創業精神。同時向國際觀光客宣揚中華傳統文化。

（6）青少年及文藝活動中心：建築設計內容應把握青少年心理及興趣，並應符合文藝社團之需要。內部應有演出場所，展覽室，各種育樂活動之室內場所，如健身房、舞蹈、戲劇排練室、閱覽室、會議室、研究室、讀書室、各類教室、文藝社團辦公室及公共服務場所，佈置、色彩活潑美觀，啓發青少年向上進取精神。

（三）設備購置原則：

1. 儘量採用國產物品。

2. 手續符合法令規定。

3. 品質符合適當標準，實用、堅固重於美觀華麗。

4. 配合業務發展需要及經費情形，可分期分批購置。

5. 需要數量符合實際需求，不可超量採購。

（四）文化藝術人才培養規劃原則：

1. 先以質量併重原則，滿足各項文化活動需要，再進而提高水準達到質重於量之要求。

2. 以培養民族藝術人才為優先，如國劇、國樂、民族舞蹈、民俗技藝、工藝等類以復興民族文化。

3. 以培養興趣着手，由業餘進入專業化，俾可達到國際水準。

4. 由訓練培養師資着手，以奠定發展基礎。

5. 採用不斷之競賽、觀摩，參加國際競技，提高其藝術水準。

（五）組織及管理規劃原則：

1. 各機構及縣市文化中心之組織、編制應採用彈性原則俾可適應未來社會發展之需求。

2. 人員編制應採取精簡原則，并應適才、適所建立責任制度提高工作效率。

3. 應建立現代化服務及管理觀念及制度，各種管理規章應確定標準，完成法定程序。

4. 管理人員採聘用制度，俾可羅致專門人才及靈活運用。

5. 管理人員之訓練應着重正確觀念之培養，專業技能之進修，并養成法治、服務、熱誠、盡責、及勤勞習慣。

6. 網羅地方人士為兼職人員參與文化中心工作，結合地方人士擴大工作效能。

（六）教育活動（各館廳利用）規劃原則：

1. 各項教育活動之設計應以復興中華文化，建立民族自信，堅定復國信念之目標。

2. 各項活動內容應具教育性，以啓發國民奮發向上、進取精神。

3. 培養國民正當愛好，提高國民正當育樂。

4. 特別重視青少年活動，以促進其身心正常發展。并重視老年各項活動之設計，培養社會敬老尊賢之敦厚風範。

5. 培養國民讀書求知風氣；養成利用圖書館，參觀各項展覽、演出習慣。以促進社會不斷進步。

6. 建立取之社會、用之於社會之經濟觀念，以寬籌各項活動經費，推動文化建設活動。

五、規劃籌建及管理方式

（一）中央：

1. 音樂廳、國劇院委託中正紀念堂籌建小組興建，并由中正紀念堂園區管理。

2. 國立中央圖書館由教育部負責監導遷建及管理。

3. 海洋、自然科學、科學工藝博物館之籌建及管理，就下列方式擇一進行。

（1）由政府興建并直接負責管理。

（2）由政府興建定成後，委由社團或財團法人負責經營管理。

（3）策動民間成立社團或財團法人負責興建及經營管理。

4. 臺灣省立博物館，由教育部規劃改制及負責管理。

（二）臺灣省：

縣市文化中心各館廳由省政府教育廳負責輔導興建，興建完成後由縣市政府負責管理。

（三）臺北市：

臺北市圖書館及音樂活動中心之興建及管理由市政府負責。

（四）高雄市：

高雄市中正文化中心之興建及管理由高雄市政府負責。

綜合上述，可見教育部對於文化中心的計畫項目、計畫年期、計畫設置地區、規畫設計原則與規劃籌建及管理方式等，都有妥善之規劃，整個計畫完成時間定為五年，民國七十三年此一計畫完成，我國文化建設在設施方面無疑的將有一個嶄新的面貌。

此外，文化建設不應只在於設施的提供，人的部分比物的部分更為重要，精神方面比物質方面更為重要。為著配合上述「文化中心計畫」，行政院在六十七年十二月十四日通過了一個「加強文化及育樂活動方案」，以期達到文化建設的真正目標。❺

這個方案，包括下面十二項措施的建議：

1. 文化建設與文化政策之推行，宜有統一事權之機構，以加強其決

---

❺ 陳奇祿撰，中華民國現階段的文化建設，中央日報六十九年九月專欄。

策、規劃、推動、與督導之功能。建議在適當時機設置直隸於行政院之專管機構，如文化部或文化建設委員會。（現政府已決定比照經濟建設委員會，設立文化建設委員會，雖然最近擧行的國建會文化組的諸位先生仍希望政府改設爲文化部）。

2. 發動民間熱心人士組織文化建設協進委員會，策動文化基金之成立，以推動整體文化建設，兼理國際文化交流事務。文化基金由民間籌措，政府給與等額之支應。基金總額以新臺幣十億元爲目標，分年籌措完成。（這個方案通過的第三天，中美斷交，國人爲了保衞臺澎，熱烈獻金，支持國防建設，所以自民間籌措文化基金，也就慢了下來。但是政府已編列了新臺幣一億五千萬元，這就是說政府將負責基金的大部分，至少佔四分之三，但是基金仍將由民間來主持）。

3. 每年擧辦文藝季。文藝季的活動包括各種較大規模的文藝展覽與演出。如全國美術展覽、國際美術交流展覽、國劇演出、話劇演出、地方戲劇演出、舞蹈演出、音樂演奏會、及文藝書刊展覽等等，得到各界的熱烈支持。

4. 今後對文化有重大貢獻者，比照政府設置科技獎方式及辦法，擴大範圍，予以獎勵。

5. 積極檢討「著作權法」，早日予以修訂完成，以促進文化之成長。（內政部已邀約專家學者，經七次會議，完成草案，且經行政院經六次會議之審查，正待送請立法院完成立法手續。修訂後之新法其著作物之範圍相當擴大，包括音樂和表演藝術，同時修訂後之新法採創作主義而非原來之登記主義。）

6. 古物保存法與採掘古物規則之修訂、文化資產管理委員會之設置，及臺灣地區史蹟之指定。（古物保存法之修訂已由教育部會同內政部完成修訂草案，且經行政院審查，卽可送立法院完成立法手續。修訂

幅度很大，因擴大包括無形體的文化資產與民俗資料，故改名爲「文化資產保存法」。）

　　7. 關於文藝人才之培育，建議：①設置中小學藝術特殊班，建立培育藝術人才的教育制度。②在大學各學院開設文藝鑑賞或中國文化史課程。③設立國立藝術學院。④在已設藝術科系之大學設立藝術研究所。⑤恢復藝術資賦優異兒童出國進修辦法（已由教育部辦理中）。

　　8. 關於音樂水準的提高，建議①由政府和民間合力扶植符合國際水準之交響樂團。②提高國樂的地位，成立高水準的國樂團。③加速禮樂的制度。

　　9. 關於國劇和話劇的推廣和扶植，建議①電視臺加強國劇節目的播演。②輔導業餘國劇團之組織。③普遍推廣學童國劇欣賞會。④各縣市文化中心音樂廳之設計，考慮適宜國劇、話劇和其他民間戲劇之演出。⑤建立電視劇的「劇本庫」。⑥提供話劇演出場地。

　　10. 在臺灣省各縣市及臺北市以其文化中心作爲文化活動中心。

　　11. 關於傳統技藝之保存與改進，建議：①在修訂「古物保存法」時，對無形體財產之保存予以重視。諸如設置傳統技藝人才保護制度，由政府指定保持有傳統技藝之個人或團體收徒授藝。保持者由國家給與適當薪俸與優良工作環境，以期其所持有之技藝得以傳遞。②由政府委託學術機構，對傳統技術（如陶藝、染織、漆藝、金工、竹木工、牙雕、玉雕……等）和傳統藝能（諸種地方戲劇與音樂、大鼓、相聲、說書、皮影戲、布袋戲、傀儡戲、特技……等）之現況進行調查研究，提供保存與改進計畫。③在中央及全國各縣市組織民間藝術指導委員會，指導其活動之改進與推行事宜。

　　12. 由政府制定民間設立文化機構之規章，並予鼓勵。

　　推行文化中心工作，文藝教育活動是最重要的一環，教育部乃將民

國六十三年原有的「推行文藝教育活動實施方案」，加以修訂，責成各級學校、配合軍事單位、救國團及民間團體等，熱烈推動文藝季和文藝服務社會等活動，以加強文化中心工作的實質內容，並以文藝教育活動提昇全國民眾之生活素質。茲將民國六十八年四月九日修訂公布的「教育部推行文藝教育活動實施方案」，列表如下，以供各界參考。❻

教育部推行文藝教育活動實施方案		中華民國六十八年四月九日　臺(68)社字第九二九四號函修訂公布			
目　　標	執行單位	項　　目	實　施　要　領	辦理時間	備註
一、透過文藝活動方式，推行民族精神教育。 二、培養青年正當愛好，促進身心平衡發展。 三、造就各類文藝人才，奠定文化建設基礎。 四、保存發揚固有文藝，復興中華傳統文化。 五、獎勵優良文藝創作，促進民族文化新生。 六、舉辦各項文藝競賽，	國民學校（國小、國中）	一、加強文藝課程教學及活動，並發掘文藝資賦優異學生予以培養。	一、加強各文藝科（美勞、唱遊、音樂、美術、書法、國語文等）教學工作，其教學時間不得移改使用。 二、舉辦班級性及全校性學藝競賽活動。學藝競賽包括寫作、音樂（演奏、歌唱）、美術、工藝、舞蹈、書法、兒童劇、棋藝等項。 三、鼓勵學生或選拔學生參加校外各類學藝競賽活動。 四、輔導學生組成文藝社團並指導其活動。社團包括樂隊（國樂、管弦樂等）合唱團、國劇團、兒童劇團、舞蹈團、美術社、書法社、寫作社、工藝社、棋社等。	經常辦理 每學期一次 適時辦理 經常辦理（每學年檢討改組一次）	

❻　教育部社會教育司編印，教育部推行文藝教育活動實施方案，民國六十八年四月。

提高我國文藝水準。 七、推動文藝服務社會，倡導國民正當娛樂。 八、提倡全民文藝活動，提高國民生活品質。			五、佈置文藝教育環境，除美化校園環境外，應注意文藝書刊、國樂樂器、美術作品、書法碑帖、舞蹈戲劇書刊圖片、國劇臉譜、攝影作品等設備之充實及陳列。	經常辦理（隨時注意補充更新）
		二、協助教師學藝進修及發表，啓發學生學習及欣賞興趣。	一、鼓勵及協助教師組成各類文藝研究會，提高教師文藝素養。 文藝研究會視教師興趣、專長及需要分別成立文藝寫作、音樂（聲樂、器樂）舞蹈（民族舞蹈、土風舞、芭蕾舞）、美術（國畫、西畫、雕塑）、書法、工藝、戲劇（國劇、話劇、民俗劇藝）、攝影、棋藝等研究會。	經常辦理（每年檢討改組一次）
			二、舉辦教師文藝表演及展覽活動，並鼓勵參加社會文藝活動。	每年最少一次。
			三、選派教師參加文藝講習、訓練等進修活動。	適時辦理
			四、利用時間帶領學生參觀各類文藝表演及展覽活動。	經常辦理
	高級中等學校	一、加强文藝科教學及學生社團活動，培養學習及創作興趣。	一、加强各文藝科（音樂、美術、書法、國文）教學工作，文藝科教學時間不得移改使用。	經常辦理
			二、蒐集當地鄉土文物、	經常辦理

（高中、高職）		民間藝術活動資料陳列展覽，並配合藝文教學指導學生欣賞觀摩，以提高藝文科教。	
		三、輔導學生組成各類文藝社團，聘請教師予以指導。 文藝社團包括，文藝寫作、詩社、國樂團、管弦樂團、合唱團、口琴社、美術社、書法社、舞蹈社、國劇社、話劇、攝影社、工藝社、棋藝社等。	經常辦理（每學年檢討改組一次）
		四、舉辦學生社團觀摩演出或展覽活動。	每學期最少一次
	二、舉辦各種學藝競賽，提高學生創作能力。	一、舉辦班級性團體競賽。 競賽項目如合唱、土風舞、話劇演出等。	每學年一次
		二、舉辦以個人為主之學藝競賽，競賽項目包括樂器演奏、獨唱、寫作（小說、散文、詩）、書法、寫生、攝影、棋藝、舞蹈表演等。	每學年一次
		三、選派團隊或個人代表本校參加校際或校外各項競賽活動。	適時辦理
	三、協助教師進修發表，增進教學才能。	一、選派教師參加文藝專業講習及訓練。	適時辦理
		二、協助舉辦教師文藝發表活動及參加各類社會文藝活動。發表活動如音樂演奏會、演唱會、	適時辦理

		舞蹈表演會、各類美術展覽、書法展覽、攝影展覽、文藝創作出版等。	
大專院校（大學、獨立學院、二專、三專、五專）	一、充實藝術科系設備培養文藝專業人才（設有文藝系科大專院校）	一、適時增設或調整文藝系、科、組及研究所。文藝系、科、組研究所包括文學、文藝創作、音樂、美術、工藝、舞蹈、戲劇、影劇等。	適時辦理
		二、充實文藝系、科所之設備及活動經費。	經常辦理（每年檢討一次）
		三、研究改進有關文藝系、科所之課程，應增加民族文藝方面之課程。	經常辦理（每年檢討一次）
		四、輔導舉辦文藝系、科畢業學生或實習之演出及展覽。	每學年一次
	二、加強輔導學生課外文藝社團活動，培養業餘愛好。（一般大專院校）	一、輔導學生組成各類文藝社團，並聘請專家予以指導。學生文藝社團包括文學、音樂、戲劇、舞蹈、美術、棋藝、書法等各種研究、創作、演出之社團。	經常辦理（每學年檢討改組一次）：以培養每人一項以上文藝愛好為原則。
		二、獎助學生文藝社團對社會公開舉辦演出或展覽活動。	經常辦理
		三、舉辦社團觀摩展覽或演出活動。	每學年一次
	三、加強師範院校學生文藝教學，培	一、增加文藝選修科目。文藝選修科目包括比較文學、文藝理論、文藝	適時辦理

			選讀、文藝寫作、國樂、舞蹈、美術、書法、戲劇、攝影、工藝等。	
		養文藝指導人才。（師範院校及專科）	二、依照學生志趣，組成各種文藝指導研究小組。	經常辦理（每年改組一次）
			三、舉辦文藝社團活動指導觀摩、培養指導中小學生社團活動能力。	每年一次
		四、加強文藝課程教學與活動。	透過教師研究會訂定有關文藝課程與活動年度計畫。並協調課外活動指導組配合辦理。	每年一次
	社會教育機構及縣市文化中心	一、舉辦各類文藝進修競賽活動培養國民業餘愛好。	一、舉辦各種文藝研習班或訓練班。研習班為一日以上，一月以下，訓練班為一月以上照補習教育法實施。項目如寫作進修、各種樂器研習、國劇、舞蹈、美術及民俗技藝等訓練班。	經常辦理
			二、舉辦各種文藝講座、示範。講座、示範為時間在一日以內之活動，包括各種文藝講演會、座談會、美術、工藝示範表演及製作等。	經常辦理 每月最少一次
			三、舉辦各種文藝競賽活動。團體競賽如合唱團、各種樂隊、團體舞、各種劇團。個人競賽如寫作、寫生、歌唱、樂器	每年最少四項次

		演奏、攝影、書法、棋藝、舞蹈等。	
	二、舉辦文藝演出、展覽活動，提倡國民正當娛樂。	一、協調安排各社團、學校及藝術家之演出活動。	經常辦理
		二、協調安排各社團、學校及藝術家之展覽活動。	經常辦理
		演出及展覽場所包括文化中心之藝術廳、畫廊及可公開演展之場所。其使用率，週日週末應百分之六十以上，平時百分之四十以上。餘爲其他種類之活動，空餘時間不得超過三分之一。	
	三、辦理民俗技藝保存及傳授活動，維護文化遺產。	一、調查轄區內之民俗技藝，輔導協助其傳授與發揚。	適時辦理 經常辦理
		民俗技藝如石雕、木刻、塑造琢玉、剪紙、漆雕、緯絲、裱背、捏塑等技藝。	
		二、調查民俗表演藝術，輔導獎助其經常演出並傳授。	適時及經常辦理
		民俗藝術如南管、北管，各種地方曲藝、皮影戲、傀儡戲、子弟戲、民謠、舞龍舞獅及各種雜藝等。	
	四、組織各類文藝業餘社	一、輔導民衆組織各種文藝團體並指導其活動。	經常辦理

	團提倡國民休閒活動。	二、協助各機關、工廠、公司商號組織員工各種文藝社團並指導其活動。 (社團項目如學校社團)	適時辦理	
縣市教育局	一、加強輔導國民中小學校文藝教育活動奠定文藝發展基礎。	一、舉辦或選派參加文藝科教師進修活動。 進修活動包括短期講習、研習專業訓練、保送深造等。	適時辦理	
		二、獎助教師舉辦文藝發表活動。 文藝發表包括各種表演會、展覽會及出版活動。	經常辦理	
		三、舉辦校際學生文藝競賽活動，或選派代表參加省級競賽活動。	適時辦理	
	二、加強輔導各種文藝團體，促進文藝事業發展。	一、輔導獎助各類文藝演出團體畫廊等推展各項活動。	經常辦理	協同文化中心辦理
		二、加強各娛樂場所節目之輔導查驗工作。	經常辦理	
		三、加強各種文藝補習班之輔導管理工作。	經常辦理 (每年檢查一次)	
	三、積極推動藝術服務社會活動，提倡國民正當娛樂。	一、督導國民中小學積極推動藝術服務社會及學校辦理社會教育中之文藝活動。 服務活動項目包括各類演出展覽及研習等活動，特別以社會大眾為對象。	經常辦理	

			二、遴選各項競賽優勝團隊，在偏遠鄉村進行藝術服務活動。	每年一次	
			三、有計畫利用各校場地設備，以學校爲中心推動社會文藝活動，並協調當地大專及高級中等學校參與活動。	經常辦理	
省市教育廳局	一、輔導教師進修發表，增進教學技能。		一、舉辦文藝科教師講習及教學輔導。（由臺灣省訓練團或教師研習會辦理）。	適時辦理	
			二、舉辦全省教師美展。	每年一次	
			三、獎助教師個別舉辦表演或展覽活動。	經常辦理	
	二、舉辦各種競賽活動，提高創作水準。		一、協同舉辦臺灣區音樂比賽。	每年一次	協同中央辦理
			二、協同舉辦臺灣區民族舞蹈比賽。	每年一次	
			三、協同舉辦臺灣區地方戲劇比賽。	每年一次	
			四、舉辦全省（市）美術展覽會。	每年一次	
			五、舉辦全省（市）學生美術展覽會。	每年一次	
			六、舉辦全省（市）兒童劇展。	每年一次	
	三、輔導獎助民俗藝術，維護中華文化。		一、輔導社教機構或文化中心舉辦各類民俗藝術之傳授與發揚。（項目同各縣市文化中心所列）	經常辦理	
			二、獎助推行民俗藝術具有成效之團體及個人。	適時辦理	

		三、輔導青少年欣賞國劇及其他民族藝術。	經常辦理
	四、輔導文藝團體，協助推展社會教育。	一、充實加強所屬交響樂團及國樂團。檢討充實員額，加強訓練，更新設備及加強演出活動。	適時辦理
		二、適時設立舞蹈團、國樂團、民俗技藝等專業性團體。	適時辦理
		三、派專家輔導民間文藝團體及學校學生社團。	經常辦理
	五、獎助輔導各種文藝創作，推廣全民文藝活動。	一、獎助優良文藝創作。獎助項目包括小說、散文、詩、各種劇本、歌曲、美術、舞蹈等。	每年一次（擇項辦理）
		二、獎助推廣愛國歌曲及藝術歌曲。	經常辦理
		三、輔導推廣全民舞蹈活動。	經常辦理
		四、獎助舉辦各種美展。	經常辦理
	六、加強輔導大衆娛樂節目，端正社會風尙。	一、定期舉辦大衆娛樂事業演藝人員講習。講習特別着重法令闡釋、觀念溝通及對國家社會之責任感。	適時辦理（最少二年一次）
		二、對職業性演藝團體之節目定期派員輔導，提高其水準。	適時辦理
國家文藝基金會	一、文藝創作獎助。	一、舉辦國家文藝獎。獎助項目包括文藝理論、詩歌、散文、新聞文學、小說、美術、音樂、戲劇、舞蹈等項。	每年一次

		二、特定項目創作之獎助。	適時辦理
		三、文藝論評之獎助。	適時辦理
	二、文藝人才之獎助。	一、輔導大專學生文藝活動。 對象爲大專院校文藝有關科系成績優良學生。	每年一次
		二、舉辦文藝創作研習班。 參加主要對象爲社會人士。	適時辦理
		三、其他文藝人才之獎助。	適時辦理
	三、文藝活動之獎助。	一、獎助全國性文藝社團推展各項文藝工作及活動。	每年一次
		二、舉辦各種文藝講座。	適時辦理
		三、其他文藝活動之獎助。	經常辦理
	四、文藝事業之獎助。	一、獎助優良文藝雜誌。	每年一次
		二、獎助有關文藝團體健全組織提高水準。	適時辦理
	五、文藝作品外譯之獎助。	一、遴選優秀文藝作品譯爲外文，發行海外。	適時辦理
		二、獎助發行英文文藝刊物。	適時辦理
	六、國際文藝交流工作之獎助。	一、遴選文藝作家出國訪問考察。	適時辦理
		二、舉辦國際性文藝會議之獎助。	適時辦理
		三、獎助藝術團體出國訪問。及國外文藝界人士來華訪問。	適時辦理

本部	一、保存發揚民族文藝，維護文化遺產。	一、推動國劇之研究改良。研究改良包括劇本整理，故事考證，教材教法研究改進，配音研究改進，動作之分析整理實驗，舞臺、燈光音樂之改進等。	適時辦理	由復興劇校辦理中
		二、推動古典文學、藝術之整理研究。	適時辦理	
		三、推動民俗藝術及地方戲曲之保存、傳授。	適時辦理	
		四、國樂之有關資料之蒐集、整理與發揚。	經常辦理	委由藝專辦理
		五、推動民族舞蹈之研究、整理與發揚。	適時辦理	
		六、修訂或製定有關法令以保存文化資產。	適時辦理	
	二、獎助優良文藝創作及研究創新，促進民族文藝新生。	一、舉辦文藝創作獎。創作獎項目包括文學(小說、詩、散文)、音樂(歌曲、樂曲)、劇本(國劇、話劇、電視劇)、美術（國畫、西畫、書法、攝影、美工設計、漫畫、篆刻、雕塑等）、兒童文學（童話、少年小說）舞蹈等。	每年一次	
		二、獎助國樂、國劇、舞蹈、美術及其他民族藝術之研究、創新工作。	經常辦理	
	三、舉辦及獎助各種文藝活動，輔助	一、舉辦全國美術展覽會。	每二年一次	委託主辦
		二、協同省市舉辦，臺灣	每年各一	

		社教之推廣。	區音樂、民族舞蹈及地方戲劇比賽。	次	
			三、輔導國劇會舉辦國劇演出活動。	經常辦理	
			四、輔導話劇欣賞會舉辦青年劇展、世界劇展等話劇活動。	經常辦理	
			五、協同省市推廣團體及全民舞蹈活動。	經常辦理	
			六、獎助愛國歌曲、藝術歌曲及純正音樂之推廣演出。	經常辦理	
			七、推動藝術服務社會活動。	每年頒訂辦法一次	
		四、加強學校文藝教育，培養文藝人才。	一、調查大專院校文藝科系畢業生就業情形，據以增設或調整文藝科系及招生人數。	適時辦理	計畫小組及有關司
			二、適時增設或調整文藝系、科、組及研究所。	適時辦理	
			三、充實文藝系、科所之設備及活動經費。	經常辦理	
			四、研究改進有關文藝系、科所之課程，應增加民族文藝方面之課程。	經常辦理	
			五、研究設置藝術特殊學校或設置特殊班級，以保存民族文化。	適時辦理	
			六、輔導舉辦文藝科教師進修活動。	適時辦理	
			七、檢討改進各級學校文藝教育課程。	適時辦理	各有關司
		五、輔導成立藝術團隊，	一、輔導成立國劇團。	適時辦理	上列四項專案
			二、輔導成立國樂團。	適時辦理	

		提高表演水準。	三、輔導成立民族舞蹈團。	適時辦理	研究後辦理
			四、輔導成立民俗技藝團。	適時辦理	
			五、輔導現有各類藝術團體健全組織，加強訓練，提高其水準。	經常辦理	
		六、督導改進大衆娛樂事業，培養社會良好風尚。	一、督導改進職業演藝團體及演藝人員之節目。	經常辦理	
			二、督導改善歌廳、夜總會等演藝場所之節目。	經常辦理	
		七、協調有關機關改進大衆傳播事業之節目配合推廣社會教育。	一、協調增加播出民族藝術節目。	適時辦理	
			二、協調改進現有節目內容提高其藝術水準。	經常辦理	

附記：　一、請國防部轉知各所屬單位請軍中文藝團體及人士，就近配合支援及指導各學校及縣市文化中心之文藝活動。

二、各級學校及文化中心之活動應與救國團各項活動密切配合。

三、各校文藝社團，應視學校經費及人才擇項發展，以培養青年具有一項以上文藝愛好及興趣爲原則。並應建立簡明資料卡，記載其文藝教學狀況隨學校移轉，以供教學及輔導之參考。

四、各級學校及各級機關所需文藝活動經費，在本單位年度經費內寬列，中央省市及縣市應分別訂定辦法鼓勵民間設立文化活動基金會，支援當地文藝活動。

五、各機關對所屬學校或機構辦理文藝教育活動實況，應定期考核，以輔導改進，其成績優良者，應予獎勵。

第四節　文化中心工作與社會教育機構

　　將來各縣市文化中心，事實上，它所推行的工作即是社會教育工作，因此說文化中心即是廣義的社會教育館，並無不可，目前中央及地方之文化中心的籌建及規劃，皆由社教單位負責即寓有此種意義。

　　不過，社會教育機構類別甚多，文化中心僅包括圖書館、博物館與音樂廳，它不能含蓋全部社會教育機構，然而將來在文化建設的大潮流下，文化中心的館舍、人員、經費及活動等受到特別之重視亦是自然的趨勢。在此情況下，原有的或其他的社會教育機構如：社會教育館等應處於何種地位，甚至其存廢有無商榷的必要，便是吾人不得不考量的課題。

　　根據六十九年十月修正的「社會教育法」第四條之規定，省（市）政府應設立社會教育館，推展各種社會教育事業並輔導當地社會教育之發展。直轄市、縣（市）應設立文化中心，以圖書館為主，辦理各項社會教育及文化活動。從本項條文規定來看，吾人可知：（1）省與院轄市應同時設立社會教育館及文化中心；縣（市）則僅設立文化中心，以圖書館為主。（2）無論社會教育館或文化中心皆是推行社會教育的機構。（3）省（市）社會教育館應負有輔導當地社會教育發展之任務。可見社會教育館與文化中心同時併存，相輔相成，共同負有推展社會教育之使命。

　　社會教育館是實施社會教育的綜合機關，也是實施社會教育的中心機構。它彙集各種社會教育事業，採用各種施教方式，依據社會需要，配合運用，教育民眾，以提高社會文化水準，改進社會生活為教育鵠的。

多年來，我國各社會教育館，已發揮其積極性的教育效果，無論推行公民教育、語文教育、健康教育、科學教育、藝術教育、文化復興及其他社教活動，皆著績效。目前社會愈進步，工商愈發達，而人際關係亦愈複雜，社會問題隨之叢生，因此，今後社會教育館更應發揮其功能，端正社會風氣，健全民族命脈。

自文化建設工作開展後，各縣市大力籌建文化中心，以期文化向下紮根，裨益國脈民命。文化中心完成後，場地之提供，人才之網羅，菁英文化之萃聚，將帶給縣市民眾無窮之精神財富，當可想見。惟縣市間聯合活動之舉辦，重要活動之發起與推動，以及全省性社教活動之舉行，自非縣市文化中心工作範圍所及，今後更應加重省立社會教育館，對其輔導之責任，而互顯功能。

最近，臺灣地區各工業區勞工青年日衆，爲生產線不可忽視之力量，這些勞工青年，由於心理發展未臻成熟，社會經驗不足，在生活上往往產生很多困擾，甚至於發生很多非社會及反社會行爲，因此對勞工青年生活的照顧，確爲安定社會，提高生活水準的首要工作。目前，各省立社會教育館在各地設置「社會教育工作站」，展開康樂、聯誼、體育、旅遊等活動，協助解決心理困擾問題，促進勞工青年身心之平衡發展。實驗二、三年以來，已獲具體之成果，今後應更擴及於偏遠地區之勞工青年，增加工作項目，不斷創新擴展，而眞正達全民教育全民精神建設的目標。❼

此外，省立社會教育館亦受命推動輔導區內各級學校，澈底實施全民精神建設方案，分別派員輔導國民中、小學暨高中（職），期使學校與社會密切配合，成爲社會教育中心，促進中華文化向下紮根，達成文

❼ 新竹社會教育館編印，臺灣省北區社會教育工作站六十九年度工作實錄，民國六十九年七月。

化建設、心理建設之目的。

可見，在文化建設聲中，社會教育館更應加強其工作，今後爲使社會教育館負起推動社會之功能，則應正視幾件事：(1) 各級教育行政工作者及一般社會民衆，都應重視社會教育館之功能，給予積極之鼓勵與輔導；(2) 各社會教育館之館舍應予擴充或整修，以擴大及充實其活動場所；(3) 社會教育館應有較多之經費預算，以便推展活動；(4) 社會教育館之人員應遴聘專業人才充任，促進新陳代謝，以增加工作活力；(5) 社會教育館之工作應釐訂計畫，重點實施，並按期給予評估、獎懲，以促進其效能。

總之，未來文化中心的建立與社會教育館的充實，應爲政府推行社會教育最具體的措施，二者宗旨一致，目標相同，於業務的推動中，將可收相輔相成，交互輝映之功。我們欣見各縣市文化中心早日興建完成，積極地承負推動社會教育，復興民族文化的責任。

第五節　文化中心工作與學校教育工作

近年來，各級學校成爲社區精神倫理堡壘，成爲革新社會的主導力量，已爲教育當局和社會各界所重視，而教育部及省(市)教育廳(局)更訂有「各級學校辦理社會教育辦法」，在本書前述各章節，早已詳述。在此文化建設時期，加強各級學校教育工作與文化中心工作相結合，自然是極爲重要的課題。

筆者曾在教育部社會教育司與教育計畫小組邀請下，參與「文化中心工作與學校教育工作有效配合途徑之研究」的專題研究，利用一年有餘，在全國各地邀請社會教育工作人員，文化中心籌備人員與學校教育人員等共同研討、交換意見，且曾設計調查問卷，從事調查統計分析，

該項專題研究已經完成，　研究報告在印刷中，　相信該項報告付梓出版後，對於本項主題可獲全面性的參考資料。

　　首先，我們了解文化中心工作，實即一般人所稱之社會教育工作；社會教育法規定，各級學校得兼辦社會教育，學校教育對於文化建設或社會教育工作自然亦應負很大的責任，因此，文化中心工作與學校教育工作關係是很密切的，而且文化中心工作若能與學校教育相配合，則必可收到相輔相成的效果。

　　目前，縣市文化中心祇是每一縣市設立一所，且以圖書館為主，其主要對象為全縣市之民衆，且以成人教育為主；學校教育工作主要對象為兒童及青年，國民中、小學更為國民教育為主，二者的主要對象有所不同，但彼此亦能相互含蓋，例如：多年來，各級學校實施民衆補習教育，推展社區服務，大多以成人為對象；而將來文化中心成立之後，特別是初期，縣市中的兒童及青年亦將是其服務的重要對象。

　　文化中心工作的內容將是以文藝、戲劇、體育、音樂、舞蹈等藝文教育活動為主，大多偏於精神生活方面；學校教育工作主要是對學生施以升學或就業的培育，大多偏於知識的灌輸方面。但是文化中心工作的圖書館固不免於知能的傳授，學校教育亦重品德的陶冶，可見二者在內容亦無分軒輊。

　　何況，目前文化中心祇是在各縣市重點設置，離普遍於各角落設置之理想尚遠，而各級學校多年來已具規模，且普遍設置於任何角落及偏遠離島地區，因此，發動學校師生支援文化中心工作，有其可能亦深有必要。

　　至於文化中心工作與學校教育工作二者如何有效配合的途徑或方法，最重要的是應採取下列辦法：

1. 人力資源運用方面： 學校教育人員與社會教育人員、文化中心人

員等人力資源要能相互溝通，互相支援，一方面是學校的師生，有許多人對於文化、藝術、文藝、音樂、舞蹈及體育等活動，深有興趣或專長，在文化建設聲中，應該促其投入文化建設的行列；另方面，文化中心人員對於藝文活動亦深具規劃協調或實際經驗，應經常協助學校，提供各種社會資源。

文化中心人員與學校教育人員溝通的辦法，一種是長期的遷調，一種是短期的參與。前者則應由政府訂定法令，促進交流，比較正式有效的辦法是制定「教育人員任用條例」，規定教育人員可轉任行政人員，任用、敘薪、服務年資等均可採計，或依前日考試院公布之銓敘部擬訂的「行政人員、教育人員服務年資互相採計辦法」，打通行政機關與教育機關人員的交流管道，今後得以互相轉任，及採計服務年資。

後者，短期的參與可說是「志願工作人員」，平時經過實際參與後，列冊登記，一遇活動則邀請對方利用公餘或課餘全力支援，並挹注有無。這種志願服務亦需多加鼓勵，並多給予獎勵與輔導。

相信透過這種人力資源運用辦法，學校教育人員與文化中心人員可以相互協助，彼此支援，共同為促進全民教育的進步而努力。

2. **活動場地運用方面**：文化中心之設立，宜由專家訂定標準，並會商當地有識之士，視當地實際情況作適當籌劃，如：圖書館、音樂廳、博物館，以及樂團、劇團等，以足夠互相支援使用為著眼，同時文化中心的場地除為一般民眾開放外，應時常配合學校教學，充分提供與配合學校活動。

學校之禮堂、操場、教室、實驗室，必要時，應對社區民眾開放，配合文化建設。

3. **工作內容方面**：文化中心工作內容之研訂，應本互補缺失之原則，使與學校互相緊密配合。例如：在一個文藝季、戲劇季、音樂季或

體育季中，學校應充分配合文化中心，實施民衆敎育。又如：在學校的重要展覽活動或運動會時，文化中心亦應提供其某些工作成果，配合學校之展出或表演，以擴大影響或效果。

　　總之，文化中心與學校敎育若能在工作內容相互了解與協調，卽可避免疊床架屋，重複浪費，並且又可相輔相成，擴大成效。

　　4. 工作方法方面：文化中心敎育民衆的方法與學校敎育兒童、青年的方法，在理論與實際上，都可相互印證，互相觀摩，因此文化中心人員與學校敎育人員應經常利用機會相互研討，觀摩學習，以共同研求一些最有效的敎育方法，使本地的民衆獲得實際敎育的益處。

　　5. 經費運用方面：文化中心與學校各有其會計預算決算程序，經費的相互挪用牽涉會計項目，事實上殊屬不易，不過，經費使用項目之研訂，仍事在人爲，特別是許多專案補助款或預備金之動用，彈性則較大，文化中心與學校可就社區中一般民衆或青年的特殊需要，適時支配經費，以擴大事功。

　　總之，政府在十二項建設中，建立縣市文化中心，其目的卽在推動全民敎育工作，爲使此一工作收到實效，研求文化中心工作與學校敎育工作互相密切配合，相輔相成，以收事半功倍之效，實有其必要。

第六節　文化中心工作的展望

　　文化中心工作現在祇是剛剛起步，就像一個剛初生的小孩，一切還未定向，卽使「小時了了，大未必佳」可見還未定型的事情，要預測其未來的發展，是很難有定論的。文化中心的建設，自民國六十八年起，預計七十二年建築部分要完成，目前是第三個年頭，中央及省市、縣市目前主要的工作，尙在第一個階段硬體 (hardware) 工作，包括建築工

程與設備方面，至於第二個階段，約自民國七十三年度起，則需加強軟體（software）工作，側重活動內容、素質及人員的強化方面。

雖然如此，但是自「加強文化及育樂活動方案」公布後，中央及省市早已積極地展開許多季節性的文化活動，其中如第一屆（六十九年）文藝季活動，在教育部主持下，配合中正紀念堂之落成而擴大辦理，這次文藝季共舉辦音樂、國劇、舞蹈、美術、文藝座談等五項目，雖屬首次舉辦，但演出節目，均頗獲好評。臺北市教育局則連續二年，已舉辦了許多次的音樂舞蹈季、戲劇季、體育季，不但有高水準的節目，亦普及到各社區鄰里，深獲市民廣大喜愛與共鳴，反應頗為熱烈。高雄市在中正文化中心落成之日始，也已舉辦大型藝文活動，擴大效果。臺灣省教育廳為加強社會教育，促進文化建設，亦曾於六十九年二月一日起至六月三十日止首度在臺灣省各縣市各鄉鎮展開一系列的文藝季活動，項目之多，場次之繁，活動地區之廣，為各地區帶來熱潮，普遍喚起民眾對文藝活動的關心與興趣。

在文化中心館舍建築方面，中央部分館舍建築土地的徵購頗為費時，工程規劃已積極進行，一切尚需迎頭趕上。省市部分大致均能依預定進行，臺北市也許較為順利。臺灣省各縣市的文化中心，包括花蓮、桃園、苗栗、屏東、澎湖等縣的文化中心或已完成，或已開始興建，其他縣市或已取得土地，或已發包興建，大致均能在預定時間內完成。

上述這些文化中心館舍建築或文化活動，均為舉國上下所一致關切，因此一舉一動均會帶來或多或少不同的看法，例如：以文化中心建築來說，圖書館界人士在某一次集會中，就曾對當前各縣市圖書館的建築工程，功能、藏書、活動，尤其是人才儲備等方面，提出許多見仁見智的看法，難免亦有一些微詞。又如：文藝活動的舉辦，十目所視，十手所指，因此，社會大眾與輿論界，亦經常有不同的意見，可見文化活

動要辦得完美無瑕，眞非易事，但是文化活動必須追求至善至眞至美又是舉國一致的願望，今後確須百尺竿頭，更求進步，以求日益精進。

基於此種認識，對於未來文化中心工作的展望，宜分成二部分加以敍述，第一部分從基本特性對文化中心工作的內容予以探討，第二部分從推展方法上，提出文化中心工作的指向。首先，吾人以爲文化中心工作的基本特性，應包含下列四項工作之融合：❽

第一，物質文化與精神文化的結合

文化中心工作或文化建設從形象的角度來看，有些是物質的、實體的或有形的，有些是精神的、非實體的或無形的。我們日常生活所接觸的文化建設，常是物質文化，例如：文物、器皿、古董、名勝、古跡、公園、教堂、寺廟等，簡直不勝枚擧。文化建設更重要的是還有精神的無形的或非實體的文化，卽藝能和技術，如：音樂、戲劇、舞蹈，語文、藝術、道德、習俗和宗敎等。這些物質文化與精神文化常是互爲表裏，很難嚴格劃分。因此，文化中心工作要達到理想的境界，必須二者兼顧，善加結合。

第二，精緻文化與常民文化的融通

文化常包括二個層次，一是精緻文化或高度文化，另一是常民文化或基本文化。人類祖先留下的文化遺產大都屬於高度或精緻文化，例如：博物館所蒐藏的美術工藝文物，都是文化的精萃，又如：金字塔、萬里長城等，都是高層文化的產物，再如古代遺留富麗堂皇的建築，多爲達官貴人，帝王將相所享受的；內容深奧的典籍多爲文人學士所鑽研，槪與平民大衆沒有大關係。這些精緻文化，學術文化界早就積極提

---

❽ 參閱龔寶善撰，民族精神與文化建設的結合，收於中國教育學會主編，教育發展與文化建設，幼獅文化事業公司，民國六十七年十二月，頁三七三～三八四。

倡善加保存，且廣予宏揚。

此外，現代一般文化建設，也須以常民文化或基本文化爲起點，以適應大衆的需要。例如：一般民衆的生活方式，須有民俗博物館或民俗文物村等加以展覽保有；圖書館宜從地區民衆閱覽室起，提升爲全國性大規模圖書館；又如：傳統的民俗技藝、民族藝術、地方戲曲等，這些節目，經過妥善安排，也都可變成相當高水準的表演藝術。可見，文化有其整體性，其各層面都是互相關連的，精緻文化和常民文化也是無法截然劃分的，文化建設應以常民文化爲基礎，並加強精緻文化的建設。

第三，傳統文化與現代文化的適應

文化是人類群體爲了適應環境而由經驗累積攝取形成的固定因應方式，因此文化本身無所謂好壞，無所謂新舊，端視其能否適應當前環境的需要而定，在正常情況下，傳統文化應與現代文化相適應。

我中華文化最具包容性，「中學爲體，西學爲用」，經常吸收外來的成分，由於這種外來的滋潤，我們的傳統文化益加擴大，因此，我國幾千年遺留的文化，有許多仍然值得保存，我們應卽選擇值得保存的優良傳統，賦予時代精神，推陳出新，成爲我國獨具的文化產物。另一方面，我們亦不宜盲目趨新，雖然我們不應該排斥外來文化，但在導入外來文化特質時，却應予愼重選擇甄別，以免外來的污染，促使傳統優良文化的枯萎。總之，傳統精神應與現代潮流取得適應，以構成文化建設的重要特色。

第四，本國文化與外來文化的聯結

現代人際關係日趨複雜，世界文化溝通乃係自然的趨勢，可是仍然有些人主張我國文化設施應當純粹保存東方的色彩，排斥外來文化的介入；也有些人羨慕西方文化的新奇，主張全盤跟進，對于本國固有的風

格予以唾棄，此種偏激的態度，都不宜施行在文化建設方面。

我國固有的民族文化如：美術、音樂、舞蹈、武術、醫術、棋藝等都具有保存發揚的優點，我國的民間藝術與傳統的手工藝品，如：織物染印或繡藝等，都有值得廣爲推介的價值，我們對於這些本國的學術技藝都應加以珍視，並且向西方廣爲介紹與宣揚。另方面，我們對其他民族的優點，亦應同樣的欣賞與接納，在適當情況下，不妨融會成爲我國文化的一部份。

總之，我國有長遠的歷史傳統，有無盡的文化寶藏，在我們推動文化建設時，對先民留給我們的豐富文化遺產，應積極發掘並予提昇，這樣我們的民族文化，才能在世界上放射異彩的光芒。

其次，文化中心工作的推展方法上，應採取下列五項步驟：

第一，文化中心工作的目標，由偏重物質建設到重視活動的實施

文化中心工作目前似乎較重二館一廳（圖書館、博物館與音樂廳）的建築，因此，有部分人在憂慮文化中心工作是否就是蓋房子，蓋很漂亮的房子，就好了。這種憂慮，不能說有錯，但是未免太過慮了。

事實上，要辦活動，就要有場所，沒有適當的場地，歌到那裡唱？戲到那裡演？書往那裡放？也許有人會說，露天或簡易場地也可做。不錯，但若有好場地，是不是效果會更好。這就是爲什麼文化中心工作首先要蓋好房舍的理由。

但是文化中心工作將來一定不會祇停留在蓋房舍階段，房舍蓋好了就要充分利用，於是活動就來了，音樂演奏、體育表演、文藝展覽、戲劇演出、演講討論會……等，各種活動節目，必然要帶動社會全民的欣賞，到了各種活動普遍展開，文化中心工作就會多彩多姿，蓬勃發展。

第二，文化中心工作的對象，由學校學生爲主到社會民眾的參與

辦理社會教育者都有這個經驗，每次社會教育活動時，來參加者，

大多是學校的學生或青年朋友爲多，因此，常聽社敎人員埋怨說，學校不肯支持社敎工作，其中一項是：老師不肯派學生來參加活動。

將來文化中心工作初期，可能亦會有這種現象，任何活動，從圖書借閱到平劇欣賞；從象棋比賽到體操表演；從文藝習作到詩歌朗誦⋯⋯恐怕參加者，還是以青年學生爲主。一般民衆不是沒有時間、沒有興趣、沒有同伴、就是不好意思參加。

因此，未來文化中心工作一定要突破這些困難和問題：演出時間，應多利用星期假日、週末、晚上或寒暑假；演出內容要切合民衆興趣；演出方式要敎育送上門，演出前要透過大衆傳播媒介，加強宣導；演出時，臺上臺下要打成一片；演出後，要以獎勵、競爭激起高潮，帶動下一次的活動。總之，文化中心工作祇有全民熱烈參與，才有其最高價值。

第三，文化中心工作的內容，由重點推動到全面綜合的發展

目前文化中心工作的構想，着重在重點的推動，例如：發動大專院校青年學生社團，利用寒暑假，深入農村、鹽區、礦區、漁村等地區，以文藝服務社會；或者透過文藝季、體育季、戲劇季、音樂舞蹈季等的劃定，進行重點的活動。

這種辦法，就目前情形而言，也許無可厚非。不過長遠的文化中心工作，似乎必須從重點推動邁向全面綜合的發展。其理由是：一則，各種文化活動必須長期的實施，也許有高潮、熱季，但是不可能有停頓；一則，文化中心工作必須動態與靜動兼顧，體育活動與體育學術研究同等重要，圖書展覽、欣賞與愛好讀書習慣的養成，同樣的重要。所以將來文化中心工作必然是由點而面，由個別而綜合，由短期活動而長期習慣，這樣才能建立全面整體的文化活勸，提高全體的文化水準。

第四，文化中心工作的設施，由政府主辦到民間合作推行

目前文化中心工作無論是館舍的興建、經費的籌措、活動的舉辦和人才的培育，一切的一切，都是政府的事情；一方面好像民間沒有關連，一方面好像政府應該舉辦的，民眾是應該坐享其成，來享受的。

事實上，任何國家，任何社會活動，都需要大量的財力、物力、人力，祇由政府做，一定做不好，就是做得好，效果也不普及。大家都知道，「自己動手做的東西，最好吃」，自己努力的成果，享受起來最心安理得，也願意持之以恒，維護其成果。

所以，未來文化中心工作一定要設法由民間來參與，首先民間的社團如：獅子會、扶輪社、青商會、崇她社等；宗教團體如：基督教、天主教或佛教等；私人財團如：臺塑關係企業、國泰關係企業等；甚至私人；任何私人或團體都可出錢、出力、辦理各種文化活動。而政府祇要辦理一些大型的、倡導性的示範性的活動；政府並且要多辦理獎勵、鼓勵與激勵等措施。

第五，文化中心工作的人員，由普通人員到專業工作人員

目前社會教育工作的人員，甚至未來文化中心工作的人員尚未發展到一定非用專業人才不可的階段，此外，社會教育人員沒有專門的資格或任用規定；沒有最合理的薪俸；沒有特別開設的考試；亦沒有為社教人員而辦的進修昇遷之路，一切好像社會教育工作，人人都能做，這就是不重視專業的結果。

如今，文化中心工作的設計中，我們也看不出有任何專業人才任用的規定，未來文化中心工作人員似乎要從甄試、考試、推介或延攬回國學人而來，全部人員皆採用聘用辦法，可見學社會教育的專業人才或現有的社會教育人員，沒有特別的機會。再加以一切聘用的人員，沒有要求一定要職前實施「儲備訓練」，藉以溝通觀念，統一作法，研討技術，則將來文化中心工作，就很值得就心了。

因此，將來文化中心工作一定要慢慢地走向專才專用的地步，透過專門的學術機構培養各類文化中心工作的行政人才，專業人才及技術人才，並加強其職前訓練，在職訓練，保障其職位、待遇與改善其福利，這是非常值得重視的工作。

結　語

文化中心工作目前開始起步，它需要十年、二十年、五十年繼續不斷的努力，才能真正看到成果。但「羅馬不是一天造成的」，任何偉大的建設必須從「一磚一瓦」起始，因此，文化中心工作必須從現在開始，透過政府與民間的通力合作，向下紮根，向上發展，以期我國的文化建設與物質建設交互發揚其光輝，加速建立一個真正安和樂利和諧的理想社會。

第九章　我國社會教育的改革與展望

　　本書第一章至第三章分析社會教育的意義、方法、動向、功能與理論，其目的在建立我國社會教育的主要理論體系。第四章至第七章闡述各國社會教育的概況與我國社會教育的發展，並說明當前我國社會教育的現況，藉收他山攻錯與鑑古知今之效。第八章探討文化中心工作的背景、目標、內容與展望，以了解我國社會教育最新之趨向。本章旨在歸納上述各項內容，指陳今後我國社會教育改革的主要動向。

第一節　社會教育的突破與革新

　　社會教育法修正案日前經立法院三讀通過，公布施行，完成立法程序，這是當前我國社會教育與文化建設的一大突破，更是社會教育發展的契機。

　　社會教育是我國教育設施上一種重要的優良傳統，我國社會歷來不僅重視兒童青年就學機會的普及與學校教育的發達，尤其重視全體國民接受教育機會的均等與成人終身教育理想的實現，因此自民國創立以

來，社會教育在教育部卽設有專司，主持其事，迄今未變。

在世界各國中，除日本社會教育之名實，與我國相符，並普遍設立公民舘（受我國民眾教育館之影響）或市政中心外，其他國家鮮有稱社會教育者，他們實施社會教育的名稱不一而足，有稱：成人教育、推廣教育、擴充教育、繼續教育、社區教育或終身教育者，基本上這些教育活動的內涵，均不如我國社會教育之具有廣大的包容性、普遍性與長久性。

社會教育法原於民國四十二年公布施行，近三十年來，我政府於復興基地勵精圖治，軍經建設飛躍進步，文教發展更是一日千里，社會教育法必須適應社會實際需要，審察當前社會情況及未來發展，以充分發揮教育啓導社會之功能，這是本次社會教育法修正之基本精神及重要特色。此外，若就社會教育法修正案全部內容而言，更具有幾項重要之特色：

1. 肯定社會教育的獨立功能，明確訂定社會教育的宗旨： 多少年來，我國社會教育常居於學校教育之輔助地位，其目的在補救學校教育之不足，側重補習教育與進修教育之價值，原社會教育法第二條規定「社會教育實施對象為一般國民，凡已逾學齡未受基本教育之國民，應一律受補習教育，已受學校教育之國民，使其有繼續受教育及進修之機會」卽是明證。本次修正案第一條，徹底改變原有陳舊觀念，不再執著社會教育之輔助地位，肯定社會教育之獨立功能，進而從社會教育之基本特性：國民受教育之終身性與全民性著眼，這是立法上的重大突破。

2. 配合當前社會的需要，擴大社會教育的任務： 將新舊社會教育法相互比較，本次修正案於原有社會教育十項任務之外，新增五項任務卽：(1) 推行文化建設及心理建設；(2) 輔導家庭教育及親職教育；(3) 推廣法令知識，培養守法習慣；(4) 輔助社團活動，改善社會風

氣；(5) 改善人際關係，促進社會和諧。上述社會教育五項新任務，有的是大家皆很關切的社會問題，有的是當前重大的社會政策，而應積極改善與推動的，列爲社會教育基本任務，使其有法規依據，至爲重要。

3. 確定文化中心的法定地位，結合社會教育與文化中心的關係：設立縣市文化中心是蔣總統經國先生的賢明指示，教育部據以釐訂「建立縣市文化中心計畫」，行政院亦頒訂「加強文化及育樂活動方案」加以配合，本次社會教育法修正案更進一步確立文化中心之法定地位。尤有進者，文化中心工作推動以來，有些人對於文化中心與社會教育之積極關係常持懷疑之態度，甚至有少數人以爲文化中心將有取代社會教育之疑慮，本次修正案第四條之規定，不但已可澄清此類疑惑，更明確肯定社會教育與文化中心二者應相輔相成。

4. 規定各級政府設立社會教育機構，獎勵民間辦理社會教育事業：社會教育法修正案第五條擴大臚列社會教育機構，如：圖書館或圖書室、博物館或文物陳列室、科學館、藝術館、音樂廳、戲劇院、紀念館、體育場所、兒童及青少年育樂設施、動物園及其他，均可由各級政府設立，或鼓勵私人、團體設立，教育部除應予獎勵外，並可運用民間財力籌設基金，以推行社會教育。

5. 明定社會教育推行方法，加強廣播電視與社會教育的結合：社會教育法修正案第十二、三條，指出推行社會教育除得運用集會、講演、討論、展覽、競賽或函授等方法外，尤強調二項有效方法：(1) 儘量配合地方社區發展，(2) 運用大眾傳播媒體，實爲切中肯綮之規定。而廣播電視及其他大眾傳播媒體，其效能無遠弗屆，深入民眾家庭，發揮潛移默化之功效，尤不可忽視社會教育之意義與功能，社會教育法中乃明定行政院新聞局會同教育部共同辦理之。

綜合上述，足見社會教育法修正案已具有許多特色，惟社會日益進

步，社會教育日漸重要，雖有良法美意，「徒法不足以自行」，今後似應
在學術上與行政上加強幾項社會教育之革新，以擴大社會教育之實施效
果：

1. 成立社會教育研究機構： 日本於文部省內設置國立社會教育研修
所多年，績效卓著，舉世聞名，美國、西德與法國等，均於大學內設社
會教育或成人教育研究所，加強社會教育之研究發展。截至目前為止，
我國各大學內尚無社會教育研究所之設立，更遑論獨立性之社會教育研
究機構，實應急起直追，迎頭趕上。

2. 寬列社會教育經費： 社會教育法修正案雖規定各級政府應寬籌社
會教育經費，並於各級教育經費預算內，專列社會教育經費科目。惟查
歷年來，各級政府社會教育經費均相當短絀，縣市社教經費有低於教育
經費比例百分之一以下者，本次修正案雖未及明定社教經費佔教育經費
預算的固定比例，但社會教育的確是今後教育之主流，各級政府實不應
吝於寬列社教經費，以免貽誤良機。

3. 重視社會教育人員之選用： 各級社會教育機構內之人員雖有行
政、專業與技術人才之分，但他們皆是推動社會教育之主力。若欲期社
會教育活動：動態與靜態兼顧、理論與實際並行、學術與行政結合，則
社會教育人員皆應有行政人員與教學人員之雙重身份。社會教育法修正
案規定社會教育人員之任用，依教育人員任用條例之規定，立法原意至
為妥當。惟基本上，各級政府應更重視社教人員之地位，提高社教人員
之待遇，給予社教人員升遷之機會，則社會教育之推動才會具有更大的
活力與生機。

4. 加強社會教育之專業精神： 目前社會上各項事業皆逐漸朝向專業
化而努力，社會教育工作亦應重視專業精神，未來文化中心與社會教育
人員之甄選、儲訓與教育，皆應強調專業態度與專業精神，優先選用受

過專業教育之人員，而且應不斷賦予在職人員進修深造之機會，以促進社會教育活動之日日精進，求行求新。

　　總之，社會教育法修正案之完成立法，是近三十年來社會教育工作上的重大突破，欣慰之餘，我們更希望社會教育有劃時代之革新，以期我國早日臻於「明日大國」之理想境域。⓭

第二節　社會教育的展望

　　西方許多教育學者，如：拿托普 (P. G. Natrop)、柏格曼 (P. Bergemann)、涂爾幹 (E. Durhkeim) 諸人，都曾論教育的目的須配合社會目的；教育設施不祇為了個人，主要為了社會；至於教育的對象，則為有教無類，早在童年卽開始，以迄於終身所歷的過程，自家庭、學校而社會，連續一貫，永無休止，莫非經由社會化，影響及於社會全體。

　　針對此種說法，可見社會教育在教育系統上，應扮演更為重要的角色。我國社會教育近七十年的發展，尤其近年來，各種社會事實已證明了社會教育愈來愈重要，展望未來，社會教育將更居於教育主流的地位，因此，我國社會教育應本著以往的基礎，力求改善，以臻於完善的境界。玆本此觀點，論述我國社會教育的展望及其改革途徑。

壹、建立社會教育的正確觀念

　　孔子曰：「名不正，言不順。」國父亦說：「主義就是一種思想、一種信仰、一種力量。」因此社會教育的健全發展，首先必須建立社會教育的正確觀念，才能由思想產生信仰，而發生力量。從前有人以為社會

⓭ 本節文字曾發表於民國六十九年十一月七日中央日報第二版專欄。

教育是普通學校以外的一切教育活動和設施，這種說法，易使社會教育淪於附屬的地位，其功能只爲補救學校教育之不足，對於社會教育之發展有極爲不利的影響。事實上，社會教育和學校教育二者之間，沒有根本的差別，沒有必要對立，學校教育和社會教育是教育範圍中，二種重要的活動方式，相輔相成，同時並進，以促進全面教育的完成。

民國六十九年修正社會教育法第一條指出，社會教育的宗旨在於實施全民教育和終身教育，卽强調社會教育這種正確的觀念。因此今後我們不但應在理論上，觀念上承認社會教育與學校教育同爲一種重要的教育方式，尤其要將社會教育與學校教育平等看待，在教育行政體制上有學校教育管理機構，自然不能沒有社會教育行政機構。此外，在教育的實際措施上，如：教育人員的任用、教育經費的分配、教育的輔導與評鑑等方面，都必須對於社會教育與學校教育予以同等的待遇，公平的處理。如此才能提高社會教育的地位，加强社會教育的工作，提高社會文化的水準，以增進國家社會眞正的繁榮與進步。

貳、增修社會教育有關法令

法令是一切行政措施的準繩，工作的憑藉，因此適時增訂或修改社會教育有關法令，以符合時代精神與工作需要是必須的。我國於民國四十二年第一次公布社會教育法，民國四十八年加以修正，最近（六十九年）社會教育法又再度加以修正，表現社會教育許多進步的作法與基本特色，深值慶賀。此外，民國六十五年亦曾制定「補習教育法」，使補習教育有基本的法律依據。

目前在社會教育系統中，有二種基本法律許多人建議有及早立法之必要，卽：圖書館法與特殊教育法。圖書館目前已成爲文化中心的主要館舍建築，圖書館學又是一種專業領域，爲提高圖書館專業地位，爲加

強圖書閱覽、典藏、分類編目與流通等社教功能，都有必要及早釐訂圖書館法。近年來特殊教育亦是發展特別迅速的一種教育工作，目前特殊教育在行政體制上，固分屬於國民教育與社會教育等範圍，但特殊教育遲早可能獨立成單獨的教育系統，因此宜及早研訂特殊教育法，以加速特殊教育之發展。此外，社會教育法公布後，其施行細則及許多辦法，以及社會教育機構亦有許多組織規程、設備標準、課程綱要等法令，宜及早研討及立法，以使各級各類社會教育能充分發展。

參、確立空中教育體制

利用廣播與電視的優越傳播性能，作爲社會教育的工具，可使教育功能，由點而面，由教室擴延至整個社會，以容納大量失學青年與提供在職青年之進修機會，眞正做到「處處是學校，人人有書讀」的境界，達成「有教無類」的崇高理想。我國早在第五次全國教育會議（民國六十年），卽一致決議建立空中教育學制，創設空中大學。

時至今日，我國空中教育課程，雖已自國中的課業輔導，以迄空中商專、行專的成立，唯整體的、全面的實施繼續性、推廣性的空中教學，亦卽建立空中學校體制，規劃自小學以至大學階段系列聯貫的空中教育，以提高全民的知識，則尚有待大家共同努力，以期早日突破社會觀念和立法障礙，確立空中教育體制。

肆、强化大衆傳播的社教功能

民國六十九年修正社會教育法第十二條規定，社會教育之實施，應運用大衆傳播媒體及其他有效辦法施行之。該法第十三條又規定：廣播電視及其他大衆傳播媒體，應加強配合社會教育之推行，其辦法由教育部會同行政院新聞局定之。可見，社會教育法中，對於廣播電視及其他

大眾傳播媒體不可忽視社會教育之意義與功能，已有明確之規定。

　　目前，我國廣播電視等節目，常為迎合大眾趣味，易流於低俗與商業化，頗為一般人所垢病，尚未達成社會大眾之期望。政府對於報紙之管理與輔導，已頒訂「出版法」，對廣播電視之管理與輔導亦有「廣播電視法」，但這些法律，各方承認有適時修正之必要。至電影一項，則現僅有一消極性之「電檢法」，而缺乏較積極之輔導。凡此皆須透過教育部與新聞局之共同合作，訂定輔導辦法，而採積極措施，以強化大眾傳播媒體，發揮深遠的社會教育功能。

伍、實施義務性的職業補習教育

　　第二次世界大戰以後，由於民主思潮澎湃，延長國民教育年限乃時勢所趨，而國民義務教育之後，再加數年的職業補習教育至十八歲為止，已為各國共同努力的方向。例如：德國於一九一九年公布新憲法，其中第一一五條規定十四至十八歲之學徒，均須接受強迫補習教育，開世界風氣之先。目前西德的職業補習學校係採部份時間制，凡就業青年均應入此種學校，修業至十八歲為止。而英國則在擴充教育階段，設置地方補習學校及夜間學校，收受十五歲至十八歲的就業青年，施以部份時間的強迫職業補習教育。❷

　　據報載，教育部已成立一個研究委員會，正在積極研擬「延長以職業教育為主的國民教育，加強職業教育與職業補習教育」辦法，預定近期開始試辦，民國八十年正式實施。這項措施不但可以擴展國中畢業未升學之青少年，接受補習教育之機會，而且對於技術人力知識水準之提高，助益甚大，應克服各種困難，以促進這種義務性社會教育的早日實

---

❷ 李建興撰，建設「教育大國」的新方向，收於中國教育學會主編，教育發展與文化建設，頁四三五。

現。

陸、寬列社會教育經費

經費實爲一切事業之動力，我國當前地方教育經費，雖已超出憲法規定的最低標準甚多，唯獨社會教育經費所佔比率仍然偏低。實則社會教育經費，在教育文化經費中應佔的比例，早在民國十七年大學院召開第一次全國教育會議時卽決議:「確定社敎經費，在整個教育經費中，暫定百分之十至二十。」此案於同年十月，由國民政府明令公布施行。民國二十年、二十二年，教育部復二次通令各省務必於編列預算前，切實增籌社敎經費，期能達到規定標準。

六十九年社會教育法修正案，雖規定各級政府應寬籌社會教育經費，並於各級教育經費預算內，專列社會教育經費科目，雖仍無明定社敎經費佔教育經費預算的固定比例，但各級政府應充分了解社會教育的確是今後教育之主流，實不應吝於寬列社敎經費，以免貽誤全民充分接受社會教育之良機。

柒、加強社教機構間的聯繫

社會教育機構甚多，依社會教育法第五條規定，可設置: 圖書館或圖書室、博物館或文物陳列室、科學館、藝術館、音樂廳、戲劇院、紀念館、體育場所、兒童及青少年育樂設施、動物園及其他，這麼多公私立社會教育機構均在辦理各型各類社敎活動，應分工合作，加強聯繫，以求相互聲應，相輔相成。

以社會教育館來說，臺灣地區幾所社敎館雖訂有分區輔導制度，以求事有專責，但彼此間之聯繫可能較重會議形式，實際業務如何加強溝通，相互支援甚至工作方法相互切磋，則有待進一步改善。

再以圖書館而言，國立中央圖書館雖爲國家圖書館，佔在首屈一指之地位，事實上，多年來該館與各縣市圖書館、私人圖書館間，可能僅限於極少數圖書分類編目上的技術支援而已，這是極爲不夠的，改進之道應使中央圖書館多負各級各類圖書館輔導之責，建立行政上隸屬關係，使該館眞正負責所有圖書館領導之責，尤其屆此推行文化中心工作，各縣市大量增設圖書館之際，尤應如此。總之，加强社敎機構間之聯繫，實亦爲當前社敎工作刻不容緩之課題。

捌、積極獎勵私人辦理社會教育

社會敎育法第八條規定「私立社會敎育機構之設立及獎勵辦法，由敎育部定之。」第十一條亦規定「各級政府得運用民間財力籌設基金，以推行社會敎育，其辦法由敎育部定之。」可見，社會敎育法極重視積極獎勵私人辦理社會敎育。

社會敎育事業繁多，社會敎育工作又亟待加强，單靠政府力量終屬緩不濟急，因此政府宜引導、獎勵社會各界用全力推行社會敎育，社會敎育應充分利用各種政治的及社會的一切現存組織，並應與各級學校聯絡，方可使整個社會，迅速進步。

玖、促進學校教育與社會教育的合流

社會中心敎育爲現代敎育的新趨勢，此種敎育的推行方式，著重於社會與學校的聯繫：一面運用社會的多種資源，來充實學校敎育的內容；一面推展學校敎育的功能，服務社會環境，以期敎育貢獻於社會，進而使學校成爲社會的中心，由此顯見學校敎育必須改變敎學方式，期望和現實社會取得協調，使學校敎育與社會敎育相結合，也使學校成爲改造社會的主導力量。

　　臺灣省政府依據教育部頒「各級學校辦理社會教育辦法」及有關「教育與社會結合」之施政要點，於六十三年十二月訂定「臺灣省各級學校加強辦理社會教育方案」。此方案的實施將使學校成為各社區中華文化的精神堡壘，亦具體的說明了社會教育對當前建設社會的工作，擔當何種重要的角色。

　　建設社會，教化社會，人人有責，因此我們應該促使各學校積極地推行這些方案，使達成學校教育與社會教育合流的目標，真正做到學校為社區所共有，為社區所共營，進而為社區所共享，俾達成社會學校化與學校社會化之目標。

拾、提高社會教育人員之素質

　　社會教育所需人才，種類頗多，有行政人員、有技術人員、有輔導考核人員等，這些人員皆應有良好教育與訓練，才能提高工作效率。就今日選用社教人才的情形言，政府的規定，限制了專才，造成許多「用非所學」的弊端。依現行法令規定，凡社教事業機構人員，皆視同公務人員，應按照公務人員任用條例考銓任用，以致具有一般公務人員資格而不諳教育者，可以任用，而曾受社教專業訓練而未具備委任資格者，卻被摒棄門外。這種不合理現象，亟應改善。

　　其實，各級社會教育機構內之人員，雖有行政、專業與技術人才之分，但他們皆是推動社會教育之主力。若欲期社會教育活動：動態與靜態兼顧，理論與實際並行，學術與行政結合，則社會教育人員皆應有行政人員與教學人員之雙重身分。社會教育法修正案規定社會教育人員之任用，依教育人員任用條例之規定，立法原意至為妥當。惟基本上，各級政府應更重視社教人員之地位，提高社教人員之待遇，給予社教人員升遷之機會，則社會教育之推動才會具有更大的活力與生機。

拾壹、重速成立社會教育研究機構

任何事業皆應有健全的研究機構，一批孜孜矻矻的研究人員，從事研究發展的工作，才能使這項事業不斷求變求新，不斷進步。

社會教育亦應如此，日本多年來於文部省內設置國立社會教育研修所，績效卓著，舉世聞名。美國、西德與法國等，亦均於大學內設社會教育或成人教育研究所，加強社會教育之研究發展。截至目前為止，我國各大學內尚無社會教育研究所之設立，更遑論獨立性之社會教育研究機構，實應急起直追，迎頭趕上。

拾貳、加強社會教育的專業精神

近來教育學者常強調教育工作是像醫師、律師或會計師一樣，是一種專業工作，應提高其專業的地位，社會教育是一種教育方式，從長期而言，社會教育亦應強調專業精神，提高其專業地位，以加強其工作效果。

所謂社會教育的專業精神，即是從事社會教育的工作人員，不祇應有社會教育的學識經驗，並且更要有高度奉獻、服務或為社會教育犧牲的精神。未來文化中心與社會教育人員之甄選、儲訓與教育，皆應強調這種專業態度與專業精神，優先選用受過專業教育之人員，而且應不斷賦予在職人員進修深造之機會，以促進社會教育活動，日日精進，求行求新。

結　語

中華民國開國七十年了，社會教育這個名詞也使用七十年了，社會教育名詞的歷史，與中華民國的開國史一樣的長久。這七十年來，中華

民國歷經許多內憂外患，於政治、經濟、社會與教育文化等方面發生許多變革，但始終屹立不搖，愈挫愈奮；社會教育在國家遭逢重大變革中，制度本身固有不少更迭，以適應國家社會的情況，但社會教育對國家社會文化之貢獻，却始終如一，也因為社會教育工作者不斷的努力奮鬥，使我們的國家更能破除一切頓挫艱危，轉危為安，創下長治久安之堅固基礎。

社會教育在近三十年來，隨著國家的勵精圖治，軍經建設的飛躍發展，而有重大的改革與長足的進步。尤其近幾年來，社會教育法的修正，文化中心館舍的興建，文化及育樂活動的加強，以及文藝教育活動的推展等，這一切都是社會教育空前的重大突破，亦使社會教育呈現空前未有的蓬勃氣象，我們應說，這是社會教育積極發展的契機。

今後，社會教育將是教育的主流，扮演積極的教育角色，因此社會教育更要從下列各項革新：即建立社會教育的正確觀念、增修社會教育有關法令、確立空中教育體制、強化大眾傳播的社教功能、實施義務性職業補習教育、寬列社會教育經費、加強社教機構間的聯繫、積極獎勵私人辦理社會教育、促進學校教育與社會教育的合流、提高社會教育人員的素質、重速成立社會教育研究機構和加強社會教育的專業精神等，如此，社會教育必將邁進一個新的境界，而國家亦將早日邁進現代化的理想境域。

中文重要參考資料

1. 鄭明東，社會教育，臺北：正中書局，民國四十二年。

2. 相菊潭，社會教育，臺北：正中書局，民國四十七年。

3. 孫邦正，各國空中教育制度，臺灣商務印書館，民國六十二年。

4. 孫邦正，六十年來的中國教育，臺北：正中書局，民國六十年。

5. 王鳳喈，中國教育史，臺北：正中書局，民國五十四年。

6. 雷國鼎，比較教育制度，臺灣書店，民國五十六年。

7. 田培林著、賈馥茗編，教育與文化（上、下冊），臺北：五南出版公司，民國六十五年。

8. 中國教育學會主編，社會教育研究，臺灣商務印書館，民國五十七年。

9. 中國教育學會主編，教育發展與文化建設，幼獅文化事業公司，民國六十七年。

10. 中國教育學會主編，教育發展與國家建設，幼獅文化事業公司，民國六十九年。

11. 教育部社會教育司編印，中華民國社會教育概況，民國五十二年。

12. 臺灣省政府教育廳編印，臺灣省社會教育實施概況，民國四十九年。

13. 國立臺灣師範大學社會教育學系編印，社教系刊，第一～八期。

14. 教育部編印，文教發展概況，民國六十八年。

15. 臺灣省教育廳編印，臺灣省各級學校加強辦理社會教育方案重要資料，民國六十五年。

16. 臺灣省教育廳編印，臺灣省社會教育法令有關資料彙編，民國六十八年。

17. 教育部印製，教育部建立縣市文化中心計畫，民國六十八年。

18. 教育部編印，第四次中華民國教育年鑑，臺北：正中書局，民國六十五年。

19. 教育部人事處編印，教育人事法規釋例彙編，民國六十六年。

20. 臺北市政府編印，臺北市文化建設，民國七十年。

21. 中國社會教育社刊印，社會教育年刊，民國六十九年。

22. 敎育部，中華民國敎育統計，民國六十九年。

23. 臺灣省政府敎育廳，臺灣省敎育統計，民國六十九年。

24. 臺北市政府敎育局，臺北市敎育統計，民國六十九年。

重要參考書目
（下列為社會敎育重要英文參考書目）

1. Alford H. J., *Continuing Education in Action*, New York: John Wiley & Sons, Inc., 1968.

2. Apps, Jerold W., *Study Skills for Those Adults Returning to School*, New York: McGraw-Hill, 1978.

3. Adult Education Association, *Adult Education: theory and method*, Washington, D. C.: Adult Education Association of the U. S. A. 1962.

4. Adult Education Association of the U. S. A., *How to Teach Adults, Chicago*, 1955.

5. *Adult Education*, Paris: Unesco, 1966.

6. Bischof, L. J., *Adult Psychology*, New York: Harper and Row, 1969.

7. Bratchell D. F., *The Aims and Organization of Further Education*, New York: Pergamon Press, 1968.

8. Burgess, Tyrrell, *Education After School*, London: Victor Gollanez, 1977.

9. Cass, Angelica W., *Adult Elemantary Education: Teaching Methods & Practices Administration Principles and Procedures*, New York: Noble, 1959.

10. Coles Edwin K. Townsend, *Adult Education in Developing Countries*, New York: Pergamon Press, 1969.

11. Cook Wanda D., *Adult Literacy Education in the United States*, Newark, Kalaware: International Reading Association, 1977.

12. Cross, Wilbur, *You Are Never too Old to Learn*, New York: McGraw-Hill, 1978.

13. *Continuing Education: A Guide to* Career Development Programs 1977, N. Y.: Gaylord, 1977.

14. Dave, R. H., *Lifelong Education and School Curriculum*, Hamburg: Unesco, Institute for Education, 1973.

15. Dave R. H., *Foundations of Lifelong Education*, New York: Pergamon Press, 1976.

16. Dees Norman, *Approaches to Adult Teaching*, New York: Pergamon Press, 1965.

17. Dumazedier J. et al, *The School and Continuing Education*, Paris: Unesco, 1972.

18. Dutton M. D., *Understanding Group Dynamics in Adult Education*, Englewood, Cliffs, N. J.: Prentice-Hall, 1972.

19. Faure, Edgar, et al, *Learning to Be*, Paris: Unesco, 1972.

20. Furter Pierre, *The Planner and Lifelong Education*, Paris: Unesco, International Institute for Educational planning, 1977.

21. Gleeson Denis, et al, *Further Education or Training? A Case Study in the Theory and Practice of Day Release Education*, London: Routledge & Kegan Paul, 1980.

22. Grattan C. Hartley, *American Ideas about Adult Education, 1710–1951*, New York: Bureau of Publications, Teachers College, Columbia University, 1959.

23. Hall B. C. & J. R. Kidd, *Adult Learning: A Design for Action: A Comprehensive International Survey*, Oxford: Pergamon Press, 1978.

24. Harrinsgton Fred Harvey, *The Future of Adult Education*, San Francisco: Jossey-Bass Publishers, 1977.

25. Hawes, Hubert William Richmond, *Lifelong Education, Schools and Curricula in Developing Countries: Report of An International Seminar*, Hamburg: Unesco, Institute for Education, 1975.

26. Hiemstra, Roger, *Lifelong Learning*, Lincoln, Neb.: Professional

Educators, 1976.

27. Hiemstra Roger, *The Educative Community, Linking the Community, School and Family*, Lincoln, Nebraska: Professional Educators Publications, Inc., 1972.

28. Howe Michael J. A., *Adult Learning: Psychological Research and Applications*, New York: Wiley, 1977.

29. Ingranm James B., *Curriculum Integration and Lifelong Education: A Contribution to the Improvement of School Curricula*, Oxford: Pergamon Press, 1979.

30. Jessup F. W., *Lifelong Learning*, New York: Pergamon Press, 1969.

31. Johnstone, J. W. C. & Rivera, R. J., *Volunteers for Learning: A Study of the Educational Pursuits of American Adults*, Chicago: Aldine, 1965.

32. Kelly T., *Studies in Adult Education*, Newton Abbot: David & Charles, 1969.

33. Kempfer Homer, *Adult Education*, New York: McGraw-Hill Book Company, 1955.

34. Keppel Frederick Paul, *Education for Adults and Other Essays*, New York: Books for Libraries Press, 1926.

35. Kidd, James Robbins, *Financing Continuing Education*, New York: The Scarecrow Press, 1962.

36. King, Edmund James, *Post-Compulsory Education*, London: Sage, 1974.

37. Know Alan Boyd, *Adult Development and Learning*, San Francisco: Jossey-Bass, 1977.

38. Knowles M. S., *The Adult Education Movement in the United States*, New York: Holt, 1962.

39. Knowles, Malcoln Shepherd, *The Modern Practice of Adult Education*, Chicago: Follett, 1970.

40. Kuhlen, R. G., *Psychological Backgrounds of Adult Education*, Chicago: Center for the Study of Liberal Education for Adults, 1963.

41. Lauffer, Armand, *Doing Continuing Education and Staff Development*, New York: McGraw-Hill, 1978.

42. Lee Robert Ellis, *Continuing Education for Adults through the American Public Library 1831-1964*, Chicago: American Library Association 1966.

43. Lengrand, Paul, *An Introduction to Lifelong Education*, London: Croom Helm, 1975.

44. *Lifelong Learning: the Adult Years*, Chicago: Adult Education Association of the U. S. A. 1977.

45. Lowy Louis, *Adult Education and Group Work*, New York: William Morrow & Company, 1955.

46. Luke, Robert. A., *Adult Education*, Cambridge, Mass.: Bellman Pub. Co., 1955.

47. Lumsden D. Barry, *Experimental Studies in Adult Learning and Memory*, Washington, D. C.: Hemisphers, 1975.

48. Malone, Violet M., *The Guidanes Function and Counseling Roles in An Adult Education Program*, Washington, D. C.: National Association for Public Continuing and Adult Education, 1978.

49. More Williams, *Emotions and Adult Learning*, Lexington, Mass.: Saxon House, 1974.

50. Morgan Barton; *Methods in Adult Education*, Danville, Ill.: the Interstate, 1976.

51. National Institute of Adult Education, *Adult Education and Television*, London: the Institute, 1966.

52. Newman Michael, *The Poor Cousin: A Study of Adult Education*, London: George Allen & Unwin, 1979.

53. Organization for Economic Cooperation and Development, *Learning Opportunities for Adults*, Paris: OECD, 1977.

54. Parkyn, G. W., *Towards A Conceptual Model of Lifelong Education*, Paris: Unesco, 1973.

55. Paterson R. W. K., *Values, Education and the Adult*, London: Routledge & Kegan Paul, 1979.

56. Pates, Andrew, *Second Chances for Adults*, London: Macmillian Press, 1979.

57. Peers Robert, *Adult Education, A Comparative Study*, London: Routledge & Kegan Paul, 1972.

58. Peters A. J., *British Further Education*, Oxford: Pergamon Press, 1967.

59. Peters John Marshall, *Building An Effective Adult Education Enterprise*, San Francisco: Jossey-Bass, 1978.

60. Rauch, David B., *Priorities in Adult Education*, New York: Macmillans, 1972.

61. Rund, Josephine Bartow, *Handbook on Home and Family Living through Adult Education*, Danville, Ill.: the Interstate, 1977.

62. *The School and Continuing Education Four Studies*, Paris: Unesco, 1972.

63. Sheats Paul H. et al, *Adult Education, The Community Approach*, New York: The Dryden Press, 1953.

64. Shuttleworth, *Memorandum on Popular Education*, New York: Kelley, 1969.

65. Skager Rodney, *Lifelong Education and Evaluation Practice*, New York: Pergamon Press, 1978.

66. Smith Robert M. et al, *Handbook of Adult Education*, New York: Macmillan Pubishing Co., Inc. 1970.

67. Staton, Thomas Felix, *How to Instruct Successfully*: *Modern Teaching Methods in Adult Education*, New York: McGraw-Hill, 1960.

68. Suchodolski, Bogdan, *Lifelong Education: Problems, Tasks, Cond*

itions, Paris: Unesco, 1972.

69. Titmus Colin J., *Adult Education in France,* Oxford: Pergamon Press, 1967.

70. Tough, A. M., *The Adult's Learning Projects,* Toronto: Ontario Institute for Studies in Education, 1971.

71. Ulich Mary Ewen, *Patterns of Adult Education, A Comparative Study,* New York: Pageant Press Inc., 1965.

72. Verner Coolie, *Adult Education,* New York: The Center for Applied Research in Education, Inc., 1964.

73. Verdum John R., *Adults Teaching Adults: Principles and Strategies,* Austin, Texas: Learning Concepts, 1977.

三民大專用書書目

書名	作者		服務機構
國父遺教			
國父思想	涂子麟	著	中山大學
國父思想	周世輔	著	前政治大學
國父思想新論	周世輔	著	前政治大學
國父思想要義	周世輔		前政治大學
法　　律			
中國憲法新論	薩孟武	著	前臺灣大學
中國憲法論	傅肅良	著	中興大學
中華民國憲法論	管歐	著	東吳大學
中華民國憲法逐條釋義(一)～(四)	林紀東	著	前臺灣大學
比較憲法	鄒文海	著	前政治大學
比較憲法	曾繁康	著	臺灣大學
美國憲法與憲政	荊知仁	著	政治大學
國家賠償法	劉春堂	著	輔仁大學
民法概要	鄭玉波	著	臺灣大學
民法概要	董世芳	著	實踐學院
民法總則	鄭玉波	著	臺灣大學
判解民法總則	劉春堂	著	輔仁大學
民法債編總論	鄭玉波	著	臺灣大學
判解民法債篇通則	劉春堂	著	輔仁大學
民法物權	鄭玉波	著	臺灣大學
判解民法物權	劉春堂	著	輔仁大學
民法親屬新論	黃宗樂	等著	臺灣大學
民法繼承新論	黃宗樂	等著	臺灣大學
商事法論	張國鍵	著	臺灣大學
商事法要論	梁宇賢	著	中興大學
公司法	鄭玉波	著	臺灣大學
公司法論	柯芳枝		臺灣大學

書名	著者	服務機關
系統分析	陳　進　著	聖瑪麗大學 前大
社　會		
社會學	蔡文輝　著	印第安那大學
社會學	龍冠海　著	前臺灣大學 臺灣大學
社會學	張華葆　主編	東海大學 印大 安大
社會學理論	蔡文輝　著	印第安那大學 政大
社會學理論	陳秉璋　著	政治大學 傑克立海
社會心理學	劉安彥　著	傑克州立大學 東海
社會心理學	張華葆　著	東海大學 安柏拉校
社會心理學	趙淑賢　著	東海大學 安東
社會心理學理論	張華葆　著	東海大學 政治
政治社會學	陳秉璋　著	政治大學 臺灣
醫療社會學	廖榮利　等著	臺灣大學
組織社會學	張笠雲　著	臺灣大學
人口遷移	廖正宏　著	臺灣大學
社區原理	蔡宏進　著	臺灣大學
人口教育	孫得雄　編著	東海大學
社會階層化與社會流動	許嘉猷　著	臺灣大學
社會階層	張華葆　著	東海大學
西洋社會思想史	張承漢　等著	臺灣大學
中國社會思想史（上）（下）	張承漢　著	臺灣大學 印大
社會變遷	蔡文輝　著	印第安那大學 中
社會政策與社會行政	陳國鈞　著	中興大學 臺
社會福利行政（修訂版）	白秀雄　著	臺灣大學 臺
社會工作	白秀雄　著	臺灣 臺
社會工作管理	廖榮利　著	臺灣大學
團體工作：理論與技術	林萬億　著	臺灣大學 前
都市社會學理論與應用	龍冠海　著	前臺灣大學 前
社會科學概論	薩孟武　著	前臺灣大學 中
文化人類學	陳國鈞	中興大學

書名	著者	任職機構
中國現代教育史	鄭世興著	臺灣師大
中國大學教育發展史	伍振鷟著	臺灣師大
中國職業教育發展史	周談輝著	臺灣師大
社會教育新論	李建興著	臺灣師大
中國社會教育發展史	李建興著	臺灣師大
中國國民教育發展史	司琦著	政治大學
中國體育發展史	吳文忠著	臺灣師大
如何寫學術論文	宋楚瑜著	臺灣大學
論文寫作研究	段家鋒等著	政戰學校等

心理學

書名	著者	任職機構
心理學	劉安彥著	傑克州立大學
心理學	張春興等著	臺灣師大
人事心理學	黃天中著	淡江大學
人事心理學	傅肅良著	中興大學

經濟・財政

書名	著者	任職機構
西洋經濟思想史	林鐘雄著	臺灣大學
歐洲經濟發展史	林鐘雄著	臺灣大學
比較經濟制度	孫殿柏著	政治大學
經濟學原理（增訂新版）	歐陽勛著	政治大學
經濟學導論	徐育珠著	南康涅狄克州立大學
經濟學概要	歐陽勛等著	政治大學
通俗經濟講話	邢慕寰著	前香港中文大學
經濟學（增訂版）	陸民仁著	政治大學
經濟學概論	陸民仁著	政治大學
國際經濟學	白俊男著	東吳大學
國際經濟學	黃智輝著	東吳大學
個體經濟學	劉盛男著	臺北商專
總體經濟分析	趙鳳培著	政治大學
總體經濟學	鐘甦生著	西雅圖大學
總體經濟學	張慶輝著	政治大學
總體經濟理論	孫震著	臺灣大學

書名	著者	著/編	學歷・服務機關
數理經濟分析	林大侯	著	臺灣大學
計量經濟學導論	松華德	著	臺灣大學
計量經濟學	陳正澄	著	臺灣大學
經濟政策	湯俊湘	著	中興大學
合作經濟概論	尹樹生	著	中興大學
農業經濟學	尹樹生	著	中興大學
工程經濟	陳寬仁	著	中正理工學院
銀行法	金桐林	著	銘傳
銀行法釋義	楊承厚	著	華南銀行
商業銀行實務	解宏賓	編	東吳大學
貨幣銀行學	何偉成	著	臺灣大學
貨幣銀行學	白俊男	著	淡江大學
貨幣銀行學	楊樹森	著	中國文化大學
貨幣銀行學	趙鳳培	著	政治大學
現代貨幣銀行學	柳復起	著	威斯康辛大學
現代國際金融	柳復起	著	威斯康辛大學
國際金融理論與制度（修訂版）	歐陽勛等	編著	政治大學
金融交換實務	李麗	著	中央信託局
財政學	李厚高	著	臺灣大學
財政學（修訂版）	林華德	著	臺灣大學
財政學原理	魏萼	著	政治大學
商用英文	張錦源	著	輔仁大學
商用英文	程振粵	著	政治大學
貿易契約理論與實務	張錦源	著	政治大學
貿易英文實務	張錦源	著	政治大學
信用狀理論與實務	蕭啟賢	著	臺灣大學
信用狀理論與實務	張錦源	著	政治大學
國際貿易	李穎吾	著	臺灣大學
國際貿易實務詳論	張錦源	著	政治大學
國際貿易實務	羅慶龍	著	逢甲大學

國際貿易理論與政策（修訂版）	歐陽勛等編著	政治大學
國際貿易政策概論	余 德 培 著	東吳大學
國際貿易論	李 厚 高 著	逢甲大學
國際商品買賣契約法	鄧越今 編著	外貿協會
國際貿易法概要	于 政 長 著	東吳大學
國際貿易法	張 錦 源 著	政治大學
外匯投資理財與風險	李 麗 著	中央銀行
外匯、貿易辭典	于政長 編著 張錦源 校訂	東吳大學 政治大學
貿易實務辭典	張錦源 編著	政治大學
貿易貨物保險（修訂版）	周 詠 棠 著	中央信託局
貿易慣例	張 錦 源 著	政治大學
國際匯兌	林 邦 充 著	政治大學
國際行銷管理	許 士 軍 著	新加坡大學
國際行銷	郭 崑 謨 著	中興大學
行銷管理	郭 崑 謨 著	中興大學
海關實務（修訂版）	張 俊 雄 著	淡江大學
美國之外匯市場	于 政 長 譯	東吳大學
保險學（增訂版）	湯 俊 湘 著	中興大學
人壽保險學（增訂版）	宋 明 哲 著	德明商專
人壽保險的理論與**實務**	陳 雲 中 編著	臺灣大學
火災保險及海上保險	吳 榮 清 著	文化大學
市場學	王 德 馨 等著	中興大學
行銷學	江 顯 新 著	中興大學
投資學	龔 平 邦 著	前逢甲大學
投資學	白俊男 等著	東吳大學
海外投資的知識	葉雲鎮 等譯	
國際投資之技術移轉	鍾 瑞 江 著	東吳大學
會計・統計・審計		
銀行會計（上）（下）	李兆萱 等著	臺灣大學等
初級會計學（上）（下）	洪 國 賜 著	淡水工商
中級會計學（上）（下）	洪 國 賜 著	淡水工商
中等會計（上）（下）	薛光圻 等著	西東大學等

機率導論	戴久永	著	交通大學

新聞

書名	作者		學校／機構
傳播研究方法總論	楊孝濚	著	東吳大學
傳播研究調查法	蘇蘅	著	政治大學
傳播原理	方蘭生	著	文化大學
行銷傳播學	羅文坤	著	政治大學
國際傳播	李瞻	著	政治大學
國際傳播與科技	彭芸	著	政治大學
廣播與電視	何貽謀	著	廣播
廣播原理與製作	于洪海	著	前中廣
電影原理與製作	梅長齡	著	文化大學
新聞學與大眾傳播學	鄭貞銘	著	文化大學
新聞採訪與編輯	鄭貞銘	著	文化大學
新聞編輯學	徐旭	著	新生報
採訪寫作	歐陽醇	著	師範大學
評論寫作	程之行	著	紐約
新聞英文寫作	朱耀龍	著	文化大學
小型報刊實務	彭家發	著	政治大學
廣告學	顏伯勤	著	輔仁大學
媒介實務	趙俊邁	著	東吳大學
中國新聞傳播史	賴光臨	著	政治大學
中國新聞史	曾虛白	主編	政治大學
世界新聞史	李瞻	著	政治大學
新聞學	李瞻	著	政治大學
新聞採訪學	李瞻	著	政治大學
新聞道德	李瞻	著	政治大學
電視制度	李瞻	著	政治大學
電視新聞	張勤	著	中視公司
電視與觀眾	曠湘霞	著	政治大學
大眾傳播理論	李金銓	著	明尼蘇達大學
大眾傳播新論	李茂政	著	政治大學

書名	作者		學校
大眾傳播與社會變遷	陳世敏	著	政治大學
組織傳播	鄭瑞城	著	政治大學
政治傳播學	祝基瀅	著	政治大學
文化與傳播	汪琪	著	政治大學

歷史・地理

書名	作者		學校
中國通史（上）（下）	林瑞翰	著	臺灣大學
中國現代史	李守孔	著	臺灣大學
中國近代史	李守孔	著	臺灣大學
中國近代史	李雲漢	著	政治大學
中國近代史（簡史）	李雲漢	著	政治大學
中國近代史	古鴻廷	著	東海大學
隋唐史	王壽南	著	政治大學
明清史	陳捷先	著	臺灣大學
黃河文明之光	姚大中	著	東吳大學
古代北西中國	姚大中	著	東吳大學
南方的奮起	姚大中	著	東吳大學
中國世界的全盛	姚大中	著	東吳大學
近代中國的成立	姚大中	著	東吳大學
西洋現代史	李邁先	著	臺灣大學
東歐諸國史	李邁先	著	臺灣大學
英國史綱	許介鱗	著	臺灣大學
印度史	吳俊才	著	政治大學
日本史	林明德	著	臺灣師大
日本現代史	許介鱗	著	臺灣大學
近代中日關係史	林明德	著	臺灣師大
美洲地理	林鈞祥	著	臺灣師大
非洲地理	劉鴻喜	著	臺灣師大
自然地理學	劉鴻喜	著	臺灣師大
地形學綱要	劉鴻喜	著	臺灣師大
聚落地理學	胡振洲	著	中興大學
海事地理學	胡振洲	著	中興大學
經濟地理	陳伯中	著	前臺灣大學
都市地理學	陳伯中	著	前臺灣大學